Mystérieuses forces psychiques

Un récit des recherches de l'auteur en matière de recherche psychique, ainsi que celles d'autres savants européens

Camille Flammarion

Writat

Cette édition parue en 2024

ISBN : **9789361463112**

Publié par
Writat
email : info@writat.com

Contenu

PRÉFACE

Le sujet traité dans les pages suivantes a fait de grands progrès en quarante ans. Or, ce qui nous intéresse dans les études psychiques, ce sont toujours des forces inconnues, et ces forces doivent appartenir à l'ordre naturel, car la nature embrasse l'univers tout entier, et tout est donc sous l'empire de son sceptre.

Je ne me cache cependant pas que le présent ouvrage suscitera des discussions et soulèvera des objections légitimes, et ne satisfera que des enquêteurs indépendants et impartiaux. Mais rien n'est plus rare sur notre planète qu'un esprit indépendant et absolument libre de toute entrave, ni rien de plus rare qu'un véritable esprit de recherche scientifique, libéré de tout intérêt personnel. La plupart des lecteurs diront : « Qu'y a-t-il d'ailleurs dans ces études ? Le soulèvement des tables, le déplacement de divers meubles, le déplacement des fauteuils, le soulèvement et la descente des pianos, le mouvement des rideaux, les coups mystérieux. , réponses à des questions mentales, dictées de phrases dans l'ordre inverse, apparitions de mains, de têtes ou de figures spectrales, ce ne sont que des banalités banales ou des canulars bon marché, indignes d'occuper l'attention d'un savant ou d'un érudit. tout cela prouve même si c'était vrai ? Ce genre de chose ne nous intéresse pas.

Eh bien, il y a des gens sur la tête desquels le ciel pourrait tomber sans leur causer une émotion inhabituelle.

Mais je réponds : Quoi ! n'est-ce rien de savoir, de prouver, de voir de ses propres yeux qu'il y a des forces inconnues autour de nous ? N'est-ce rien d'étudier notre propre nature et nos propres facultés ? Les problèmes mystérieux de notre être ne sont-ils pas dignes d'être inscrits au programme de notre investigation, et d'y avoir consacré des nuits et des jours laborieux ? Bien sûr, le chercheur indépendant ne reçoit de remerciement de personne pour son travail. Mais qu'en est-il de cela ? Nous travaillons pour le plaisir de travailler, de percer les secrets de la nature et de nous instruire. Quand, en étudiant les étoiles doubles à l'Observatoire de Paris et en cataloguant ces jumelles célestes, j'établis pour la première fois une classification naturelle de ces orbes lointains ; lorsque j'ai découvert des systèmes stellaires, composés de plusieurs étoiles, entraînés à travers l'immensité par une impulsion commune ; lorsque j'ai étudié la planète Mars et comparé toutes les observations faites pendant deux cents ans pour obtenir à la fois une analyse et une synthèse de notre voisine de palier parmi les planètes ; lorsque, en examinant l'effet des radiations solaires, j'ai créé la nouvelle branche de la physique à laquelle on a donné le nom de « radioculture » et qui a provoqué des variations de la nature la plus radicale et la plus radicale dans les dimensions, les formes et les couleurs de certaines plantes ; quand j'ai découvert qu'une sauterelle éviscérée et gardée dans de la paille ne mourait pas, et que ces insectes peuvent vivre quinze jours après avoir eu la tête coupée ; lorsque j'ai planté dans une véranda du Muséum d'Histoire Naturelle, à Paris, un des chênes ordinaires de nos bois (*quercus robur*), pensant que, s'il était soustrait aux changements de saisons, il aurait toujours des feuilles vertes (ce qui tout le monde peut le prouver), — quand je faisais ces choses, je travaillais pour mon plaisir personnel ; mais ce n'est pas une raison pour que ces études n'aient pas été utiles au développement de la science, ni pour qu'elles ne soient pas admises dans le cadre du travail pratique des spécialistes.

Il en est de même de nos études psychiques ; seulement il y a un peu plus de passion et de préjugés qui y sont liés. D'un côté, les sceptiques s'en tiennent fermement à leurs dénégations, convaincus qu'ils connaissent toutes les forces de la nature, que tous les médiums sont des imbéciles et tous les expérimentateurs des imbéciles. D'un autre côté, il y a les spiritualistes crédules, qui s'imaginent avoir toujours des esprits à leur disposition et convoquent une table centrale, qui évoquent avec le plus grand sang-froid les esprits de Platon, de Zoroastre, de Jésus-Christ, de Saint-Pierre. Augustin, Charlemagne, Shakespeare, Newton ou Napoléon, et qui se sont mis à me lapider pour la dixième ou vingtième fois, affirmant que je suis vendu à l'Institut à cause d'une ambition profonde et obstinée, et que je n'ose me déclarer en faveur de l'identité des esprits de peur d'agacer mes illustres amis. Les individus de cette classe refusent d'être satisfaits tout autant que la première classe.

Tant pis pour eux ! J'insiste pour ne dire que ce que je sais ; mais je dis ceci. Et si ce que je sais déplaît, tant pis pour les préjugés, l'ignorance générale et la bonne éducation de cette noblesse distinguée, aux yeux de laquelle le maximum de bonheur consiste dans l'augmentation de sa fortune, la poursuite de places lucratives, les plaisirs sensuels, les courses automobiles, une loge à l'Opéra ou le thé de cinq heures dans un restaurant à la mode, et dont la vie se gaspille sur des chemins qui ne croisent jamais ceux de l'idéaliste ravi, et qui ne connaissent jamais la pure satisfaction de son esprit et son cœur, ou les plaisirs de la pensée et du sentiment.

Quant à moi, humble étudiant du prodigieux problème de l'univers, je ne suis qu'un chercheur. Que sommes-nous? Nous n'avons guère jeté plus de lumière sur ce point qu'à l'époque où Socrate posait comme principe la maxime : *Connais-toi toi-même* , et pourtant nous avons mesuré les distances des étoiles, analysé le soleil et pesé les mondes. de l'espace. Est-il raisonnable que la connaissance de nous-mêmes nous intéresse moins que celle du macrocosme, du monde extérieur ? Ce n'est pas crédible. Continuons donc notre étude, convaincus que toute recherche sincère contribuera au progrès de l'humanité.

Observatoire de Juvisy, décembre 1906.

INTRODUCTION

Dès 1865, j'ai publié, sous le titre *Forces naturelles inconnues* , une petite monographie de cent cinquante pages que l'on trouve encore occasionnellement dans les librairies, mais qui n'a pas été réimprimée. Je reproduis ici (pp. xiii-xxiii) ce que j'écrivais à cette époque dans cette étude critique « à propos des phénomènes produits par les frères Davenport et les médiums en général ». Il a été publié chez Didier & Cie, libraires de l'Académie, qui avaient déjà publié mes deux premiers ouvrages, *La Pluralité des mondes habités* et *Mondes imaginaires et mondes réels* .

"La France vient de s'engager dans un débat passionnant, où le bruit des voix s'est noyé dans un grand tumulte, et dont aucune conclusion n'est sortie. Une dispute plus bruyante qu'intelligente a fait rage autour de tout un ensemble de faits inexpliqués, et Le problème a été si complètement embrouillé qu'au lieu de l'éclairer, le débat n'a fait que l'envelopper d'une obscurité plus profonde.

"Au cours de la discussion, on entendait fréquemment une remarque singulière, à l'effet que ceux qui criaient le plus fort dans cette cour d'assises étaient ceux-là mêmes qui étaient les moins informés sur le sujet. C'était un spectacle amusant de voir ces personnes dans un état de mort. aux prises avec de simples fantômes, Panurge lui-même en aurait ri.

« Il en résulte qu'on en sait aujourd'hui moins sur le sujet en litige qu'à l'ouverture des débats.

« Pendant ce temps, assis sur les hauteurs voisines se trouvaient certains excellents vieillards qui observaient les mandats d'arrêt émis contre les combattants les plus violents, mais qui restaient pour la plupart graves et silencieux, bien qu'ils souriaient parfois, et faisaient en même temps beaucoup de choses. réflexion difficile.

"Je vais dire quel poids il convient d'accorder aux opinions de ceux d'entre nous qui n'affirment pas témérairement l'impossibilité des faits désormais interdits et qui ne joignent pas leur voix à la note dominante de l'opposition.

" Je ne me cache pas les conséquences d'une telle sincérité. Il faut beaucoup d'audace pour s'obstiner à affirmer, *au nom de la science positive* , la POSSIBILITÉ de ces phénomènes (appelés à tort surnaturels), et pour s'en constituer le champion. d'une cause apparemment ridicule, absurde et dangereuse, sachant en même temps que les partisans avoués de cette cause ont peu de valeur dans la science, et que même ses éminents partisans n'osent parler de leur approbation qu'en retenant leur souffle. Cependant, puisque la question vient d'être traitée momentanément dans des écrits fugitifs par un groupe de journalistes dont les travaux exigeants interdisent totalement l'étude des forces psychiques et physiques et que, de toute cette multitude d'écrivains, la plupart n'ont fait qu'accumuler des erreurs ; erreur, puérilité sur extravagance ; et comme il ressort de chaque page qu'ils ont écrit (j'espère qu'ils me pardonneront) que non seulement ils ignorent le *a, le b, le c même* du sujet qu'ils ont si fantastiquement traité, mais leur les opinions sur cette classe de faits ne reposent sur aucune base quelle qu'elle soit, c'est pourquoi j'ai pensé qu'il serait utile de laisser, comme souvenir de cette longue dispute, un écrit mieux fondé et mieux étayé que les élucubrations de ce qui précède. mentionnés messieurs. En tant qu'amateur de vérité, je suis prêt à affronter mille reproches. Qu'il soit bien entendu que je ne considère pas un instant mon jugement supérieur à celui de mes confrères, dont certains sont par ailleurs très doués. Le simple fait est qu'ils ne connaissent pas ce sujet, mais qu'ils s'y égarent au hasard, errant dans une région étrange. Ils comprennent mal la terminologie même et s'imaginent que des faits bien authentifiés depuis longtemps sont impossibles. En revanche, l'auteur de ces lignes précise que depuis plusieurs années il mène des discussions et des expérimentations sur le sujet. (Je ne parle pas d'études historiques.)

"En outre, même si la vieille scie voudrait nous faire croire qu'"il n'est pas toujours souhaitable de dire la vérité", pourtant, pour parler franchement, je suis tellement indigné par la présomption démesurée de certains opposants polémiques et par le culot qu'ils ont injecté dans le débat, que je n'hésite pas à me lever et à faire remarquer au public trompé que, *sans une seule exception* , tous les arguments avancés par ces écrivains, et sur lesquels ils ont hardiment planté leur étendard de victoire, ne prouvent absolument *rien* , RIEN , contre la vérité possible des choses qu'ils ont si perverties dans la fureur de leur négation. Un tel fouillis d'opinions doit être analysé. Bref, il faut démêler le vrai du faux .

"Je m'empresse d'anticiper une critique de la part de mes lecteurs en leur faisant savoir, au seuil de ce plaidoyer, que je ne vais pas prendre les frères Davenport comme sujet, mais seulement comme motif ou prétexte ostensible de la discussion, — comme ils l'ont d'ailleurs été dans la majorité des discussions, je traiterai dans ces pages des *faits* ramenés à la surface par ces deux Américains, faits inexplicables (qu'ils ont mis en scène à Herz Hall). ici à Paris, mais qui n'en existaient pas moins avant cette *mise en scène* , et qui n'en existeront pas moins même si les représentations des frères Davenport s'avéraient contrefaites), - des choses que d'autres avaient déjà exposées et exposent encore avec avec autant de facilité et dans des conditions bien meilleures ; des événements en somme qui constituent le domaine des forces inconnues auxquelles on a donné tour à tour cinq ou six noms n'expliquant rien. Ces forces, remarquez-le, sont aussi réelles que les autres. attraction de la gravitation, et aussi invisible que cela. Ce sont des faits qui m'intéressent ici. Qu'ils soient mis en lumière par Pierre ou par Paul, cela nous importe peu ; qu'ils soient imités par Sosie [1] ou parodiés par Arlequin, cela nous concerne encore moins . La question est : ces faits existent-ils et entrent-ils dans la catégorie des forces physiques connues ?

« Cela m'étonne, chaque fois que j'y pense, que la majorité des hommes soient si profondément ignorants des phénomènes psychiques en question, compte tenu du fait qu'ils sont connus, étudiés, valorisés et enregistrés depuis longtemps maintenant par tous ceux qui ont suivi impartialement le mouvement de la pensée au cours des derniers lustres.

"Non seulement je ne fais pas cause commune avec les frères Davenport, mais je dois en outre ajouter que je les considère comme placés dans une situation très compromettante. En expliquant les matières surnaturelles de la philosophie naturelle occulte qui ont une ressemblance assez Aux exploits de prestidigitation, ils semblent au public curieux ajouter l'imposture à l'insolence. En valorisant financièrement leurs talents, ils semblent au moraliste qui enquête sur des phénomènes encore inexpliqués, se placer de quelque manière que ce soit au niveau des saltimbanques. vous les regardez, ils sont coupables. Aussi je condamne à la fois leur grave erreur de se croire supérieurs aux forces dont ils ne sont que les instruments et le profit vénal qu'ils tirent de pouvoirs dont ils ne sont pas maîtres et dont ils ne sont pas les maîtres. qu'ils n'ont aucun mérite de posséder. A mon avis, c'est une exagération de tirer des conclusions de ces malheureuses apparences de vérité, et c'est abdiquer son droit de jugement privé que de se faire l'écho du vulgaire ; troupeau qui siffle et s'enroue avant que le rideau ne se lève. Non, je ne suis pas l'avocat des deux frères, ni de leurs revendications personnelles. Pour moi, les hommes individuels n'existent pas. Ce que je défends, c'est la supériorité de la nature sur nous : ce que je combats, c'est la sottise vaniteuse de certains.

« Vous, messieurs satiriques, aurez la franchise, je l'espère, de m'avouer que les différentes raisons invoquées par vous pour expliquer ces problèmes ne sont pas aussi solides qu'elles le paraissent. Puisque vous n'avez rien découvert, avouons-le, entre nous. , que vos explications n'expliquent rien.

" Je ne doute pas qu'au point de la discussion où nous en sommes effectivement arrivés, vous vouliez changer de rôle avec moi, et, m'arrêtant ici, vous constituer à votre tour mes interlocuteurs.

" Mais je m'empresse d'anticiper votre proposition. Quant à moi, messieurs, je ne suis pas assez instruit pour expliquer ces mystères. Je passe ma vie dans un jardin retiré appartenant à l'une des neuf Muses, et mon attachement pour cette belle créature est de sorte que je n'ai presque jamais quitté les abords de son temple. Ce n'est que par intervalles, dans des moments de détente ou de curiosité, que j'ai laissé mes yeux errer, de temps en temps, sur les paysages qui l'entourent. rien. Je fais un aveu sincère. Je ne sais rien de la cause de ces phénomènes.

" Vous voyez combien je suis modeste. Tout ce que je voulais en entreprenant cet examen, c'était avoir l'occasion de dire ceci :

"Vous n'en savez rien.

"Moi non plus.

"Si vous le reconnaissez, nous pouvons nous serrer la main. Et, si vous êtes docile, je vais vous révéler un petit secret.

"Au mois de juin 1776 (peu d'entre nous s'en souviennent), un jeune homme de vingt-cinq ans, nommé Jouffroy, faisait l'essai sur le Doubs d'un nouveau bateau à vapeur de quarante pieds de long et six pieds de large. Depuis deux ans, il attirait l'attention des autorités scientifiques sur son invention ; depuis deux ans, il affirmait avec aplomb qu'il existe une puissante énergie latente dans la vapeur, atout alors négligé. Sa seule récompense fut d'être complètement isolé et négligé. Lorsqu'il traversait les rues de Baume-les-Dames, son apparition était le signal d'innombrables plaisanteries. On le surnommait « Jouffroy, l'homme à vapeur » . *Pompe* '). Dix ans plus tard, après avoir construit un pyroscaphe qui avait remonté la Saône depuis Lyon jusqu'à l'île de Barbe, il présenta une pétition à Calonne, le contrôleur général des finances, et à l'Académie des Sciences. . Ils ne regarderaient pas son invention !

« Le 9 août 1803, Fulton remontait la Seine à bord d'un nouveau bateau à vapeur à la vitesse d'environ quatre milles à l'heure. Les membres de l'Académie des sciences ainsi que des fonctionnaires du gouvernement étaient présents à l'occasion. Le lendemain, ils avaient oublié tout cela, et Fulton est allé faire la fortune des Américains.

« En 1791, un Italien de Bologne, nommé Galvani, ayant accroché à la rampe de fer devant sa fenêtre des grenouilles écorchées qui avaient servi à faire un bouillon pour sa femme, remarqua qu'elles se déplaçaient automatiquement, bien qu'elles fussent tuées depuis la veille. La chose était incroyable, donc tous ceux à qui il l'a raconté se sont opposés à sa déclaration. Les hommes sensés auraient jugé indigne de prendre la peine de vérifier l'histoire, tellement ils étaient convaincus de son impossibilité. L'effet maximum fut atteint lorsqu'il joignit les nerfs lombaires et les extrémités des pattes d'une grenouille par un arc métallique d'étain et de cuivre. Les muscles de la grenouille se contractèrent alors convulsivement. Il crut que c'était dû à un liquide nerveux, et ainsi perdit le muscle. fruit de ses investigations, il était réservé à Volta de découvrir l'électricité.

" Et aujourd'hui le globe est parcouru d'un réseau de trains tirés par des dragons cracheurs de flammes. Les distances ont disparu, annihilées par les progrès de la locomotive. Le génie de l'homme a rétréci les dimensions de la terre ; les voyages les plus longs ne sont que des excursions. sur des lignes définies (les tracés courbes des « voies océaniques ») ; les tâches les plus gigantesques sont accomplies par la main infatigable et puissante de cette force inconnue, une dépêche télégraphique vole en un clin d'œil d'un continent à l'autre ; l'homme peut converser avec un citoyen de Londres ou de Saint-Pétersbourg sans se lever de son fauteuil. Et ces merveilles n'attirent guère l'attention par quelles luttes, quelles amères déceptions et quelles persécutions elles ont surgi. Nous oublions que l'impossible ! d'hier est le fait accompli d'aujourd'hui. Il arrive donc que nous rencontrions encore des hommes qui viennent nous dire : « Arrêtez-vous, les petits ! Nous ne vous comprenons pas, donc vous ne savez pas ce que vous faites. tu parles.

" Très bien, messieurs. Aussi étroites que soient vos opinions, il n'y a aucune raison de penser que votre myopie va s'étendre au monde entier. Vous êtes informé que, malgré vous et malgré votre obscurantisme et vos tactiques d'obstruction, le La voiture du progrès humain continuera et poursuivra sa marche triomphale et la conquête de nouvelles forces et puissances. Comme dans le cas de la grenouille de Galvani, les événements risibles auxquels vous refusez de croire révèlent l'existence de nouvelles forces inconnues. Il n'y a pas d'effet sans un effet. Parce que l'homme est le moins connu de tous les êtres. Nous avons appris à mesurer le soleil, à traverser les profondeurs de l'espace, à analyser la lumière des étoiles, et pourtant nous n'avons pas laissé tomber un plomb dans notre propre âme. *homo duplex* ; et cette double nature lui reste un mystère. Nous pensons : qu'est-ce que la pensée ? Personne ne peut dire : qu'est-ce que cet acte organique, personne ne connaît toutes les facultés de moi ? l'âme sont immatérielles. Néanmoins, si je *veux* bouger mon bras, ma volonté meut la matière. Comment ça agit ? Quel est le médiateur entre l'esprit et le muscle ? Pour l'instant, personne ne peut le dire. Dites-moi comment le nerf optique transmet au cerveau pensant la perception des objets extérieurs. Dites-moi comment naît la pensée, où elle réside, quelle est la nature de l'action cérébrale. Dites-moi... mais non, messieurs : je pourrais vous interroger pendant dix ans d'affilée, et le plus éminent d'entre vous ne saurait répondre à la moindre de mes interrogations.

« Nous sommes ici, comme dans les cas précédents, l'inconnue d'un problème. Je suis loin de prétendre que la force qui entre en jeu dans ces phénomènes puisse un jour être exploitée financièrement, comme dans le cas de l'électricité et de la vapeur. une idée n'a pas pour moi le moindre intérêt. Mais, bien que différente essentiellement de ces forces, la mystérieuse force psychique n'en existe pas moins.

« Au cours des études longues et laborieuses auxquelles j'ai consacré bien des nuits, en guise de soulagement ou de jeu d'appoint dans des ouvrages plus importants, j'ai toujours observé dans ces phénomènes l'action d'une force dont les propriétés sont pour nous inconnu. Parfois cela m'a paru analogue à celui qui endort le sujet magnétisé sous la volonté de l'hypnotiseur (réalité également méconnue même des hommes de science). Encore, dans d'autres circonstances, cela m'a paru analogue. aux curieux phénomènes de la foudre. Pourtant, je crois pouvoir affirmer que c'est une force distincte de tout ce que nous connaissons, et qui ressemble plus que toute autre à l'intelligence.

« Un certain savant que je connais, M. Frémy, de l'Institut, a présenté récemment à l'Académie des Sciences, à propos de la génération spontanée, des substances qu'il a qualifiées de *semi-organiques* . Je crois ne pas commettre un néologisme plus hardi. que cela quand je dis que la force dont je parle m'a semblé appartenir au plan *semi-intellectuel* .

"Il y a quelques années, j'ai donné à ces forces le nom *de psychique* . Ce nom peut être justifié.

"Mais les mots ne sont rien. Ils ressemblent souvent à des cuirasses, cachant l'impression réelle que les idées devraient produire en nous. C'est la raison pour laquelle il vaut peut-être mieux ne pas nommer une chose que nous ne sommes pas encore capables de définir. Si nous le faisions, nous Nous devrions nous retrouver ensuite tellement enchaînés que nous n'avons pas une liberté parfaite dans nos conclusions. On a souvent vu dans l'histoire qu'une hypothèse prématurée a arrêté le progrès de la science, dit Grove : « Lorsque des phénomènes naturels sont observés pour la première fois, une tendance se produit. il se pose immédiatement de les rapporter à quelque chose de déjà connu. Le phénomène nouveau peut être tout à fait éloigné des idées avec lesquelles on le comparerait. Il peut appartenir à un autre ordre d'analogies. Mais cette distinction ne peut être perçue, puisque les données ou les données nécessaires. -les coordonnées manquent. Or, la théorie initialement annoncée est bientôt acceptée par le public ; et lorsqu'il arrive que des faits ultérieurs, différents des précédents, ne rentrent pas dans le moule, il est difficile de l'élargir sans le briser, et on préfère souvent abandonner une théorie maintenant. s'est avéré erroné et ignore silencieusement les faits insolubles. Quant aux phénomènes spéciaux en question dans ce petit volume, je les trouve implicitement incarnés dans trois mots prononcés il y a près de vingt siècles : MENS AGITAT MOLEM (l'esprit agissant sur la matière lui donne vie et mouvement).); et je laisse les phénomènes enchâssés dans ces mots, comme le feu dans le silex. Je ne frapperai pas avec l'acier, car l'étincelle est toujours dangereuse « *Periculosum est* credere et non credere ». croire'), dit l'ancien fabuliste Phèdre. Nier les faits *a priori* n'est qu'une simple vanité et une idiotie. Les accepter sans enquête est une faiblesse et une folie. Pourquoi chercher à avancer avec autant d'empressement et de prématurité dans des régions où nos pauvres puissances ne peuvent pas encore atteindre. atteindre? Le chemin est semé de pièges et d'abîmes. Les phénomènes que nous traitons dans ces pages n'apportent peut-être pas un jour nouveau à la solution du grand problème de l'immortalité, mais ils nous invitent à rappeler qu'il y a dans l'homme des éléments à étudier, à déterminer, à analyser, éléments encore inexpliqués. et qui appartiennent au domaine psychique.

"On a beaucoup parlé du spiritualisme à propos de ces phénomènes . Certains de ses défenseurs ont pensé à le renforcer en le soutenant sur une base aussi faible. Les moqueurs ont pensé qu'ils pourraient définitivement ruiner le credo des médiums, et , le jetant de son socle, l'enterre sous une armoire tombée . Or les premiers ont plutôt compromis qu'assisté la cause : les autres ne l'ont finalement pas renversée. s'il était prouvé que le spiritualisme n'est que des tours de passe-passe, la croyance à l'existence d'âmes séparées du corps n'en serait pas affectée le moins du monde. D'ailleurs, les tromperies des médiums ne prouvent pas qu'elles soient toujours rusées. mettez-nous sur nos gardes et incitez-nous à les surveiller sévèrement.

"Quant à la question psychologique de l'âme et à l'analyse des forces spirituelles, nous en sommes exactement là où en était la chimie à l'époque d'Albert le Grand : on ne sait pas.

" Ne peut-on donc garder le juste milieu entre la négation, qui nie tout, et la crédulité, qui accepte tout ? Est-il rationnel de nier tout ce qu'on ne peut comprendre, ou, au contraire, de croire à toutes les folies que font naître les imaginations morbides ? " l'un après l'autre ? Ne pouvons-nous pas posséder à la fois l'humilité qui convient au faible et la dignité qui convient au fort ?

"Je termine ce plaidoyer, comme je l'ai commencé, en déclarant que ce n'est pas pour le bien des frères Davenport, ni d'aucune secte, ni d'aucun groupe, ni, bref, de personne quelle qu'elle soit, que je suis entré dans le des listes de controverses, mais uniquement au nom de faits dont j'ai constaté la réalité il y a plusieurs années, sans en avoir découvert la cause. Cependant, je n'ai aucune raison de craindre que ceux qui ne me connaissent pas aient envie de déformer ma pensée. et je pense que ceux qui me connaissent savent que je n'ai pas l'habitude de brandir un encensoir en l'honneur de qui que ce soit. Je le répète pour la dernière fois : mon esprit ne cherche pas la vérité et la reconnaît partout. il le trouve. ' *Gallus escam quærens margaritam reperit* '" [3].

Un certain nombre de mes lecteurs m'ont depuis quelque temps aimablement exprimé le souhait d'une nouvelle édition de ce premier livre. Mais à proprement parler, je ne pouvais le faire sans élargir considérablement mon projet initial et sans composer une œuvre entièrement nouvelle. La routine quotidienne de mes travaux astronomiques m'a constamment empêché de me consacrer à cette tâche. Le ciel étoilé est un domaine de travail vaste et passionnant, et il est difficile de se détourner (même pour un moment de détente en soi scientifique) des prétentions exigeantes d'une science qui continue de se développer sans cesse à un rythme des plus prodigieux.

Néanmoins, le présent ouvrage peut être considéré, en un sens, comme une édition augmentée du précédent. La citation qui précède d'un petit livre écrit dans le but de prouver l'existence de forces inconnues dans la nature m'a paru ici nécessaire ; Nous en serons heureux dans ce nouveau volume, publié dans le même but après plus de quarante ans d'études, car il peut servir à montrer la continuité et le développement cohérent de ma pensée sur le sujet.

CHAPITRE I

SUR CERTAINES FORCES NATURELLES INCONNUES

J'ai l'intention de montrer dans ce livre quelle vérité il y a dans les phénomènes de retournement, de déplacement et de frappe de table, dans les communications qui en sont reçues, dans les lévitations qui contredisent les lois de la gravité, dans le mouvement des objets sans contact. , dans les bruits inexpliqués, dans les histoires racontées de maisons hantées, tout cela est à considérer du point de vue physique et mécanique. Sous toutes les rubriques que nous venons de mentionner, nous pouvons grouper les faits matériels produits par des causes encore inconnues de la science, et c'est de ces phénomènes physiques que nous nous occuperons spécialement ici ; car le premier point est de prouver définitivement, par des observations suffisantes, leur existence réelle. Les hypothèses, les théories, les doctrines viendront plus tard.

Au pays de Rabelais, de Montaigne, de Voltaire, on a tendance à sourire de tout ce qui touche au merveilleux, aux contes d'enchantement, aux extravagances de l'occultisme, aux mystères de la magie. Cela relève d'une prudence raisonnable. Mais cela ne va pas assez loin. Nier et préjuger un phénomène n'a jamais rien prouvé. La vérité de presque tous les faits qui constituent la somme des sciences positives de notre temps a été niée. Ce qu'il faut faire, c'est n'admettre aucune affirmation non vérifiée, appliquer à tout sujet d'étude, quoi qu'il arrive, la méthode expérimentale, sans aucune idée préconçue, ni pour, ni contre.

Nous avons ici affaire à un grand problème, qui touche à celui de la survie de la conscience humaine. Nous pouvons l'étudier, malgré les sourires.

Quand nous consacrons notre vie à une idée utile, noble, exaltée, nous ne devons pas hésiter un instant à sacrifier des personnalités ; avant tout, notre propre moi, notre intérêt, notre estime de soi, notre vanité naturelle. Ce sacrifice est un critère par lequel j'ai estimé bon nombre de personnages. Combien d'hommes, combien de femmes mettent leur misérable petite personnalité au-dessus de tout !

Si les forces dont il s'agit sont réelles, elles ne peuvent être que des forces naturelles. Il faut admettre, comme principe absolu, que tout est dans la nature, même Dieu lui-même, comme je l'ai montré dans un autre ouvrage. Avant toute tentative de théorie, la première chose à faire est d'établir scientifiquement l'existence réelle de ces forces.

Les expériences médiumniques pourraient former (et formeront sans doute bientôt) un chapitre de physique. Seulement c'est une sorte de physique transcendantale qui touche à la vie et à la pensée, et les forces en jeu sont avant tout des forces vivantes, des forces psychiques.

Je raconterai dans le chapitre suivant les expériences que j'ai faites entre les années 1861 et 1865, avant la rédaction de la protestation, reproduites dans la longue citation ci-dessus (dans l'introduction). Mais, comme elles sont résumées à certains égards dans celles que je viens d'avoir, en 1906, je commencerai par décrire ces dernières dans ce premier chapitre.

En fait, j'ai récemment renouvelé ces investigations auprès d'une médium célèbre, Mme. Eusapia Paladino, de Naples, qui a séjourné plusieurs fois à Paris ; à savoir en 1898, 1905 et, tout récemment, en 1906. Les choses dont je vais parler se sont passées dans le salon de chez moi à Paris, les dernières en pleine lumière, sans aucune préparation, tout simplement, comme si pendant discussions après le dîner.

Ajoutons que ce médium est venu à Paris dans les premiers mois de l'année 1906, à l'invitation de l'Institut Psychologique, dont plusieurs membres se sont récemment engagés dans des recherches commencées depuis longtemps. Parmi ces savants, je citerai le nom du regretté Pierre Curie, l'éminent chimiste, avec qui j'eus une conversation quelques jours avant sa mort malheureuse et terrible. Mes expériences médiumniques avec Mme. Paladino constituait pour lui un nouveau chapitre dans le grand livre de la nature, et il était également convaincu qu'il existe des forces cachées à l'investigation desquelles il n'est pas antiscientifique de se consacrer. Son génie subtil et pénétrant aurait peut-être rapidement déterminé le caractère de ces forces.

Ceux qui ont prêté un peu d'attention à ces études psychologiques connaissent les pouvoirs de Mme. Paladin. Les ouvrages publiés du comte de Rochas, du professeur Richet, du docteur Dariex, de MG de Fontenay, et notamment les *Annales des sciences psychiques* , les ont signalés et décrits avec tant de détails qu'il serait superflu d'y revenir à nouveau. ce point. Nous trouverons plus loin un endroit pour en discuter.

Sous toutes les observations des auteurs mentionnés ci-dessus, une idée dominante peut être lue comme dans un palimpseste ; à savoir, la nécessité impérieuse dans laquelle se trouvent constamment les expérimentateurs de soupçonner des ruses dans ce milieu (Mme Paladino). Mais tous les médiums, hommes et femmes, doivent être surveillés. Pendant plus de quarante ans, je crois avoir reçu chez moi presque tous, hommes et femmes de diverses nationalités et venus de toutes les parties du monde. On peut poser comme principe que tous les médiums professionnels trichent. Mais ils ne trichent pas toujours ; et ils possèdent des pouvoirs psychiques réels et indéniables.

Leur cas est à peu près celui des hystériques observés à la Salpêtrière ou ailleurs. J'en ai vu quelques-uns déjouer par leur savoir-faire profond, non seulement le docteur Charcot, mais surtout le docteur Luys, et tous les médecins qui étudiaient leur cas. Mais comme les hystériques trompent et simulent, ce serait une grossière erreur de conclure que l'hystérie n'existe pas. Et comme les médiums tombent fréquemment dans l' imposture la plus effrontée, il ne serait pas moins absurde de conclure que la médiumnité n'existe pas. Les somnambules de mauvaise réputation n'interdisent pas l'existence du magnétisme, de l'hypnotisme et du véritable somnambulisme.

Cette nécessité d'être constamment sur ses gardes a découragé plus d'un chercheur, comme me l'écrivait spécialement l'illustre astronome Schiaparelli, directeur de l'Observatoire de Milan, dans une lettre qui paraîtra plus loin.

Pourtant, nous devons endurer ce mal.

Les mots « fraude » (*supercherie*) et « supercherie » (*tricherie*) ont à cet égard un sens un peu différent de leur sens ordinaire. Parfois, les médiums trompent volontairement, sachant bien ce qu'ils font et s'amusant. Mais le plus souvent, ils trompent inconsciemment, poussés par le désir de produire les phénomènes attendus.

Ils contribuent au succès de l'expérience lorsque ce succès tarde à se manifester. Les médiums qui s'occupent des phénomènes objectifs sont doués du pouvoir de faire bouger des objets éloignés, des tables élévatrices, etc. Mais ils semblent généralement appliquer ce pouvoir au bout de leurs doigts, et les objets à déplacer doivent être à la portée de leurs mains ou de leurs pieds, chose très regrettable et qui fournit un beau sport aux sceptiques prévenus. Parfois les médiums agissent comme le joueur de billard, qui continue un instant le geste de la main et du bras, tenant sa queue pointée vers la boule d'ivoire qui roule, et se penchant en avant comme si, par sa volonté, il pouvait la pousser jusqu'à un carambole. Il sait très bien qu'il n'a plus aucun pouvoir sur le sort de la balle, que seul son coup initial entraîne ; mais il en guide le cours par sa pensée et son geste.

Il n'est peut-être pas superflu de prévenir le lecteur que le mot « médium » est employé dans ces pages sans aucune idée préconçue, et non dans le sens étymologique dans lequel il prenait son origine à l'époque des premières théories spiritualistes, qui affirmaient que le l'homme ou la femme doués de pouvoirs psychiques est un intermédiaire *entre* les esprits et ceux qui expérimentent. Personne qui a le pouvoir de faire bouger des objets contrairement aux lois de la gravité (même parfois sans les toucher), de faire entendre des sons à distance et sans aucun effort musculaire, et de faire apparaître devant les yeux diverses apparitions. , n'a pas nécessairement, pour cette raison, aucun lien d'union avec des esprits ou des âmes désincarnés. Nous conserverons cependant ce mot de « moyen », si utilisé depuis si longtemps. Nous ne nous préoccupons ici que des faits. J'espère convaincre le lecteur que ces choses existent réellement et ne sont ni des illusions, ni des farces, ni des exploits de prestidigitation. Mon but est de prouver leur réalité avec une certitude absolue, de faire pour eux ce que (dans mon volume *L'Inconnu et les problèmes psychiques*) j'ai fait pour la télépathie, les apparitions des mourants, les rêves prémonitoires et la clairvoyance.

Je commencerai, je le répète, par des expériences que j'ai récemment renouvelées ; à savoir, au cours de quatre séances les 29 mars, 5 avril, 30 mai et 7 juin 1906.

1. Prenons le cas de la lévitation d'une table ronde. J'ai si souvent vu une table assez lourde élevée à une hauteur de huit, douze, seize pouces du sol, et j'en ai pris des photographies indéniablement authentiques ; Je me suis si souvent prouvé que la suspension de ce meuble par l'imposition *sur lui* des mains de quatre ou cinq personnes produit l'effet d'un flottement dans une cuve pleine d'eau ou autre fluide élastique, que, pour moi, la lévitation des objets n'est pas plus douteuse que celle d'une paire de ciseaux soulevée à l'aide d'un aimant. Mais un soir que j'étais presque seul avec Eusapia, le 29 mars 1906 (nous étions quatre en tout), désireux d'examiner à loisir comment cela se passait, je lui demandai de poser ses mains avec les miennes sur la table, la les autres personnes restant à distance. La table s'est très vite élevée à une hauteur de quinze ou vingt pouces *alors que nous étions tous les deux debout* . Au moment de la production du phénomène, la médium posa une de ses mains sur l'une des miennes, qu'elle appuya énergiquement, nos deux autres mains reposant côte à côte. D'ailleurs, de sa part, comme de la mienne, il y avait un acte de volonté exprimé par des mots d'ordre adressés à « l'esprit » : « Viens maintenant ! Leve la table ! Prends courage ! Viens ! Essayez maintenant ! etc.

Nous avons immédiatement constaté qu'il y avait deux éléments ou constituants présents. D'un côté, les expérimentateurs s'adressent à une entité invisible. En revanche, le médium éprouve une fatigue nerveuse et musculaire, et son poids augmente proportionnellement à celui de l'objet soulevé (mais pas dans une proportion exacte).

Nous sommes obligés de faire comme s'il y avait réellement un être présent qui écoute. Cet être semble naître, puis devenir inexistant dès que l'expérience est terminée. Il semble avoir été créé par le médium. Est-ce une auto-suggestion de sa part ou de l'ensemble dynamique des expérimentateurs qui crée une force particulière ? Est-ce un dédoublement de sa personnalité ? Est-ce la condensation d'un *milieu psychique* au milieu duquel nous vivons ? Si nous cherchons à obtenir des preuves de l'individualité réelle et permanente, et surtout de l'identité d'une âme particulière évoquée dans notre mémoire, nous n'obtenons jamais de satisfaction. Là est le mystère.

Conclusion : nous avons là une force inconnue de la classe psychique, une force vivante, la vie d'un instant seulement.

Ne pourrait-il pas se produire, en s'efforçant, de provoquer un détachement de forces qui agit extérieurement à notre corps ? Mais ce n'est pas le lieu, dans ces premières pages, de formuler des hypothèses.

L'expérience dont je viens de parler a été répétée trois fois de suite, *en pleine lumière* d'un lustre à gaz, et dans les mêmes conditions de preuve complète dans chaque cas. Une table ronde pesant environ quatorze livres est soulevée par cette force inconnue. Une table de vingt-cinq ou cinquante livres ou plus nécessite un plus grand nombre de personnes. Mais ils n'obtiendront aucun résultat si l'un au moins d'entre eux n'est pas doué du pouvoir médiumnique.

Et j'ajouterai d'autre part qu'il y a dans une telle expérience une telle dépense d'énergie nerveuse et musculaire qu'un médium aussi extraordinaire qu'Eusapia, par exemple, ne peut presque pas obtenir de résultats en six heures, douze heures, même vingt heures. -quatre heures, après une séance au cours de laquelle elle a si généreusement dépensé son énergie psychique.

J'ajouterai que bien souvent la table continue de s'élever même après que les expérimentateurs ont cessé d'y toucher. C'est *un mouvement sans contact* .

Ce phénomène de lévitation est pour moi absolument prouvé, bien qu'on ne puisse pas l'expliquer. C'est comme ce qui se passerait si quelqu'un avait les mains gantées d'aimant et, les plaçant sur une table de fer, la soulevait du sol. Mais l'action n'est pas si simple : il s'agit d'une activité psychique extérieure à nous, momentanément en action. [4]

Or, comment se produisent ces lévitations et ces mouvements ?

Comment se fait-il qu'un bâton de cire à cacheter ou une cheminée de lampe, lorsqu'on les frotte, attire des morceaux de papier ou de la moelle de sureau ?

Comment se fait-il qu'une particule de fer s'agrippe si fermement à l'aimant lorsqu'on l'approche ?

Comment se fait-il que l'électricité s'accumule dans la vapeur d'eau, dans les molécules d'un nuage, jusqu'à donner lieu au tonnerre, à la foudre, à l'éclair, et à toutes leurs redoutables conséquences ?

Comment se fait-il que la foudre dépouille les vêtements d'un homme ou d'une femme avec sa nonchalance caractéristique ?

Et (pour prendre un exemple simple), sans sortir de notre condition de vie commune et normale, comment se fait-il que nous levions le bras ?

2. Prenez maintenant un spécimen d'un autre groupe de cas. Le médium pose une de ses mains sur celle d'une personne, et avec l'autre il bat l'air d'un, deux, trois ou quatre coups ou coups. Les coups se font entendre dans la table, et on ressent les vibrations en même temps qu'on les entend, des coups secs qui font penser à des décharges électriques. Il est superflu de préciser que les pieds du médium ne touchent pas ceux de la table, mais qu'ils en sont tenus à distance.

Le médium pose ensuite ses mains avec les nôtres sur la table, et les coups entendus dans la table sont plus forts que dans le cas précédent.

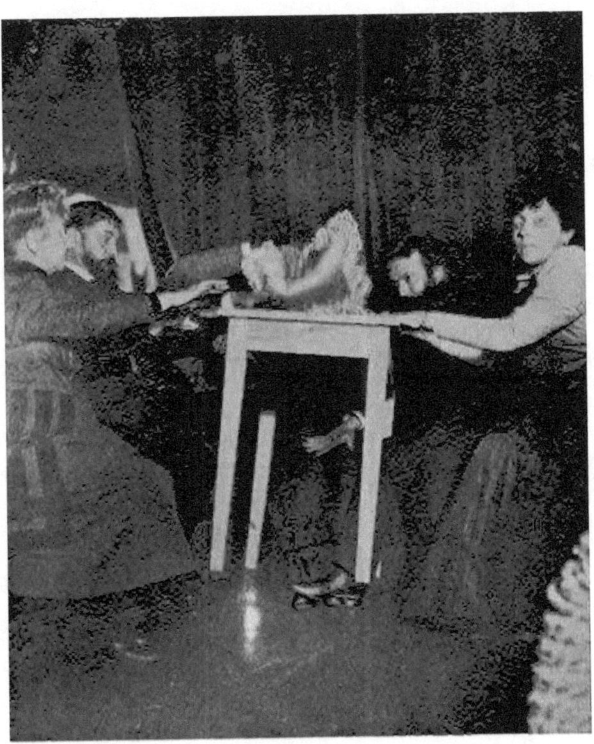

PLANCHE I. LÉVITATION COMPLÈTE D'UNE TABLE DANS LE SALON DU PROFESSEUR FLAMMARION PAR LA MÉDIUMNITÉ D'EUSAPIA PALADINO.

Ces coups audibles dans le tableau, cette « typtologie » bien connue des spiritualistes, ont été fréquemment attribuées à une sorte de supercherie ou autre, à un craquement musculaire ou à des actions diverses du médium. Après l'étude comparative que j'ai faite de ces événements particuliers, je crois avoir raison d'affirmer que ce fait n'est pas moins certain que le premier. Les raps, comme on le sait, sont obtenus dans toutes sortes de rythmes, et les réponses à toutes les questions sont obtenues au moyen de conventions simples, par lesquelles il est convenu, par exemple, que trois coups signifieront « oui » et deux signifieront « non ». et que, pendant la lecture des lettres de l'alphabet, les mots peuvent être dictés en tapotant au fur et à mesure que chaque lettre est nommée.

3. Pendant nos expériences, tandis que nous quatre personnes sommes assises autour d'une table pour demander une communication qui n'arrive pas, un fauteuil, placé à environ vingt-quatre pouces du pied du médium (sur lequel j'ai posé mon pied pour faire sûre qu'elle ne peut pas se servir du sien), — un fauteuil, dis-je, se met en mouvement et vient glisser jusqu'à nous. Je le repousse; ça revient. Il s'agit d'un *pouf rembourré*, très lourd, mais capable de glisser facilement sur le sol. Cela s'est produit le 29 mars dernier, puis le 5 avril.

Cela aurait pu être fait en tirant la chaise avec une ficelle ou en plaçant son pied suffisamment en avant. Mais cela se reproduisait encore et encore (cinq ou six fois), en se déplaçant automatiquement, et cela avec une telle violence que la chaise sautait sur le sol à l'envers et finissait par tomber à l'envers sans que personne ne l'ait touchée.

4. Voici un quatrième cas réobservé cette année, après avoir été plusieurs fois vérifié par moi, notamment en 1898.

Des rideaux proches du médium, mais qu'il lui est impossible de toucher, ni avec la main, ni avec le pied, se gonflent dans toute leur longueur, comme gonflés par une rafale de vent. Je les ai vu plusieurs fois envelopper la tête des spectateurs comme d'un capuchon de moine capucin.

5. En voici un cinquième exemplaire, authentifié par moi plusieurs fois, et toujours avec le même soin.

Tandis que je tiens une main d'Eusapia dans la mienne, et qu'un de mes amis astronomes, précepteur à l'Ecole Polytechnique, tient l'autre, nous sommes touchés, d'abord l'un puis l'autre, sur le côté et sur les épaules, comme si par une main invisible.

La médium s'efforce habituellement de rapprocher ses deux mains, tenues séparément par chacun de nous, et par une savante substitution de nous faire croire que nous tenons les deux lorsqu'elle a réussi à en dégager une. Cette fraude étant bien connue de nous, nous jouons le rôle de spectateurs avertis, et sommes sûrs d'avoir chacun réussi à lui tenir les mains écartées. Les attouchements dans cette expérience semblent provenir d'une entité invisible et sont plutôt désagréables. Celles qui ont lieu à proximité immédiate du média *pourraient* être dues à des fraudes ; mais pour certains d'entre eux cette explication est inapplicable.

C'est le lieu de remarquer que, malheureusement, le caractère extraordinaire des phénomènes est en raison directe de l'absence de lumière, et le médium nous demande continuellement de baisser le gaz, presque jusqu'à la disparition : « *Meno luce ! meno luce !* » (« Moins de lumière, moins de lumière »). Bien entendu, cela profite à toutes sortes de fraudes. Mais ce n'est pas une condition plus obligatoire que les autres. Il n'y a là aucune implication de menace.

Nous pouvons obtenir un grand nombre de phénomènes médiumniques avec une lumière assez forte pour que nous puissions distinguer les choses avec certitude . Or, il est vrai que la lumière est défavorable à la production des phénomènes.

C'est énervant. Pourtant, nous n'avons pas le droit d'imposer la condition inverse. Nous n'avons pas le droit d'exiger de la nature des conditions qui nous conviennent. Il serait tout aussi raisonnable de tenter d'obtenir un négatif photographique sans chambre noire, ou de tirer de l'électricité d'une machine tournante au milieu d'une atmosphère saturée d'humidité. La lumière est un agent naturel capable de produire certains effets et de s'opposer à la production d'autres.

Cet aphorisme me rappelle une anecdote de la vie de Daguerre, racontée dans la première édition de ce livre.

Un soir, cet illustre philosophe de la nature rencontre une femme élégante et à la mode dans le quartier de l'Opéra, dont il était alors le décorateur. Enthousiasmé par ses progrès en philosophie naturelle, il lui arrive de parler de ses études photogéniques. Il lui raconte une découverte merveilleuse grâce à laquelle les traits du visage peuvent être fixés sur une plaque d'argent. La dame, qui est une personne de bon sens, lui rit courtoisement au nez. Le savant continue son récit, sans se laisser décourager. Il ajoute même qu'il est possible que le phénomène se produise instantanément lorsque les processus se perfectionnent. Mais il a ses peines pour ses ennuis. Sa charmante compagne n'est pas assez crédule pour accepter une telle extravagance. Peignez sans couleurs et sans pinceau ! dessinez sans stylo ni crayon ! comme si un portrait pouvait se peindre tout seul, etc. Mais l'inventeur ne se décourage pas, et, pour la convaincre, lui propose de faire son portrait par ce procédé. La dame ne veut pas passer pour une dupe et refuse. Mais l'habile artiste plaide si bien sa cause qu'il surmonte ses objections. La fille blonde d'Eve consent à poser devant l'objet-verre. Mais elle pose une condition, une seule.

Sa beauté est à son meilleur le soir et elle se sent un peu fanée sous la lumière criarde du jour.

"Si tu pouvais m'emmener le soir..."

"Mais, madame, c'est impossible..."

"Pourquoi ? Vous dites que votre invention reproduit le visage trait par trait. Je préfère mes traits du soir à ceux du matin."

"Madame, c'est la lumière elle-même qui dessine l'image, et sans elle je ne peux rien faire."

"On allumera un lustre, une lampe, on fera tout pour vous plaire."

"Non, madame, la lumière du jour est impérative."

"Veux-tu s'il te plaît me dire pourquoi ?"

"Parce que la lumière du soleil présente une activité intense, suffisante pour décomposer l'iodure d'argent. Jusqu'à présent, je n'ai pu prendre de photo qu'en plein soleil."

Tous deux restèrent obstinés, la dame soutenant que ce qui pouvait se faire à dix heures du matin pouvait aussi facilement se faire à dix heures du soir. L'inventeur a affirmé le contraire.

Alors, il n'y a qu'à, messieurs, interdire la lumière de noircir l'iode, ou lui ordonner de noircir la chaux, et condamner le photographe à développer son négatif en pleine lumière. Demandez à l'électricité pourquoi elle passe instantanément d'un bout à l'autre d'un fil de fer long de mille milles et pourquoi elle refuse de traverser un fil de verre d'un demi-pouce de long. Demandez aux fleurs qui fleurissent la nuit de s'étendre pendant la journée, ou à celles qui ne fleurissent qu'à la lumière de ne pas se fermer au crépuscule. Donnez-moi l'explication de la respiration des plantes, diurne et nocturne, et de la production de chlorophylle et comment les plantes développent une couleur verte à la lumière ; pourquoi ils inspirent de l'oxygène et expirent du gaz carbonique pendant la nuit, et inversent le processus pendant la journée. Changer les équivalents de substances simples en chimie et ordonner la production de combinaisons. Interdire à l'acide azotique de bouillir à la température de congélation et ordonner à l'eau de bouillir à zéro. Vous n'avez qu'à demander ces accommodements et la nature vous obéira, messieurs, comptez sur elle.

Bon nombre de phénomènes naturels ne se produisent que dans l'obscurité. Les germes des plantes, des animaux, de l'homme, en formant un nouvel être, n'opèrent leur miracle que dans l'obscurité.

Ici, dans un ballon, se trouve un mélange d'hydrogène et de chlore en volumes égaux. Si vous souhaitez conserver le mélange, vous devez conserver le flacon dans l'obscurité, que vous le vouliez ou non. Telle est la loi. Tant qu'il reste dans l'obscurité, il conservera ses propriétés. Mais supposons que vous adoptiez l'idée d'un écolier d'exposer la chose à l'action de la lumière. Aussitôt une violente explosion se fait entendre ; l'hydrogène et le chlore disparaissent, et l'on trouve dans le ballon une substance nouvelle : l'acide chloridique. Il ne sert à rien de critiquer : l'obscurité respecte les deux substances, tandis que la lumière les fait exploser.

Si nous entendions un sceptique malin d'une clique ou d'une autre dire : « Je ne croirai aux citrouilles-lanternes que lorsque je les verrai à la lumière du jour », que penserions-nous de sa santé mentale ? A quoi penserait-il s'il ajoutait que les étoiles ne sont pas des certitudes, puisqu'on ne les voit que la nuit.

Dans toutes les observations et expériences de physique, il y a des conditions à observer. Dans ceux dont nous parlons, une lumière trop forte semble mettre en péril le succès de l'expérience. Mais il va sans dire que les précautions contre la tromperie devraient augmenter en proportion directe avec la diminution de la visibilité et des autres moyens de vérification.

Revenons à nos expériences.

6. Des coups se font entendre dans la table, ou elle bouge, se lève, retombe, frappe avec sa jambe. Une sorte de mouvement intérieur se produit dans le bois, assez violent, parfois, pour le briser. La table ronde dont j'utilisais (avec d'autres) chez moi a été disloquée et réparée plus d'une fois, et ce n'est en aucun cas la pression des mains sur elle qui a pu provoquer ces dislocations. Non, il y a là quelque chose de plus : il y a dans les actions de la table l'intervention de l'esprit, dont j'ai déjà parlé.

La table est interrogée, au moyen des signes conventionnels décrits quelques pages plus haut, et elle répond. Des phrases sont rappées, généralement banales et sans aucune valeur littéraire, scientifique ou philosophique. Mais en tout cas, les mots sont frappés, les phrases sont dictées. Ces phrases ne viennent pas d'elles-mêmes, et ce n'est pas non plus le médium qui les frappe - consciemment - soit avec son pied, soit avec sa main, ou à l'aide d'un muscle qui claque, car nous les obtenons lors de séances tenues sans médiums professionnels et à des réunions scientifiques où l'existence d'une supercherie serait de la plus grande absurdité. L'esprit du médium et celui des expérimentateurs ont assurément quelque chose à voir avec le mystère. Les réponses obtenues correspondent généralement au statut intellectuel de l'entreprise, comme si les facultés intellectuelles des personnes présentes étaient extérieures à leur cerveau et agissaient dans la table à l'insu des expérimentateurs eux-mêmes. Comment est-ce possible ? Comment pouvons-nous composer et dicter des phrases sans le savoir. Parfois les idées évoquées semblent émaner d'une personnalité inconnue de l'entreprise, et l'hypothèse des esprits se présente tout naturellement. Un mot est commencé ; quelqu'un croit en deviner la fin ; pour gagner du temps, il l'écrit ; la table parade, s'agite, s'impatiente. Ce n'est pas le bon mot ; un autre était en train d'être dicté. Il y a donc là un élément psychique que nous sommes obligés de reconnaître, quelle que soit sa nature analysée.

Le succès des expériences ne dépend pas toujours de la volonté du médium. Bien sûr, c'est là l'élément principal ; mais certaines conditions indépendantes d'elle sont nécessaires. L'atmosphère psychique créée par les personnes présentes a une influence qui ne peut être négligée. L'état de santé du milieu n'est donc pas sans influence. S'il est fatigué, même s'il a la meilleure volonté du monde, la valeur des résultats en sera affectée. J'en ai eu une nouvelle preuve, si souvent observée, chez moi, chez Eusapia Paladino, le 30 mai 1906. Elle souffrait depuis plus d'un mois d'une affection des yeux assez douloureuse ; et de plus ses jambes étaient considérablement enflées. Nous étions sept, dont deux spectateurs sceptiques. Les résultats furent presque nuls ; à savoir, le soulèvement, en à peine deux secondes, d'une table ronde pesant environ quatre livres ; le renversement d' un côté d'une table à quatre pieds ; et quelques coups frappés. Pourtant, le médium semblait animé d'un réel désir d'obtenir un résultat. Elle m'avoua cependant que ce qui avait surtout paralysé ses facultés, c'était l'esprit sceptique et sarcastique de l'une des deux personnes incrédules. Je connaissais le scepticisme absolu de cet homme. Cela ne s'était manifesté d'aucune façon ; mais Eusapia l'avait tout de suite deviné.

L'état d'esprit des spectateurs, sympathiques ou antipathiques, a une influence sur la production des phénomènes. C'est une question d'observation incontestable. Je ne parle pas ici seulement d'un médium rusé rendu impuissant à agir par un examen critique trop attentif, mais aussi d'une force hostile qui peut plus ou moins neutraliser la volonté la plus sincère. N'en est-il pas d'ailleurs de même dans les assemblées, grandes ou petites, dans les conférences, dans les salons, etc. ? Ne voyons-nous pas souvent des personnes à l'esprit funeste et antipathique échouer dès le début dans l'accomplissement des desseins les plus nobles.

Voici les résultats d'une autre séance du même médium tenue quelques jours après.

Le 7 juin 1906, j'avais été informé par mon ami le Dr Ostwalt, oculiste habile, qui soignait alors Eusapia, qu'elle devait être chez lui ce soir-là et que peut-être je pourrais essayer une nouvelle expérience. J'ai accepté avec d'autant plus de facilité que la belle-mère du médecin, Mme. Werner, à qui j'étais attaché par une amitié de plus de trente ans, était mort depuis un an, et m'avait maintes fois promis, de la manière la plus formelle, de comparaître après sa mort pour compléter mon rapport. recherches psychiques par une manifestation, si la chose était possible. Nous avions si souvent causé sur ces sujets, et elle s'y intéressait si profondément, qu'elle avait renouvelé sa promesse avec beaucoup d'insistance quelques jours avant sa mort. Et en même temps elle fit une promesse semblable à sa fille et à son gendre.

Eusapia, de son côté, reconnaissante des soins qu'elle avait reçus du médecin et de la guérison de son œil, voulait lui être agréable de toutes les manières possibles.

Les conditions étaient donc excellentes à tous égards. Je convins avec le docteur que nous avions devant nous quatre hypothèses possibles, et qu'il fallait chercher à se fixer sur la plus probable.

un. Ce qui se passerait pourrait être dû à une fraude, consciente ou inconsciente.

b. Les phénomènes pourraient être produits par une force physique émanant du milieu.

c. Soit par une ou plusieurs entités invisibles faisant usage de cette force.

d. Ou par Mme. Werner elle-même.

Nous avons eu ce soir-là quelques mouvements de la table et une levée complète des quatre pieds jusqu'à une hauteur d'environ huit pouces. Nous étions six autour de la table, Eusapia, Madame et Monsieur Ostwalt, leur fils Pierre, seize ans, ma femme et moi. Nos mains placées au-dessus de la table la touchaient à peine, et se détachaient presque entièrement au moment où elle se levait du sol. Aucune fraude possible. Pleine lumière.

La séance s'est ensuite poursuivie dans le noir. Les deux portières d'une grande porte à double battant, contre laquelle était assise la médium, dos à la porte, furent soufflées pendant près d'une heure, parfois avec une telle violence qu'elles formaient sur la tête du docteur une sorte de capuchon de moine. celui de sa femme.

Cette grande porte fut plusieurs fois ébranlée violemment, et des coups terribles furent portés contre elle.

Nous avons essayé d'obtenir des mots au moyen de l'alphabet, mais sans succès. (Je remarquerai à ce propos qu'Eusapia ne sait ni lire ni écrire.)

Pierre Ostwalt était capable d'écrire un mot avec le crayon. C'était comme si une force invisible guidait sa main. Le mot qu'il a noté au crayon était le prénom de Mme. Werner, *qu'il connaît bien* .

Malgré tous nos efforts, nous n'avons pu obtenir une seule pièce d'identité. Pourtant, cela aurait été très facile pour Mme. Werner d'en trouver un, comme elle nous l'avait si solennellement promis.

Malgré l'annonce par des coups de poing qu'une apparition allait apparaître qu'il nous serait permis de voir, nous n'avons pu percevoir qu'une forme blanche et pâle, dépourvue de contours précis, même en manipulant la lumière de manière à obtenir une obscurité presque complète. De cette nouvelle séance sont déduites les conclusions suivantes :

un. La fraude ne peut expliquer les phénomènes, notamment la lévitation de la table, les coups et secousses violents donnés à la porte et la projection du rideau dans la pièce.

b. Ces phénomènes sont certainement produits par une force émanant du médium, car ils se produisent tous dans son voisinage immédiat.

c. Cette force est intelligente. Mais il est possible que cette intelligence qui obéit à nos demandes ne soit que celle du médium.

d. Rien ne prouve que l'esprit évoqué ait eu une quelconque influence.

Ces propositions seront cependant examinées et développées une à une dans les pages qui suivent.

Toutes les expériences décrites dans ce premier chapitre nous révèlent des forces inconnues à l'œuvre. Il en sera de même dans les chapitres qui suivront.

Ces phénomènes sont si inexpliqués, si inexplicables, si incroyables, que le plan le plus simple est de les nier, de les attribuer tous à la fraude ou à l'hallucination, et de croire que tous les participants sont aveugles au sable.

Malheureusement pour nos adversaires, cette hypothèse est inadmissible.

Disons ici qu'il y a très peu d'hommes — et surtout de femmes — dont l'esprit soit complètement *libre* ; c'est-à-dire dans un état capable d'accepter, sans aucune idée préconçue, des faits nouveaux ou inexpliqués. En général, les gens sont disposés à admettre seulement les faits ou les choses pour lesquels ils sont préparés par les idées qu'ils ont reçues, chéries et entretenues. Il n'y a peut-être pas un être humain sur cent capable d'enregistrer mentalement une nouvelle impression, simplement, librement, exactement, avec la précision d'un appareil photo. L'indépendance absolue de jugement est une chose rare chez les hommes.

Un seul fait observé avec précision, même s'il devait contredire toute la science, vaut mieux que toutes les hypothèses.

Mais seuls les esprits indépendants, libérés des liens classiques qui lient les dogmatiques à leurs chaises, osent étudier des faits extra-scientifiques ou les considèrent comme possibles.

Je connais des hommes de génie érudits, membres de l'Académie des sciences, professeurs à l'université, maîtres de nos grandes écoles, qui raisonnent ainsi : « Tels et tels phénomènes sont impossibles parce qu'ils sont en contradiction avec l'état actuel des choses. de la science. Nous ne devrions admettre que ce que nous pouvons expliquer.

On appelle ça un raisonnement scientifique !

Exemples. — Frauenhofer découvre que le spectre solaire est traversé par des lignes sombres. Ces lignes sombres ne pouvaient pas être expliquées à son époque. Nous ne devons donc pas y croire.

Newton découvre que les étoiles se déplacent *comme si* elles étaient gouvernées par une force attractive. Cette attirance ne pouvait s'expliquer à son époque. Cela n'est pas non plus expliqué aujourd'hui. Newton lui-même prend la peine de déclarer qu'il ne souhaite pas l'expliquer par une hypothèse. « *Hypotheses non fingo* » (« Je ne fais pas d'hypothèses »). Ainsi, selon le raisonnement de nos pseudo-logiciens, nous ne devrions pas admettre la gravitation universelle. L'oxygène combiné à l'hydrogène forme de l'eau. Comment? Nous ne le savons pas. Nous ne devons donc pas admettre ce fait.

Des pierres tombent parfois du ciel. L'Académie des sciences du XVIIIe siècle, ne pouvant deviner d'où ils venaient, niait simplement ce fait observé depuis des milliers d'années. Ils niaient aussi que les poissons et les crapauds puissent tomber des nuages, parce qu'on n'avait pas alors observé que les trombes marines les aspirent et les transportent d'un endroit à un autre. Un médium pose la main sur une table et semble effectivement lui transmettre une vie indépendante. C'est inexplicable, donc c'est faux. C'est pourtant la méthode de raisonnement prédominante d'un grand nombre d'érudits. Ils ne veulent admettre que ce qui est connu et expliqué. Ils déclarèrent que les locomotives ne pourraient pas circuler ou que, si elles réussissaient, les chemins de fer n'apporteraient aucun changement dans les relations sociales ; que le télégraphe transatlantique ne transmettrait jamais de dépêche ; ce vaccin ne rendrait pas immunisé ; et à une certaine époque, ils affirmaient fermement (c'était il y a longtemps) que la terre ne tournait pas. Il semble qu'ils aient même condamné Galilée. *Tout* a été nié.

A propos de faits assez semblables à ceux que nous étudions ici, — je veux parler des stigmates de Louise Lateau, — un savant allemand très célèbre, le professeur Virchow, terminait son rapport à l'Académie de Berlin par ce dilemme : *fraude ou miracle* . Cette conclusion a acquis une vogue classique.

Mais ce fut une erreur, car on sait désormais que les stigmates ne sont dus ni à la fraude ni au miracle.

Une autre objection assez courante est présentée par certaines personnes apparemment scientifiques. Confondant l'expérience avec l'observation, ils s'imaginent qu'un phénomène naturel, pour être réel, devrait pouvoir se produire à volonté, comme dans un laboratoire. Après cette manière de voir les choses, une éclipse de soleil ne serait pas une chose réelle, ni un éclair qui met le feu à une maison, ni un aérolithe qui tombe du ciel. Un tremblement de terre, une éruption volcanique sont des phénomènes d'observation et non d'expérimentation. Mais ils n'en existent pas moins, souvent au grand détriment de la race humaine. Or, dans l'ordre des faits que nous étudions ici, on ne peut presque jamais expérimenter, mais seulement observer, ce qui réduit considérablement l'étendue du champ d'étude. Et, même lorsque nous expérimentons, les phénomènes ne se produisent pas à volonté : certains éléments, dont plusieurs nous n'avons pas encore pu saisir, interviennent pour les traverser, les modifier, les contrecarrer, de sorte que pour la plupart nous ne peut jouer que le rôle d'observateurs. La différence est analogue à celle qui sépare la chimie de l'astronomie. En chimie, nous expérimentons : en astronomie, nous observons. Mais cela n'empêche pas que l'astronomie soit la plus exacte des sciences.

Les phénomènes médiumniques qui relèvent directement de l'observation, notamment ceux que j'ai décrits quelques pages plus haut, ont pour moi le cachet d'une certitude absolue et d'une incontestable certitude, et suffisent amplement à prouver que des forces physiques inconnues existent en dehors du domaine ordinaire et établi de la philosophie naturelle. En tant que principe, c'est d'ailleurs un principe incontestable. [5]

Je pourrais citer encore d'autres exemples, par exemple les suivants :

7. Au cours des expériences en séance, des fantômes apparaissent souvent : des mains, des bras, une tête, un buste, une figure humaine entière. J'en ai été témoin, notamment le 27 juillet 1897, à Montfort-l'Amaury (voir chapitre III). M. de Fontenay ayant déclaré qu'il apercevait une image ou un esprit au-dessus de la table, entre lui et moi (nous étions assis face à face, veillant sur Eusapia, lui tenant une de ses mains, et moi l'autre), et je voyant rien du tout, je lui ai demandé de changer de place avec moi. Et puis, moi aussi, j'aperçus cette ombre-esprit, une tête d'homme barbu, aux contours assez vagues, qui se déplaçait comme une silhouette, avançant et reculant devant une lanterne rouge posée sur un meuble. Je n'avais pas pu voir d'abord de là où j'étais assis, car la lanterne était alors derrière moi, et l'apparence spectrale se formait entre M. de Fontenay et moi. Comme cette silhouette sombre restait assez vague, j'ai demandé si je ne pouvais pas toucher sa barbe. Le

médium répondit : « Tendez la main. » Je sentis alors sur le dos de ma main le frôlement d'une barbe très douce.

Ce cas n'avait pas pour moi la même *certitude absolue* que le précédent. Il existe des degrés dans le sentiment de sécurité que nous ressentons dans les observations. En astronomie même, il existe des étoiles à la limite de la visibilité. Et pourtant, de l'avis de tous les participants à la séance, il n'y avait pas de piège. D'ailleurs, une autre fois, chez moi, j'ai vu une autre figure, celle d'une jeune fille, comme le lecteur le verra dans le troisième chapitre .

8. Ce même jour, à Montfort, au cours de la conversation, quelqu'un rappela la circonstance que les « esprits » avaient quelquefois imprimé sur de la paraffine, du mastic ou de l'argile l'empreinte de leur tête ou de leurs mains, chose qui semble au dernier degré absurde. Mais nous avons acheté du mastic chez un vitrier et avons préparé dans une caisse en bois un gâteau parfaitement moelleux. A la fin de la séance, il y avait l'empreinte d'une tête, d'un visage, dans ce mastic. Dans ce cas, pas plus que dans l'autre, je suis *absolument certain* qu'il n'y a pas eu de supercherie. Nous en parlerons plus loin.

D'autres manifestations seront notées dans les pages suivantes de ce livre. S'arrêtant ici, pour le moment, au point de vue particulier de l'existence prouvée de forces inconnues, je me bornerai aux six cas précédents, les considérant comme incontestables, au jugement de tout homme de bonne foi ou de tout observateur. . Si j'ai envisagé ces cas particuliers si tôt dans l'ouvrage, c'est en réponse aux lecteurs de mes ouvrages qui me suppliaient depuis longtemps de donner mes observations *personnelles* .

La plus simple de ces manifestations – celle du rap par exemple – n'est pas un atout négligeable. Nul doute que c'est l'un ou l'autre des expérimentateurs, ou leur résultante dynamique, qui rappe dans la table sans savoir comment. Alors, même s'il s'agit d'une entité psychique inconnue des médiums, elle utilise évidemment ceux-ci, leurs propriétés physiologiques. Un tel fait n'est pas sans intérêt scientifique. Les négationnistes du scepticisme ne prouvent rien, à moins que les négationnistes eux-mêmes n'aient pas observé les phénomènes.

Je n'ai d'autre but dans ce premier chapitre que de donner un résumé préliminaire des faits observés.

Je ne souhaite émettre dans ces premières pages aucune hypothèse explicative. Mes lecteurs se feront eux-mêmes une opinion à partir des récits qui suivront, et le dernier chapitre du volume sera consacré aux théories. Pourtant, je crois qu'il sera utile d'attirer immédiatement l'attention sur le fait que la matière n'est pas, en réalité, ce qu'elle paraît être à nos sens vulgaires, à notre sens du toucher, à notre vision, mais qu'elle est identique. avec de l'énergie, et n'est qu'une manifestation du mouvement d'éléments invisibles et impondérables. L'univers est un dynamisme. La matière n'est qu'une apparence. Il sera utile au lecteur de garder cette vérité à l'esprit, car elle l'aidera à comprendre les études que nous allons faire.

Les forces mystérieuses que nous étudions ici sont elles-mêmes des manifestations du dynamisme universel avec lequel nos cinq sens nous mettent très imparfaitement en relation.

Ces choses appartiennent à l'ordre psychique aussi bien qu'au physique. Ils prouvent que nous vivons au milieu d'un monde inexploré, dans lequel les forces psychiques jouent un rôle encore très imparfaitement étudié.

Nous sommes ici dans une situation analogue à celle dans laquelle se trouvait Christophe Colomb le soir du jour où il aperçut les premiers signes de terre dans le Nouveau Monde. Nous poussons notre proue à travers une mer absolument inconnue.

CHAPITRE II

MES PREMIÈRES SÉANCES DANS LE GROUPE ALLAN KARDEC ET AVEC LES MÉDIAS DE CETTE ÉPOQUE

Un jour du mois de novembre 1861, sous les Galeries de l'Odéon [6] , j'aperçus un livre dont le titre me frappa : *Le Livre* des Esprits, d'Allan Kardec. . Je l'ai acheté et lu avec avidité, plusieurs chapitres me paraissant s'accorder avec les bases scientifiques du livre que j'écrivais alors, *La Pluralité des mondes habités* . Je recherchai l'auteur, qui me proposa d'entrer, comme membre associé libre, dans la Société parisienne d'études spiritualistes, qu'il avait fondée et dont il était président. J'ai accepté et je viens par hasard de trouver le billet vert signé par lui le 15 novembre 1861. C'est la date de mes débuts dans les études psychiques. J'avais alors dix-neuf ans et j'étais depuis trois ans élève astronomique à l'Observatoire de Paris. A cette époque, je mettais la dernière touche au livre dont je viens de parler, dont la première édition fut publiée quelques mois après par l'imprimeur-éditeur de l'Observatoire.

Les membres se réunissaient tous les vendredis soir dans la salle de réunion de la société, dans le petit passage Sainte-Anne, placé sous la protection de Saint Louis. Le président ouvre la séance par une « invocation aux bons Esprits ». Il était admis, en principe, que des esprits invisibles y étaient présents et se révélaient. Après cette invocation, un certain nombre de personnes, assises à une grande table, furent priées de s'abandonner à leur inspiration et d'écrire. On les appelait des « médiums d'écriture ». Leurs thèses furent ensuite lues devant un public attentif. Il n'y a eu aucune expérience physique de retournement de table, de déplacement ou de parole de tables. Le président Allan Kardec a déclaré qu'il n'accordait aucune valeur à de telles choses. Il lui semblait que les instructions communiquées par les Esprits devaient former la base d'une doctrine nouvelle, d'une sorte de religion.

A la même époque, mais quelques années plus tôt, mon illustre ami Victorien Sardou, qui avait fréquenté occasionnellement l'Observatoire, avait écrit, comme médium, quelques pages curieuses sur les habitants de la planète Jupiter, et avait produit des tableaux pittoresques et surprenants. dessins, ayant pour objectif de représenter les hommes et les choses tels qu'ils apparaissent dans ce géant des mondes. Il a conçu les habitations des habitants de Jupiter. Un de ses croquis nous montrait la maison de Mozart, d'autres les maisons de Zoroastre et de Bernard Palissy, qui étaient voisins de campagne dans l'un des paysages de cette immense planète. Les habitations sont éthérées et d'une exquise légèreté. On peut en juger par les deux figures reproduites ici (Pl. II et III). Le premier représente une résidence de Zoroastre, le second "les quartiers des animaux" lui appartenant . Sur le terrain se trouvent des fleurs, des hamacs, des balançoires, des créatures volantes et, en contrebas, des animaux intelligents qui jouent à un type particulier de quilles où le plaisir n'est pas de faire tomber les quilles, mais de leur mettre un capuchon, comme dans le gobelet et la balle. jouet, etc

Ces curieux dessins prouvent indubitablement que la signature « Bernard Palissy, de Jupiter », est apocryphe et que la main de Victorien Sardou n'a pas été dirigée par un esprit de cette planète. Ce n'est pas non plus l'auteur doué lui-même qui a planifié ces croquis et les a exécutés selon un plan précis. Elles ont été réalisées alors qu'il était en état de médiumnité. Une personne n'est ni magnétisée, ni hypnotisée, ni endormie de quelque manière que ce soit lorsqu'elle se trouve dans cet état. Mais le cerveau n'ignore pas ce qui se passe : ses cellules remplissent leurs fonctions et agissent (sans doute par un mouvement réflexe) sur les nerfs moteurs. À cette époque, nous pensions tous que Jupiter était habitée par une race d'êtres supérieurs. Les communications spirites étaient le reflet des idées générales de l'air. Aujourd'hui, avec notre connaissance actuelle des planètes, nous ne devrions rien imaginer de pareil à propos de ce globe. Et d'ailleurs, les séances spiritualistes ne nous ont jamais rien appris en matière d'astronomie. Les résultats obtenus ne prouvent absolument pas l'intervention des esprits. Les médiums écrivains en ont-ils donné des preuves plus convaincantes que celles-ci ? C'est ce que nous devrons examiner de la manière la plus impartiale possible.

J'ai moi-même essayé de voir si moi aussi je ne savais pas écrire. En rassemblant et en concentrant mes pouvoirs et en permettant à ma main d'être passive et inrésistante, j'ai vite découvert qu'après avoir tracé certains traits, certains *o* et certaines lignes sinueuses plus ou moins entrelacées, un peu comme un enfant de quatre ans Si un enfant apprenait à écrire, il a finalement écrit des mots et des phrases.

Dans ces réunions de la Société parisienne d'études spiritualistes, j'écrivais pour ma part, quelques pages sur des sujets astronomiques signées « Galilée ». Les communications restèrent en possession de la société et, en 1867, Allan Kardec les publia sous le titre *Uranographie générale* , dans son ouvrage intitulé *Genesis* . (J'ai conservé un des premiers exemplaires, avec sa dédicace.) Ces pages astronomiques ne m'ont rien appris. Je n'ai donc pas tardé à conclure qu'ils n'étaient que l'écho de ce que je savais déjà et que Galilée n'y était pour rien. Quand j'ai écrit ces pages, j'étais dans une sorte de rêve éveillé. D'ailleurs, ma main a arrêté d'écrire quand j'ai commencé à penser à d'autres sujets.

PLANCHE II. MAISON DE ZOROASTRE DE JUPITER D'APRÈS
UN DESSIN SOMNAMBULIQUE DE VICTORIEN SARDOU.

PLANCHE III. QUARTIERS DES ANIMAUX. MAISON DE ZOROASTRE DE
JUPITER D'APRÈS
UN DESSIN SOMNAMBULIQUE DE VICTORIEN SARDOU.

Je puis citer ici ce que j'ai dit à ce sujet dans mon ouvrage, *Les Mondes de l'Espace* (*Les Terres du Ciel*), dans l'édition de 1884, p. 181 :—

Le médium qui écrit n'est pas endormi, ni magnétisé ou hypnotisé d'aucune façon. On est simplement reçu dans un cercle d'idées déterminées. Le cerveau agit (par l'intermédiaire du système nerveux) un peu différemment de ce qu'il fait dans son état normal. La différence n'est pas aussi grande qu'on pourrait le croire. La principale différence peut être décrite comme suit :

Dans l'état normal, nous pensons à ce que nous allons écrire *avant que* l'acte d'écrire ne commence. Il y a une action directe de la volonté qui fait bouger la plume, la main et l'avant-bras sur le papier. Dans l'état anormal, au contraire, on ne réfléchit pas avant d'écrire ; on ne bouge pas la main, mais on la laisse rester inerte, passive, libre ; nous le plaçons sur le papier, en ayant seulement soin qu'il rencontre le moins de résistance possible ; nous pensons à un mot, à une figure, à un trait de plume, et la main, de son propre gré, se met à écrire. Mais le médium qui écrit doit *penser* à ce qu'il fait, non pas à l'avance, mais continuellement ; sinon la main s'arrête. Par exemple, essayez d'écrire le mot « océan », non pas *volontairement* (de la manière ordinaire), mais simplement en prenant un crayon et en laissant la main reposer légèrement et librement sur le papier, pendant que vous réfléchissez à votre mot et observez attentivement. si la main écrira. Très bien; il commence à se déplacer sur le papier, écrivant d'abord an *o* , puis a *c* , et le reste. C'est du moins mon expérience lorsque j'étudiais les nouveaux problèmes du spiritualisme et du magnétisme.

J'ai toujours pensé que le cercle de la science n'est pas fermé et qu'il nous reste encore beaucoup de choses à apprendre. Dans les expériences d'écriture médiumnique, il est très facile de se tromper et de croire que la main est sous l'influence d'un autre esprit que le nôtre. La conclusion la plus probable concernant ces expériences a été que la théorie de l'action des esprits étrangers n'est pas nécessaire pour expliquer de tels phénomènes. Mais ce n'est pas ici le lieu d'entrer dans les détails d'un sujet qui, jusqu'à présent, n'a été que peu abordé par la critique scientifique, ayant été plus souvent exploité par des spéculateurs qu'étudié par des scientifiques.

J'ai donc écrit en 1884 ; et j'approuverai chaque mot que j'ai alors écrit, tel quel.

Dans ces premières expériences avec les spiritualistes, dont je viens de parler, je fus bientôt entré dans les principaux cercles parisiens consacrés à ces questions, et pendant quelques années je pris même la charge de secrétaire honoraire de l'un d'eux. Il en résultait naturellement ou nécessaire que je ne manquai pas une seule séance.

Trois méthodes différentes ont été employées pour recevoir des communications : (1) écrire avec la main ; 2° l'usage de la planchette à laquelle était attaché un crayon à mine et sur laquelle étaient posées les mains ; et (3) des coups de table (ou déplacements de table), opérés par le code alphabétique, ces coups ou mouvements de table marquant la lettre souhaitée pendant que l'alphabet était lu à haute voix par l'une des personnes présentes .

La première de ces méthodes était la seule employée à la Société d'études spiritualistes, dont Allan Kardec était président. C'était celui qui laissait la plus grande marge de doute. En effet, au terme de deux années d'investigations de ce genre, que j'avais variées autant que possible, et dans lesquelles je m'étais engagé sans aucune idée préconçue pour ou contre, et avec le désir le plus ardent d'arriver à la vérité, J'en suis arrivé à la conclusion positive que non seulement les signatures de ces documents ne sont pas authentiques, mais que l'intervention d'un autre esprit venant du monde des esprits n'est pas du tout prouvée, le fait étant que nous sommes nous-mêmes les auteurs plus ou moins conscients du monde des esprits. communications par un processus cérébral qui reste encore à étudier. L'explication n'est pas aussi simple qu'il y paraît, et certaines réserves s'imposent dans l'énoncé général ci-dessus.

En écrivant dans l'état d'esprit exalté et anormal du médium, nous ne formons pas, comme je viens de le dire, nos phrases comme dans l'état normal ; nous attendons plutôt qu'ils soient produits. Mais notre propre esprit se mêle néanmoins au processus. Le sujet traité suit les lignes de nos propres pensées habituelles ; la langue employée est notre langue maternelle et, si nous sommes incertains de l'orthographe de certains mots, des erreurs apparaîtront. De plus, nos propres processus mentaux sont si intimement mêlés à ce qui est écrit que, si nous laissons nos pensées s'égarer vers un autre sujet, la main s'arrête d'écrire ou produit des mots et des gribouillages incohérents. C'est l'état mental du médium qui écrit, du moins celui que j'ai observé chez moi. C'est une sorte d'auto-suggestion. Je m'empresse cependant d'ajouter que cette opinion ne me lie que dans la mesure de mes propres expériences personnelles. On m'assure qu'il y a des médiums qui agissent de manière absolument mécanique, ne connaissant rien de la nature de ce qu'ils écrivent (voir plus loin, pp. 58, 59), qui traitent de sujets qu'ils ignorent, et écrivent même en langues étrangères. De tels cas seraient différents de celui dont je viens de parler, et indiqueraient soit un état cérébral particulier, soit une grande acuité de l'intellect, soit une source d'idées extérieure au médium ; *c'est-à-dire* s'il était une fois prouvé que notre esprit ne peut pas deviner ce qu'il ignore. Mais maintenant, le transfert de la pensée d'un cerveau à un autre, d'un esprit à un autre, est un fait prouvé par télépathie. On pourrait alors concevoir qu'un médium puisse écrire sous l'influence de quelqu'un de proche, ou même de loin. Plusieurs médiums ont également composé (au cours de séances successives) de véritables romans, comme L' *Histoire de Jeanne d'Arc écrite par elle-même* , ou certains voyages vers d'autres planètes, — semblant indiquer qu'il y a une sorte de dédoublement de la personnalité du sujet. , une personnalité secondaire. Mais il n'y a aucune authentification à ce sujet. Il existe également un *milieu psychique* , dont je parlerai plus loin. Pour le moment, je dois m'occuper uniquement du sujet de ce chapitre et dire avec Newton : « *Hypotheses non fingo* ».

Allan Kardec mourut le 30 mars 1869, et, lorsque la Société des Spiritualistes vint me demander de prononcer une oraison funèbre sur sa tombe, je profitai de ce discours pour attirer l'attention des Spiritualistes sur le caractère scientifique des recherches de ce genre et au danger manifeste de se laisser entraîner dans le mysticisme.

Je reproduirai à ce stade quelques paragraphes tirés de cette adresse :

J'aimerais pouvoir faire comprendre à vous qui m'écoutez, ainsi qu'aux millions d'hommes à travers l'Europe et dans le Nouveau Monde qui étudient le problème encore mystérieux du spiritualisme, quel profond intérêt scientifique et quel avenir philosophique il y a dans le monde. étude de ces phénomènes, à laquelle, comme vous le savez, nombre de nos plus éminents savants vivants ont consacré leur temps et leur attention. J'aimerais pouvoir présenter à votre imagination et à la leur les horizons nouveaux et vastes que nous verrons s'ouvrir devant nous à mesure que nous élargirons notre connaissance scientifique des forces de la nature à l'œuvre autour de nous ; et j'aimerais pouvoir montrer à vous et à eux que de telles conquêtes de l'esprit sont l'antidote le plus efficace à la lèpre de l'athéisme qui semble être particulièrement l'élément dégénératif malin de notre époque de transition.

Quelle chose salutaire ce serait de prouver ici, devant ce tombeau éloquent, que l'examen méthodique des phénomènes appelés à tort surnaturels, loin de rappeler l'esprit de superstition et d'affaiblir l'énergie de la raison, sert, au au contraire, pour bannir les erreurs et les illusions de l'ignorance, et aide le progrès de la vérité bien plus que ne le font les négations irrationnelles de ceux qui ne prennent pas la peine de regarder les faits.

Il est grand temps maintenant que ce sujet d'étude complexe entre dans sa période scientifique. On n'a pas suffisamment insisté sur l'aspect physique du sujet, qui mériterait une étude critique ; car sans expérience scientifique rigide, aucune preuve n'est valable. Cette méthode d'investigation objective *a priori* , à laquelle nous devons la gloire du progrès moderne et les merveilles de l'électricité et de la vapeur, devrait s'emparer des phénomènes encore inexpliqués et mystérieux que nous connaissons, les décortiquer, les mesurer et les définir. eux.

Car, messieurs, *le spiritualisme n'est pas une religion, mais une science* , une science dont nous connaissons à peine encore les *a, b, c* . L'ère du dogme est révolue. La nature comprend l'Univers ; et Dieu lui-même, qui était autrefois conçu comme un être de forme et de forme semblables à celles de l'homme, ne peut être considéré par la métaphysique moderne comme autre que *l'Esprit dans la Nature* .

Le surnaturel n'existe pas. Les manifestations obtenues par l'intermédiaire des médiums, telles que celles du magnétisme et du somnambulisme, appartiennent à l'ordre de la nature et doivent être inexorablement soumises à l'épreuve de l'expérience. Il n'y a plus de miracles. Nous assistons à l'émergence d'une nouvelle science. Qui a l'audace de prédire où mènera l'étude scientifique de la nouvelle psychologie et quels en seront les résultats ?

Les limitations de la vision humaine sont telles que l'œil ne voit les choses qu'entre des limites étroites, et au-delà de ces limites, d'un côté et de l'autre, il ne voit rien. Le corps peut être comparé à une harpe composée de deux cordes : le nerf optique et le nerf auditif. Un type de vibrations excite le premier et un autre type le second. C'est toute l'histoire de la sensation humaine, qui est même inférieure à celle de beaucoup d'animaux inférieurs ; certains insectes, par exemple, chez qui les nerfs de la vision et de l'ouïe sont plus délicats que chez l'homme.

Or, il existe dans la nature, non pas deux, mais dix, cent, mille sortes de mouvements ou de vibrations. Nous apprenons donc de la science physique que nous vivons au milieu d'un monde invisible pour nous, et qu'il n'est pas impossible qu'il puisse exister sur la terre une classe d'êtres, également invisibles pour nous, doués d'une des sens complètement différents, de sorte qu'il n'y a aucun moyen par lequel ils peuvent se faire connaître à nous, à moins qu'ils ne puissent se manifester par des actes et des manières qui peuvent entrer dans la gamme de notre propre ordre de sensations.

En présence de telles vérités, qui ont encore à peine été annoncées, combien une simple négation aveugle semble absurde et sans valeur ! Lorsque nous comparons le peu que nous savons et les limites étroites de notre champ de perception avec l'étendue immense du champ de la connaissance, nous ne pouvons guère nous empêcher de conclure que nous ne savons rien et que tout reste encore à savoir. De quel droit prononçons-nous le mot « impossible » en présence de faits dont nous prouvons l'authenticité sans pouvoir encore en découvrir les causes ?

C'est par l'étude scientifique des effets que l'on parvient à la détermination des causes. Dans la classe d'investigations que nous regroupons sous le titre général « Spiritualisme », DES FAITS EXISTENT . Mais personne ne comprend la méthode de leur production. Leur existence est néanmoins aussi vraie que les phénomènes électriques.

Mais quant à leur compréhension, messieurs, personne ne comprend la biologie, la physiologie, la psychologie. Qu'est-ce que le corps humain ? Qu'est-ce que le cerveau ? Quelle est l'action absolue de l'âme ou de l'esprit ? Nous ne savons pas. Et nous ne savons rien non plus de l'essence de l'électricité ou de l'essence de la lumière. Il est donc prudent d'observer avec un jugement impartial toutes ces questions et d'essayer d'en déterminer les causes, qui sont peut-être de différentes sortes et plus nombreuses qu'on ne l'a jamais supposé jusqu'à présent . [7]

On verra que ce que j'ai prononcé publiquement alors que je me tenais sur la butte au-dessus de la tombe dans laquelle venait d'être descendu le cercueil d'Allan Kardec ne diffère en rien du programme purement scientifique du présent ouvrage.

Je viens de dire qu'il y avait trois méthodes employées dans nos expériences spirites. J'ai donné mon opinion sur les premiers (les médiums écrivains), en me basant sur mes observations personnelles, et sans vouloir affaiblir les autres preuves, s'il y en a. Quant à la seconde (planchette), je l'ai connue plus particulièrement par les séances de Mme. de Girardin, chez Victor Hugo à l'île de Jersey. Cela fonctionne de manière plus indépendante que la première méthode ; mais ce n'est encore qu'une sorte de prolongement de la main et du cerveau. La troisième méthode : le rap sur table, ou typtologie ; Je veux dire les coups sur la table – cela me semble encore plus clairement une extension de la main et du cerveau, et il y a environ quarante-cinq ans, j'ai souvent eu recours à cette forme d'expérience.

Les coups frappés au sol par un pied de table, au fur et à mesure que les lettres sont épelées, n'ont aucune valeur particulière. La moindre pression peut produire ces mouvements de bascule. L'expérimentateur en chef apporte lui-même les réponses, parfois sans s'en douter.

Plusieurs personnes se groupent autour d'une table, posent leurs mains dessus et attendent qu'il se passe quelque chose. Au bout de cinq, dix, quinze, vingt minutes, le temps dépendant de l'ambiance psychique [8] et des facultés des expérimentateurs, des coups se font entendre dans la table, ou les assistants aident aux mouvements de la table, ce qui semble possédé. Pourquoi choisir une table ? Parce que c'est le seul meuble autour duquel on s'assoit habituellement. Parfois, la table est soulevée sur un ou plusieurs de ses pieds et est doucement bercée d'avant en arrière. Parfois, il surgit comme collé aux mains posées dessus, restant suspendu en l'air deux, trois, cinq, dix, vingt secondes. Encore une fois, il est cloué au sol avec une telle force qu'il semble avoir le double ou le triple de son poids habituel. À d'autres moments, et généralement sur demande, il émet le bruit d'une scie, d'une hachette, d'une écriture au crayon, etc. Nous avons ici des résultats matériels soumis à l'observation directe, et ils prouvent de manière irréfragable l'existence d'un phénomène inconnu. forcer.

Cette force est une force matérielle dans la classe psychique. Si nous limitions notre attention à des mouvements aveugles et insensés d'une sorte ou d'une autre, en relation uniquement avec la volonté des expérimentateurs, et ne pouvant être expliqués par la simple imposition de leurs mains, nous pourrions voir la preuve de l'existence d'un nouveau phénomène inconnu. la force, explicable comme transformation de la force nerveuse, de l'électricité organique ; et ce serait beaucoup en soi. Mais les coups portés sur la table, ou par les pieds de celle-ci, sont faits en réponse aux questions posées. Puisque nous savons que la table n'est qu'un morceau de bois, lorsque nous lui posons des questions, nous nous adressons en réalité à un agent mental qui entend et répond. C'est dans cette classe de phénomènes que le spiritualisme moderne a pris naissance ; notamment aux États-Unis, en 1848, lorsque les sœurs Fox entendirent des bruits dans leur chambre, des coups dans les murs et dans les meubles. Leur père, après plusieurs mois d'investigations vexatoires, eut finalement recours à la théorie traditionnelle des fantômes et, posant ses questions au mur, exigea une sorte d'explication de la *chose invisible* qui s'y trouvait. Cette chose répondait par des coups conventionnels aux questions posées, et déclarait qu'elle était l'esprit de l'ancien propriétaire assassiné une fois dans sa propre maison. L'esprit demandait des prières et l'enterrement de son corps. (À partir de ce moment, les réponses furent disposées de telle sorte qu'un coup en réponse à une question signifiait *oui* , deux signifiaient *non* et trois signifiaient un *oui catégorique* .)

Je m'empresse de remarquer d'emblée que les réponses écoutées ne prouvent rien, et pourraient avoir été faites inconsciemment par les sœurs Fox elles-mêmes, qu'on ne peut pas considérer comme ayant joué une petite comédie puisque les raps produits par elles dans les murs les stupéfiaient et les bouleversaient. plus, en fait, que quiconque. L'hypothèse de la jonglerie et de la mystification, chère à certains critiques, n'a pas la moindre application dans ce cas, même si j'admets que les coups et les mouvements sont souvent produits comme des plaisanteries par des farfelus.

Il y a, bien sûr, une cause invisible à l'origine de ces coups frappés. Est-ce en nous ou à l'extérieur de nous ? Est-il possible que nous soyons capables de doubler notre personnalité d'une manière ou d'une autre sans le savoir, d'agir par suggestion mentale, de répondre à nos propres questions sans nous en douter, de produire des résultats matériels sans en être conscients ? Ou existe-t-il, autour de nous, un milieu ou une atmosphère intelligente, une sorte de cosmos spirituel ? Ou encore, est-il possible que nous soyons entourés d'êtres non humains invisibles, des gnomes, des esprits et des hobgobelins (il peut y avoir un monde inconnu autour de nous) ? Ou, enfin, est-il possible que les esprits des morts survivent, errent çà et là et communiquent avec nous ? Toutes ces hypothèses se présentent à notre esprit, et nous n'avons pas non plus le droit scientifique absolu de rejeter l'une d'entre elles.

Le soulèvement d'une table, le déplacement d'un objet, peuvent être attribués à une force inconnue développée par notre système nerveux ou autre. Du moins ces mouvements ne prouvent pas l'existence d'un esprit étranger à celui du sujet. Mais quand quelqu'un nomme les lettres de l'alphabet ou les montre sur une feuille de carton, et que la table, soit par coups dans le bois, soit par lévitations, compose une phrase intelligible, on est obligé d'attribuer cet effet intelligent à une cause intelligente. Cette cause peut être le médium lui-même ; et le plus simple est évidemment de supposer qu'il rappe lui-même les lettres. Mais les expériences peuvent être organisées de telle manière qu'il ne peut pas le faire, même inconsciemment. Notre premier devoir est en réalité de rendre la fraude impossible.

Ceux qui ont suffisamment étudié le sujet savent que la fraude n'explique pas ce qu'ils ont observé. Certes, dans les soirées spiritualistes à la mode, on s'amuse parfois. Surtout lorsque les séances se déroulent dans l'obscurité, et que l'alternance des sexes est prévue de manière à « renforcer les fluides », il n'est pas tout à fait inouï que ces messieurs profitent de la tentation d'oublier momentanément l'objet de leur séance. la réunion et briser la chaîne de mains établie pour en commencer une autre pour leur propre compte. Les dames et les jeunes filles aiment ces changements dans le programme et on n'entend pratiquement aucune plainte. D'un autre côté, en dehors des soirées mondaines, auxquelles tout le monde est convié pour s'amuser, les réunions les plus sérieuses ne sont souvent pas plus sûres ; car le médium, qui est, d'une manière ou d'une autre, une personne intéressée, est soucieux de donner le plus qu'il peut – et quelque chose en plus.

Sur la feuille d'un vieux carnet que je viens de retrouver, j'ai classé les soirées spiritualistes dans l'ordre suivant, qui est sans doute un peu original :

1. Caresses amoureuses. (Un reproche similaire a été fait contre les anciennes fêtes d'amour chrétiennes ou *agapes* .)

2. Charlatanisme des médiums, abusant de la crédulité des modèles.

3. *Quelques* chercheurs sérieux.

A l'époque dont je parlais tout à l'heure (1861-63), je participais, comme secrétaire, à des expériences faites régulièrement une fois par semaine, dans le salon d'une médium bien connue, Mlle. Huet, de la rue du Mont-Thabor. La médiumnité était, en quelque sorte, son métier, et elle avait plus d'une fois été découverte de manière flagrante dans quelque supercherie des plus remarquables. On peut donc imaginer qu'elle donnait très souvent elle-même les coups en frappant les pieds de la table avec ses pieds. Mais bien souvent nous obtenions aussi des bruits de sciage, de rabotage, de battements de tambours et des torrents de pluie, qu'il lui eût été impossible d'imiter. Le maintien de la table au sol ne pouvait pas non plus être l'œuvre d'une fraude. Quant aux lévitations de la table, je disais tout à l'heure que, lorsque l'un de nous manifestait une inclination à résister avec sa main au mouvement ascendant, il avait l'impression que la table flottait sur un fluide. On voit mal maintenant comment le médium pourrait produire un tel résultat. Tout s'est déroulé en plein jour.

Les communications reçues lors des très nombreuses séances (plusieurs centaines) auxquelles j'ai assisté, tant à cette époque que depuis, m'ont toujours montré que les résultats étaient en rapport direct avec la culture de l'esprit des participants. J'ai naturellement posé beaucoup de questions sur l'astronomie. Les réponses ne nous ont jamais rien appris de nouveau ; et, pour être parfaitement fidèle à la vérité, je dois dire que si, dans ces expériences, il y a des esprits ou des êtres indépendants de nous en action, ils n'en savent pas plus que nous sur les autres mondes.

Un poète distingué, PF Mathieu, assistait habituellement aux réunions du salon du Mont-Thabor, et l'on obtenait ainsi parfois de très jolis morceaux de vers, qu'il ne produisait pas lui-même, j'en suis sûr, consciemment ; car, comme nous tous, il était là pour apprendre. M. Joubert, vice-président du tribunal civil de Carcassonne, a publié un ouvrage intitulé *Diverses fables et poèmes d'un Esprit-rappeur*, qui porte à première vue l'évidence qu'il n'est que le reflet de ses pensées habituelles. Nous avions des philosophes chrétiens avec nous à nos réunions. Aussi la table nous dictait-elle de belles pensées signées « Pascal », « Fénelon », « Vincent de Paul » et « Sainte Thérèse ». Un esprit, qui signait « Balthasar Grimod de la Reynière », dictait de drôles de dissertations sur l'art culinaire. Sa spécialité était de faire danser la lourde table dans toutes sortes de contorsions. Rabelais apparaissait parfois, aimant toujours comme autrefois les parfums des viandes salées. Certains esprits prenaient plaisir à faire *des tours de force* en cryptologie (écriture secrète). Voici des exemples de ces communications sur table. Le premier est tiré de la version vulgate de la Bible, l'Évangile de Jean iii. 8 :

"Spiritus ubi vult spirat; et vocem ejus audis, sed nescis unde veniat aut quo vadat. Sic est omnis qui natus est ex spiritu." ("Le vent souffle où il veut, et tu en entends le bruit, mais tu ne peux dire d'où il vient ni où il va. Il en est de même pour quiconque est né de l'Esprit.")

"Chère petite sœur, je suis là et je vois que tu es toujours aussi bonne. Tu es médium. J'irai vers toi avec un grand bonheur. Dis à ma mère que sa chère fille l'aime de ce monde. [9]

" LOUISE. "

Quelqu'un a demandé à l'un des esprits s'il pouvait indiquer en tapotant les mots gravés à l'intérieur de sa bague. La réponse fut :

"J'aime qu'on m'aime comme j'aime quand j'aime."

Un membre de la compagnie soupçonnait que la table autour de laquelle nous étions assis pouvait cacher une pièce de mécanisme permettant de produire les raps. Ainsi, l'une des phrases a été dictée par des coups frappés *en l'air*.

Voici une autre série :

"Je suis ung ioyeux compaignon qui vous esmarveilleray avecques mes discours, je ne suis pas ung Esperict matéologien, je vestiray non liripipion et je diray : Beuvez l'eau de la cave, poy plus, poy moins, serez content.

" ALCOFRIBAZ NAZIER. "

("Je suis une lame joyeuse qui vous étonnera par mon discours. Je ne suis pas un esprit vain et bavard. Je porterai la capuche de mon diplômé et je dirai : Buvez l'eau de votre cave [vin], - ni plus, ni moins. Être content.

" FRANÇOIS RABELAIS. ") [10]

Une discussion assez vive s'engagea au sujet de cette visite inattendue et du langage que quelques érudits présents ne pensaient pas être du pur rabelaisien. Sur quoi la table frappa :

"Bons enfants estes de vous esgousiller à ceste besterie. Mieux vault que beuviez froid que parliez chaud."

«Rabelais».

("Vous êtes des bébés ordinaires pour vous engueuler à propos de cette selynesse. Il vaut mieux boire chaud que parler chaleureusement.)

"Liesse et Noël! Monsieur Satan est défun, et de mâle mort. Bien brides sont les moynes, moynillons, bigotz et cagotz, carmes chaulx et déchaulx, papelards et frocards, mitrez et encapuchonnez: les vécy sans courage, les Esperictz les ont destrosnez . Plus ne serez roustiz et eschaubouillez ez marmites monachales et roustissoires diaboliques ; Dieu est bon, juste et plein de miséricorde : aimez-vous les ungs les autres et il pardoint à ; la repentance. Le grand dyable d'enfer est mort !

("Hourra à la vie joyeuse ! Maître Satan est mort, mort comme un clou de porte. Les moines et les pauvres frères sont mariés, bigots et fanatiques, Carmélites chaussées et déchaussées, les hypocrites et les bonhommes à capuchon, les mitres et les capots. Les voilà tremblants, les Esprits les ont détrônés. Fini les rôtissages et les préparations de soupes dans les fourneaux du Diable et dans les marmites monastiques. Un fléau de ces histoires de pape et de prêtre. , juste et plein de pitié. Il dit à ses petits enfants : « Aimez-vous les uns les autres » ; et il pardonne aux repentants. Le grand diable de l'enfer est mort !

Voici encore une autre série :

"Suov ruop erètsym nu sruojuot tnorez emêm srueisulp; erdnerpmoc ed simrep erocne sap tse suov en li uq snoitseuq sed ridnoforppa ruop tirpse'l sap retnemruot suov en. Liesnoc nob nu zevius."

"Suov imrap engèr en edrocsid ed tirpse'l siamaj euq."

"Arevèlé suov ueid te serèrf sov imrap sreinred sel zeyos; évelé ares essiaba's iuq iulec éssiaba ares evèlé's iuq iulec."

Ces phrases doivent être lues à l'envers, en commençant par la fin. Quelqu'un demanda : "Pourquoi as-tu dicté ainsi ?" La réponse fut :

"Afin de vous donner des preuves nouvelles et inattendues."

Lues à l'envers, ces phrases à la russe sont les suivantes :

"Celui qui s'élèvera sera abaissé, celui qui s'abaissera sera élevé; soyez les derniers parmi vos frères et Dieu vous élèvera."

"Que jamais l'esprit de discorde ne règne parmi vous."

"Suivez un bon conseil. Ne vous tourmenter pas l'esprit pour approfondir des questions qu'il ne vous est pas encore permis de comprendre; plusieurs mêmes seront toujours un mystère pour vous."

(« Quiconque s'élève sera abaissé ; et celui qui s'humilie sera exalté ! Soyez le plus petit d'entre vos frères, et Dieu vous exaltera. »

"Ne laissez jamais l'esprit de discorde régner parmi vous."

"Suivez les bons conseils. Ne tourmentez pas votre esprit en essayant de sonder des questions qu'il ne vous est pas encore permis de comprendre : plusieurs d'entre elles resteront toujours un mystère pour vous.")

En voici un autre d'un genre différent :

"Acmairsvnoouussevtoeussbaoinmsoentsfbiideenlteosuss."

"Sloeysepzruintissaeinndtieetuesnudrrvaosuessmaairlises."

Je lui ai demandé ce que signifiait cet étrange et sinistre conglomérat de lettres. La réponse fut :

"Pour vaincre vos doutes, lisez en sautant une lettre sur deux."

Cet arrangement utilisant les lettres sautées à leur tour pour les deuxième et quatrième vers donne les quatre versets suivants :

"Amis, nous vous aimons bien tous,
Car vous êtes bons et fidèles. Soyez unis en Dieu : sur vousL'Esprit-Sain t
étendra ses ailes."

("Amis, nous vous aimons tous, car vous êtes bons et fidèles. Soyez unis en
Dieu : sur vous le Saint-Esprit déploiera ses ailes.")

C'est sûrement assez innocent et sans grandes prétentions poétiques. Mais il
faut admettre que cette méthode de dictée est assez difficile. [11]

Quelqu'un parla de projets humains. Le tableau était le suivant : [12]

"Quand le soleil brillant disperse les étoiles, savez-vous, ô hommes mortels,
si vous verrez le soir de ce jour-là ? Et, quand les sombres rideaux de la nuit
tomberont du ciel, pouvez-vous dire si vous verrez l'aube d'un autre matin ?

Une autre personne a demandé : « Qu'est-ce que la foi ?

"La foi ? C'est un champ béni qui produit une superbe récolte, et chaque
travailleur peut y récolter et engranger à sa guise, et rapporter chez lui ses
gerbes."

Voici trois dictées en prose :

"La science est une forêt où certains tracent des routes, où beaucoup
s'égarent et où tous voient les limites de la forêt reculer à mesure qu'elles
avancent."

"Dieu n'éclaire pas le monde avec les éclairs et les météores. Il guide
paisiblement dans leurs courses les étoiles de la nuit, qui remplissent le ciel
de leur lumière. Ainsi les révélations divines se succèdent dans l'ordre, la
raison et l'harmonie."

"La religion et l'amitié sont des compagnes jumelles qui nous aident à
parcourir le chemin douloureux de la vie."

Je ne puis renoncer au plaisir d'insérer ici, à la fin de ce chapitre, une fable,
dictée comme les autres par des coups de table, et envoyée par M. Joubert,
vice-président du tribunal civil de Carcassonne. [13] Certains peuvent
s'interroger sur le sentiment qui en découle ; mais le principe central n'est-il
pas applicable à toutes les époques et à tous les gouvernements : les « *arrivistes*
» [14] n'appartiennent-ils pas à tous les temps ?

LE ROI ET LE PAYSAN

Un roi qui avait profané les libertés publiques, qui depuis vingt ans s'était
désaltéré dans le sang des hérétiques ; attendant la paix tranquille du bourreau
dans ses jours déclinants ; décrépit, rassasié d'amours adultères ; ce roi, ce
monstre hautain dont on avait fait un grand homme, Louis XIV enfin, s'il

faut le nommer, déployait un jour sous les voûtes feuillues de ses vastes jardins son Scarron, son infamie et ses malheurs. . La noble bande des larbins de la cour arriva. Chacun d'eux perdit d'un coup au moins six pouces de sa taille. Pages, comtes, marquis, ducs, princes, maréchaux, ministres, s'inclinaient devant leurs rivaux, créatures du roi. De graves magistrats rendaient leurs profondes révérences, chacun plus humble qu'un prétendant demandant audience. «C'était agréable de voir comment les rubans, les croix et les décorations de leurs manteaux brodés allaient toujours à l'envers. Toujours et toujours ces courbettes, ces grattages et ces grimaces ignobles . Je voudrais réveiller un matin un empereur, pour piquer avec mon fouet l'épine dorsale d'un flatteur. Mais voyez ! seul, face au despote, mais sans baisser la tête, marchant à pas lents sur son propre chemin, modeste, vêtu de grossiers vêtements de toile, arrive celui qui semble être un paysan, peut-être un philosophe, et passe devant les groupes de courtisans insolents. « Oh ! s'écrie le roi très surpris, pourquoi m'affronter seul sans plier le genou ? « Sire, dit l'inconnu, dois-je être franc ? C'est que moi seul ici n'attends rien de vous.

Si l'on s'arrête à réfléchir à la manière dont ces phrases et expressions et différents morceaux de littérature ont été produits, lettre par lettre, rap par rap, en suivant l'alphabet tel qu'il était lu, nous comprendrons la difficulté de la chose. Les coups sont effectués soit à l'intérieur du bois de la table (dont les vibrations sont perceptibles), soit dans un autre meuble, soit encore dans l'air. La table, comme je l'ai déjà dit, est vivante, grosse d'une sorte de vitalité momentanée. On peut en tirer des mélodies d'airs connus, des bruits de sciage et d'atelier, et des détonations de fusillades. Parfois, il devient si léger qu'il flotte un instant dans les airs, puis si lourd que deux hommes peuvent à peine le soulever du sol ou le faire bouger d'une manière ou d'une autre. Vous devez avoir une image distincte dans votre esprit de toutes ces manifestations, souvent puériles sans doute, parfois vulgaires et grotesques, mais frappantes par leur mode d'opération, si vous voulez comprendre exactement les phénomènes et vous rendre compte que vous êtes dans le présence d'un élément inconnu que la jonglerie et la prestidigitation ne peuvent expliquer.

Certaines personnes peuvent bouger leurs orteils séparément et casser les articulations. Si l'on admettait que les dictées, par combinaisons de lettres (citées plus haut), soient arrangées d'avance, apprises par cœur, et ainsi frappées, la chose serait assez simple. Mais cette faculté particulière est très rare, et elle n'explique pas les bruits de la table dont les vibrations sont ressenties par les mains. Encore une fois, on pourrait imaginer le médium tapotant les pieds de la table avec son pied et construisant ainsi les phrases qu'il veut. Mais il faudrait une merveilleuse mémoire dans le médium pour lui permettre de se souvenir de la disposition précise des lettres (car il n'a pas de mémorandum sous les yeux), et, de plus, ces curieuses dictées ont quand même été conservées dans des sociétés choisies où personne ne pourrait tricher.

Quant à la théorie selon laquelle les esprits d'hommes éminents seraient en communication avec les expérimentateurs, le simple énoncé de l'hypothèse montre son absurdité. Imaginez un rappeur de table évoquant des profondeurs immenses les esprits de Paul ou de saint Augustin, d'Archimède ou de Newton, de Pythagore ou de Copernic, de Léonard de Vinci ou de William Herschel, et recevant leurs dictées de l'intérieur d'une table !

Nous parlions, il y a quelques pages, des dessins et descriptions de Jupiter réalisés en séance par Victorien Sardou. C'est ici le lieu d'insérer une lettre écrite par lui à M. Jules Claretie, et publiée par celui-ci dans *le Temps,* à l'époque où ce savant académicien mettait sur les planches son drame *Spiritisme* . La lettre est ici annexée :

... Quant au Spiritualisme, je pourrais mieux vous dire verbalement en trois mots ce que j'en pense que je ne pourrais l'écrire ici en trois pages. Vous avez à moitié raison et à moitié tort. Pardonnez ma liberté d'expression. Il y a deux choses dans le spiritualisme : 1° des faits curieux, inexplicables dans l'état actuel de nos connaissances, et cependant authentifiés ; et (2) les gens qui les expliquent.

Les faits sont réels. Ceux qui les expliquent appartiennent à trois catégories : il y a d'abord les spiritualistes imbéciles, ignorants ou fous, les types qui invoquent Epaminondas et dont on se moque à juste titre, ou qui croient à l'intervention du diable ; ceux enfin qui finissent à l'asile d'aliénés de Charenton.

Secundo , il y a les charlatans, à commencer par D. ; imposteurs de toutes sortes, prophètes, médiums consultants, comme AK, et *tutti quanti* .

Enfin, il y a les savants et les scientifiques qui croient pouvoir tout expliquer par des jongleries, des hallucinations et des mouvements inconscients, des hommes comme Chevreul et Faraday qui, bien qu'ils aient raison sur certains des phénomènes qui leur sont décrits, et qui en réalité sont de la jonglerie. ou hallucination, se trompent pourtant sur toute une série de faits originaux, qu'ils ne prendront pas la peine d'examiner, bien qu'ils soient très importants. Ces hommes sont en grande partie coupables ; car, par leur plaidoyer contre les enquêteurs sérieux (comme Gasparin, par exemple) et par leurs explications insuffisantes, ils ont laissé le spiritualisme exploité par des charlatans de tous bords, et ont en même temps autorisé les amateurs sérieux à ne plus perdre leur temps avec ces études.

Il y a enfin des observateurs comme moi (nous ne sommes pas nombreux) qui sont de nature incrédules, mais qui ont été obligés d'admettre, à la longue, que le spiritualisme s'intéresse à des faits qui défient toute explication scientifique *actuelle*, mais qui ne désespèrent pas de les voir expliqués un jour, et qui s'appliquent donc à l'étude des faits et tentent de les réduire à une sorte de classification qui pourrait plus tard se révéler être une loi. Nous, de cette conviction, nous tenons à l'écart de toute coterie, de toute clique, de tous les prophètes, et, satisfaits des convictions auxquelles nous sommes déjà parvenus, nous contentons de voir dans le spiritualisme l'aube d'une vérité encore très obscure : qui trouvera un jour son Ampère, comme le firent les courants magnétiques, et qui déplorent de voir cette vérité étouffée par un double ennemi : l'excès d'une ignorance crédule qui croit tout et l'excès d'une science incrédule qui ne croit rien.

Nous trouvons dans notre conviction et dans notre conscience de quoi braver le petit martyre du ridicule qui nous est infligé à cause de la foi que nous professons, une foi exagérée et caricaturée par la masse des folies qu'on ne manque jamais de nous attribuer, et nous ne pensons pas non plus que le mythe dont ils nous habillent mérite même l'honneur d'une réfutation.

De même, je n'ai jamais eu envie de prouver à qui que ce soit que l'influence de Molière ou de Beaumarchais ne se décelait pas dans mes pièces. Il me semble que c'est plus qu'évident.

Concernant les habitations de la planète Jupiter, je dois demander aux braves gens qui supposent que je suis convaincu de l'existence réelle de ces choses, s'ils sont bien persuadés que Gulliver croyait à « Lilliput », [15] Campanella dans la « Cité des Sun", et Sir Thomas More dans son "Utopia".

Ce qui est vrai cependant, c'est que le dessein dont vous parlez [Pl. III .] a été réalisé en moins de dix heures. Quant à son origine, je ne donnerais pas un sou pour la connaître ; mais le fait de sa production est une autre affaire

V. SARDOU.

Il ne se passe presque pas d'année sans que les médiums ne m'apportent des dessins de plantes et d'animaux sur la Lune, sur Mars, sur Vénus, sur Jupiter ou sur certaines étoiles. Ces dessins sont plus ou moins jolis et plus ou moins curieux. Mais rien en eux ne nous amène à admettre leur réelle ressemblance avec des choses réelles dans d'autres mondes. Au contraire, tout prouve qu'ils sont le produit d'une imagination essentiellement terrestre, tant par leur aspect que par leur forme, sans même correspondre à ce que nous savons être les possibilités vitales de ces mondes. Leurs concepteurs sont les dupes de l'illusion. Ces plantes et animaux sont des métamorphoses (parfois élégamment conçues et dessinées) d'organismes terrestres. Le plus curieux peut-être est qu'ils ont un air de famille dans la manière de leur exécution et qu'ils portent, d'une manière ou d'une autre, la marque médiumnique.

Pour revenir à mes propres expériences. Lorsque j'assumais le rôle d'écrivain, je produisais généralement des dissertations astronomiques ou philosophiques signées « Galilée ». Je n'en citerai qu'un à titre d'exemple. Il est tiré de mes carnets de 1862.

SCIENCE.

L'intellect humain détient dans sa puissante emprise l'univers infini de l'espace et du temps ; il a pénétré le domaine inaccessible du Passé, sondé le mystère des cieux insondables et croit avoir expliqué l'énigme de l'univers. Le monde objectif a déroulé sous les yeux de la science son splendide panorama et sa magnifique richesse de formes. Les études de l'homme l'ont conduit à la connaissance de la vérité ; il a exploré l' univers, découvert le règne inexorable de la loi et l' application des forces qui soutiennent toutes choses. S'il ne lui a pas été permis de voir face à face la Cause Première, du moins il a atteint une véritable idée mathématique de la série des causes secondes.

Au cours de ce dernier siècle, surtout, la méthode expérimentale *a priori* , la seule véritablement scientifique, a été mise en pratique dans les sciences naturelles et, grâce à elle, l'homme s'est libéré des préjugés de la vieille école de pensée, un par un. un, et des théories subjectives ou spéculatives, et s'est limité à une étude minutieuse et intelligente du champ d'observation.

Oui, la science humaine est solidement fondée et riche de possibilités, digne de notre hommage pour son passé difficile et prouvé depuis longtemps, digne de notre sympathie pour son avenir, grand avec la promesse de découvertes utiles et rentables. Car la nature doit désormais être un livre accessible aux recherches bibliographiques des studieux, un monde ouvert aux investigations du penseur, une région fertile que l'esprit humain a déjà visitée, et dans laquelle il faut avancer avec audace, en tenant en son pouvoir. l'expérience de la main comme boussole....

Un vieil ami de ma vie terrestre m'a récemment parlé ainsi. Un de nos voyages nous avait ramenés sur Terre, et nous faisions une nouvelle étude morale de ce monde. Mon compagnon faisait remarquer que l'homme connaît aujourd'hui les lois les plus abstraites de la mécanique, de la physique, de la chimie... que les applications du savoir à l'industrie ne sont pas moins remarquables que les déductions de la science pure, et qu'il semble que le l'univers entier, sagement étudié par l'homme, devait être son apanage royal. Alors que nous poursuivions notre voyage au-delà des limites de ce monde, je lui répondis dans les termes suivants :

« Atome faible, perdu de vue dans un point imperceptible de l'infini, l'homme a cru pouvoir embrasser dans le champ de sa vision toute l'étendue de l'univers, alors qu'il ne pouvait guère dépasser la région qu'il habite ; il a cru pouvoir pouvait étudier les lois de toute la nature, et ses investigations ont à peine atteint les forces en action autour de lui ; il a cru pouvoir déterminer la grandeur du ciel étoilé, et il a épuisé ses forces dans l'étude d'un grain de poussière. de ses recherches est si petit que, une fois perdu de vue, l'esprit cherche en vain à le retrouver ; le ciel et la terre humaine sont si petits qu'à peine l'âme dans son vol a-t-elle eu le temps de déployer ses ailes qu'elle a atteint le dernier des régions accessibles à l'observation de l'homme ; car l'Univers incommensurable nous entoure de toutes parts, déployant au-delà des limites de nos cieux ses richesses inconnues, mettant en jeu ses forces inconcevables et s'avançant dans l'immensité dans la splendeur de sa vie.

« Et le simple ver de chair, le misérable acarien aveugle et sans ailes, dont la misérable existence se transmet sur la feuille où il est né, présumerait (parce qu'il a fait quelques pas sur cette feuille secouée par le vent) avoir le droit de parler de l'arbre immense auquel il appartient, de la forêt dont cet arbre fait partie, et de s'exprimer sagement sur la nature de la végétation qui s'y développe, sur les êtres qui l'habitent, sur le soleil lointain dont les rayons lui apporter du mouvement et de la vie ? En vérité, l'homme est étrangement présomptueux de vouloir mesurer la grandeur infinie à l'aune de son infinie petitesse.

« Que cette vérité soit donc bien gravée dans son esprit : si les travaux arides des siècles passés lui ont acquis une connaissance élémentaire des choses, si les progrès de la pensée l'ont placé au vestibule de la connaissance, il n'a pas encore précisé plus que la première page du Livre, et, comme un enfant susceptible d'être trompé par chaque mot, loin de revendiquer le droit d'interpréter l'ouvrage avec autorité, il devrait se contenter de l'étudier humblement, page par page, ligne par ligne. " Heureux cependant ceux qui sont capables de faire cela ! "

Galilée.

C'étaient mes pensées habituelles. Ce sont les pensées d'un étudiant de dix-neuf ou vingt ans qui a acquis l'habitude de penser. Il ne fait aucun doute qu'ils étaient entièrement le produit de mon propre intellect et que l'illustre astronome florentin n'y était pour rien. D'ailleurs, cela aurait été une collaboration au dernier degré improbable.

Il en a été de même pour toutes les communications de la classe astronomique : elles n'ont pas fait avancer la science d'un seul pas. Aucun point obscur, mystérieux ou illusoire de l'histoire n'a été non plus éclairci par les esprits. Nous n'écrivons que ce que nous savons, et même le hasard ne nous a rien donné. Néanmoins, certains transferts de pensée inexpliqués doivent être discutés. Mais ils appartiennent à la sphère psychologique ou humaine.

Afin de répondre tout de suite aux objections que m'ont adressées certains spiritualistes à propos de ce résultat de mes observations, je prendrai comme exemple le cas des satellites d'Uranus, puisque c'est le principal toujours avancé comme *preuve* de découvertes scientifiques transmises par les esprits. En outre, j'ai reçu il y a quelques années de diverses sources une invitation pressante à examiner un article du général Drayson, publié dans la revue *Light* , en 1884, sous le titre de *The Solution of Scientific Problems by Spirits* , dans lequel il est affirmé que le des esprits firent connaître le véritable mouvement orbital des satellites d'Uranus. Des engagements pressants m'avaient toujours empêché de faire cet examen ; mais le cas ayant été récemment promulgué dans plusieurs ouvrages spiritualistes comme étant décisif, et étant si obstinément importuné d'en discuter, je crois qu'il se révélera utile si j'examine maintenant le cas.

A mon grand regret il y a une erreur dans leur communication, et les Esprits ne nous ont rien appris. En voici un exemple, choisi à tort comme démonstration. L'écrivain russe Aksakof l'expose dans les termes suivants (*Animisme et Spiritualisme* , p. 341) :

Le cas dont nous allons rendre compte semble être de nature à trancher toutes les objections. Elle a été communiquée par le major-général AW Drayson et publiée sous le titre *La solution des problèmes scientifiques par les esprits* . Je joins une traduction :

« Ayant reçu de M. Georges Stock une lettre me demandant si je pouvais mentionner, ne serait-ce qu'à titre d'exemple, que, au cours d'une séance, un esprit avait résolu un de ces problèmes scientifiques qui ont toujours embarrassé les savants, j'ai l'honneur de vous communiquer la circonstance suivante, dont j'ai été témoin de mes propres yeux :

"En 1781 William Herschel découvrit la planète Uranus et ses satellites. Il observa que ces satellites, contrairement à tous les autres satellites du système solaire, parcouraient leurs orbites d'est en ouest. Sir John Herschel dit dans ses *Outlines of Astronomy* :

"'Les orbites de ces satellites présentent des particularités tout à fait inattendues et exceptionnelles, contrairement aux lois générales qui régissent les autres corps du système solaire. Les plans de leurs orbites sont presque perpendiculaires à l'écliptique, faisant un angle de 70° 58', [16] et ils voyagent avec un mouvement rétrograde, c'est-à-dire que leur révolution autour du centre de leur planète s'effectue d'est en ouest au lieu de suivre la marche inverse.

"Quand Laplace aborda sa théorie selon laquelle le soleil et toutes les planètes se sont formés aux dépens d'une matière nébuleuse, ces satellites étaient pour lui une énigme.

" L'amiral Smyth mentionne dans son *Cycle Céleste* que le mouvement de ces satellites, à la stupéfaction de tous les astronomes, est rétrograde, contrairement à celui de tous les autres corps observés jusqu'alors.

"Tous les ouvrages astronomiques publiés avant 1860 contiennent le même raisonnement au sujet des satellites d'Uranus. Pour ma part, je n'ai trouvé aucune explication à cette particularité : pour moi c'était un mystère autant que pour les écrivains que j'ai cité.

"En 1858, j'avais pour hôte chez moi une dame médium et nous organisions des séances quotidiennes. Un soir, elle me dit qu'elle voyait à mes côtés un esprit qui prétendait avoir été astronome durant sa vie terrestre. .

" J'ai demandé à cet homme s'il était plus sage à présent que lorsqu'il vivait sur terre. " Beaucoup plus sage ", répondit-il. J'ai eu l'idée de poser à ce soi-disant esprit une question dont le but était de tester ses connaissances. « Pouvez-vous me dire, lui demandai-je, pourquoi les satellites d'Uranus font leur révolution d'est en ouest et non d'ouest en est ? J'ai reçu aussitôt la réponse suivante :

"'Les satellites d'Uranus ne se déplacent pas sur leurs orbites d'est en ouest : ils tournent autour de leur planète d'ouest en est, de la même manière que la lune se déplace autour de la terre. L'erreur vient du fait que le pôle sud d'Uranus Uranus était tourné vers la terre au moment de la découverte de cette planète, de la même manière que le soleil, vu de notre hémisphère sud, semble suivre sa course quotidienne de droite à gauche et non de gauche à droite, de même les satellites. d'Uranus se déplaçaient à ce moment-là de gauche à droite, bien que cela ne signifie pas qu'ils se déplaçaient sur leur orbite d'est en ouest.

" En réponse à une autre question que j'ai posée, mon interlocuteur a ajouté : " Tant que le pôle sud d'Uranus était tourné vers la terre, par rapport à un observateur terrestre, les satellites semblaient se déplacer de gauche à droite, et c'était à tort " en conclure qu'ils allaient de l'est vers l'ouest : cet état de choses dura environ quarante-deux ans. Lorsque le pôle nord d'Uranus est tourné vers la terre, ses satellites courent de droite à gauche, mais, dans l'un ou l'autre. cas, toujours de l'ouest vers l'est.

" Je lui ai alors demandé comment il se faisait que l'erreur n'ait pas été détectée quarante-deux ans après la découverte d'Uranus par William Herschel. Il a répondu : " C'est parce que les gens répètent ce qu'ont dit les autorités qui les ont précédés. " Ébloui par les résultats obtenus par leurs prédécesseurs, ils ne prennent pas la peine de réfléchir.

Telle est la « révélation » d'un esprit sur le système d'Uranus, publiée par Drayson et présentée par Aksakof et d'autres auteurs comme une preuve indéniable de l'intervention d'un esprit dans la solution de ce problème.

Ce qui suit est le résultat d'une discussion impartiale sur ce sujet très intéressant. Le raisonnement de « l'esprit » est faux. Le système d'Uranus est presque perpendiculaire au plan de son orbite. C'est l'opposé direct de celui des satellites de Jupiter, qui tournent presque dans le plan de leur orbite. L'inclinaison du plan des satellites par rapport à l'écliptique est de 98°, et la planète monte presque dans le plan de l'écliptique. C'est une considération fondamentale dans le tableau que nous devons nous faire de l'aspect de ce système vu de la terre.

Adoptons cependant pour le mode de déplacement de ces satellites autour de leur planète la projection sur le plan de l'écliptique, comme cela a toujours été l'usage. L'auteur soutient que « lorsque le pôle nord d'Uranus est tourné vers la terre, ses satellites courent de droite à gauche, c'est-à-dire d'ouest en est » ; il approuve la communication de l'esprit selon laquelle les astronomes se trompent et que les satellites d'Uranus tournent en réalité autour de leur planète d'ouest en est, de la même manière que la lune tourne autour de la terre.

Afin de nous rendre compte exactement de la position et de la méthode des mouvements de ce système, construisons une figure géométrique spéciale, claire et précise. Représentons sur un plan l'aspect de l'orbite d'Uranus et de ses satellites vus de l'hémisphère nord de la sphère céleste (fig. A). La partie de l'orbite des satellites au-dessus du plan de l'orbite d'Uranus a été tracée en traits gras et hachurés, la partie inférieure en pointillés uniquement.

On voit facilement, au sens des flèches, que la révolution des satellites projetés sur le plan de l'orbite est entièrement rétrograde. Toutes les affirmations dogmatiques contraires sont absolument erronées.

Ces satellites tournent comme les aiguilles d'une montre, de gauche à droite, en regardant la partie supérieure des cercles.

L'erreur du médium du Général Drayson vient de ce qu'elle a soutenu que le pôle sud d'Uranus était tourné vers nous à la date de sa découverte. Or, en 1781, le système d'Uranus occupait relativement à nous à peu près la même situation qu'en 1862, puisque le temps de sa révolution est de quatre-vingt-quatre ans. Il ressort de la figure qu'à ce moment la planète nous présentait le pôle le plus élevé au-dessus de l'écliptique ; c'est-à-dire son pôle nord.

Le général Drayson s'est laissé induire en erreur en adoptant sans vérification ces prémisses paradoxales. En effet, si Uranus nous avait présenté son pôle sud en 1781, le mouvement des satellites aurait été direct. Mais les observations de l'angle de position des orbites au moment de leur passage par les nœuds nous donnent d'abondantes preuves que c'était réellement le pôle nord qui était à ce moment tourné vers le soleil et la terre, ce qui rend direct mouvement impossible, mouvement rétrograde certain.

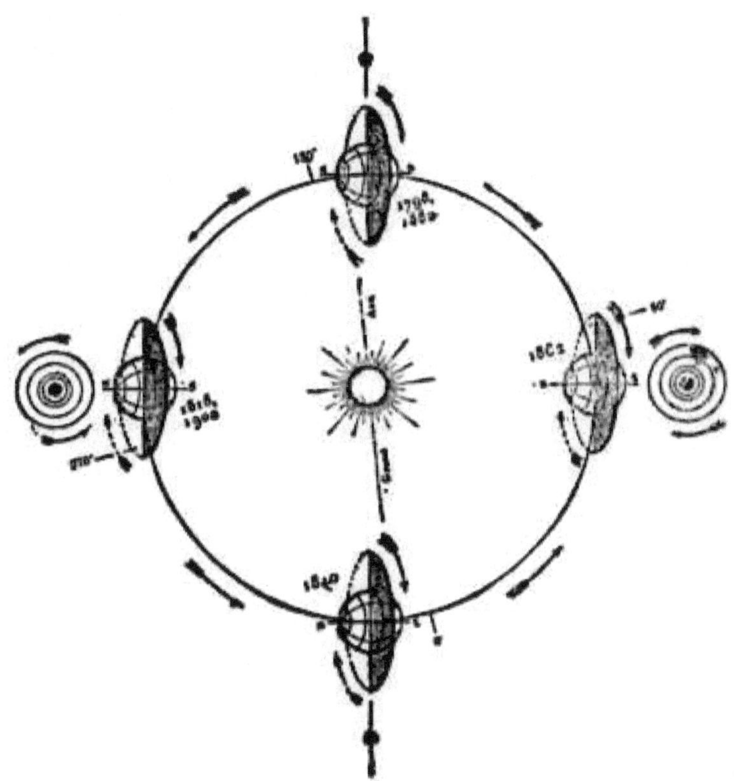

Fig. 1—L'inclinaison du système d'Uranus.
Aspects vus de la terre aux quatre positions extrêmes.

Pour plus de clarté, j'ai placé hors de l'orbite, sur la figure 1, l'aspect du système d'Uranus vu de la terre aux quatre époques principales de la révolution de cette planète lointaine. Il est évident que le procédé apparent de la révolution était analogue à celui des aiguilles d'une montre en 1781 et 1862, inverse en 1818 et 1902. A ces dates les orbites apparentes des satellites sont presque des cercles, tandis que lors du passage de les nœuds, en 1798, 1840 et 1882, sont réduits à des lignes droites.

La figure 1a complète ces données en présentant l'aspect des orbites et le mode de révolution pour toutes les positions de la planète, jusqu'à notre époque.

J'ai souhaité élucider complètement cette question un peu technique. *A mon grand regret* , les Esprits ne nous ont rien appris, et cet exemple, auquel on attache tant d'importance, apparaît comme une erreur. [17]

Aksakof cite, dans ce même chapitre (p. 343), la découverte des deux satellites de Mars, faite également par Drayson grâce à un médium, en 1859 ; c'est-à-dire 18 ans avant leur découverte, en 1877. Cette découverte, n'ayant pas été publiée à l'époque, reste douteuse. D'ailleurs, après que Kepler en eut souligné la probabilité, ce sujet des deux satellites de Mars fut plusieurs fois abordé, notamment par Swift et Voltaire (voir mon *Astronomie Populaire* , p. 501). Il ne faut donc pas considérer cela comme un exemple indéniable d'une découverte faite par les Esprits.

Les exemples qui précèdent sont des faits effectivement observés lors des séances spiritualistes. Je ne les traiterai pas sous une généralisation étrangère à leur contexte propre. Ils ne prouvent pas que, dans certaines circonstances, les penseurs, les poètes, les rêveurs, les enquêteurs, ne puissent pas s'inspirer des influences émanant d'autrui, d'êtres chers, d'amis disparus. C'est une autre question, un sujet tout à fait indépendant des expériences dont nous rendons compte dans ce livre.

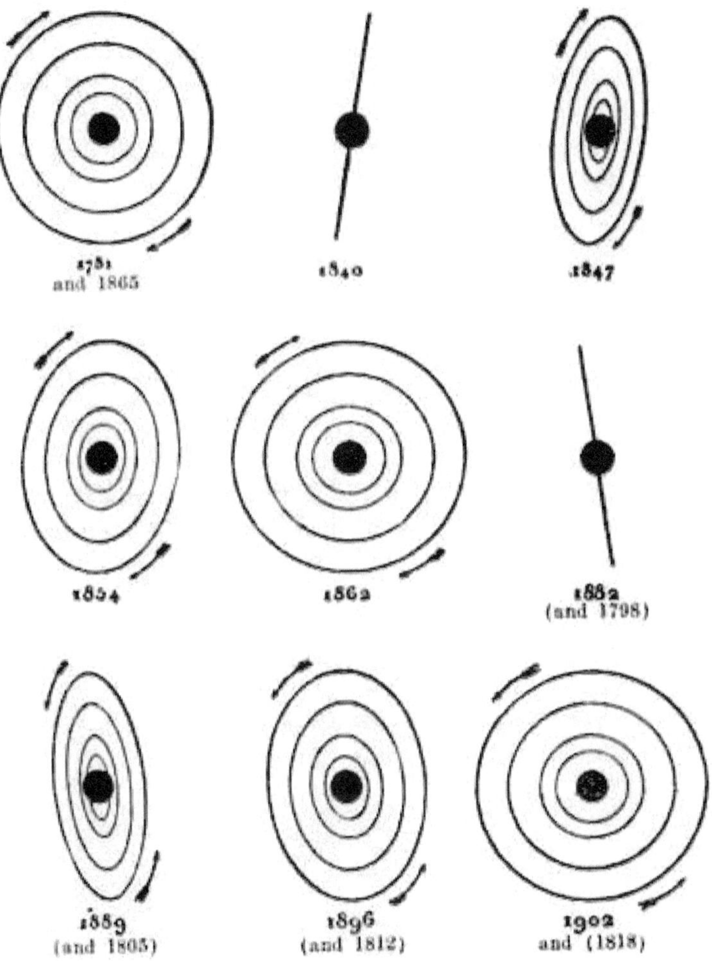

Fig. 1a. — Orbites des satellites d'Uranus vues de la
Terre à différentes dates depuis leur découverte (1781).

Le même auteur, par ailleurs généralement très judicieux, cite plusieurs exemples de langues étrangères parlées par des médiums. Je n'ai pu les vérifier, et on me demande de ne dire ici que ce dont je suis absolument sûr.

D'après mes observations personnelles, ces expériences nous mettent constamment en présence de nous-mêmes, de notre propre esprit. Je pourrais en citer mille exemples.

Un jour j'ai reçu un "aërolite" découvert dans une forêt aux environs d'Etrepagny (Eure). Mme. JL, qui me l'a gentiment envoyé, a ajouté qu'elle avait consulté un esprit sur son origine et qu'il lui avait répondu qu'il provenait d'une étoile nommée Golda. Or, premièrement, il n'existe aucune étoile de ce nom ; et, deuxièmement, ce n'est pas du tout un aérolithe, mais un morceau de laitier provenant d'une ancienne forge. (Voir la section 662 de mon enquête de 1899. La première de ces sections, relative à la télépathie, a été publiée dans mon ouvrage *The Unknown* .)

Une de mes lectrices m'a écrit de Montpellier :

Vos conclusions diminueraient peut-être le prestige du Spiritualisme aux yeux de certaines personnes. Mais comme le prestige peut engendrer la superstition, il convient de mettre les choses au clair. Pour ma part, ce que vous avez observé concorde avec ce que j'ai moi-même observé. Voici la méthode que j'ai employée, avec l'aide d'un ami :

J'ai pris un livre et, en l'ouvrant, j'ai retenu dans mon esprit le numéro de la page de droite. Supposons qu'il soit 132. Je dis à la table mise en mouvement par la petite manœuvre ordinairement utilisée : « Un esprit désire-t-il communiquer ?

Répondez : « Oui ».

Question : « Pouvez-vous voir le livre que je viens de regarder ?

Répondez : « Oui ».

"Combien de chiffres y a-t-il sur la page que j'ai consultée ?"

"Trois."

"Indiquez le nombre de centaines."

"Un."

"Indiquez la valeur des dizaines."

"Trois."

"Indiquez la valeur des unités."

"Deux."

Les montants indiqués dans ces relevés sont bien sûr de 132. C'était enchanteur.

Puis, prenant le livre fermé et, sans l'ouvrir, glissant le coupe-papier entre les pages, je repris la conversation, et le résultat de cette dernière méthode était toujours inexact.

J'ai souvent répété cette petite expérience (curieuse en tout cas) ; et, à chaque fois, j'avais des réponses exactes quand je les connaissais, inexactes quand je les ignorais. (Article 657 de mon enquête.)

Ces exemples pourraient être multipliés *à l'infini* . Tout porte à penser que c'est nous qui sommes les acteurs de ces expérimentations. Mais ce n'est pas aussi simple qu'on pourrait le croire, et il y a autre chose là-dedans, en plus de nous-mêmes. Certaines choses inexpliquées se produisent.

Dans son ouvrage remarquable, *Intelligence* , Taine explique les communications spiritualistes par une sorte de duplication inconsciente de notre esprit, comme je l'ai dit plus haut.

Plus un fait est singulier [écrit-il [18]], plus il est instructif. A cet égard, les manifestations spiritualistes elles-mêmes ouvrent la voie aux découvertes en nous montrant la coexistence au même moment chez le même individu de deux pensées, de deux volontés, de deux actions distinctes, l'une consciente, l'autre inconsciente ; ce dernier, il l'attribue à des êtres invisibles. Le cerveau est donc un théâtre sur la scène duquel se jouent plusieurs pièces à la fois, sur plusieurs plans, dont une seule n'est pas subliminale. Rien n'est plus digne d'étude que cette pluralité du *moi* . J'ai vu une personne qui, en parlant ou en chantant, écrit, sans se soucier du papier, des phrases consécutives et même des pages entières, sans aucune connaissance de ce qu'elle écrit. A mes yeux, sa sincérité est parfaite. Maintenant, elle déclare qu'au bout d'une page, elle n'a aucune idée de ce qu'elle a écrit sur le papier. Lorsqu'elle le lit, elle est étonnée, parfois alarmée. L'écriture manuscrite est différente de son écriture ordinaire. Le mouvement des doigts et du crayon est raide et semble automatique. L'écriture se termine toujours par une signature, celle d'une personne décédée, et porte la marque de pensées intimes, d'une réserve secrète et intérieure d'idées que l'auteur ne voudrait pas divulguer. Certes, il y a ici la preuve d'un dédoublement du *moi* , de la coexistence de deux courants de pensée parallèles et indépendants, de deux centres d'action, ou, si l'on veut, de deux personnes morales existant dans un même cerveau, chacune faisant son travail. , et chacune une œuvre différente, l'une sur scène et l'autre dans les coulisses, la seconde aussi complète que la première, puisque, seule et à l'insu de l'autre, elle construit des idées consécutives et façonne des phrases enchaînées dans lesquelles l'autre a aucune partie.

Cette hypothèse est recevable, à la lumière de nombreuses observations de double conscience. [19]

Cela s'applique à un grand nombre de cas, mais pas à tous. Il explique l'écriture automatique. Mais, tel qu'il est, il faut l'étirer considérablement pour lui faire expliquer les coups (car qui rappe ?), et il n'explique pas du tout les lévitations de la table, ni les déplacements d'objets dont j'ai parlé dans le premier chapitre, et je ne vois pas très bien comment il peut même expliquer des phrases frappées à l'envers ou par les étranges combinaisons décrites plus haut. Cette hypothèse est admise et développée de manière plus nuancée par le Dr Pierre Janet dans son ouvrage *Psychological Automatism* . Cet auteur est un de ceux qui ont créé un cercle étroit d'observation et d'étude, et qui non seulement n'en sortent jamais, mais s'imaginent avoir l'univers tout entier dans leur cercle. En reprenant ce genre de raisonnement, on pense involontairement à cette vieille querelle des deux yeux ronds qui voyaient tout rond et des deux yeux carrés qui voyaient tout carré, et à l'histoire des Gros-boutiens et des Petits-boutiens. des *voyages de Gulliver*. Une hypothèse mérite l'attention lorsqu'elle explique quelque chose. Sa valeur n'augmente pas en voulant la généraliser et lui faire tout expliquer : c'est dépasser toutes les limites du raisonnable.

Nous pouvons admettre que les actes subconscients d'une personnalité anormale, temporairement greffés sur notre personnalité normale, expliquent la plus grande partie des communications écrites médiumniques. Nous y voyons aussi les effets évidents de l'autosuggestion. Mais ces hypothèses psycho-physiologiques n'expliquent pas toutes les observations. Il y a autre chose.

Nous avons tous tendance à vouloir tout expliquer par l'état réel de nos connaissances. Face à certaines circonstances, on dit aujourd'hui : « C'est de la suggestion, c'est de l'hypnotisme, c'est ceci, c'est cela. Il y a un demi-siècle, nous n'aurions pas parlé de cette façon, ces théories n'ayant pas encore été inventées. On ne parlera plus de la même manière dans un demi-siècle, un siècle donc, car de nouveaux mots auront été inventés. Mais ne nous laissons pas décourager par les mots ; ne soyons pas si pressés.

Il faut savoir expliquer de quelle manière nos pensées, conscientes, inconscientes, subconscientes, peuvent frapper une table, la déplacer, la soulever. Comme cette question est assez embarrassante, le Dr Pierre Janet la traite de « personnalité secondaire », et est obligé de recourir aux mouvements des orteils, au claquement des muscles du tendon fibulaire, à la ventriloquie et aux tromperies de l'inconscient. complices. [20] Cette explication n'est pas suffisante.

En effet, nous ne comprenons pas comment notre pensée, ou celle d'autrui, peut provoquer des coups dans une table par laquelle se forment des phrases. Mais nous sommes obligés de l'admettre. Appelons-le, s'il vous plaît, « télékinésie » ; mais est-ce que cela nous amène plus loin ?

On parle depuis quelques années de faits inconscients, de subconscient, de conscience subliminale, etc. Je crains que, là aussi, nous nous contentions de mots qui n'expliquent pas grand-chose.

J'ai l'intention un jour, si le temps m'en est donné, d'écrire un livre spécial sur le spiritualisme, étudié au point de vue théorique et doctrinal, qui formera un deuxième volume de mon ouvrage *Les Problèmes inconnus et psychiques*, et qui a été en préparation depuis la publication de cet ouvrage en 1899. Les communications médiumniques, dictées reçues (notamment de Victor Hugo, Mme de Girardin, Eugène Nus et les Phalanstériens), feront l'objet de chapitres spéciaux dans ce volume, — ainsi que le problème, par ailleurs important, de la pluralité des existences.

Je n'ai pas l'intention de m'étendre ici sur les aspects de la question générale. Ce que je me borne à établir dans ce livre, c'est qu'il existe en nous, autour de nous, des forces inconnues capables de mettre la matière en mouvement, tout comme notre volonté. Je dois donc me limiter aux phénomènes matériels. L'éventail de ce type d'investigations est déjà immense, et les « communications » dont je viens de parler sortent réellement des limites de cet éventail. Mais comme ce sujet et celui des expériences psychologiques se chevauchent continuellement, il était nécessaire d'en donner ici un résumé. Revenons pour le moment aux phénomènes matériels produits par les médiums et à ceux que j'ai moi-même constatés dans mes expériences avec Eusapia Paladino, qui les réunit presque tous dans sa propre personnalité et ses propres expériences.

CHAPITRE III

MES EXPÉRIENCES AVEC EUSAPIA PALADINO.

Dans les premières pages de ce volume, certaines de mes expériences ultérieures avec le médium napolitain Eusapia Paladino ont été décrites. Nous allons maintenant revenir aux précédents.

Ma première séance expérimentale avec ce remarquable médium eut lieu le 27 juillet 1897. En réponse à l'invitation d'une excellente et honorable famille, celle de Blech, dont le nom a longtemps été heureusement associé à l'art moderne. Après des recherches en théosophie, en occultisme et en psychologie, je me rendis à Montfort-l'Amaury pour faire la connaissance personnelle de ce médium, dont le cas avait déjà été étudié à plusieurs égards par MM. Lombroso, Charles Richet, Ochorowicz, Aksakof, Schiaparelli, Myers, Lodge, A. De Rochas, Dariex, J. Maxwell, Sabatier, De Watteville et un grand nombre d'autres savants et scientifiques de haut rang. Mme. Les dons de Paladino avaient même fait l'objet d'un ouvrage du comte de Rochas sur *L'Extériorisation de la Motivité* , ainsi que d'innombrables articles dans des revues spéciales.

L'impression qui résulte de la lecture de tous les rapports officiels n'est pas tout à fait satisfaisante, et nous laisse d'ailleurs notre curiosité entièrement insatisfaite. En revanche, je peux dire, comme j'ai déjà eu l'occasion de le remarquer, que, depuis quarante ans, presque tous les médiums célèbres ont été présents à un moment ou à un autre dans mon salon de l'avenue de l'Observatoire à Paris. , et que je les ai découverts presque tous en ruse. Non pas qu'ils trompent toujours : ceux qui affirment cela ont tort. Mais, consciemment ou inconsciemment, ils apportent avec eux un élément de trouble contre lequel on est obligé de se méfier constamment, et qui place l'expérimentateur dans des conditions diamétralement opposées à celles de l'observation scientifique.

A propos d'Eusapia, j'avais reçu de mon illustre collègue, M. Schiaparelli, directeur de l'observatoire de Milan, à qui la science doit tant de découvertes importantes, une longue lettre dont je citerai quelques passages :

Au cours de l'automne 1892, je fus invité par M. Aksakof à assister à un certain nombre de séances spiritualistes tenues sous sa direction et ses soins, dans le but de rencontrer le médium Eusapia Paladino, de Naples. J'ai vu une foule de choses très surprenantes, dont une partie, à vrai dire, pouvait s'expliquer par des moyens très ordinaires. Mais il en est d'autres dont je ne saurais expliquer la production par les principes connus de la philosophie naturelle. J'ajoute sans aucune hésitation que, s'il avait été possible d' exclure entièrement tout soupçon de tromperie, il aurait fallu reconnaître dans ces faits le début d'une science nouvelle, lourde de conséquences de la plus haute importance. Mais il faut admettre que ces expériences ont été faites d'une manière peu propre à convaincre des juges impartiaux de leur sincérité. Des conditions étaient toujours imposées qui empêchaient la bonne compréhension de ce qui se passait réellement. Lorsque nous proposions des modifications au programme propres à donner aux expériences le cachet de clarté et à fournir les preuves qui manquaient, le médium déclarait invariablement que, si nous le faisions, le succès de la séance serait ainsi rendu impossible. Enfin, nous n'avons pas *expérimenté* au sens propre du terme : nous avons été obligés de nous contenter d'*observer* ce qui se passait dans les circonstances défavorables imposées par le médium. Même lorsque la simple observation était poussée un peu trop loin, les phénomènes ne se produisaient plus ou perdaient leur intensité et leur merveilleux. Rien n'est plus offensant que ces jeux de cache-cache auxquels on est obligé de se soumettre

Tout ce genre de choses suscite la méfiance. Ayant passé toute ma vie dans l'étude de la nature, qui est toujours sincère dans ses manifestations et logique dans ses processus, il me répugne de tourner ma pensée vers l'investigation d'une classe de vérités qui semblent être des vérités malveillantes et malveillantes. le pouvoir déloyal nous cachait avec une obstination dont nous ne pouvons comprendre le motif. Dans de telles recherches, il ne suffit pas d'employer les méthodes ordinaires de la philosophie naturelle, qui sont infaillibles, mais très limitées dans leur action. Il faut recourir à cette autre méthode critique, plus sujette à l'erreur, mais plus audacieuse et plus puissante, dont usent policiers et juges d'instruction lorsqu'ils tentent de faire éclater une vérité au milieu de témoins en désaccord, en partie au dont le moins a intérêt à cacher cette vérité.

Conformément à ces réflexions, je ne peux pas dire que je suis convaincu de la réalité des choses qui se comprennent sous le nom mal choisi de Spiritualisme. Mais je ne crois pas non plus à notre droit de tout nier ; car, pour avoir une bonne base de refus, il ne suffit pas de *soupçonner* une fraude, il faut *la prouver* . Ces expériences, que j'ai trouvées très peu satisfaisantes, d'autres expérimentateurs de grande confiance et de réputation établie ont pu les faire dans des circonstances plus favorables. Je n'ai pas assez de présomption pour opposer une négation dogmatique et injustifiée aux preuves dans lesquelles des scientifiques d'une grande capacité critique, comme MM. Crookes, Wallace, Richet, Oliver Lodge, ont trouvé une base de faits solide et digne d'être examinée, à tel point qu'ils y ont consacré des années d'études. Et nous nous tromperions si nous croyions que les hommes convaincus de la vérité du spiritualisme sont tous des fanatiques. Lors des expériences de 1892, j'ai eu le plaisir de connaître certains de ces hommes. J'étais obligé d'admirer leur désir sincère de connaître la vérité ; et j'ai trouvé, pour plusieurs d'entre eux, des idées philosophiques très sensées et très profondes, jointes à un caractère moral tout à fait digne d'estime.

C'est la raison pour laquelle il m'est impossible de déclarer que le spiritualisme est une ridicule absurdité. Je dois donc m'abstenir de prononcer une opinion quelle qu'elle soit : mon état mental à ce sujet peut être défini par le mot « agnosticisme ».

J'ai lu avec beaucoup d'attention tout ce que feu le professeur Zöllner a écrit à ce sujet. Son explication a une base purement matérielle, c'est-à-dire qu'elle est l'hypothèse de l'existence objective d'une quatrième dimension de l'espace, existence qui ne peut être comprise dans le cadre de notre intuition, mais dont la possibilité ne peut être niée. sur ce seul terrain. Une fois admis la réalité des expériences qu'il décrit, il est évident que sa théorie de ces choses est la plus ingénieuse et la plus probable qu'on puisse imaginer. Selon cette théorie, les phénomènes médiumniques perdraient leur caractère mystique ou mystifiant et passeraient dans le domaine de la physique ordinaire et de la physiologie. Elles conduiraient à une extension très considérable des sciences, extension telle que leur auteur mériterait d'être placé à côté de Galilée et de Newton. Malheureusement, ces expériences de Zöllner ont été réalisées avec un médium de mauvaise réputation. Ce ne sont pas seulement les sceptiques qui doutent de la bonne foi de M. Slade : ce sont les spiritualistes eux-mêmes. M. Aksakof, dont l'autorité est très grande en pareille matière, m'a dit lui-même qu'il l'avait surpris en supercherie. Vous voyez par là que ces théories de Zöllner perdent tout appui qu'elles auraient pu tirer de la démonstration exacte de l'expérience, en même temps qu'elles restent très belles, très ingénieuses et tout à fait possibles.

Oui, bien possible malgré tout ; malgré le manque de succès que j'ai eu lorsque j'ai essayé de les reproduire avec Eusapia. Le jour où nous pourrons faire, avec une sincérité absolue, *une seule* de ces expériences, l'affaire aura fait de grands progrès ; des mains des charlatans, elle sera passée dans celles des physiciens et des physiologistes.

Telle est la communication que m'a faite M. Schiaparelli. Je trouvai son raisonnement sans défaut, et c'est dans un état d'esprit tout à fait analogue au sien que j'arrivai à Monfort-l'Amaury (avec d'autant plus d'intérêt que Slade était un des médiums dont je parlais tout à l'heure).).

Eusapia Paladino m'a été présentée. C'est une femme d'apparence très ordinaire, brune, de taille un peu en dessous de la taille moyenne. Elle avait quarante-trois ans, pas du tout névrosée, plutôt grosse. Elle est née le 21 janvier 1854, dans un village de La Pouille ; sa mère est décédée en donnant naissance à l'enfant ; son père fut assassiné huit ans après, en 1862, par des brigands du sud de l'Italie. Eusapia Paladino est son nom de jeune fille. Elle s'est mariée à Naples avec un marchand aux moyens modestes nommé

Raphaël Delgaiz, citoyen de Naples. Elle gère les petites affaires du magasin, est analphabète, ne sait ni lire ni écrire, ne comprend qu'un peu le français. Je conversai avec elle, et je m'aperçus bientôt qu'elle n'avait pas de théories et ne s'embarrassait pas d'essayer d'expliquer les phénomènes qu'elle produisait.

Le salon dans lequel nous allons faire nos expériences est une pièce au rez-de-chaussée, rectangulaire, mesurant vingt pieds de longueur sur dix-neuf de largeur ; il y a quatre fenêtres, une porte d'entrée extérieure et une autre dans le vestibule.

Avant la séance, je m'assure que les grandes portes et fenêtres sont bien fermées par des stores à crochets et par des stores en bois à l'intérieur. La porte du vestibule se ferme simplement avec une clé.

Dans un angle du salon, à gauche de la grande porte d'entrée, deux rideaux de couleur claire ont été tendus sur une tringle, se rejoignant par le milieu et formant ainsi un petit meuble. Dans ce meuble il y a un canapé, et contre celui-ci une guitare ; d'un côté se trouve une chaise sur laquelle ont été placées une boîte à musique et une cloche. Dans l'embrasure de la fenêtre qui est comprise dans le meuble, il y a un pupitre sur lequel a été placée une assiette contenant un gâteau de pâte à vitrer bien lissé, et sous lequel, à terre, est un immense plateau contenant un gros gâteau lissé de même. Nous avons préparé ces plaques de mastic parce que les annales du Spiritualisme ont souvent montré les empreintes de mains et de têtes produites par les êtres inconnus qu'il nous appartient dans cet ouvrage d'investiguer. Le grand plateau pèse environ neuf livres.

Pourquoi ce cabinet sombre ? Le médium déclare que c'est nécessaire à la production des phénomènes « qui se rapportent à la condensation des fluides ».

Je préférerais qu'il n'en soit rien. Mais les conditions doivent être acceptées, même si nous devons en avoir une compréhension exacte. Derrière le rideau, le calme des ondes aériennes est à son maximum, la lumière à son minimum. Il est curieux, étrange, infiniment regrettable que la lumière interdise certains effets. Sans doute, il ne serait ni philosophique ni scientifique de s'opposer à cette condition. Il est possible que les radiations, les forces qui agissent soient les rayons de l'extrémité invisible du spectre, j'ai déjà eu l'occasion de remarquer, dans le premier chapitre, que celui qui chercherait à faire des photographies sans chambre noire troubler son assiette et n'obtenir rien. Celui qui nierait l'existence de l'électricité parce qu'il n'a pas réussi à obtenir une étincelle dans une atmosphère humide se tromperait. Celui qui ne croirait pas à l'existence des étoiles parce qu'on ne les voit que la nuit ne serait pas très sage. Les progrès modernes de la philosophie naturelle nous ont appris que les radiations qui frappent la rétine ne représentent qu'une infime fraction de la totalité. On peut alors admettre l'existence de forces qui n'agissent pas en pleine lumière. Mais, en acceptant ces conditions, l'essentiel est de ne pas être leur dupe.

Aussi, avant la séance, j'examinai soigneusement le coin étroit de la pièce devant lequel le rideau était tendu, et je ne trouvai rien d'autre que les objets mentionnés ci-dessus. Nulle part dans la pièce il n'y avait la moindre trace d'un mécanisme caché, pas de fils électriques, ni de piles ou quoi que ce soit de ce genre, ni sur le sol ni dans les murs. D'ailleurs, la parfaite sincérité de M. et Mme. Blech est au-delà de tout soupçon.

Avant la séance, Eusapia était déshabillée et habillée devant Mme. Zelma Blech. Rien de suspect n'a été trouvé.

La séance commença en pleine lumière, et je m'efforçai constamment d'obtenir le plus grand nombre de phénomènes possibles en pleine lumière du jour. Ce n'est que progressivement, au fur et à mesure que « l'esprit » le demandait, que la lumière s'est éteinte. Mais j'ai obtenu la concession que l'obscurité ne devait jamais être absolue. A la dernière limite, lorsque la lumière a dû être entièrement éteinte, elle a été remplacée par l'une des lanternes rouges utilisées par les photographes.

La médium est assise *devant* le rideau et lui tourne le dos. Une table est placée devant elle, une table de cuisine en épicéa, pesant environ quinze livres. J'ai examiné ce tableau et n'y ai rien trouvé de suspect. On pouvait le déplacer dans toutes les directions.

Je m'assois d'abord à gauche d'Eusapia, puis à sa droite. Je m'assure autant que possible de ses mains, de ses jambes et de ses pieds, par contrôle personnel. Ainsi, par exemple, pour commencer, afin d'être sûr qu'elle ne soulève la table ni par les mains, ni par les jambes, ni par les pieds, je prends sa main gauche dans ma main gauche, je pose ma main droite ouverte sur ses genoux, et je pose mon pied droit sur son pied gauche. En face de moi, M. Guillaume de Fontenay, pas plus disposé que moi à se laisser duper, se charge de sa main droite et de son pied droit.

Il y a une pleine lumière, une grande lampe à pétrole avec un large brûleur et un abat-jour jaune clair, ainsi que deux bougies allumées.

Au bout de trois minutes, la table se met en mouvement, s'équilibre et s'élève tantôt à droite, tantôt à gauche. Une minute après, il est *entièrement soulevé du sol*, jusqu'à une hauteur d'environ neuf pouces, et y reste deux secondes.

Dans un deuxième essai, je prends les deux mains d'Eusapia dans les miennes. Une lévitation notable se produit, à peu près dans les mêmes conditions.

Nous répétons trois fois les mêmes expériences, de telle sorte que cinq lévitations de la table aient lieu en un quart d'heure, et que pendant quelques secondes les quatre pieds soient complètement soulevés du sol, à la hauteur d'environ neuf pouces. Au cours d'une des lévitations, les expérimentateurs n'ont pas du tout touché la table, mais ont formé la chaîne au-dessus d'elle et dans les airs ; et Eusapia a agi de la même manière.

Il semble donc qu'un objet puisse être soulevé, contrairement à la loi de la gravité, sans le contact des mains qui viennent d'agir sur lui. (Preuve déjà donnée ci-dessus, pp. 5-8, 16.)

Une table ronde centrale placée à ma droite s'avance sans contact vers la table, toujours en pleine lumière bien entendu, comme si elle voulait grimper dessus, et retombe. Personne ne s'est écarté ni approché du rideau, et aucune explication de ce mouvement ne peut être donnée. Le médium n'est pas encore entré en transe et continue de participer à la conversation.

Cinq coups dans le tableau indiquent, selon une convention arrangée par le médium, que la cause inconnue demande moins de lumière. C'est toujours ennuyeux : j'ai déjà dit ce que j'en pensais. Les bougies sont soufflées, la lampe éteinte, mais la lumière est assez forte pour que nous puissions voir très distinctement tout ce qui se passe dans le salon. La table ronde, que j'avais soulevée et mise de côté, s'approche de la table et tente à plusieurs reprises de grimper dessus. Je m'appuie dessus pour le maintenir enfoncé, mais j'éprouve une résistance élastique et j'en suis incapable. Le bord libre de la table ronde se place sur le bord de la table rectangulaire, mais, gêné par son pied triangulaire, il ne parvient pas à se dégager suffisamment pour grimper dessus. Puisque je tiens le médium, je constate qu'elle ne fait aucun effort de la sorte qui serait nécessaire pour ce style de représentation.

Le rideau se gonfle et s'approche de mon visage. C'est à ce moment que le médium entre en transe. Elle pousse des soupirs et des lamentations et ne parle plus qu'à la troisième personne, disant qu'elle est John King, une personnalité psychique qui prétend avoir été son père dans une autre existence et qui l'appelle « ma fille » (*mia figlia*). Il s'agit d'une autosuggestion ne prouvant rien quant à l'identité de la force.

Cinq nouveaux robinets demandent encore *moins de lumière* , et la lampe est presque complètement éteinte, mais non éteinte. Les yeux, habitués au clair-obscur, distinguent encore assez bien ce qui se passe.

Le rideau se gonfle à nouveau, et je sens qu'on me touche à l'épaule, à travers l'étoffe du rideau, comme par un poing fermé. La chaise du meuble, sur laquelle sont posées la boîte à musique et la cloche, est violemment secouée, et les objets tombent à terre. Le médium demande encore *moins de lumière* , et une lanterne photographique rouge est placée sur le piano, la lumière de la lampe s'éteignant. Le contrôle est rigoureusement exercé, le médium l'acceptant avec la plus grande docilité.

Pendant environ une minute, la boîte à musique joue des airs intermittents derrière le rideau, comme si elle était tournée par une main.

Le rideau s'avance à nouveau vers moi et une main assez forte saisit mon bras. Je tends immédiatement la main pour saisir la main, mais je ne saisis que l'air vide. J'appuie ensuite les deux jambes du médium entre les miennes et je prends sa main gauche dans ma droite. De l'autre côté, sa main droite est fermement tenue dans la main gauche de M. de Fontenay. Alors Eusapia amène la main de ce dernier vers ma joue, et imite sur la joue, avec le doigt de M. de Fontenay, le mouvement d'une petite manivelle ou poignée tournante. La boîte à musique, qui possède une de ces poignées, *joue en même temps derrière le rideau en parfaite synchronisation* . Dès l'instant où la main d'Eusapia s'arrête, la musique s'arrête : tous les mouvements se correspondent, comme dans le système télégraphique Morse. Nous nous sommes tous amusés avec cela. La chose fut essayée plusieurs fois de suite, et chaque fois le mouvement du doigt correspondait au jeu de la musique.

Je ressens plusieurs touches dans le dos et sur le côté. M. de Fontenay reçoit une forte tape dans le dos que tout le monde entend. Une main passe dans mes cheveux. La chaise de M. de Fontenay est violemment tirée, et quelques instants après il s'écrie : « Je vois la silhouette d'un homme passer entre M. Flammarion et moi, au-dessus de la table, éteignant la lumière rouge !

Cette chose se répète plusieurs fois. Je ne parviens pas moi-même à apercevoir cette silhouette. Je propose alors à M. de Fontenay de prendre sa place, car, dans ce cas, je serais susceptible de le voir aussi. J'aperçois bientôt distinctement une silhouette floue passant devant la lanterne rouge, mais je ne reconnais aucune forme précise. Ce n'est qu'une ombre opaque (le profil d'un homme) qui s'avance jusqu'à la lumière et se retire.

Dans un instant, Eusapia dit qu'il y a quelqu'un derrière le rideau. Après une légère pause, elle ajoute :

"Il y a un homme à mes côtés, à droite : il a une grande barbe fourchue et douce." Je demande si je peux toucher cette barbe. En effet, en levant la main, je sens une barbe plutôt douce frôler celle-ci.

Un bloc de papier est posé sur la table avec un crayon à mine, dans l'espoir de pouvoir écrire. Ce crayon est renversé à travers la pièce. Je prends alors le bloc de papier et le tiens en l'air : il m'est arraché violemment, malgré tous mes efforts pour le retenir. En ce moment, M. de Fontenay, le dos tourné à la lumière, aperçoit une main (une main blanche et non une ombre), le bras montré jusqu'au coude, tenant le bloc de papier ; mais tous les autres déclarent qu'ils ne voient que le papier trembler dans l'air.

Je n'ai pas vu la main m'arracher le paquet de papier ; mais seule une main aurait pu la saisir avec une telle violence, et cela ne paraissait pas être la main du médium, car je tenais sa main droite dans ma gauche, et le papier avec le bras étendu dans ma main droite, et M. de Fontenay déclara qu'il ne lui lâchait pas la main gauche.

J'ai été frappé plusieurs fois sur le côté, touché à la tête et mon oreille a été fortement pincée. Je déclare qu'après plusieurs répétitions j'en ai eu assez de ce pincement d'oreille ; mais pendant toute la séance, malgré mes protestations, quelqu'un n'a cessé de me frapper.

La petite table ronde, placée à l'extérieur du meuble, à gauche du médium, s'approche de la table, grimpe dessus et se couche en travers. On entend la guitare dans le coffret bouger et émettre des sons. Le rideau est tiré, et la guitare est amenée sur la table, posée sur l'épaule de M. de Fontenay. Il est ensuite posé sur la table, le gros bout vers le milieu. Puis il s'élève et se déplace au-dessus des têtes de l'entreprise sans les toucher. Il émet plusieurs sons. Le phénomène dure une quinzaine de secondes. On voit facilement que la guitare flotte dans les airs et que le reflet de la lampe rouge glisse sur sa surface brillante. Une lueur assez vive, en forme de poire, est visible au plafond, dans l'autre coin de la pièce.

Le médium, fatigué, demande du repos. Les bougies sont allumées. Mme. Blech remet les objets à leur place, s'assure que les gâteaux de mastic sont intacts, place le plus petit sur la petite table ronde et le grand sur la chaise du meuble, derrière le médium. La séance reprend à la faible lueur de la lanterne rouge.

Le médium, dont les mains et les pieds sont soigneusement contrôlés par M. de Fontenay et moi-même, respire fortement. Au-dessus de sa tête, on entend des claquements de doigts. Elle halète toujours, gémit et enfonce ses doigts dans ma main. Trois coups se font entendre. Elle crie : « C'est fait » (« *E fatto* »). M. de Fontenay amène le petit plat sous la lumière de la lanterne rouge et découvre l'empreinte de quatre doigts dans le mastic, dans la position qu'ils avaient prise lorsqu'elle me serra la main.

Les places sont prises, le médium demande du repos et une petite lumière est allumée.

La séance reprend bientôt comme auparavant, à la lueur extrêmement faible de la lanterne rouge. On parle de Jean comme s'il existait, comme si c'était lui dont on apercevait la tête en silhouette ; on lui demande de continuer ses manifestations et de montrer l'empreinte de sa tête dans le mastic, comme il l'a déjà fait plusieurs fois. Eusapia répond que c'est une chose difficile et nous demande de ne pas y penser un instant, mais de continuer à parler. Ses suggestions sont toujours inquiétantes, et nous redoublons d'attention, sans toutefois beaucoup parler. Le médium pantalon, gémit, se tord. On entend la chaise dans le meuble sur laquelle le mastic est placé bouger. La chaise s'avance et se place à côté du médium, puis elle est soulevée et posée sur la tête de Mme. Z. Blech, tandis que le plateau est légèrement posé entre les mains de M. Blech, à l'autre bout de la table. Eusapia pleure en voyant devant elle une tête et un buste et dit : « *E fatto* » (« C'est fait »). On ne la croit pas, car M. Blech n'a ressenti aucune pression sur le plat. Trois violents coups de maillet sont portés sur la table. La lumière est allumée et un profil humain se retrouve imprimé sur le mastic.

Mme. Z. Blech embrasse Eusapia sur les deux joues, afin de savoir si son visage n'a pas quelque odeur (le mastic de vitrier ayant une très forte odeur d'huile de lin qui reste quelque temps sur les doigts). Elle ne découvre rien d'anormal.

Cette découverte d'une « tête d'esprit » dans le mastic est si étonnante, si impossible à admettre sans vérification suffisante, qu'elle est en réalité encore plus incroyable que tout le reste. Ce n'est pas la tête de l'homme dont j'ai aperçu le profil, et la barbe que j'ai sentie sur ma main n'est pas là. L'empreinte ressemble au visage d'Eusapia. Si nous supposions qu'elle l'a produit elle-même, qu'elle était capable de s'enfouir le nez jusqu'aux joues et jusqu'aux yeux dans cette épaisse pâte à modeler, il faudrait encore expliquer comment ce grand et lourd plateau a été transporté de l'autre bout du monde. table et délicatement posée entre les mains de M. Blech.

La ressemblance de l'empreinte avec Eusapia était indéniable. Je reproduis à la fois le tirage et le portrait du médium. [21] Chacun peut s'en assurer. Le plus simple, évidemment, est de supposer que la femme italienne a imprimé son visage dans le mastic.

Mais comment?

Nous sommes dans le flou à ce sujet, ou presque. Je suis assis à la droite d'Eusapia, *qui pose sa tête sur mon épaule gauche* et dont je tiens la main droite. M. de Fontenay est à sa gauche et s'est bien gardé de lâcher l'autre main. Le plateau de mastic, pesant neuf livres, a été placé sur une chaise, à vingt pouces derrière le rideau, par conséquent derrière Eusapia. Elle ne peut y toucher sans se retourner, et nous la tenons entièrement en notre pouvoir, les pieds sur les siens. Or la chaise sur laquelle était le plateau de mastic a écarté les tentures, ou portières, et s'est avancée jusqu'à un point au-dessus de la tête du médium, qui est resté assis et maintenu par nous ; se déplaçait aussi au-dessus de nos têtes, la chaise devait reposer sur la tête de ma voisine, Mme. Blech, et le plateau reposer doucement entre les mains de M. Blech, qui est assis au bout de la table. A ce moment Eusapia se lève, déclare voir sur la table une autre table et un buste, et s'écrie : « *E fatto* » (« C'est fait »). Ce n'était sûrement pas à ce moment-là qu'elle aurait pu poser sa tête sur le gâteau, car il était à l'autre bout de la table. Ce n'était pas non plus avant cela, car il aurait fallu prendre la chaise d'une main et le gâteau de l'autre, et elle ne bougea pas de sa place. L'explication, comme on peut le constater, est en effet très difficile.

Admettons cependant que le fait est si extraordinaire qu'un doute demeure dans notre esprit, car la médium s'est levée de sa chaise presque au moment critique. Et pourtant, son visage fut immédiatement embrassé par Mme. Blech, qui ne perçut aucune odeur de mastic.

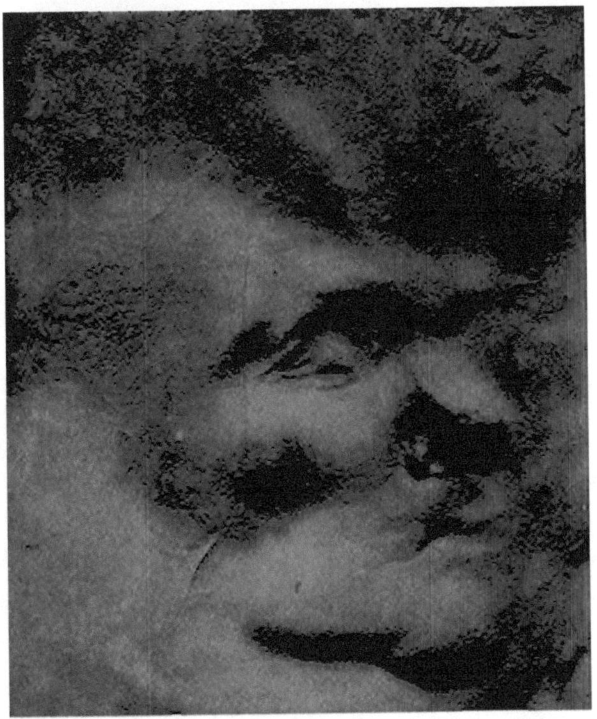

PLANCHE IV. MOULAGE D'EMPREINTE EN PLÂTRE RÉALISÉ EN MASTIC SANS CONTACT PAR LE MÉDIUM EUSAPIA PALADINO.

Le Dr Ochorowicz écrit ce qui suit à propos de ces empreintes de visages et de l'étude qu'il en a faite à Rome : [22]

L'empreinte de ce visage a été obtenue dans l'obscurité, mais à un moment où je tenais les deux mains d'Eusapia, alors que mes bras l'entouraient entièrement. Ou plutôt c'était elle qui s'accrochait à moi de telle manière que je connaissais avec précision la position de tous ses membres. Sa tête reposait contre la mienne, et même avec violence. Au moment où se produisait le phénomène, un tremblement convulsif secouait tout son corps, et la pression de sa tête sur mes tempes était si intense qu'elle me faisait mal.

Au moment où eut lieu la convulsion la plus forte, elle s'écria : « *Ah, che dura !* » (« Oh, comme c'est grave ! »). Nous allumâmes aussitôt une bougie et trouvâmes une empreinte assez pauvre en comparaison de celles que d'autres expérimentateurs ont eues. obtenu, chose due peut-être à la mauvaise qualité de l'argile que j'ai utilisée. Cette argile était placée à environ vingt pouces à droite du médium, tandis que sa tête était inclinée vers la gauche. Son visage n'était pas du tout souillé par l'argile, qui était pourtant si humide qu'elle laissait des traces sur les doigts au toucher. D'ailleurs, le contact de sa tête avec la mienne me faisait tellement souffrir que je suis absolument sûr qu'il ne fut pas interrompu un seul instant. Eusapia fut très heureuse lorsqu'elle vit une vérification effectuée dans des conditions où il était impossible de soupçonner sa bonne foi.

Je pris alors le plateau d'argile, et nous passâmes dans la salle à manger pour mieux examiner l'empreinte, que je posai sur une grande table près d'une grande lampe à pétrole. Eusapia, tombée en transe, resta quelques instants debout, les mains appuyées sur la table, immobile et comme inconsciente. Je ne la perdais pas de vue et elle me regardait sans rien voir. Puis, d'un pas incertain, elle recula vers la porte et entra lentement dans la chambre que nous venions de quitter. Nous l'avons suivie, l'observant tout le temps et laissant l'argile sur la table. Nous étions déjà entrés dans la chambre lorsque, appuyée contre l'une des moitiés de la double porte, elle fixa les yeux sur le plateau d'argile qui avait été laissé sur la table. La médium était sous un très bon jour : nous étions séparés d'elle par une distance de six à dix pieds, et nous apercevions distinctement tous les détails. Tout à coup, Eusapia tendit brusquement la main vers l'argile, puis se laissa tomber en poussant un gémissement. Nous nous précipitâmes vers la table et vîmes, à côté de l'empreinte de la tête, une nouvelle empreinte, très marquée, d'une main qui s'était ainsi produite sous la lumière même de la lampe, et qui ressemblait à la main d'Eusapia. J'ai moi-même obtenu une douzaine de fois des empreintes de tête, mais toujours assez mauvaises, en raison de la qualité de l'argile, et souvent brisées au cours de l'expérience.

Le chevalier Chiaia, de Naples, qui le premier obtint ces tableaux fantastiques par l'intermédiaire d'Eusapia, écrivit à ce sujet au comte de Rochas :

J'ai des empreintes dans des boîtes d'argile pesant entre cinquante-cinq et soixante-cinq livres. Je mentionne le poids pour vous faire voir l'impossibilité de soulever et de transporter *d'une seule main* un plateau aussi lourd, même dans l'hypothèse qu'Eusapia pourrait, à notre insu, libérer une de ses mains. Dans presque tous les cas, en effet, ce plateau, posé sur une chaise à *trois pieds en arrière du médium* , était avancé et posé très doucement sur la table autour de laquelle nous étions assis. Le transfert s'effectua avec une telle délicatesse que les personnes qui formaient la chaîne et tenaient fermement les mains d'Eusapia n'entendirent pas le moindre bruit, n'entendirent pas le moindre bruissement. Nous fûmes avertis de l'arrivée du plateau sur la table par sept coups que, selon notre disposition conventionnelle, John frappa dans le mur pour nous informer que nous pouvions allumer la lumière. Je le fis aussitôt en tournant le robinet du robinet à gaz suspendu au-dessus de la table. (Nous ne l'avions jamais complètement éteint.) Nous trouvâmes alors le plateau sur la table, et, sur l'argile, l'empreinte que nous supposions avoir dû être faite avant son transfert, et pendant qu'il était derrière Eusapia, dans le cabinet où Jean avait l'habitude de se trouver. se matérialise et se manifeste.

L'ensemble de ces observations (qui sont très nombreuses) nous amène à penser que , malgré l'improbabilité de la chose, ces empreintes sont produites à distance par le médium.

Cependant, quelques jours après la séance de Montfort-l'Amaury, j'écrivais ceci :

Ces différentes manifestations ne me sont pas également authentiques. Je ne suis pas sûr de tous, car les phénomènes ne se sont pas tous produits dans les mêmes conditions de certitude. Je voudrais classer les faits dans l'ordre suivant de certitude décroissante :

1. Lévitations de la table.

2. Mouvements de la table ronde sans contact.

3. Le maillet souffle.

4. Mouvements du rideau.

5. Silhouette opaque passant devant la lampe rouge.

6. Sensation de barbe sur le dos de la main.

7. Attouchements.

8. Arrachage du bloc de papier.

9. Lancer du crayon.

10. Transfert de la table ronde vers le haut de l'autre table.

11. Musique de la petite boîte.

12. Transfert de la guitare à un point au-dessus de la tête.

13. Empreintes d'une main et d'un visage.

Les quatre premiers événements, s'étant déroulés en pleine lumière, sont incontestables. Je devrais mettre à peu près au même rang les numéros 5 et 6. Le numéro 7 est peut-être dû très souvent à une fraude. Le dernier de la liste, ayant été produit vers la fin de la séance, à un moment où l'attention était nécessairement relâchée, et étant encore plus extraordinaire que tous les autres, j'avoue que je ne puis l'admettre avec certitude, quoique je ne puisse comprendre. comment cela aurait pu être dû à une fraude. Les quatre autres semblent authentiques ; mais je voudrais les observer à nouveau ; un homme pourrait parier quatre-vingt-dix-neuf contre cent qu'elles sont vraies. J'en étais absolument sûr pendant la séance. Mais la vivacité des impressions s'affaiblit, et nous avons tendance à n'écouter que la voix du simple bon sens, la plus raisonnable et la plus trompeuse de nos facultés.

La première impression que l'on a à la lecture de ces rapports est que ces différentes manifestations sont plutôt vulgaires, tout à fait banales, et ne nous disent rien de l'autre monde – ni des autres mondes. Il ne semble sûrement pas probable qu'un être *spirituel* puisse participer à de telles performances. Car ces phénomènes sont d'une classe absolument matérielle.

Mais d'un autre côté, il est impossible de ne pas reconnaître l'existence de forces inconnues. Le simple fait, par exemple, de faire sustenter une table à une hauteur de six pouces et demi, huit, seize pouces du sol n'est pas du tout banal. Il me semble, pour moi seul, si extraordinaire que mon opinion est très bien exprimée quand je dis que je n'ose l'admettre sans l'avoir vu moi-même, de mes propres yeux : je veux dire ce qu'on appelle voir, en en pleine lumière et dans des conditions telles qu'il serait impossible de le soupçonner. Tout en étant très sûrs de l'avoir prouvé, nous sommes en même temps sûrs que dans de telles expériences émane du corps humain une force comparable au magnétisme de l'aimant, capable d'agir sur le bois, sur la matière. un peu comme l'aimant agit sur le fer), et contrebalançant pendant quelques instants l'action de la gravité. D'un point de vue scientifique, c'est en soi un fait important. Je suis absolument certain que le médium n'a soulevé ce poids de quinze livres ni par ses mains, ni par ses jambes, ni par ses pieds, et d'ailleurs personne dans la compagnie n'a pu le faire. La table était soulevée par sa surface supérieure. Nous sommes donc bien ici en présence d'une force inconnue qui émane des personnes présentes, et surtout du médium.

Une observation assez curieuse s'impose ici. Plusieurs fois au cours de cette séance et pendant la lévitation de la table, j'ai dit : « Il n'y a pas d'esprit. Chaque fois que je disais cela, deux violents coups de protestation étaient portés sur la table. J'ai déjà remarqué qu'en général on est censé admettre l'hypothèse spiritualiste et demander à un esprit de s'exercer pour que nous obtenions les phénomènes. Il s'agit ici d'une question psychologique non sans importance. Pourtant, cela ne me semble pas pour autant prouver l'existence réelle des esprits, car il pourrait arriver que cette idée soit nécessaire à la concentration des forces en présence et ait une valeur purement subjective. Les fanatiques religieux qui croient en l'efficacité de la prière sont dupes de leur propre imagination ; et pourtant personne ne peut douter que certaines de ces requêtes semblent avoir été exaucées par une divinité bienfaisante. La jeune fille italienne ou espagnole qui va supplier la Vierge Marie de punir son amant pour une infidélité peut être sincère, et ne se doute jamais de l'étrangeté de sa demande. Dans les rêves, nous conversons tous chaque nuit avec des êtres imaginaires. Mais il y a quelque chose de plus ici : le médium se dédouble réellement.

Je me place uniquement au point de vue du physicien dont le métier est d'observer, et je dis que, quelle que soit l'hypothèse explicative que l'on adopte, il existe une force invisible dérivée de l'organisme du milieu, et ayant le pouvoir d'en émerger. lui et d'agir en dehors de lui.

C'est un fait : quelle est la meilleure hypothèse pour l'expliquer ? 1. Est-ce le médium qui agit lui-même, de manière inconsciente, au moyen d'une force invisible émanant d'elle ? 2. Est-ce une cause intelligente en dehors d'elle, une âme ayant déjà vécu sur cette terre, qui tire du médium une force dont elle a besoin pour agir ? 3. Est-ce une autre sorte d'êtres invisibles ? Rien ne nous autorise à affirmer qu'il n'existe pas, à nos côtés, des forces vivantes et invisibles. Vous avez là trois hypothèses très différentes, dont aucune ne me semble, d'après mon expérience personnelle, encore prouvée de manière concluante.

Mais il émane certainement du médium une force invisible ; et les participants, en formant la chaîne psychique et en unissant leurs volontés sympathiques, augmentent cette force. Cette force n'est pas immatérielle. Il peut s'agir d'une substance, d'un agent émettant des rayonnements de longueurs d'onde qui n'impressionnent pas notre rétine, et qui sont pourtant très puissantes. En l'absence de rayons lumineux, elle est capable de se condenser, de prendre forme, d'affecter même une certaine ressemblance avec le corps humain, d'agir comme le font nos organes, de heurter violemment une table ou de nous toucher.

Il agit comme s'il était un être indépendant. Mais cette indépendance n'existe pas réellement ; car cet être transitoire est intimement lié à l'organisme du médium, et son existence apparente cesse lorsque cessent les conditions mêmes de sa production.

En écrivant ces monstrueuses hérésies scientifiques, je ressens très profondément qu'il est difficile de les accepter. Mais après tout, qui peut tracer les limites de la science ? Nous avons tous appris, surtout au cours du dernier quart de siècle, que nos connaissances ne sont pas une affaire bien colossale et qu'en dehors de l'astronomie, il n'existe pas encore de science exacte fondée sur des principes absolus. Et puis, en fin de compte, il y a les *faits* à expliquer. Il est sans doute plus facile de les nier. Mais ce n'est ni décent ni civil. Celui qui n'a tout simplement pas réussi à trouver ce qui le satisfait n'a pas le droit de nier. Le mieux qu'il puisse faire est simplement de dire : « Je n'en sais rien ».

Le fait est que nous ne disposons pas encore de données élémentaires suffisantes pour permettre de caractériser ces forces ; mais il ne faut pas rejeter la faute sur ceux qui les étudient.

En résumé, je crois pouvoir aller un peu plus loin que M. Schiaparelli et affirmer l'existence certaine de forces inconnues capables de mouvoir la matière et de contrebalancer l'action de la gravité. Il existe une totalité complexe, encore difficile à démêler, de forces psychiques et physiques. Mais de tels faits, aussi extravagants qu'ils puissent paraître, méritent d'entrer dans le domaine de l'observation scientifique. Il est même probable qu'ils tendent puissamment à élucider le problème (pour nous d'une importance suprême) de la nature de l'âme humaine.

Après la fin de cette séance du 27 juillet 1897, comme je désirais revoir la lévitation d'une table en pleine lumière, la chaîne fut formée *debout*, les mains légèrement posées sur la table. Celui-ci se mit à osciller, puis s'éleva jusqu'à une hauteur de neuf pouces du sol, y resta plusieurs secondes (tous les participants restant debout), et retomba lourdement. [23]

PLANCHE VI

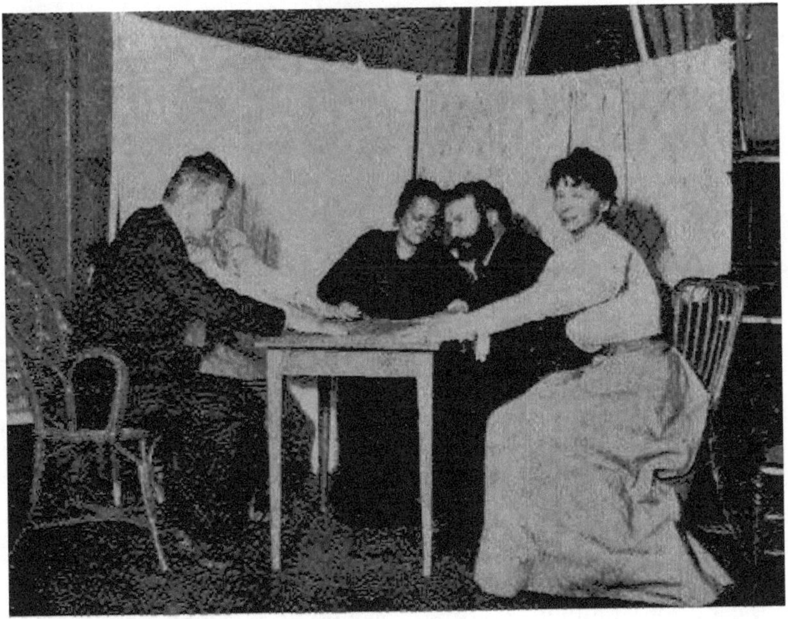

PHOTOGRAPHIE DE LA TABLE POSÉE SUR LE SOL.

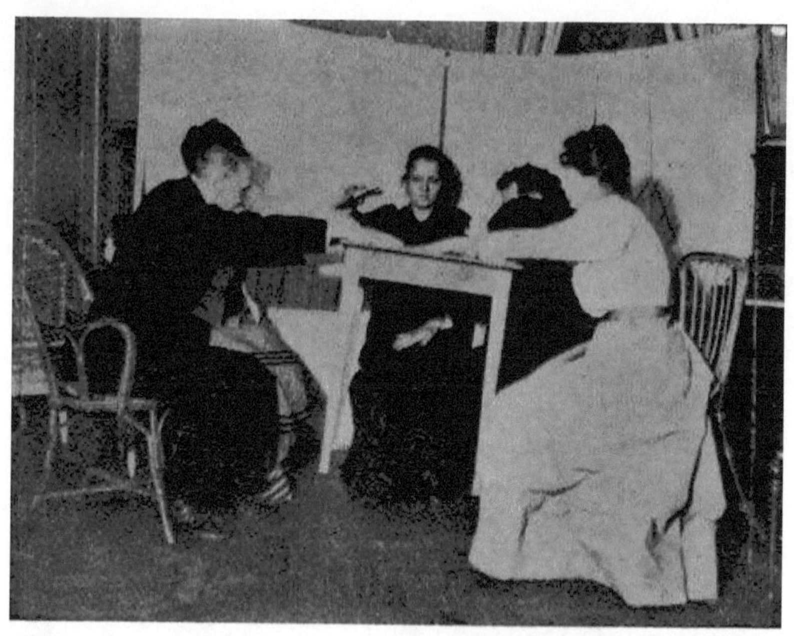

MG de Fontenay a réussi à obtenir plusieurs photographies grâce à la lampe au magnésium. J'en reproduis ici deux (Pl. VI.). Il y a cinq expérimentateurs qui sont, de gauche à droite, M. Blech, Mme. Z. Blech, Eusapia, moi-même, Mlle. Blech. Sur la première photographie, la table repose sur le sol. Dans la seconde, il flotte dans l'air, remontant jusqu'aux bras, à une hauteur d'environ dix pouces à gauche et huit pouces à droite. Je tiens mon pied droit posé sur les pieds d'Eusapia et ma main droite sur ses genoux. Avec ma main gauche, je tiens sa main gauche. Les mains de tous les autres sont sur la table. Il lui est donc tout à fait impossible d'employer une quelconque action musculaire. Ce dossier photographique confirme celui de Pl. I. , et il me semble difficile de ne pas reconnaître sa valeur documentaire indéniable. [24]

Après cette séance, mon désir le plus ardent était de voir les mêmes expériences se reproduire chez moi. Malgré tout le soin que j'ai apporté à mes observations, plusieurs objections peuvent être faites à la certitude absolue des phénomènes. Le plus important découle de l'existence du petit cabinet sombre. Personnellement, j'étais sûr de la parfaite probité de l'honorable famille Blech, et je ne puis accepter l'idée d'une quelconque supercherie de la part d'aucun de ses membres. Mais l'opinion des lecteurs du rapport officiel n'est peut-être pas aussi sûre. Il n'était pas *impossible* que, même à l'insu des membres de la famille, quelqu'un, avec la connivence du médium, se glisse dans la pièce, favorisée par la pénombre, et produise les phénomènes. Un complice entièrement vêtu de noir et marchant pieds nus aurait pu tenir les instruments en l'air, les mettre en mouvement, effectuer les touches, faire bouger le masque noir au bout d'une tige, etc.

Cette objection pourrait être vérifiée ou infirmée en renouvelant les expériences chez moi, dans une chambre à moi, où je serais absolument certain qu'aucun complice ne pourrait entrer. Je arrangerais moi-même les rideaux, je placerais les chaises, je serais sûr qu'Eusapia viendrait seule dans mes appartements, on lui demanderait de se déshabiller et de s'habiller en présence de deux examinatrices, et toute supposition de fraude lui serait étrangère. la personnalité propre serait ainsi annihilée.

A cette époque (1898), je préparais, pour *les Annales politiques et littéraires* , quelques articles sur les phénomènes psychiques, qui, revus et amplifiés, formèrent ensuite mon ouvrage *L'Inconnu* . L'éminent et sympathique rédacteur de la revue s'est montré assidu à examiner avec moi les meilleurs moyens de réaliser ce schéma d'expériences personnelles. Sur notre invitation, Eusapia est venue à Paris passer le mois de novembre 1898 et nous consacrer spécialement huit soirées, à savoir les 10, 12, 14, 16, 19, 21, 25 et 28 novembre. Nous avions invité plusieurs amis à être présents. Chacune de ces séances a fait l'objet d'un rapport formel de plusieurs des présents, notamment de MM. Charles Richet, A. de Rochas, Victorien Sardou, Jules Claretie, Adolphe Brisson, René Baschet, Arthur Lévy, Gustave Le Bon, Jules Bois, Gaston Méry, G. Delanne, G. de Fontenay, G. Armelin, André Bloch, etc. .

Nous nous sommes rencontrés dans mon salon de l'avenue de l'Observatoire, à Paris. Il n'y avait pas de dispositions particulières, si ce n'est l'étirement de deux rideaux dans un coin, devant l'angle de deux murs, formant ainsi une sorte de meuble triangulaire, dont les murs autour sont là intacts, sans porte ni fenêtre. La façade du meuble était fermée par ces deux rideaux, allant du plafond au sol et se rejoignant au milieu.

C'est devant ce genre de meuble que le lecteur pourra imaginer le médium assis, avec une table en bois blanc (table de cuisine) devant elle.

Derrière le rideau, sur le socle de l'avancée d'une bibliothèque et sur une table, nous placions une guitare, ainsi qu'un violon, un tambourin, un accordéon, une boîte à musique, des coussins et plusieurs petits objets qu'il fallait secouer. , saisi, projeté par la force inconnue.

Le premier résultat de ces séances à Paris, chez moi, fut d'établir absolument que l'hypothèse d'un complice est inadmissible et doit être entièrement éliminée. Eusapia agit seule.

La cinquième séance m'a amené d'ailleurs à penser que les phénomènes ont lieu (au moins un certain nombre) lorsque les mains d'Eusapia sont étroitement tenues par deux contrôleurs, que ce n'est généralement pas avec ses mains qu'elle agit, malgré les certaines supercheries possibles ; car il faudrait admettre (abominable hérésie !) qu'une troisième main puisse se former en liaison organique avec son corps !

Avant chaque séance, Eusapia était déshabillée et rhabillée en présence de deux dames chargées de veiller à ce qu'elle ne cache aucun appareil de tromperie sous ses vêtements.

Il serait un peu long d'entrer dans le détail de ces huit séances, et ce serait en partie de reprendre ce qui a déjà été décrit et commenté dans le premier chapitre, ainsi que dans les pages précédentes. Mais il ne sera pas sans intérêt de donner ici l'appréciation de plusieurs des participants, en reproduisant certains des rapports.

Je commencerai par celui de M. Arthur Lévy, car il décrit très complètement l'installation, l'impression produite sur lui par un médium et la plupart des faits observés.

Rapport de M. Arthur Lévy

(*Séance du 16 novembre*)

Ce que je vais raconter, je l'ai vu hier chez vous. Je le voyais avec méfiance, observant de près tout ce qui pouvait ressembler à une supercherie ; et, après l'avoir vu, je l'ai trouvé tellement au-delà des choses que nous avons l'habitude de concevoir, que je me demande encore si je l'ai vraiment vu. Pourtant, je dois avouer que je n'ai pas rêvé.

En arrivant dans votre salon, j'ai trouvé le mobilier et tous les autres aménagements comme d'habitude. En entrant, on ne remarquait qu'un seul changement à gauche, où deux épais rideaux de reps gris et vert cachaient un petit coin. Eusapia devait accomplir ses merveilles devant cette espèce d'alcôve. C'était le coin mystérieux : je l'examinai très minutieusement. Il y avait dedans une petite table ronde découverte, un tambourin, un violon, un accordéon, des castagnettes et un ou deux coussins. Après cette visite préventive, j'étais certain qu'en cet endroit au moins il n'y avait aucune préparation, et qu'aucune communication avec l'extérieur n'était possible.

Je m'empresse de dire que depuis ce moment jusqu'à la fin des expériences nous n'avons pas quitté la chambre une seule minute, et que, pour ainsi dire, nous avons eu les yeux constamment fixés sur ce coin dont les rideaux pourtant étaient toujours partiellement ouverts.

Quelques instants après mon examen du cabinet arrive Eusapia, la fameuse Eusapia. Comme cela arrive presque toujours, elle a l'air très différente de ce à quoi je m'attendais. Là où je m'attendais à voir — je ne sais bien pourquoi d'ailleurs — une grande femme mince, au regard fixe, aux yeux perçants, aux mains osseuses et aux mouvements brusques, agitée par des nerfs sans cesse tremblants sous une tension perpétuelle, je trouve une femme. la quarantaine, plutôt ronde, l'air tranquille, la main douce, simple dans ses manières et légèrement rétrécie. Dans l'ensemble, elle a l'air d'une excellente femme du peuple. Pourtant, deux choses retiennent l'attention lorsqu'on la regarde. D'abord, ses grands yeux, remplis d'un feu étrange, scintillent dans leurs orbites, ou, encore, semblent remplis de lueurs rapides d'un feu phosphorescent, tantôt bleuâtres, tantôt dorés. Si je ne craignais pas que la métaphore soit trop facile lorsqu'il s'agit d'une Napolitaine, je dirais que ses yeux apparaissent comme les feux de lave incandescents du Vésuve, vus de loin dans une nuit sombre.

L'autre particularité est une bouche aux contours étranges. On ne sait pas s'il exprime de l'amusement, de la souffrance ou du mépris. Ces particularités s'impriment dans l'esprit presque simultanément, sans que l'on sache sur laquelle fixer l'attention. Peut-être devrions-nous trouver dans ces traits de son visage l'indication de forces qui agissent en elle et dont elle n'est pas tout à fait la maîtresse.

Elle s'assied, entre dans tous les lieux communs de la conversation, parlant d'une voix douce et mélodieuse, comme beaucoup de femmes de son pays. Elle utilise une langue difficile pour elle et non moins difficile pour les autres, car ce n'est ni le français ni l'italien. Elle fait des efforts douloureux pour se faire comprendre, et y parvient parfois par le mimétisme (ou le langage des signes) et par la volonté d'obtenir ce qu'elle veut. Cependant une irritation persistante de la gorge, comme une pression sanguine revenant à de courts intervalles, l'oblige à tousser, à demander de l'eau. J'avoue que ces accès, dans lesquels son visage devenait profondément rouge, me causaient une grande inquiétude. Allait-on avoir l'inévitable indisposition du rare ténor, le jour où il devait se faire entendre sur scène ? Heureusement, rien de tel ne s'est produit. C'était plutôt un signe du contraire, et semblait un signe avant-coureur de l'extrême excitation qui allait s'emparer d'elle ce soir-là. En effet, il est très remarquable qu'à partir du moment où elle s'est mise, comment dire ?, en condition de travailler, la toux, l'irritation de la gorge ont complètement disparu.

Lorsque ses doigts furent posés sur de la laine noire, — pour être franc, sur le pantalon d'un des membres de la compagnie — Eusapia attira notre attention sur le genre de marques diaphanes faites sur eux (les doigts), un second contour déformé et allongé. Elle nous dit que c'est le signe qu'elle va recevoir aujourd'hui un grand pouvoir.

Pendant que nous parlons, quelqu'un pose une peseuse de lettres sur la table. En posant ses mains de chaque côté de la peseuse à lettres, et à une distance de quatre pouces, elle fait avancer l'aiguille jusqu'au numéro 35 gravé sur le cadran de la peseuse . Eusapia elle-même nous a demandé de nous convaincre, par inspection, qu'elle n'avait *pas* un cheveu qui passait d'une main à l'autre, et avec lequel elle pourrait frauduleusement appuyer sur le plateau de la peseuse à lettres. Ce petit jeu secondaire avait lieu lorsque toutes les lampes du salon étaient pleinement allumées. Alors commença la principale série d'expériences.

Nous nous asseyons autour d'une table rectangulaire en bois blanc, la table commune de la cuisine. Nous sommes six. Près des rideaux, à l'un des bouts étroits de la table, est assise Eusapia ; à sa gauche, également près des rideaux, M. Georges Mathieu, ingénieur agronome à l'observatoire de Juvisy ; vient ensuite ma femme ; M. Flammarion est à l'autre bout, en face d'Eusapia ; puis Mme. Flammarion ; enfin moi-même. Je suis ainsi placé à la droite d'Eusapia, et aussi contre le rideau. M. Mathieu et moi tenons chacun une main du médium posée sur son genou, et d'ailleurs Eusapia pose un de ses pieds sur le nôtre. Par conséquent, aucun mouvement de ses jambes ou de ses bras ne peut échapper à notre attention. Remarquons donc bien que cette femme n'a l'usage que de sa tête et de son buste, lequel est bien entendu sans l'usage des bras, et est en contact absolu avec nos épaules.

Nous posons nos mains sur la table. En quelques instants, il se met à osciller, se tient sur un pied, heurte le sol, se cabre, s'élève tout entier dans les airs, tantôt à douze pouces, tantôt huit pouces du sol. Eusapia pousse un cri aigu, semblable à un cri de joie, de délivrance ; le rideau derrière elle se gonfle et, tout gonflé, s'avance sur la table. D'autres coups se font entendre dans la table, et simultanément dans le parquet, à une distance d'une dizaine de pieds de nous. Tout cela en pleine lumière.

Déjà excitée, Eusapia demande d'une voix suppliante et de mots brisés que nous diminuions les lumières. Elle ne peut pas supporter l'éclat éblouissant de ses yeux. Elle affirme qu'elle est torturée, veut qu'on se dépêche ; "car", ajoute-t-elle, "vous verrez de belles choses". Après que l'un de nous ait posé la lampe sur le parquet derrière le piano, dans le coin opposé à l'endroit où nous nous trouvons (à une distance d'environ vingt-trois pieds), Eusapia ne voit plus la lumière et est satisfaite ; mais on distingue des visages et des mains. N'oublions pas que M. Mathieu et moi avons chacun un pied du médium sur le nôtre, et que nous lui tenons les mains et les genoux, que nous nous appuyons sur ses épaules.

La table tremble toujours et provoque des secousses soudaines. Eusapia nous appelle à regarder. Au-dessus de sa tête apparaît une main. C'est une petite main, comme celle d'une petite fille de quinze ans, la paume en avant, les doigts joints, le pouce en saillie. La couleur de cette main est livide ; sa forme n'est ni rigide ni fluide ; on dirait plutôt que c'est la main d'une grosse poupée bourrée de son.

Lorsque la main s'éloigne de la lumière plus vive, en disparaissant — est-ce une illusion d'optique ? — elle semble se déformer, comme si les doigts se cassaient, à commencer par le pouce.

M. Mathieu est violemment poussé par une force agissant derrière le rideau. Une main forte se presse contre lui, dit-il. Sa chaise est également poussée. Quelque chose lui tire les cheveux. Tandis qu'il se plaint des violences dont il est victime, on entend le son du tambourin, qui est alors rapidement jeté sur la table. Ensuite le violon arrive de la même manière, et on entend sonner ses cordes. Je saisis le tambourin et demande à l'Invisible s'il souhaite le prendre. Je sens une main saisir l'instrument. Je ne veux pas laisser tomber. S'engage alors une lutte entre moi et une force que je juge considérable. Dans la bagarre, un violent effort pousse le tambourin dans ma main, et les cymbales pénètrent dans la chair. Je ressens une vive douleur et beaucoup de sang coule. Je lâche la poignée. Je viens de constater, à la lumière, que j'ai une profonde entaille sous le pouce droit de près d'un pouce de long. La table continue de trembler, de frapper le parquet à coups redoublés, et l'accordéon est jeté sur la table. Je le saisis par sa moitié inférieure et demande à l'Invisible s'il peut le tirer par l'autre bout pour le faire jouer. Le rideau s'avance, le soufflet de l'accordéon est méthodiquement déplacé d'avant en arrière, ses touches sont touchées et plusieurs notes différentes se font entendre.

Eusapia pousse des cris répétés, une sorte de râle dans la gorge. Elle se tord nerveusement et, comme pour appeler au secours, crie : « *La catena ! la catena !*» (« La chaîne ! la chaîne ! »). Nous formons alors la chaîne en nous prenant par la main. Puis, comme si elle défiait quelque monstre, elle se tourne, avec des regards enflammés, vers un énorme divan, qui alors *s'avance vers nous* . Elle le regarde avec un sourire satanique. Enfin elle souffle sur le divan, qui reprend aussitôt sa place.

Eusapia, faible et déprimée, reste relativement calme. Pourtant, elle est abattue ; sa poitrine se soulève violemment ; elle pose sa tête sur mon épaule.

M. Mathieu, fatigué des coups qu'il reçoit constamment, demande à changer de place avec quelqu'un. Je suis d'accord avec cela. Il change avec Mme. F., qui siège alors à la droite d'Eusapia, tandis que je suis à sa gauche. Mme. F. et moi ne cessons de tenir les pieds, les mains et les genoux du médium. MF pose une bouteille d'eau et un verre au milieu de la table. Les mouvements brusques et saccadés de ce dernier renversent la bouteille d'eau et l'eau se répand à sa surface. Le milieu nécessite impérativement que le liquide soit essuyé ; l'eau sur la table l'aveugle, la torture, la paralyse, dit-elle. MF demande à l'Invisible s'il peut verser de l'eau dans le verre. Au bout de quelques instants, le rideau s'avance, la carafe est saisie, et le verre semble à moitié plein. Cela se produit à plusieurs reprises.

Mme. F., ne pouvant plus supporter les coups qui lui sont portés à travers le rideau, échange sa place avec son mari.

J'ai posé ma montre à répétition sur la table. Je demande à l'Invisible s'il peut donner l'alarme. (Le mécanisme de l'alarme est très difficile à comprendre, délicat à manier, même pour moi qui le fais tous les jours. Il est formé d'un petit tube coupé en deux dont une moitié glisse doucement sur l'autre. En réalité, il y a Il n'y a qu'une saillie d'un cinquantième de pouce d'épaisseur de tube, sur laquelle il faut appuyer avec l'ongle et donner une bonne poussée pour déclencher l'alarme.) En un instant, la montre est prise par l'esprit." On entend tourner le remontoir. La montre revient sur la table sans avoir été sonnée.

Une autre demande est faite pour que l'alarme retentisse. La montre est de nouveau prise ; on entend l'affaire s'ouvrir et se fermer. (Maintenant, je ne peux pas ouvrir ce boîtier avec mes mains : je dois le faire levier avec un outil comme un levier.) La montre revient une fois de plus sans avoir sonné.

J'avoue que j'ai vécu un désenchantement. Je sentais que j'allais douter de l'étendue du pouvoir occulte, qui s'était pourtant manifesté très clairement. Pourquoi ne pourrait-il pas déclencher l'alarme de cette montre ? En faisant ma demande, avais-je outrepassé les limites de ses pouvoirs ? Allais-je être la cause de tous les phénomènes bien constatés dont nous avons eu des témoignages perdant la moitié de leur valeur ? J'ai dit à haute voix :

"Dois-je montrer comment fonctionne l'alarme ?"

"Non non!" Eusapia répond chaleureusement : « ça le fera ».

Je remarquerai ici qu'au moment où je me proposais d'en indiquer le mécanisme, il me traversa l'esprit la méthode pour appuyer sur le petit tube. Aussitôt la montre fut ramenée sur la table ; et, très distinctement, à trois reprises, nous l'entendîmes sonner onze heures moins le quart.

Eusapia était visiblement très fatiguée ; ses mains brûlantes semblaient se contracter ou se ratatiner ; elle haletait à voix haute, la poitrine haletante, son pied quittait le mien à chaque instant, raclant le sol et le frottant péniblement d'avant en arrière. Elle poussait des cris rauques et haletants, haussant les épaules et ricanant ; le canapé s'avança quand elle le regarda, puis recula sous son souffle ; tous les instruments furent jetés pêle-mêle sur la table ; le tambourin s'élevait presque jusqu'au plafond ; les coussins se prêtaient au jeu, renversant tout sur la table ; MM a été éjecté de sa chaise. Cette chaise, une lourde chaise de salle à manger en noyer noir avec un siège rembourré, s'éleva dans les airs, arriva sur la table avec un grand fracas, puis fut repoussée.

Eusapia semble rétrécie et est très affectée. Nous la plaignons. Nous lui demandons d'arrêter. "Non non!" elle pleure. Elle se lève, nous avec elle ; la table quitte le sol, s'élève jusqu'à une hauteur de vingt-quatre pouces, puis redescend avec fracas.

Eusapia s'effondre, prosternée sur une chaise. Nous sommes assis là troublés, étonnés, consternés, avec une sensation de tension et de serrement dans la tête, comme si l'atmosphère était chargée d'électricité.

Avec beaucoup de précautions, MF réussit à calmer l'agitation d'Eusapia. Au bout d'un quart d'heure environ, elle revient à elle-même. Lorsque les lampes sont rallumées, on la voit très changée, son œil terne, son visage apparemment réduit de moitié à sa taille habituelle. Dans ses mains tremblantes, elle sent les piqûres des aiguilles qu'elle nous demande de retirer. Petit à petit, elle reprend complètement ses esprits. Elle semble ne se souvenir de rien, ne pas comprendre du tout nos expressions d'émerveillement. Tout cela lui est aussi étranger que si elle n'avait pas assisté à la séance. Cela ne l'intéresse pas. Pour elle, il semblerait que nous parlions de choses dont elle n'avait pas la moindre idée.

Qu'avons-nous vu ? mystère des mystères !

Nous avons pris toutes les précautions pour ne pas être dupes de la complicité, de la fraude. Des forces surhumaines agissant près de nous, si près que nous entendions la respiration même d'un être vivant, — s'il s'agissait d'un être vivant, — telles sont les choses dont nos yeux ont pris connaissance pendant deux heures mortelles.

Et quand, en regardant en arrière, les doutes commencent à s'insinuer dans l'esprit, il faut conclure que, étant donné les conditions dans lesquelles nous nous trouvons, les chicanes nécessaires pour produire de tels effets seraient au moins aussi phénoménales que les effets eux-mêmes.

Comment nommerons-nous le mystère ?

Voilà pour le rapport de M. Arthur Lévy. Je n'ai aucun commentaire à faire pour le moment sur ces rapports de mes collègues expérimentateurs. L'essentiel, me semble-t-il, est de laisser à chacun sa propre exposition et son jugement personnel. Je procéderai de la même manière avec les autres rapports qui suivront. Je reproduirai les principaux. Malgré quelques inévitables répétitions, ils seront sûrement lus avec un extrême intérêt, surtout si l'on prend en considération la haute position intellectuelle des observateurs.

Rapport de M. Adolphe Brisson.

(Séance du 10 novembre)

(Etaient présents à cette séance, outre les hôtes de la circonstance, M. le Prof. Richet, M. et Mme Ad. Brisson , Mme Fourton, M. André Bloch, M. Georges Mathieu.)

Voici les événements que j'ai personnellement observés avec le plus grand soin. Je n'ai pas cessé de tenir dans ma main droite la main gauche d'Eusapia ni de sentir que nous étions en contact. Le contact ne fut interrompu que deux fois, au moment où le docteur Richet sentit une piqûre au bras. La main d'Eusapia, faisant des mouvements violents, m'échappa ; mais je l'ai repris au bout de deux ou trois secondes.

1. Après que cette séance eut commencé, c'est-à-dire au bout d'une dizaine de minutes, la table fut soulevée d'Eusapia, deux de ses pieds quittant le sol simultanément.

2. Cinq minutes plus tard, le rideau s'est gonflé comme s'il avait été gonflé par une forte brise. Ma main, ne lâchant jamais celle d'Eusapia, se pressa doucement contre le rideau, et j'éprouvais une résistance, comme si j'avais appuyé sur la voile d'un navire ventru.

3. Non seulement le rideau était gonflé, formant une grande poche, mais le bord perpendiculaire du rideau qui touchait la fenêtre s'écartait automatiquement et reculait comme s'il était poussé par un attache-rideau invisible, faisant à peu près ce genre de mouvement. .

4. Le rideau, gonflé de nouveau, prenait la forme d'un nez ou d'un bec d'aigle, dépassant de huit à dix pouces au-dessus de la table. Cette forme était visible pendant plusieurs secondes.

5. Nous avons entendu derrière le rideau le bruit d'une chaise roulant sur le sol ; d'une première poussée, il arriva jusqu'à moi ; une seconde poussée le renversa, les pieds en l'air, dans la position indiquée. C'était une lourde chaise rembourrée. Des poussées successives le déplaçaient de nouveau, le soulevaient et lui faisaient faire des sauts périlleux ; il finit par s'arrêter presque à l'endroit où il était tombé.

6. Nous avons entendu le bruit de deux ou trois objets tombant sur le sol (je veux dire des objets derrière le rideau de la table centrale). Le rideau s'entrouvrit au milieu et, dans la pénombre, apparut le petit violon. Soutenue en l'air par une main invisible, elle s'avança doucement au-dessus de notre table, d'où elle se posa sur ma main et sur celle de mon voisin de gauche. [25]

À deux reprises, le violon se leva de la table et retomba aussitôt, faisant un bond vigoureux, comme un poisson s'affalant sur le sable. Puis il glissa jusqu'au sol, où il resta immobile jusqu'à la fin de la séance.

7. Un nouveau bruit de roulement se fit entendre derrière le rideau. Cette fois, c'était la table centrale. Un effort préalable, assez vigoureux, lui a permis de se hisser à mi-hauteur de notre tableau. Après un deuxième effort, il s'est dégagé et s'est posé sur mon avant-bras.

8. Plusieurs fois, j'ai senti distinctement de légers coups sur mon côté droit, comme s'ils étaient frappés avec la pointe d'un instrument tranchant. Mais la vérité m'oblige à déclarer que ces coups n'ont plus été portés depuis que les pieds d'Eusapia ont été tenus sous la table par M. Bloch. Je constate cette corrélation des choses sans en tirer aucune présomption contre la fidélité d'Eusapia. J'ai d'autant moins de raisons de la soupçonner que son pied gauche n'a pas quitté mon pied droit pendant toute la séance.

Rapport de M. Victorien Sardou

(Séance du 19 novembre)

(Etaient présents à cette séance, outre les hôtes de la soirée, MV Sardou, M. et Mme Brisson, MA de Rochas, M. Prof. Richet, MG de Fontenay, M. Gaston Méry, Mme Fourton, M. et Mlle des Varennes).

Je ne raconterai ici que des phénomènes contrôlés par moi-même personnellement dans la séance de samedi dernier. Par conséquent, je ne dis rien de la disposition de l'appartement, des expérimentateurs, ni des événements qui se sont produits d'abord dans l'obscurité et que tous les participants ont pu authentifier, tels que les craquements dans la table, les lévitations, les déplacements ou f la table, les coups, etc., ainsi que le déploiement du rideau sur la table, l'apparition du violon, du tambourin, etc.

Eusapia m'ayant invité à prendre à ses côtés la place libérée par M. Brisson, je m'assis à sa gauche, tandis que vous conserviez votre place à sa droite. Je pris sa main gauche dans ma main droite, tandis que ma main gauche posée sur la table était en contact avec celle de ma voisine, le médium insistant à plusieurs reprises pour que la chaîne ne se brise pas. Son pied gauche reposait sur mon pied droit. Tout au long de l'expérience, je n'ai jamais lâché sa main une seule seconde. Elle a saisi ma main avec une forte pression et elle l'a suivie dans tous ses mouvements. De la même manière, son pied restait toujours en contact avec le mien. Mon pied restait toujours en contact avec le sien dans tous ses grattages sur le sol, ses déplacements, rétrécissements, tics, etc., qui n'avaient jamais rien de suspect, ni de nature à expliquer les événements qui se produisaient. place à mes côtés, derrière moi, autour de moi et sur moi.

En premier lieu, et moins d'une minute après que j'eus été placé à gauche du médium, le rideau le plus proche de moi se souleva et me frôla comme poussé par un coup de vent. Puis, à trois reprises, je sentis sur mon côté droit une pression qui ne dura qu'un instant, et qui fut cependant très marquée. À ce moment-là, nous étions dans une lumière très faible, mais suffisante pour rendre distinctement visibles les visages et les mains de tous ceux qui étaient présents. Après les violentes contractions nerveuses, les luttes et les poussées énergétiques d'Eusapia (précisément semblables à celles que j'avais vues ailleurs dans des cas similaires et qui n'étonnent que ceux qui ont un peu étudié ces phénomènes), tout à coup le rideau le plus proche de moi fut soulevé avec une puissance propulsive étonnante. entre Eusapia et moi, en direction de la table, me cachant entièrement le visage du médium ; et le violon, qui, avec le tambourin, avait été replacé, avant mon introduction, dans la chambre obscure, fut projeté au milieu de la table, comme par un bras invisible. Pour ce faire, le bras doit avoir soulevé le rideau et l'avoir entraîné avec lui.

Après cela, le rideau revint à sa première position, mais pas complètement ; car il restait encore un peu gonflé entre Eusapia et moi, un de ses plis restant sur le bord de la table à mes côtés.

Alors vous preniez le violon et vous le teniez à une telle distance des deux rideaux qu'il était entièrement visible de la compagnie ; et vous avez invité l'agent occulte à le prendre.

Cela fut fait, le mystérieux agent le rapporta avec lui dans le placard obscur, avec autant de bonne volonté qu'il avait montré en l'apportant.

Le violon tombait alors par terre derrière les rideaux ou portières. L'un d'eux, le plus proche de moi, reprit sa position verticale, et pendant un moment j'entendis à ma droite, sur le parquet, derrière les rideaux, une sorte de mêlée entre le violon et le tambourin, qui se déplaçaient, se tiraient et se soulevaient en s'entrechoquant. et retentissant à un rythme élevé ; et pourtant il était impossible d'attribuer aucune de ces manifestations à Eusapia, dont le pied ne bougeait jamais, mais restait fermement appuyé contre le mien.

Peu après, j'ai senti contre ma jambe droite, derrière le rideau, le frottement d'un corps dur qui essayait de grimper sur moi, et j'ai cru que c'était le violon. Et c'était effectivement le cas ; et, après un effort infructueux pour grimper plus haut que mon genou, cette créature apparemment vivante tomba avec fracas sur le sol.

Presque aussitôt, je sentis une nouvelle pression sur ma hanche droite et j'en mentionnai la circonstance. Vous avez dégagé votre main gauche de la chaîne, et, vous tournant vers moi, vous avez fait deux fois en l'air le geste d'un directeur d'orchestre qui fait aller et venir son bâton. Et chaque fois, avec une parfaite précision, je sentais de mon côté la répercussion d'un coup correspondant exactement à votre geste, qui m'atteignait après le délai d'une seconde plus ou moins, et qui me paraissait correspondre exactement au temps nécessaire au transfert d'une boule de billard ou d'une balle de tennis de toi à moi.

Quelqu'un, le docteur Richet, je crois, ayant parlé alors de coups sur les épaules des sujets dans lesquels l'action et la forme d'une main humaine étaient très marquées, je citerai comme preuve de sa remarque que j'ai reçue en succession de trois coups sur l'épaule gauche (c'est-à-dire la plus éloignée du rideau et du médium), plus violents que les précédents ; et cette fois, la forte pression des cinq doigts était très évidente. Puis un dernier coup du plat de la main, appliqué dans le bas du dos, sans me faire aucun mal, fut assez fort pour me faire pencher en avant, malgré moi, vers la table.

Quelques instants après, ma chaise, bougeant sous moi, glissa sur le parquet et se déplaça de manière à me laisser le dos un peu tourné vers le cabinet obscur.

Je laisse à d'autres témoins le soin de raconter le résultat de leurs observations personnelles, comment, par exemple, le violon, ayant été ramassé par vous sur le sol et replacé sur la table, a été tendu par Mme. Brisson, comme tu l'avais déjà fait, et levé de la même manière à la vue de tous, tandis que je tenais la main gauche d'Eusapia, toi sa main droite, et avec la main qui restait libre tu pressais le poignet de sa main gauche .

Je ne parle pas non plus d'une pression de la main à travers l'ouverture du rideau, n'ayant rien vu de cela moi-même.

Mais ce que j'ai très bien vu, en effet, c'est l'apparition soudaine de trois petites lumières très vives entre mon voisin et moi. Ils s'éteignirent aussitôt et ressemblèrent à des sortes de feux follets, semblables à des étincelles électriques qui allaient et venaient avec une grande rapidité.

Bref, je ne peux que répéter ici ce que j'ai dit au cours de ces expériences : « Si je n'avais pas été convaincu il y a quarante ans, je le serais ce soir ».

Rapport de M. Jules Claretie.

(Séance du 25 novembre)

(Etaient présents à cette séance, outre les hôtes de la cérémonie, M. Jules Claretie et son fils, M. Brisson, M. Louis Vignon, Mme Fourton, Mme Gagneur, MG Delanne, M. René Baschet, M. et Mme Basilewska, M. Mairet, photographe.)

Je ne note que les impressions que j'ai reçues après le moment où Eusapia, qui m'avait pris la main au moment où M. Brisson était encore assis à côté d'elle, m'a demandé de le remplacer. Je suis certain que je n'ai pas lâché la main d'Eusapia pendant toutes les expériences. A chaque instant, je sentais la pression de son pied sur le mien, le talon étant particulièrement perceptible. Je ne crois pas avoir relâché mes doigts un instant, ni relâché la main que je tenais. J'étais frappé par le battement des artères au bout des doigts d'Eusapia : le sang bondissait fébrilement à travers eux.

Je me suis assis à côté du rideau. Il va sans dire qu'il a été dessiné de droite à gauche ou de gauche à droite au fur et à mesure. Ce que je ne comprends pas, c'est qu'il puisse gonfler jusqu'à flotter au-dessus de la table comme une voile gonflée par le vent.

J'ai d'abord senti un petit coup léger sur mon côté droit. Puis, *à travers le rideau* , deux doigts me saisirent et me pincèrent la joue. La pression des deux doigts était évidente. Un coup plus violent que le premier me frappa à l'épaule droite, comme s'il venait d'un corps dur et carré. Ma chaise fut déplacée et tournée deux fois, d'abord en arrière, puis en avant.

Ces deux doigts qui me pinçaient la joue, je les avais déjà sentis, avant de prendre place aux côtés d'Eusapia, lorsque je tenais contre le rideau le petit livre blanc que m'avait donné M. Flammarion. Ce livre a été saisi par *deux doigts nus* (je dis nus, car les plis du rideau ne les recouvraient pas) puis a disparu. Je n'ai pas vu ces doigts : je les ai touchés, ou ils m'ont touché, si vous voulez. Mon fils a tenu bon et a remis également un porte-cigare en cuir, qui a été saisi de la même manière.

Une des personnes présentes a vu disparaître de la même manière une petite boîte à musique assez lourde.

A peine un instant de retard, la boîte fut arrachée de notre côté avec une certaine violence ; et je puis parler avec d'autant plus de sensation de la force de la projection et du poids de l'objet, qu'il m'a frappé sous l'œil, et ce matin j'en ai encore sur le visage la marque trop visible, et j'en sens la sensation. la douleur. Je ne comprends pas comment une femme assise à mes côtés pourrait avoir la force de lancer avec une telle force une boîte qui, pour ainsi dire, aurait dû venir d'assez loin.

J'observe cependant que tous les phénomènes se produisent du même côté du rideau ; c'est-à-dire derrière, ou à travers, si vous voulez. J'ai vu des branches feuillues tomber sur la table, mais elles venaient du côté dudit rideau. Certains affirment avoir vu une brindille verte entrer par la fenêtre ouverte qui donne sur la rue Cassini. Mais je n'ai pas vu ça.

Il y avait une petite table ronde derrière le rideau, tout près de moi. Eusapia me prend la main et la pose, dans la sienne, sur la table ronde. Je sens cette table trembler, bouger. A un moment donné, je crois apercevoir deux mains à côté et sur les miennes. Je ne suis pas trompé ; mais cette seconde main est celle de M. Flammarion, qui, de son côté, tient la main du médium. La table ronde s'agite. Ça quitte le sol, ça monte. J'en ai immédiatement le sentiment. Puis, le rideau s'étant levé et comme étalé sur la table, je vois distinctement ce qui se passe derrière lui. La table ronde bouge ; ça augmente; ça tombe.

Se renversant soudain en partie, il se lève et vient vers moi, sur moi. Il n'est plus vertical, mais est pris entre la table et moi en position horizontale. Il vient avec une force suffisante pour me faire reculer, rentrer mes épaules et essayer de repousser ma chaise pour laisser passer ce meuble en mouvement. C'est comme si un être vivant se débattait entre la table et moi. Ou encore, cela ressemble à un être animé luttant contre un obstacle, désireux de passer ou d'avancer et n'y parvenant pas, arrêté par la table ou par moi-même. A un moment donné la table ronde est sur mes genoux, et elle bouge, elle lutte (je répète le mot), sans que je puisse m'expliquer quelle force la meut.

Cette force est formidable. La petite table me repousse littéralement, et en vain je me jette en arrière pour la laisser passer.

Quelques-uns des présents, M. Baschet entre autres, m'ont dit qu'en ce moment c'était sur deux doigts. Deux doigts d'Eusapia font monter la table ronde ! [26]

Mais moi, qui n'avais pas lâché prise sur sa main gauche ni sur son pied, moi qui avais à côté de moi la petite table ronde (bien visible dans la semi-obscurité à laquelle nous nous étions accoutumés), je ne voyais rien, et je ne voyais rien non plus. percevoir aucun effort de la part d'Eusapia.

J'aurais aimé voir se produire *des phénomènes lumineux*, des visions de lumières brillantes, de soudaines lueurs de feu. M. Flammarion espérait que nous en verrions quelques-uns. Il les a demandés. Mais Eusapia était visiblement fatiguée par cette longue et très intéressante séance. Elle a demandé « *un poco di luce* » (« un peu de lumière »). Les lampes furent rallumées. Tout était fini.

Ce matin, je me rappelle avec une sorte de curiosité anxieuse les moindres détails de cette soirée très passionnante. Lorsque nous fûmes de retour à l'observatoire, en quittant nos aimables hôtes, je me demandai si j'avais fait un rêve. Mais je me suis dit : « Nous avons assisté aux savantes représentations d'une prestidigitatrice ; nous n'avons assisté qu'à des tours de théâtre. Mon fils m'a rappelé les prodiges d'adresse des frères Isola. Ce matin, chose étrange à dire, la réflexion me rend à la fois plus perplexe et moins incrédule. Nous avons peut-être assisté (nous avons sans doute été témoins) à la manifestation d'une force inconnue qui sera étudiée par la suite et peut-être un jour utilisée. Je n'oserais plus nier l'authenticité du spiritualisme. Il ne s'agit pas de magnétisme animal : c'est autre chose, je ne sais quoi ; une *quid divinum* (un quelque chose de divin), même si la science l'analysera un jour et le cataloguera. Ce qui m'a peut-être le plus étonné, c'est le rideau qui se déployait comme une voile ! D'où vient le souffle du vent ? Il aurait fallu une brise régulière pour y mettre une telle vie. Cependant, je ne discute pas : je dépose. J'ai vu ces choses, je les ai observées attentivement. Je penserai longtemps à eux. Je ne m'arrête pas ici. Je vais chercher une explication. Peut-être que j'en trouverai un. Mais ce qui est sûr, c'est qu'il faut être modeste en présence de tout ce qui nous paraît pour le moment inexplicable, et qu'avant d'affirmer ou de nier, il faut attendre, réserver son jugement.

En attendant, en tâtant ma dent maxillaire droite, qui est un peu douloureuse, je pense à cette ligne de Regnard et je me permets de la mutiler un peu en me rappelant cette dure boîte à musique,...

" *Je vois que c'est un corps et non pas un esprit.* "
(Je vois que c'est un corps et non un esprit.)

Rapport du Dr Gustave Le Bon

(*Séance du 28 novembre*)

(Etaient présents à cette séance, outre les hôtes, M. et Mme. Brisson, MM. Gustave Le Bon, Baschet, de Sergines, Louis Vignon, Laurent, Ed. de Rothschild, Delanne, Bloch, Mathieu, Ephrussi, Mme. la Comtesse de Chevigné, Mmes Gagneur, Syamour, Fourton, Basilewska, Bisschofsheim.)

Eusapia est sans aucun doute un sujet merveilleux. Cela m'a semblé quelque chose de merveilleux que, pendant que je lui tenais la main, elle jouait d'un tambourin imaginaire auquel correspondaient exactement les sons du tambourine qui se trouvait derrière le rideau.

Je ne vois pas comment une quelconque astuce serait possible dans un tel cas, pas plus que dans le cas de la table.

Mon fume-cigarette a été saisi par une main très forte, qui m'a arraché l'objet avec beaucoup d'énergie. J'étais sur mes gardes et j'ai demandé à revoir l'expérience. Le phénomène était si singulier et si au-delà de tout ce qu'on peut comprendre, qu'il faut d'abord tenter des explications naturelles.

1. Il est impossible que ce soit Eusapia. Je tenais une de ses mains et *regardais l'autre bras* , et je plaçais mon fume-cigarette dans une position telle que, *même avec ses deux bras libres* , elle n'aurait pas pu accomplir une chose aussi merveilleuse.

2. Il n'est pas probable qu'il ait pu être complice ; mais n'est-il pas possible que l'inconscient d'Eusapia ait suggéré à l'inconscient d'une personne proche du rideau de passer une main derrière celui-ci et d'y opérer ? Tout le monde agirait de bonne foi et aurait été trompé par l'élément inconscient. Ce point important mérite d'être vérifié, car aucune expérience n'aurait autant de valeur si elle était une fois *démontrée* .

Le départ d'Eusapia ne pourrait-il pas être retardé ? Nous n'aurons pas une occasion pareille, et nous devrions sûrement éclaircir ce phénomène de la main.

Il est bien évident que la table a été levée ; mais c'est un phénomène matériel qu'on peut facilement admettre. La main qui est venue saisir mon fume-cigarette a accompli un acte de volonté impliquant une intelligence, mais l'autre n'en est rien. Eusapia pourrait élever une table jusqu'à trois pieds de hauteur sans que ma conception scientifique du monde en soit modifiée ; mais introduire l'intervention d'un Esprit, ce serait prouver l'existence des Esprits, et vous voyez les conséquences.

Quant à la main qui s'est saisie de l'étui à cigarettes, il est absolument certain que ce n'était pas celle d'Eusapia (vous savez que je suis très sceptique et que je regardais autour de moi) ; mais près du rideau, dans le salon, il y avait pas mal de monde, et plusieurs fois on m'a entendu demander aux gens de s'écarter du rideau. Si nous avions pu étudier Eusapia *absolument seuls* , dans une pièce dont nous avions la clé, le problème serait bientôt résolu.

Je n'ai pu faire cette vérification, la séance à laquelle assistait le docteur Le Bon ayant été la dernière qu'Eusapia avait consenti à donner chez moi. Mais son objection n'a aucune valeur. Je suis absolument certain que personne ne s'est glissé derrière le rideau, ni dans ce cas particulier ni dans aucun autre. Ma femme aussi s'occupa particulièrement d'observer ce qui se passait dans cette partie de la pièce et ne put jamais rien découvrir de suspect. Il n'y a qu'une seule hypothèse ; c'est-à-dire qu'Eusapia elle-même manipulait les objets. Puisque le Dr Le Bon déclare que la chose était impossible, et qu'il l'a lui-même inspecté, nous sommes obligés d'admettre l'existence d'une force psychique inconnue. [27]

Rapport de M. Armelin

(Séance du 21 novembre)

(Pour cette séance, j'avais demandé à trois membres de la Société Astronomique de France d'exercer le contrôle le plus sévère possible : à savoir, M. Antoniadi, mon assistant astronome à l'observatoire de Juvisy, M. Mathieu, ingénieur agronome au même observatoire, et M. . Armelin, secrétaire de la Société d'Astronomie. Ce dernier monsieur m'a envoyé le rapport suivant. Étaient également présents M. et Mme Brisson, M. Baschet, Mme Fourton, Mme. .)

A dix heures quart, Eusapia s'assied, dos au point de rencontre des deux rideaux, les mains posées sur la table. A l'invitation de M. Flammarion, M. Mathieu prend place à sa droite, chargé de surveiller constamment sa main gauche, et M. Antoniadi est chargé de faire de même pour sa main droite. Ils s'assurent également de ses pieds. A la droite de M. Mathieu est assise Mme. la comtesse de Labadye ; à gauche de M. Antoniadi, Mme. Fourton. Face à Eusapia, entre Mmes. de Labadye et Fourton, MM. Flammarion, Brisson, Baschet et Jules Bois.

Le lustre à gaz est allumé et toute la lumière est allumée. Ce lustre est presque au-dessus de la table. Une petite lampe à abat-jour est placée à terre, derrière un fauteuil, du côté opposé de la pièce, dans le sens de sa plus grande longueur, et à gauche de la cheminée.

A dix heures cinq, la table se soulève du côté opposé au milieu et retombe avec fracas.

A dix heures, il se lève du côté de la médium, qui retire ses mains, les autres personnes tenant leurs mains levées. Le même effet se produit trois fois. La deuxième fois, alors que la table est en l'air, M. Antoniadi déclare qu'il s'appuie dessus de tout son poids et qu'il ne peut pas l'abaisser. La troisième fois, M. Mathieu s'appuie dessus de la même manière et éprouve la même résistance. Pendant ce temps, Eusapia tient son poing fermé à environ quatre pouces au-dessus de la table, comme si elle tenait fermement quelque chose. L'action dure plusieurs secondes. Il n'y a aucun doute sur cette lévitation. Lorsque la table retombe, Eusapia éprouve comme une détente après un grand effort.

A 10 h 03, la table est soulevée de ses quatre pieds d'un coup, d'abord du côté opposé au support, en s'élevant d'environ huit pouces ; puis il retombe brusquement. *Pendant qu'elle est en l'air, Eusapia prend à témoin ses deux voisins qu'ils lui tiennent étroitement les mains et les pieds, et qu'elle n'est pas en contact avec la table.*

Puis de légers coups se font entendre dans la table. Eusapia fait lever la main à M. Antoniadi à environ huit pouces au-dessus de la table et lui tape trois fois la main avec ses doigts. Les trois taps se font entendre simultanément dans la table.

Pour prouver qu'elle ne se sert ni de ses mains ni de ses pieds, elle s'assied de côté sur sa chaise de gauche, étend ses jambes et pose ses pieds sur le bord de la chaise de M. Antoniadi : elle est bien en vue. et ses mains sont tenues. Aussitôt le rideau est secoué en direction de MA

De 22h10 à 22h15, plusieurs fois de suite, cinq coups frappés se font entendre dans la table. A chaque fois on baisse un peu le gaz, et à chaque fois la table bouge sans contact.

A 10 h 20, il se tient en équilibre, suspendu dans les airs et appuyé sur les deux pattes du côté le plus long. Ensuite, *il s'élève de ses quatre pieds jusqu'à atteindre une hauteur de huit pouces* .

10h25. Le rideau bouge, et M. Flammarion dit qu'il y a quelqu'un derrière, que quelqu'un lui serre la main. Il tend la main vers le rideau, à une distance d'environ quatre pouces. Le rideau est poussé dans une sorte de poche faite par une main qui s'approche. Le médium, au rire nerveux, crie : « Prends-le, prends-le ». MA ressent à travers le rideau le contact d'un corps moelleux, comme un coussin. Mais la main de MF n'est pas prise. On entend des objets bouger, y compris les cloches d'un tambourin.

Tout d'un coup la médium, quittant M. Mathieu, tend la main au-dessus de la table vers M. Jules Bois, qui la prend. A ce moment, derrière le rideau, un objet tombe au sol avec un grand bruit.

10h35. Eusapia, libérant de nouveau sa main droite, la lève au-dessus de son épaule gauche, les doigts en avant, à une distance de plusieurs pouces du rideau, et bat quatre ou cinq coups dans l'air qu'on entend résonner dans le tambourin. Plusieurs personnes croient apercevoir un feu follet à travers l'interstice des rideaux.

Jusque-là, le gaz a été progressivement réduit. Au bout d'un moment entier, je m'aperçois que je ne peux plus lire, mais je distingue très clairement les lignes horizontales de mon écriture. Je vois parfaitement l'heure à ma montre, ainsi que les visages des personnes présentes (celui d'Eusapia notamment) tournés vers la lumière. Le gaz est désormais complètement éteint.

A 10h40, le gaz étant coupé, je peux encore lire ma montre, mais avec difficulté ; Je vois encore les lignes de mon écriture, sans toutefois pouvoir lire.

Eusapia veut que quelqu'un lui tienne la tête, ce qui est fait. Puis elle demande à quelqu'un de lui tenir les pieds. M. Baschet se met à genoux sous la table et les tient.

M. Antoniadi s'écrie : « Je suis touché ! et dit qu'il a senti une main. J'ai vu très distinctement le rideau se gonfler. Mme. Flammarion, que je vois se profiler sur la vitre brillante de la fenêtre, la tête penchée en avant, passe derrière le rideau pour s'assurer que le médium ne fait rien de suspect en matière de mouvements.

Une des personnes présentes ayant changé de place, Eusapia pousse des plaintes : « *La catena ! la catena !* » (« La chaîne ! la chaîne ! »). La chaîne est rétablie.

A 10h45, le rideau est à nouveau gonflé. Une bosse se fait entendre. La table ronde touche le coude de M. Antoniadi. Mme. Flammarion, qui n'a cessé de regarder derrière le rideau, dit qu'elle voit la table ronde renversée. Ses pieds sont en l'air et il se déplace d'avant en arrière. Elle pense voir des lueurs près du sol.

M. Mathieu sent une main et un bras pousser le rideau contre lui. M. Antoniadi dit qu'il est touché par un coussin ; sa chaise est tirée et tourne sous lui comme sur un pivot. Il est de nouveau touché au coude par un objet.

On constate que M. Jules Bois tient la main droite d'Eusapia au-dessus de la table ; M. Antoniadi assure qu'il lui tient la main gauche, et M. Mathieu ses pieds.

Le rideau est encore secoué deux fois ; M. Antoniadi est frappé très violemment dans le dos, dit-il, et une main lui tire les cheveux. La seule lumière qui reste est la petite lampe à abat-jour, derrière un fauteuil, au fond du salon. Je continue à écrire, mais mes traits prennent toutes sortes de formes.

Tout à coup, M. Antoniadi s'écrie qu'il est enveloppé par le rideau qui repose sur ses épaules. Eusapia s'écrie : « Qu'est-ce qui me passe dessus ? La table ronde apparaît sous le rideau. Mme. Flammarion, qui se tient en face de la fenêtre et qui regarde toujours derrière le rideau, dit qu'elle aperçoit un objet très blanc. Au même instant M. Flammarion, Mme. Fourton et M. Jules Bois s'écrient qu'ils viennent d'apercevoir une main blanche entre les rideaux, au-dessus de la tête d'Eusapia ; et, au même instant, M. Mathieu dit qu'on lui tire les cheveux. La main que nous voyions semblait petite, comme celle d'une femme ou d'un enfant.

« S'il y a là une main, dit M. Flammarion, pourrait-elle peut-être saisir un objet ? M. Jules Bois tend un livre vers le milieu du rideau de droite . Le livre est pris et tenu pendant deux secondes. Mme. Flammarion, que je vois toujours se profiler sur la vitre claire de la fenêtre, et qui regarde derrière le rideau, *pleure qu'elle a vu passer le livre* .

MF propose d'éclairer et de vérifier. Mais tout le monde s'accorde à penser que le rideau a peut-être déjà changé de position. Un instant après, le rideau est de nouveau tiré, et M. Antoniadi dit qu'il est frappé quatre ou cinq fois à l'épaule. Eusapia lui a demandé plus de dix fois s'il était tout à fait " *seguro* " (sûr) de lui tenir la main et le pied.

« Oui, oui », répond-il, « *seguro, segurissimo* » (« bien sûr, bien sûr »).

Mme. Fourton dit que pour la seconde fois elle a vu une main tendue et que cette fois elle touchait l'épaule de M. Antoniadi. M. Jules Bois dit que pour la deuxième fois il a vu une main tendue au bout d'un petit bras, les doigts remuant, la paume en avant. (Il est impossible de décider si ces deux visions étaient simultanées ou non.)

Nous nous habituons à l'obscurité presque totale ; Je peux encore lire « 11h15 » sur ma montre. M. Antoniadi dit que son oreille est très fortement pincée. M. Mathieu se dit touché. M. Antoniadi sent sa chaise tirée : elle tombe par terre. Il le soulève de nouveau, s'assied dessus et est de nouveau frappé très fort à l'épaule.

Vers 11h20, à la demande d'Eusapia, M. Flammarion remplace M. Mathieu. Il la tient par deux pieds et une main ; M. Antoniadi tient l'autre main. La lampe est encore plus baissée. L'obscurité est presque totale. M. Flammarion, ayant remarqué qu'une force physique inconnue est évidemment présente, mais peut-être pas une personnalité individuelle, sent sa main saisie tout à coup par quelqu'un (ou quelque chose), et est interrompu. Puis, peu après, il se plaint qu'on lui tire la barbe (du côté opposé au médium, là où je suis. Je n'ai rien perçu).

A 11h30, la lampe est allumée. Il fait relativement lumineux dans la pièce. Le rideau, après tous ces mouvements, se voit de plus en plus écarté, enveloppant la tête d'Eusapia. Soudain, au-dessus de sa tête, nous voyons tous le tambourin apparaître lentement et tomber sur la table avec un bruit semblable à celui des cloches des moutons. Il me semble plus brillant que ne le justifierait la faible lueur de la lampe cachée et comme accompagné de lueurs phosphorescentes blanches ; mais ce sont peut-être des éclairs de lumière provenant de ses ornements dorés, qui devraient pourtant paraître plus jaunes.

Lorsque la lampe est éteinte, le bruit des meubles en mouvement se fait entendre ; la table ronde est posée clairement sur le dessus de la grande table. On l'enlève, et le tambourin exécute tout seul une danse avec un son particulier comme le tintement des cloches. Mme. Fourton dit qu'on lui a pressé la main et qu'on lui a pincé l'avant-bras.

A 11 heures 45, le rideau de la fenêtre se ferme à son tour ; et, au bout d'un moment, nous voyons tous dans la direction dans laquelle devrait être la fente du rideau d'angle, au-dessus de la tête d'Eusapia, une grande étoile blanche de la couleur de Véga, quoique plus grande et d'une lumière plus douce, et qui repose sur immobile pendant quelques secondes, puis s'éteint. Peu après, une lueur en zigzag, de même couleur blanche, parcourt le rideau de droite, traçant deux ou trois lignes verticales de plusieurs pouces de longueur, comme un N très allongé.

Malgré la nuit tombée, il y a encore assez de lumière entrant par les deux fenêtres sans rideaux et provenant de la vague lueur de la lampe derrière le fauteuil, pour permettre à chacun de distinguer ses voisins. Nos silhouettes se dessinent dans le grand miroir près de nous et au-dessus du canapé. Les cols blancs des hommes sont bien visibles, leurs visages un peu moins clairement. Pourtant à ma gauche je vois très clairement M. Baschet, à ma droite Mme. Brisson, debout et portant la main à son visage pour se protéger les yeux. Je distingue également Mme. Flammarion, qui est venue s'asseoir près d'elle.

M. Flammarion sent un objet glisser sur ses cheveux. Il supplie Mme. de Labadye pour s'en emparer ; et il tombe entre ses mains une boîte à musique qui, avant la séance, était placée sur la doucine, dans le coin caché par le rideau. M. Brisson a pris place à la table autrefois occupée par M. Flammarion, en face d'Eusapia. Un coussin le frappe en plein visage. En m'approchant du miroir, j'aperçois le reflet de ce coussin qui passe par la lumière relativement vive au fond de la pièce.

M. Baschet saisit l'objet et y pose le coude. Elle lui est arrachée, passe au-dessus de nos têtes, heurte la glace, tombe sur le canapé et roule sur mon pied. Tout cela sans que je puisse percevoir un quelconque mouvement de la part du médium.

Minuit approche. La séance est ajournée.

MM. Antoniadi et Mathieu déclarent alors que le contrôle dont ils étaient chargés n'a pas abouti, et qu'ils ne sont pas sûrs d'avoir toujours tenu la main du médium.

Rapport de M. Antoniadi

(La même séance)

Je vous raconterai exactement le rôle que j'ai joué, afin de satisfaire votre désir de connaître la vérité.

Je me suis borné à rechercher s'il existait *un seul phénomène* qui ne puisse s'expliquer de la manière la plus simple, et j'en suis arrivé à la conclusion qu'il n'y en avait pas. Je vous assure, sur ma parole d'honneur, que mon attitude vigilante et silencieuse *m'a convaincu, hors de tout doute, que tout est frauduleux, du début à la fin* ; qu'il n'est pas douteux qu'Eusapia bouge ses mains ou ses pieds, et que la main ou le pied qu'on croit maîtriser n'est jamais serré ni très fortement pressé au moment de la production des phénomènes. Ma conclusion certaine est que *rien ne* se produit sans substitution de mains. Je dois ajouter qu'au début, j'ai été très étonné lorsqu'on m'a frappé violemment dans le dos, derrière le rideau, alors que je tenais très clairement *deux mains* avec ma main droite. Heureusement cependant, en ce moment, Mme. Flammarion nous ayant donné un peu de lumière, j'ai vu que je tenais la main *droite d'Eusapia et... la tienne !*

La substitution est effectuée par Eusapia avec une dextérité extraordinaire. Pour m'en assurer, j'étais obligé de concentrer mon esprit sur ses moindres mouvements avec la plus sévère attention. Mais c'est la première étape qui coûte ; et, une fois familiarisé avec ses artifices, je prédisais avec décision *tous* les phénomènes par la seule sensation du toucher.

En bon observateur, je suis absolument certain de ne pas m'être trompé. Je n'étais ni hypnotisé, ni effrayé du tout lors de « l'apport » d'objets. Et comme je ne suis pas un fou, je crois qu'il faut donner un certain poids à mes affirmations.

Il est vrai que, pendant la séance, je n'étais pas sincère, masquant ainsi la vérité sur l'efficacité de mon contrôle. Je l'ai fait dans le seul but de faire croire à Eusapia que j'étais converti au spiritualisme. J'ai fait cela pour *éviter le scandale* . Mais, une fois la séance terminée, la Vérité m'étranglait, et j'avais très hâte de la communiquer à mon grand bienfaiteur et supérieur officiel.

Il n'est pas prudent d'être trop affirmatif. C'est pour cette raison que j'ai toujours été réservé dans mon interprétation des phénomènes naturels. Par conséquent, je ne peux pas être assez affirmatif pour prêter serment au charlatanisme absolu des manifestations d'Eusapia, avant, comme le dit Shakespeare, d'avoir « rendu une assurance doublement sûre ».

Je n'ai aucune ambition personnelle dans la lignée spirite, et toutes les observations minutieuses que j'ai faites au cours de cette séance du 21 novembre ne sont qu'une pierre de plus apportée à l'édifice de la Vérité.

Ce n'est pas par préjugé que je ne crois pas à la réalité des manifestations, et je peux vous assurer que si je pouvais voir *le moindre* phénomène vraiment extraordinaire ou inexplicable, je serais le premier à avouer mon erreur. .

La lecture de plusieurs livres m'a amené à admettre la réalité possible de ces manifestations, mais l'expérience directe m'a convaincu du contraire.

Ma franchise dans ce rapport frise malheureusement l'indiscrétion. Mais la franchise est ici synonyme de dévotion, car ce serait vous trahir si je trompais un instant la cause sacrée de la Vérité.

Rapport de M. Mathieu.

(Séance du 25 novembre)

La séance s'ouvre à 9h30. M. Brisson, contrôleur à gauche, pose les pieds sur ceux d'Eusapia ; M. Flammarion, contrôleur à droite, lui tient les genoux. En un instant la table penche vers la droite, ses deux pieds gauches se soulèvent puis elle retombe ; puis suit le soulèvement des deux pieds droits, et enfin le soulèvement de la table entière de ses quatre pieds jusqu'à une hauteur d'environ sept pouces au-dessus du sol (contact des pieds certain et genoux immobiles). Je prends une photo.

A 9h37, léger soulèvement à gauche ; puis une levée à droite, et une lévitation totale (photographie).

Pendant les lévitations de la table, le salon est éclairé par un puissant brûleur Auer. Elle est maintenant éteinte et remplacée par une petite lampe placée derrière un pare-étincelles au fond de la pièce. Contrôle absolu des mains et des pieds réalisé par MM. Brisson et Flammarion.

M. Brisson est légèrement touché à la hanche droite, et à ce moment on voit bien les deux mains d'Eusapia.

A 9h48, le rideau tremble puis se gonfle trois fois de suite. M. Brisson est de nouveau touché à la hanche droite ; le rideau est tiré comme par un bandeau. M. Flammarion, qui tient la main d'Eusapia, fait trois gestes et à chacun de ses gestes correspond une nouvelle divergence de la portière. Eusapia recommande de « faire attention à la température du milieu ; on la constatera modifiée après chaque phénomène ».

A 9h57, la lumière diminue et est désormais très faible. Le rideau se gonfle, et au même moment M. Brisson est touché ; puis le rideau est jeté avec force sur la table. A la demande d'Eusapia, M. Delanne lui touche légèrement la tête en arrière, et le rideau tremble légèrement.

Eusapia demande qu'on entrouvre une fenêtre, celle du milieu du salon, disant que nous verrons quelque chose de nouveau. M. Flammarion tient de la main gauche les genoux de la médium, et de la main droite tient devant lui le poignet, le pouce et la paume de la main droite, à hauteur des yeux. M. Brisson tient la main gauche. Eusapia semble appeler quelque chose depuis la fenêtre, en faisant des gestes et en disant : « Je vais l'attraper ». Puis une petite branche de troène vient toucher la main de M. Flammarion, arrivant apparemment de quelque part près de la fenêtre. MF prend cette branche. Un instant après, deux branches de fusain sortent de derrière le rideau, à hauteur de la tête de M. Brisson et dépassent le bord du rideau qui est relevé et reculé. Les branches tombent sur la table.

M. Brisson, tout ce temps à la gauche d'Eusapia, est ensuite touché à la hanche, *au moment où la main du médium est à la hauteur de la barbe de M. Flammarion* . Puis la chaise de M. Brisson est tirée et bousculée. On entend distinctement, derrière le rideau, les bruits du tremblement de la table ronde sur laquelle repose le tambourin. Certaines vibrations du tambourin se produisent, correspondant aux mouvements de la table ronde. A ce moment M. Brisson mentionne qu'il est resté déconnecté du pied du médium pendant environ une demi-seconde, mais il lui tient alors les deux pouces écartés d'une dizaine de pouces, et M. Flammarion lui tient la main droite tout près. à sa poitrine. La main droite de M. Brisson, tenant la gauche d'Eusapia, passe derrière le rideau, et M. Brisson dit qu'il a l'impression de quelque chose comme une jupe-robe gonflée contre sa cheville.

S'ensuit alors de nouveaux secousses et cognements de la table ronde et du tambourin, avec déplacement de la table ronde. (Contrôle incontestable de MM. Flammarion et Brisson.)

10h30. Des bruits de cliquetis de la table ronde dans le cabinet se font entendre. M. Flammarion fait des gestes de la main, et des mouvements synchronistes de la table et du tambourin s'opèrent dans le cabinet obscur.

10h35. Eusapia demande quelques minutes de repos. La séance est reprise à 10 h 43. Le violon et la cloche sont lancés avec force à travers la fente du rideau (M. Brisson assure qu'il tient la main gauche d'Eusapia par le pouce, sur ses genoux, et M. Flammarion la main droite entière). A ce moment, une photographie est prise à la lumière d'un flash. Cris et gémissements d'Eusapia, aveuglée par la lumière.

La séance reprend quelques minutes après, et M. Jules Claretie, assis à la gauche de M. Brisson, a les doigts touchés deux fois par une main. M. Baschet, qui s'écarte de la table, tend un violon au rideau : le violon est saisi et jeté dans le meuble. Il tend un livre vers le rideau : ce livre est saisi, mais tombe par terre, *devant le rideau* .

M. Claretie présente un fume-cigarette et sent une main qui tente de s'en saisir, mais il résiste et ne veut pas le lâcher. M. Flammarion lui demande de lâcher l'objet : la main emporte le prix. Un instant après, cet objet est lancé depuis la fente des deux rideaux contre Mme. de Basilewska à l'autre bout de la table. Il avait été à la fois présenté et retiré au milieu du rideau.

A onze heures, Eusapia demande un peu plus de lumière. M. Claretie est devenu contrôleur de la gauche à la place de M. Brisson. Il est touché du côté gauche. Puis la table ronde est renversée en avançant vers la table ma in. M. Claretie s'aperçoit que sa chaise recule, comme tirée en arrière ; puis il est frappé à l'épaule et subit une forte pression sous l'aisselle. Le rideau s'approche tout à coup de M. Claretie, le frôle et l'enveloppe lui-même ainsi que le médium. M. Claretie est alors pincé à la joue. M. Flammarion présente au rideau la main de Mme. Fourton, et les deux mains sont pincées à travers le rideau.

La boîte à musique, qui est dans le cabinet obscur, tombe sur la table ; Mmes. Gagneur et Flammarion évoquent au même moment une main. M. Baschet présente la boîte à musique au rideau ; une main le saisit à travers le rideau, il résiste, la main le repousse ; il la présente de nouveau, la main la saisit et la rejette, et la boîte ainsi lancée blesse M. Claretie, qui est frappé sous l'œil gauche. Le tambourin est jeté en avant sur la table après être resté suspendu un instant au-dessus de la tête du médium.

A 11h15, lévitation complète de la table pendant sept ou huit secondes. Contrôle absolu par MM. Flammarion et Claretie. M. Flammarion a le genou pincé par une main. Ensuite la table ronde est transférée sur les genoux de M. Claretie et lui est imposée malgré toutes ses résistances. Les lévitations de la table s'effectuent en pleine lumière. Vérification des pieds. Les pieds de l'un des contrôleurs sont en dessous, ceux de l'autre au-dessus et ceux du milieu entre les deux.

Rapport de M. Pallotti

(*Séance du 14 novembre*)

(Sont présents à cette séance, outre les hôtes de la soirée : M. et Mme Brisson, M. et Mme Pallotti, M. le Bocain, M. Boutigny, Mme Fourton.)

Au commencement de la séance, plusieurs lévitations de la table eurent lieu, et lorsque je demandai à l'Esprit qui était présent s'il pouvait me laisser voir ma fille Rosalie, j'obtins une réponse affirmative. Je convins alors avec ledit esprit qu'une série de huit coups réguliers m'indiquerait le moment où ma chère fille serait présente. Après quelques minutes d'attente, le nombre de coups convenus fut entendu dans le tableau. Ces coups étaient vigoureux et exécutés à intervalles fixes.

Je me trouvai, à ce moment, que j'étais placé en face du médium, c'est-à-dire en face d'elle, à l'autre bout de la table. Lorsque j'ai demandé à l'esprit de m'embrasser et de me caresser, j'ai immédiatement senti un souffle glacé devant mon visage, mais sans éprouver la moindre sensation de contact.

Lorsque le médium annonçait la matérialisation de l'esprit par ces mots : « *E venuta, e venuta* » (« Elle est ici, elle est ici »), je distinguais au milieu du tableau une forme spectrale, obscure et confuse, mais qui , peu à peu, s'éclaircit et prit la forme d'une tête de jeune fille de la même stature que Rosalie.

Lorsque des objets, tels que la boîte à musique, le violon, etc., nous étaient apportés à l'improviste, je voyais très clairement la forme d'une petite main émergeant du rideau qui pendait près de moi et qui posait ces différents objets sur le sol. tableau.

Je dois déclarer que, lors de ces phénomènes inexplicables, la chaîne ne s'est pas rompue un seul instant : il eût par conséquent été matériellement impossible à l'un de nous de se servir de ses mains.

Je vais maintenant décrire les derniers phénomènes dans lesquels j'ai été un moment à la fois acteur et spectateur. Ces événements ont clôturé la séance.

Un des convives, M. Boutigny, qui était fiancé à ma fille, ayant quitté la table pour céder sa place à un des spectateurs, je le vis s'approcher du rideau dont j'ai parlé, qui s'ouvrit aussitôt à ses côtés. . J'ai constaté ce fait très précisément.

M. Boutigny nous annonça alors à haute voix qu'il était caressé très affectueusement. La médium, qui était en ce moment dans un état d'agitation extraordinaire, répétait : « *Amore mio, amore mio !* » (« Mon amour, mon amour ! ») et, s'adressant à moi, m'appelait plusieurs fois en les mots suivants : « *Adesso vieni tu ! vieni tu !* » (« Viens tout de suite, viens ! »)

Je me hâtai de prendre la place qu'occupait M. Boutigny près du rideau, et à peine y étais-je que je me sentis embrassé plusieurs fois. Je pus toucher un instant la tête qui m'embrassait, mais qui reculait au contact de mes mains.

Je dois dire que, pendant que ces événements se déroulaient, mes yeux observaient attentivement le médium ainsi que les personnes qui étaient à mes côtés. Je peux donc hardiment certifier que je n'ai été victime d'aucune illusion ni subterfuge, et que la tête que j'ai touchée était la tête d'une personne réelle et inconnue. Je me sentis ensuite doucement caressé à plusieurs reprises, sur le visage et la tête, sur le cou et la poitrine, par une main qui sortait de derrière le rideau. Enfin je vis la portière s'écarter et une petite main très humide, très douce, s'étendre et se poser sur ma main droite. Rapide comme la pensée, j'ai porté ma main gauche à cet endroit pour la saisir ; mais, après l'avoir tenu serré dans le mien pendant plusieurs secondes, il parut fondre entre mes doigts.

Avant de terminer, permettez-moi de dire, en guise d'authentification supplémentaire, que M. Flammarion a eu l'extrême bonté de faire donner cette séance pour ma famille et pour moi, et elle a donc pris un caractère privé très marqué.

La séance ayant duré de 21h20 à 23h45 , nous avons demandé à plusieurs reprises à la médium si elle se sentait fatiguée. Eusapia a dit non. Ce n'est qu'après la dernière expérience, lorsque nous (ma famille et moi) avons été caressés et embrassés, que le médium, se sentant fatigué, a décidé de mettre fin à la séance.

Ma femme est convaincue, comme moi, qu'elle a embrassé sa fille, reconnaissant ses cheveux et l'apparence générale de sa personne.

Rapport de M. Le Bocain

(*La même séance*)

Voici quelques phénomènes extraordinaires que j'ai observés au cours de cette séance et dont je crois pouvoir rendre un rapport aussi exact qu'impartial, après avoir pris personnellement les plus minutieuses précautions pour m'assurer de la parfaite équité des conditions dans lesquelles se déroulent ces séances. lesquelles ces différentes merveilles ont été produites.

Je ne parle que, bien entendu, de circonstances ou d'actions auxquelles j'ai moi-même été associé à la fois comme acteur et comme spectateur.

1. Au début de la séance et *pendant* que la table se livrait à toutes sortes de plaisanteries bruyantes, je sentis nettement la pression d'une main me serrant amicalement sur l'épaule droite. Afin de clarifier les choses, je dois déposer cela...

a) Je me suis assis à gauche du médium et je lui ai tenu la main ; que, de plus, pendant toute la séance, son pied restait posé sur le mien.

b) Que, la main d'Eusapia toujours serrée dans la mienne, j'ai prouvé, en la mettant *brusquement* sur ses genoux, *au moment même que la table se levait à côté de nous* , que ses membres inférieurs étaient dans une position normale et *absolument immobiles* .

c) Pour ces différentes raisons, il me semble en effet *impossible* qu'Eusapia ait pu utiliser de quelque manière que ce soit ces deux membres (que j'ai placés par hasard) pour exécuter un mouvement, même inconscient, pouvant donner lieu à le moindre soupçon.

2. À un certain moment du déroulement, j'ai ressenti sur ma joue droite la sensation d'une caresse caressante. Je sentais très distinctement que c'était une vraie main qui touchait ma peau et rien d'autre. La main en question me paraissait de petite taille et la peau était douce et humide.

3. Vers la fin de la séance, je sentis dans mon dos une bouffée d'air froid, et en même temps *j'entendis* le rideau derrière moi s'ouvrir lentement.

Puis, comme je me retournais, très perplexe, j'aperçus debout au fond de cette sorte d'alcôve une forme, indistincte, il est vrai, mais pas au point que je ne pusse reconnaître la silhouette d'une jeune fille dont le chiffre était légèrement inférieur à la moyenne. Je dois dire ici que ma sœur Rosalie était aussi de petite taille. La tête de cette apparition n'était pas très distincte. Il semblait entouré d'une courte auréole ombragée. La forme entière de la statue, si je puis m'exprimer ainsi, ne ressortait que très peu de la pénombre d'où elle était sortie ; c'est-à-dire qu'il n'était pas très lumineux.

4. Je me suis adressé à l'esprit en arabe, à peu près dans les termes suivants :

"Si c'est bien toi, Rosalie, qui es au milieu de nous, tire-moi les cheveux derrière la tête trois fois de suite."

Une dizaine de minutes plus tard, et alors que j'avais presque complètement oublié ma demande, j'ai senti mes cheveux tirés à trois reprises, exactement comme je l'avais désiré. Je certifie ce fait, qui d'ailleurs me constituait une vérité très convaincante sur la présence d'un esprit familier près de nous.

LE BOCAIN , *Illustrateur* ,
Rire, Pêle-Mêle, Chronique Amusante, etc.

Je me suis limité à présenter ici ces différents rapports [28] , malgré certaines contradictions, et même à cause d'elles. Les rapports se complètent mutuellement et forment un tout complet, grâce à l'entière indépendance de chaque observateur.

Vous voyez combien le sujet est complexe et combien il est difficile de se forger une conviction radicale, un jugement scientifique absolu. Certains phénomènes sont incontestablement vrais : il en est d'autres qui sont douteux et que l'on peut attribuer à des fraudes, conscientes ou inconscientes, et parfois aussi à des illusions des observateurs. La lévitation de la table, par exemple, son détachement complet du sol sous l'action d'une force inconnue agissant à l'encontre de la loi de la gravité, est un fait qui ne peut raisonnablement être contesté.

Je remarquerai à ce propos que la table se lève presque toujours avec hésitation, après des équilibrages et des oscillations, tandis qu'au contraire, lorsqu'elle retombe, elle descend d'un seul coup et se pose carrément sur ses quatre pieds. [29]

En revanche, comme le médium cherche constamment à libérer une main (généralement sa main gauche) du contrôle destiné à l'en empêcher, un certain nombre d'effleurements ressentis et de déplacements d'objets peuvent être dus à une substitution de mains. Ce comportement fera l'objet d'un examen particulier dans le chapitre suivant.

Mais il serait impossible, de toute la force de la main, de produire le mouvement violent du rideau, qui semble gonflé par un vent tempétueux, et projeté jusqu'au centre même de la table, formant un grand capuchon autour des têtes des convives. gardiennes. Pour tirer le rideau avec une telle force, il faudrait que la médium se lève et pousse dessus aussi fort qu'elle le peut avec ses bras tendus, non pas une seule fois, mais encore et encore. Mais comment y parvenir alors qu'elle reste tranquillement assise sur sa chaise ?

Ces expériences nous placent dans un environnement ou une atmosphère particulière, sur les différents caractères physiques et psychiques sur lesquels il est difficile de se faire une opinion.

Lors de la dernière séance, au cours de laquelle M. et Mme. Pallotti sont sûrs d'avoir vu, touché et embrassé leur fille, je n'ai rien vu, à ce moment, de cette forme spectrale, bien qu'elle ne se trouvait qu'à quelques mètres de moi, et bien que j'avais aperçu, quelques instants auparavant, la tête de une jeune fille. Il est vrai que, par respect pour leur émotion, je ne me suis pas approché de leur groupe. Mais je surveillais attentivement, et je n'apercevais que des vivants.

A la séance du 10 novembre le bruit d'un objet sonore nous signalait un déplacement, un mouvement. On a l'impression d'entendre les cordes du violon légèrement effleurées. C'est en effet le petit violon de la table ronde, qui est élevé à une hauteur un peu au-dessus de celle de la tête du médium, passe dans l'ouverture entre les deux rideaux, et apparaît devant nous le cou en avant. L'idée me vient en tête de saisir cet instrument lors de son lent passage dans les airs ; mais j'hésite, parce que je veux voir ce qu'il adviendra. Elle vient jusqu'au milieu de la table, descend, puis retombe, partie sur la table, partie sur la main gauche de M. Brisson et la main droite de Mme. Fourton.

C'était l'une des observations les plus précises que j'ai faites lors de cette séance. Je n'ai pas lâché un seul instant la main droite d'Eusapia, et M. Brisson n'a pas lâché un seul instant sa main gauche.

Mais face à des phénomènes aussi incompréhensibles, nous en venons toujours au scepticisme. Dans la séance du 19 novembre, nous avions bien résolu cette fois de ne laisser aucune échappatoire au doute sur les mains, d'empêcher toute tentative de substitution, et d'avoir le contrôle le plus complet de chaque main, sans que notre attention soit détournée de cet objet. pour un seul instant. Eusapia n'a que deux mains. Elle appartient à la même espèce zoologique que nous et n'est ni trimane ni quadrumane.

Il suffisait donc que nous soyons deux ; que chacun prenait une main du médium et la tenait entre le pouce et l'index, pour qu'aucun doute possible ne surgisse, rentrait les coudes et tenait ladite main aussi éloignée que possible de l'axe du médium corps et pressé contre notre propre personne, de manière à lever l'objection concernant la substitution des mains.

C'était l'objet essentiel de cette séance, en ce qui concernait M. Brisson et moi. Il avait la charge de la main gauche. J'avais la charge du droit. Je n'ai pas besoin d'ajouter que je suis aussi sûr de la loyauté de M. Brisson qu'il est sûr de la mienne, et que, prévenus comme nous l'étions, et tenant cette séance dans le but exprès de ce contrôle, nous ne pourrions ni l'un ni l'autre être le dupes de toute tentative de fraude, du moins en ce qui concerne cette occasion.

Le célèbre médium Home m'avait parlé à plusieurs reprises d'une curieuse expérience que lui et Crookes faisaient avec un accordéon tenu dans une de ses mains et jouant tout seul, sans que l'extrémité inférieure soit tenue par une autre main. Crookes a représenté cette expérience par un croquis dans ses mémoires sur ce sujet. On voit le médium tenant d'une main l'accordéon dans une sorte de cage ajourée, et l'accordéon joue tout seul. Je détaillerai cette affaire plus loin.

J'ai tenté l'expérience d'une autre manière, en tenant moi-même l'accordéon et en ne le laissant pas toucher par le médium. Les exploits dont nous venions d'assister et qui s'accomplissaient pendant qu'Eusapia avait les mains bien tenues, me donnaient l'espoir de réussir, d'autant plus que nous croyions avoir vu en action des mains fluides.

Je prends donc un petit accordéon neuf, acheté ce soir-là dans un bazar, et, m'approchant de la table et restant debout, je tiens l'accordéon par un côté, en appuyant deux doigts sur deux touches, de manière à ce que laissez passer l'air au cas où l'instrument commencerait à jouer.

Ainsi tenu, il est suspendu verticalement par l'étirement de ma main droite à la hauteur de ma tête, et au-dessus de la tête du médium. Nous veillons à ce que ses mains soient toujours bien tenues et que la chaîne ne soit pas brisée. Après une courte attente de cinq ou six secondes, je sens l'accordéon tiré par son extrémité libre, et le soufflet est immédiatement enfoncé plusieurs fois successivement ; et en même temps la musique se fait entendre. Il n'y a pas le moindre doute qu'une main, une paire de pinces, ou autre, tient l'extrémité inférieure de l'instrument. Je perçois très bien la résistance de cet organe préhensible. Toute possibilité de fraude est éliminée ; car l'instrument est bien au-dessus de la tête d'Eusapia, ses mains sont fermement tenues, et je vois distinctement la distension du rideau jusqu'à l'instrument. L'accordéon continue de se faire entendre, et on le tire si fort que je dis à la puissance invisible : "Eh bien, puisque tu le tiens si bien, garde-le !" Je retire ma main, et l'instrument reste comme collé au rideau. On ne l'entend plus. Qu'est-il devenu ? Je propose d'allumer une bougie pour la chasser. Mais l'opinion générale est que, puisque les choses vont si bien, il vaut mieux ne rien changer à l'environnement. Pendant que nous parlons, l'accordéon se met à jouer, un air léger et assez insignifiant. Pour ce faire, il faut le tenir à deux mains. Au bout de quinze ou vingt secondes, il est amené au milieu de la table (jouant tout le temps). La certitude que des mains en jouent est si complète que je dis à l'Inconnu : « Puisque tu tiens si bien l'accordéon, tu peux sans doute prendre ma main elle-même. Je tends mon bras à hauteur de ma tête, plutôt un peu plus haut. Le rideau se gonfle, et à travers le rideau je sens une main (une main gauche assez forte) ; c'est-à-dire trois doigts et le pouce, et ceux-ci saisissent le bout de ma main droite.

Supposons un instant que l'accordéon ait pu être tiré par une des mains d'Eusapia, qu'elle avait lâchée, soulevée et cachée derrière le rideau. C'est une hypothèse très naturelle. Disons que les deux contrôleurs respectivement de droite et de gauche ont été trompés par la dextérité du médium. Ce n'est pas impossible. Mais alors, pour que l'instrument puisse jouer, il aurait fallu que notre héroïne lâche ses deux mains et laisse les deux contrôleurs s'affronter de leurs propres mains. C'est une chose à laquelle il ne faut pas penser.

A propos de l'existence d'une troisième main, une main fluide, créée sur un coup de tête, avec des muscles et des os (hypothèse si audacieuse qu'on ose à peine l'exprimer), je raconte ici ce que nous avons observé lors de la séance de novembre. 19.

M. Guillaume de Fontenay, avec qui furent faites les expériences à Montfort-l'Amaury, en 1897, chez la famille Blech, était venu exprès du centre de la France, avec une grande profusion d'appareils et de procédés nouveaux. , pour essayer de prendre quelques photos. Le médium en parut enchanté, et vers le milieu de la soirée nous dit : « Vous allez avoir, ce soir, quelque chose que vous ne vous attendiez pas, quelque chose qui n'a jamais été réalisé par aucun autre médium, et qui peut être photographié comme un document irréprochable. » Elle nous explique alors que je dois lever la main, tout en tenant fermement le sien par le poignet ; que M. Sardou, tout en lui tenant la main gauche, la surveillera au-dessus de la table, et qu'alors sa troisième main apparaîtra sur la photographie, sa main fluidique, tenant le violon près de sa tête, à quelque distance de sa main droite , derrière elle et contre le rideau.

Nous attendons assez longtemps avant que quelque chose n'arrive. Enfin, le médium tremble, soupire, nous recommande de respirer profondément et de l'aider ainsi, et nous sentons plutôt que nous voyons le mouvement du violon dans l'air, avec un léger bruit de vibration des cordes. Eusapia crie : "Il est temps, prends la photo, vite, n'attends pas, tire !" Mais l'appareil ne fonctionne pas : le magnésium ne s'allume pas. Le médium s'impatiente, tient encore, mais crie qu'il ne peut plus tenir longtemps. Nous réclamons tous avec véhémence la photo . Rien ne bouge. Dans l'obscurité, nécessaire pour que la plaque de la chambre n'ait pas à être voilée, M. de Fontenay ne parvient pas à allumer le magnésium, et on entend le violon tomber à terre.

Le médium semble épuisé, gémit, se lamente, et nous regrettons tous cet échec ; mais Eusapia déclare qu'elle peut recommencer et nous demande de nous préparer. En effet, au bout de cinq ou six minutes, les mêmes phénomènes se produisent. M. de Fontenay fait exploser un pistolet à chlorate de potassium. La lumière est instantanée, mais faible. Elle permet de voir la main gauche d'Eusapia tenue sur la table par la main droite de M. Sardou, sa main droite tenue en l'air par ma main gauche, et à une distance d'environ douze pouces en arrière, à hauteur de tête. , le violon, posé verticalement contre le rideau. Mais la photographie ne donne aucune image.

Eusapia demande maintenant un peu de lumière (« *poco di luce* »). La petite lampe à main se rallume, et l'éclairage est suffisant pour que nous puissions nous voir distinctement, y compris les bras, la tête du médium, le rideau, etc. La chaîne se reforme. Le rideau s'ouvre largement, et M. Sardou est touché à plusieurs reprises par une main qui lui donne un bon coup sur l'épaule, lui faisant pencher la tête en avant vers la table. En présence de cette manifestation et de ces sensations, nous avons encore l'impression qu'il y a eu là une main, une main différente de celles du médium (que nous continuons à tenir soigneusement), — et de la nôtre, parce que nous nous tenons l'un l'autre. les mains des autres dans la chaîne. De plus, il n'y a personne près du rideau, bien visible. Je dis alors : « Puisqu'il y a une main là-bas, qu'elle me prenne ce violon, comme elle l'a fait avant-hier. Je prends le violon par le manche et le tends vers le rideau. Il est immédiatement saisi et soulevé, puis tombe au sol. Je ne lâche pas un instant la main du médium. Pourtant, je saisis cette main avec ma main droite, un instant, pour reprendre de ma gauche le violon tombé près de moi. Alors que je me baisse au sol, je sens un souffle glacial sur ma main, mais rien de plus. Je prends le violon et le pose sur la table ; puis je reprends de la main gauche la main du médium, et, saisissant le violon de la droite, je le tends de nouveau vers le rideau. Mais Mme. Brisson, particulièrement incrédule, me demande de la laisser prendre elle-même. Elle le fait, le tend au rideau, et l'instrument lui est arraché, malgré tous les efforts qu'elle fait pour le retenir. Tout le monde déclare avoir vu très distinctement cette fois.

Les mains du médium n'ont pas été lâchées une seule minute.

Il semble que cette expérience, faite dans ces conditions, sous un éclairage suffisant, ne doive laisser aucun doute sur l'existence d'une troisième main du médium qui agit par obéissance à sa volonté. Et encore!-

Lors de cette même soirée du 19 novembre, je demande que le violon tombé par terre soit ramené sur la table. Nous continuons à tenir soigneusement les mains du médium, M. Sardou sa main gauche et moi sa droite. Eusapia, voulant donner encore plus de sécurité, plus de certitude, me propose de prendre ses deux mains, la droite telle que je la tiens, et son poignet gauche dans ma main droite, sa main gauche étant toujours tenue par M. Sardou, *le tout à main levée se déroulant sur la table* . Un bruit se fait entendre. Le violon est amené, passe au-dessus de nos mains, ainsi entrecroisés, et se pose, plus loin, au milieu de la table. Une bougie est allumée et la position de nos mains est vérifiée. Ils n'ont pas bougé. Quelque temps après ce phénomène, dans la pénombre, nous avons tous vu des feux follets briller dans le cabinet. On les voyait à travers la fente des rideaux, alors assez large. Pour ma part, j'en ai vu trois, les premiers très brillants, les autres moins intenses. Ils ne tremblaient pas, ne bougeaient pas du tout et restaient en vue à peine plus d'une seconde.

M. Antoniadi ayant remarqué qu'il n'est pas toujours sûr de lui tenir la main gauche, Eusapia me dit avec colère : « Puisqu'il n'est pas sûr, reprends toi-même mes deux mains. J'en ai déjà le droit et j'en suis absolument certain. Je prends alors son poignet gauche dans ma main droite, MA déclarant qu'il s'occupera des doigts. Dans cette position, les deux mains d'Eusapia étant ainsi tenues au-dessus de la table, un coussin, qui est à ma droite sur la table, après y avoir été jeté de force quelques instants auparavant, est saisi et jeté sur le canapé, effleurant mon front à gauche. Ceux qui s'assoient à table et forment la chaîne affirment que les mains de la chaîne n'ont pas perdu contact les unes avec les autres.

Voici une autre circonstance consignée dans les notes de Mme. Flammarion :

Nous étions dans une obscurité presque complète, la lampe, éloignée le plus possible d'Eusapia, n'ayant qu'une faible lueur de veilleuse. Eusapia était assise à la table d'expérimentation, entre MM. Brisson et Pallotti, qui lui tenaient les deux mains, et presque face à cette lampe.

Mme. Brisson et moi étions assis à quelques mètres d'Eusapia, l'un de nous sur le côté et l'autre au milieu du salon, Eusapia nous faisant face, tandis que nous tournions le dos à la lumière. Cela nous permettait de distinguer assez bien tout ce qui se passait devant nous.

Jusqu'au moment où eut lieu l'événement que je vais raconter, Mme. Brisson était restée presque aussi incrédule que moi à propos des phénomènes, et elle venait de m'exprimer à voix basse son regret de n'avoir encore rien vu elle-même, quand tout d'un coup le rideau derrière Eusapia commença à trembler. et recule gracieusement, comme soulevé par un bandeau invisible, — et qu'est-ce que je vois ? La petite table sur trois pieds, et sautant (apparemment de bonne humeur) par-dessus le parquet, à une hauteur d'environ huit pouces, tandis que le tambourin doré à son tour saute gaiement à la même hauteur au-dessus de la table, et tinte bruyamment ses clochettes. .

Stupéfait d'émerveillement, aussi vite que je peux, je tire Mme. Brisson à mes côtés, et, désignant du doigt ce qui se passe : « Regardez ! dis-je.

Et puis la table et le tambourin recommencent leur danse sur tapis en parfaite harmonie, l'un tombant avec force sur le sol et l'autre sur la table. Mme. Brisson et moi ne pouvions nous empêcher d'éclater de rire ; car, en effet, c'était trop drôle ! Une sylphe n'aurait pas pu être plus amusante.

Eusapia ne s'était pas retournée. On l'a vue assise ; et ses mains, placées devant elle, étaient tenues par les deux contrôleurs. Même si elle avait pu libérer ses deux mains, elle n'aurait pu saisir la table ronde et le tambourin qu'en se retournant ; et les deux dames les virent sauter tout seuls.

Je fais remarquer à Eusapia qu'elle doit être très fatiguée, que la séance a duré plus de deux heures et a donné des résultats extraordinaires, et qu'il est peut-être temps d'y mettre fin. Elle répond qu'elle désire continuer encore un peu et qu'il y aura de nouveaux phénomènes. Nous acceptons avec plaisir, nous nous asseyons et attendons.

Puis elle pose sa tête sur mon épaule, prend tout mon bras droit, main comprise, et mettant ma jambe entre les siennes, et mes pieds entre ses pieds, elle m'a serré très fort. Puis elle commence à frotter le tapis, entraînant mes pieds avec les siens et me serrant plus fort qu'auparavant. Puis elle crie : « *Spetta ! spetta !* » (« Regardez ! regardez ! ») ; puis : « *Vieni! vieni!* » (« Viens ! viens ! ») Elle invite M. Pallotti à prendre place derrière sa femme et à voir ce qui va se passer. Je dois ajouter que tous deux demandaient instamment, depuis quelques minutes, s'ils pouvaient voir et embrasser leur fille, comme ils l'avaient fait à Rome.

Après un nouvel effort nerveux de la part d'Eusapia et une sorte de convulsion accompagnée de gémissements, de plaintes et de cris, il y eut un grand mouvement de rideau. Plusieurs fois, je vois la tête d'une jeune fille s'incliner devant moi, au front haut et aux cheveux longs.

Elle s'incline trois fois et montre son profil sombre contre la fenêtre. Un instant après, nous entendons des bruits de M. et Mme. Pallotti. Ils couvrent de baisers le visage d'un être invisible pour nous, en lui disant avec une affection passionnée : « Rosa, Rosa, ma chérie, ma Rosalie », etc. Ils disent avoir senti entre leurs mains le visage et les cheveux de leur fille. .

Mon impression était qu'il y avait bel et bien un être fluidique. Je n'y ai pas touché. La douleur des parents, ravivée et consolé à la fois, me parut si digne de respect que je ne m'approchai pas d'eux. Mais quant à l'identité de l'être spectral, je pensais qu'il s'agissait d'une illusion sentimentale de leur part.

J'en viens maintenant aux circonstances les plus étranges de toutes, les plus incompréhensibles, les plus incroyables de toutes celles que nous avons vécues au cours de nos séances.

Le 21 novembre, M. Jules Bois présente un livre devant le rideau à peu près à hauteur d'homme debout. Le salon est faiblement éclairé par une petite lampe à abat-jour, assez bien placée sur le côté. Pourtant, les objets sont vus avec distinction.

Une main invisible derrière le rideau s'empare du livre. Puis tous les observateurs le voient disparaître comme s'il avait traversé le rideau. On ne le voit pas tomber devant le rideau. C'est un in-8, assez élancé, relié en rouge, que je viens de sortir de ma bibliothèque.

Maintenant Mme. Flammarion, presque aussi sceptique que M. Baschet sur ces phénomènes, s'était glissé devant la fenêtre, derrière le rideau, pour observer attentivement ce qui se passait. Elle espérait déceler un mouvement du bras du médium et le démasquer, malgré la courtoisie qu'elle lui devait en tant qu'hôtesse. Elle voyait très bien la tête d'Eusapia, immobile devant le miroir qui reflétait la lumière.

Tout à coup, le livre lui apparaît, passé à travers le rideau, maintenu en l'air, sans mains ni bras, pendant un espace d'une ou deux secondes. Puis elle le voit tomber. Elle s'écrie : "Oh ! le livre : il vient de passer le rideau !" et, pâle et stupéfaite d'émerveillement, elle se retire brusquement parmi les observateurs.

Tout le côté du rideau était clairement visible, car la partie gauche du rideau de gauche avait été détachée de sa tringle par le poids d'une personne qui s'était assise sur le canapé où la partie inférieure du rideau avait été accidentellement enfoncée. mis; et parce qu'une grande ouverture avait été pratiquée devant le miroir qui remplissait tout le mur de l'extrémité du salon, miroir qui reflétait la lumière de la petite lampe.

Si un tel événement s'était réellement produit, il faudrait admettre que le livre a traversé le rideau sans aucune ouverture, car le tissu de l'étoffe est entièrement intact ; et on ne peut supposer un seul instant qu'il passait par le côté, le livre ayant été tendu vers le milieu, c'est-à-dire à environ vingt-quatre pouces de chaque côté du rideau, dont la largeur est de quatre pouces. pieds.

Néanmoins, ce livre a été vu par Mme. Flammarion, qui regardait derrière le rideau ; et il disparut aux yeux des personnes qui se trouvaient devant, notamment M. Baschet, M. Brisson , MJ Bois, Mme. Fourton et moi. Nous ne nous attendions en aucune façon à ce miracle ; nous en étions stupéfaits ; nous avons demandé ce qu'était devenu le livre, et il semblait qu'il était tombé derrière le rideau.

Hallucination collective ? Mais nous étions tous de sang-froid, entièrement maîtres de nous-mêmes.

Si Eusapia avait pu glisser adroitement sa main et saisir le livre par la portière, on n'aurait pas vu le contour nu du livre, mais une protubérance de la portière.

Quelle valeur aurait la vue de cette chose passant par une portière comme donnée scientifique, si l'on était sûr de l'honnêteté absolue du médium, — si, en effet, ce médium était un homme de science, un physicien, un un chimiste, un astronome, dont l'intégrité scientifique serait au-dessus de tout soupçon ! Le simple fait de la possibilité d'une fraude enlève quatre-vingt-dix-neuf centièmes de la valeur de l'observation et nous oblige à la voir cent fois avant d'en être sûr. Les conditions de la certitude doivent être comprises par tous les chercheurs, et il est curieux d'entendre des personnes intelligentes s'étonner de nos doutes et de la stricte obligation scientifique qui nous incombe de poser ces conditions. Pour être sûr d'anomalies comme ces lévitations, par exemple, il faut s'en assurer cent fois ; je ne les vois pas une fois, mais cent fois.

Il nous semble impossible que la matière puisse traverser la matière. Vous placez par exemple une pierre sur une serviette. Si l'on vous disait qu'il l'a trouvé sous la serviette, sans rupture dans la continuité du tissu, vous ne le croiriez pas. Cependant, je prends un morceau de glace, pesant disons deux livres, et je le place sur une serviette ; Je place les deux sur une passoire, au four ; le morceau de glace fond, traverse la serviette et tombe goutte à goutte dans une bassine. Je mets le tout dans une machine à congélation, l'eau fondue se fige à nouveau ; le morceau de glace pesant deux livres a traversé la serviette.

C'est très simple, pensez-vous. Oui, c'est simple parce que nous le comprenons. Mais bien entendu, ce n'est pas le même cas que celui du livre. Pourtant, après tout, c'est de la matière qui traverse la matière, après une transformation de sa condition physique.

Nous pourrions chercher des explications, invoquer les hypothèses de la quatrième dimension ou discuter de la géométrie non euclidienne. Il me semble cependant plus simple de penser que, d'une part, ces expériences ne sont pas encore suffisantes pour que nous puissions faire une affirmation absolue, et que, d'autre part, notre ignorance de tout est redoutable et nous interdit de le faire. de nier quoi que ce soit.

Les phénomènes dont je parle sont si extraordinaires qu'on est porté à en douter, même quand on se sent assuré de les avoir vus. Ainsi, par exemple, j'ai remarqué que M. René Baschet — mon savant ami, actuel rédacteur en chef d' *Illustration* — affirmait devant nous tous, pendant la séance et après, qu'il voyait de ses propres yeux, sous la table, une tête comme celle de une jeune fille d'environ douze ans, accompagnée du buste. Cette tête s'abaissa verticalement pendant qu'il la regardait et disparut. Il a fait cette affirmation le 21, l'a répétée le 22 au théâtre où nous nous sommes rencontrés et le 25 de nouveau chez lui. Quelque temps après, M. Baschet fut convaincu qu'il avait été trompé, qu'il avait été dupe d'une illusion. C'est également possible. Je regardais en même temps que d'autres personnes, et nous n'avons rien vu.

Il est donc bien humain, lorsque nous pensons, quelques jours plus tard, à ces choses curieuses, de nous soupçonner.

Mais il existe des préjugés moins explicables. Ainsi, par exemple, lors de la séance du 28 novembre, un ingénieur distingué, ML, refusa catégoriquement d'admettre la lévitation de la table, malgré l'évidence. Mes lecteurs pourront en juger par eux-mêmes. Voici une note que j'extrait de mes rapports :

ML me dit que la médium soulève la table *avec ses pieds*, tout en y posant ses mains. Je demande à Eusapia de retirer ses pieds sous sa chaise. La table est levée.

Après cette seconde lévitation, ML déclare qu'il n'est pas satisfait (bien qu'aucun des pieds du médium ne soit sous un pied de la table), et qu'il faut recommencer l'expérience, sans que *ses jambes* ne soient touchées à aucun moment. Le médium propose alors que ses jambes soient attachées à celles de ML. Une troisième lévitation a lieu, après que la jambe gauche (celle incriminée) du médium ait été attachée à la jambe gauche de ML.

Ce monsieur déclare alors que les hypothèses qu'il a faites, pour expliquer le phénomène, sont nulles et non avenues, mais qu'il doit quand même y avoir un truc dans la chose, car il ne croit pas au surnaturel.

Je ne crois pas non plus au surnaturel. Et pourtant, il n'y a pas d'astuce.

Cette manière de raisonner, assez courante, ne me paraît pas scientifique. C'est prétendre que nous connaissons les limites du possible et de l'impossible.

Ceux qui nient que la Terre bouge raisonnent ainsi. Ce qui est contraire au bon sens n'est pas impossible. Le bon sens est l'état moyen du savoir populaire ; c'est-à-dire de l'ignorance générale.

Un homme connaissant l'histoire des sciences, et qui raisonne calmement, ne peut parvenir à comprendre l'ostracisme auquel certains sceptiques soumettent des phénomènes inexpliqués. "C'est impossible ", pensent-ils. Ce fameux bon sens dont ils se vantent n'est rien après tout, disons-le, mais l'opinion commune, qui accepte les faits habituels sans les comprendre, et qui varie de temps en temps. Quel homme de bon sens aurait admis autrefois que l'on pourrait un jour photographier le squelette d'un être vivant, ou emmagasiner la voix dans un phonographe, ou déterminer la composition chimique d'une étoile inaccessible ? Qu'était la science il y a cent ans, deux cents ans, trois cents ans ? Regardez l'astronomie d'il y a cinq cents ans, la physiologie, la médecine, la philosophie naturelle et la chimie. Dans cinq cents ans, dans mille ans, dans deux mille ans, que seront nos sciences ? Et dans cent mille ans ? Oui, dans cent mille ans, que sera l'intelligence humaine ? Notre condition actuelle sera à cela ce que la connaissance d'un chien est à celle d'un homme cultivé ; c'est-à-dire qu'il n'y a aucune comparaison possible.

Nous sourions aujourd'hui de la science des savants du temps de Copernic ou de Christophe Colomb ou d'Ambroise Paré, et nous oublions que, dans quelques siècles, les savants nous estimeront de la même manière. Il est des propriétés de la matière qui nous sont complètement cachées, et l'humanité est dotée de facultés qui nous sont encore inconnues. On n'avance que très lentement dans la connaissance des choses.

Les critiques ne prouvent pas toujours qu'ils possèdent une puissance logique très compacte. Vous leur parlez de faits prouvés par des siècles de témoignages. Ils contestent la valeur du témoignage populaire et déclarent que ces gens incultes, ces petits commerçants, ces industriels, ces ouvriers, ces paysans, sont incapables d'observer avec exactitude.

Quelques jours après, vous citez les savants, hommes dont la compétence a été prouvée dans les sciences objectives de l'observation, qui attestent ces mêmes faits, et vous entendez les ricaneurs répondre que ces savants sont des témoins compétents dans leurs domaines particuliers d'études et de travail, mais dans rien d'autre que ceux-là.

Ainsi, de cette façon, tout témoignage est refusé. Ils déclarent que la chose, étant impossible, ne peut avoir été observée du tout.

Bien sûr, il y a place à de nombreuses analyses lorsqu'on discute des affirmations du témoignage humain. Mais si nous supprimons chaque témoignage, que restera-t-il ? Notre ignorance native.

Mais, à vrai dire, il y a certains de ces gentilshommes négatifs qui sont sûrs de tout et qui nous imposent leurs aphorismes avec l'autorité d'un tsar qui donne son ukase ou son édit.

De ces différentes expériences avec Eusapia Paladino, y compris celles décrites dans les premier et deuxième chapitres, il ressort que les phénomènes observés sont, dans une large mesure, réels et indéniables ; qu'un certain nombre peut être produit par fraude ; mais qu'en réalité le sujet est très complexe. Encore une fois, certains mouvements appartiennent simplement à l'ordre matériel, tandis que d'autres appartiennent à la fois à l'ordre physique et à l'ordre psychique. Toute cette étude est bien plus compliquée que ce que les gens en général ont idée. Je vais passer sommairement en revue d'autres expériences faites par le même médium, et consacrerai ensuite un chapitre spécial à l'examen des fraudes et des mystifications.

Examinons d'abord d'autres réalisations d'Eusapia et sélectionnons parmi elles ce qu'elles ont également à transmettre sous forme d'instruction ou de prudence.

CHAPITRE IV

AUTRES SÉANCES AVEC EUSAPIA PALADINO

Le médium, dont nous avons décrit les merveilleuses performances en séance, a fait l'objet d'une longue série d'observations par des expérimentateurs éminents et minutieux. Ses dotations sont en effet exceptionnelles. Quand on étudie avec Eusapia, la comparaison de ses puissances avec celles des cas ordinaires fait penser à la différence entre une belle machine électrique fonctionnant dans de bonnes conditions atmosphériques et une mauvaise fonctionnant un jour de pluie. On voit plus avec elle en une heure que dans une foule d'essais erronés avec d'autres médiums.

Notre étude de ces forces inconnues progressera rapidement si, au lieu de limiter les résultats obtenus à un ou deux groupes, comme ceux qui précèdent, nous examinons l'ensemble des observations faites dans les séances de ce médium. Mes lecteurs pourront alors les comparer aux précédents ; ils peuvent juger, ils peuvent faire leurs propres estimations.

Les documents que je vais imprimer maintenant sont tous empruntés aux *Annales des sciences psychiques* et au précieux recueil de M. Albert de Rochas sur *L'Extériorisation de la Motivité* .

Quelques mots, d'abord, sur les débuts d'Eusapia dans sa carrière médiumnique.

Le professeur Chiaia, de Naples, à qui je dois d'avoir pu recevoir Eusapia chez moi et obtenir les expériences rapportées ci-dessus, fut le premier à faire connaître ses dons au public. Il publia pour la première fois, le 9 août 1888, dans un journal publié à Rome, la lettre suivante adressée au professeur Lombroso :

Cher Monsieur , Dans votre article *L'influence de la civilisation sur le génie* (qui a d'incontestables beautés de style et de logique), j'ai remarqué un paragraphe très heureux. Cela me semble résumer le mouvement scientifique (depuis l'époque où l'homme a inventé pour la première fois cette chose révolutionnaire appelée alphabet) jusqu'à nos jours. Ce paragraphe se lit comme suit :

"Chaque génération est prématurément prête à des découvertes qu'elle ne voit jamais naître, puisqu'elle ne s'aperçoit pas de sa propre incapacité et des moyens qui lui manquent pour faire de nouvelles découvertes. La répétition d'une manifestation quelconque, en s'imprimant dans notre cerveau, prépare notre esprit et les rend de moins en moins incapables de découvrir les lois auxquelles cette manifestation se soumet. Vingt ou trente ans suffisent pour faire admirer au monde entier une découverte qui a été traitée de folie au moment où elle a été faite même aujourd'hui. les corps se moquent de l'hypnotisme et de l'homéopathie. Qui sait si mes amis et moi, qui nous moquons du spiritualisme, ne sommes pas dans l'erreur, comme le sont les hypnotisés. Grâce à l' illusion qui nous entoure, nous sommes peut-être incapables de voir que nous nous trompons ? et, comme beaucoup de personnes aliénées qui s'opposent obstinément à la vérité, nous nous moquons de ceux qui ne sont pas de notre façon de penser. »

Frappé par cette pensée vive, que par hasard je trouve adaptée à une certaine matière qui m'occupe depuis quelque temps, je l'accepte avec joie, sans relâche, sans aucun commentaire qui pût en changer le sens ; et, m'en tenant aux belles vieilles règles de la chevalerie, je m'en sers comme d'un défi. Les conséquences de ce défi ne seront ni dangereuses ni sanglantes : nous lutterons équitablement ; et, quels que soient les résultats de la rencontre, que je succombe ou que je fasse céder mon adversaire, ce sera toujours d'une manière amicale. Le résultat tendra à l'amélioration de l'un des deux adversaires et sera de toutes manières utile à la grande cause de la vérité.

On parle beaucoup aujourd'hui d'une maladie particulière qui touche l'organisme humain. Nous le remarquons tous les jours ; mais nous en ignorons la cause et ne savons pas comment l'appeler. On crie pour qu'il soit soumis à l'examen de la science contemporaine ; mais la science, en réponse, ne répond à la demande qu'avec le sourire ironique et moqueur d'un Pyrrhus, pour la raison précise (comme vous dites) que le moment n'est pas encore venu.

Mais l'auteur du paragraphe que j'ai cité ci-dessus ne l'a bien sûr pas écrit simplement pour le plaisir d'écrire. Il me semble, au contraire, qu'il ne sourirait pas avec dédain s'il était invité à observer un cas particulier digne d'attirer l'attention et d'occuper sérieusement l'esprit d'un Lombroso. Le cas auquel je fais allusion est celui d'une femme invalide qui appartient à la classe la plus humble de la société. Elle a presque trente ans et est très ignorante ; son regard n'est ni fascinant ni doté de ce pouvoir que les criminologues modernes appellent irrésistible ; mais, quand elle le désire, que ce soit de jour ou de nuit, elle peut divertir pendant une heure ou deux un groupe curieux avec les phénomènes les plus surprenants. Soit attachée à un siège, soit fermement tenue par les mains des curieux, elle attire à elle les meubles qui l'entourent, les soulève, les tient suspendus dans l'air comme le cercueil de Mahomet, et les fait redescendre avec des mouvements ondulants, comme s'ils obéissaient à sa volonté. Elle augmente ou diminue leur poids selon son plaisir. Elle frappe ou tape sur les murs, le plafond, le sol, avec un rythme et une cadence fins. En réponse aux demandes des spectateurs, quelque chose comme des éclairs électriques jaillissent de son corps et l'enveloppent ou enveloppent les spectateurs de ces scènes merveilleuses. Elle tire sur des cartes sur lesquelles on tend tout ce qu'on veut, des chiffres, des signatures, des chiffres, des phrases, en tendant simplement la main vers l'endroit indiqué. Si l'on place dans un coin de la pièce un récipient contenant une couche d'argile molle, on y retrouve au bout de quelques instants l'empreinte d'une petite ou d'une grande main, l'image d'un visage (de face ou de profil), d'où un un plâtre peut être pris. De cette manière, des portraits d'un visage pris sous différents angles ont été conservés, et ceux qui le désirent peuvent ainsi réaliser des études sérieuses et importantes. [30]

Cette femme s'élève dans les airs, quels que soient les liens qui l'attachent. Elle semble couchée dans le vide comme sur un canapé, contrairement à toutes les lois de la gravité ; elle joue sur des instruments de musique – orgues, cloches, tambourins – comme s'ils avaient été touchés par ses mains ou émus par le souffle de gnomes invisibles.

Vous appellerez cela un cas particulier d'hypnotisme ; vous direz que cette malade est un fakir en jupon, que vous l'enfermeriez dans un hôpital. Permettez-moi de vous prier, très éminent professeur, de ne pas déplacer l'argument. Comme on le sait, l'hypnotisme ne provoque qu'une illusion momentanée ; après la séance, tout reprend sa forme originelle. Mais ici le cas est différent. Pendant les jours qui suivirent ces scènes merveilleuses, il resta des traces et des enregistrements dignes de considération.

Que penses-tu de cela?

Mais permettez-moi de continuer. Cette femme peut parfois augmenter sa stature de plus de quatre pouces. Elle est comme une poupée en caoutchouc, comme un automate d'un genre nouveau ; elle prend des formes étranges. Combien de jambes et de bras a-t-elle ? Nous ne savons pas. Tandis que ses membres sont tenus par des spectateurs incrédules, on voit d'autres membres apparaître, sans savoir d'où ils viennent. Ses chaussures sont trop petites pour s'adapter à ses pieds de sorcière, et cette circonstance particulière fait naître le soupçon de l'intervention d'un pouvoir mystérieux.

Ne riez pas quand je dis « *donne naissance à des soupçons* ». Je n'affirme rien ; tu auras le temps de rire tout à l'heure.

Quand cette femme est liée, on voit apparaître un troisième bras, et personne ne sait d'où il vient. Suit ensuite une longue série de trucs amusants et taquins. Elle extrait des bonnets, des montres, de l'argent, des bagues, des épingles, et les restitue avec beaucoup d'adresse et de gaieté ; elle prend des manteaux et des gilets, enlève des bottes, brosse des chapeaux et les remet sur la tête de ceux à qui ils appartiennent, frise et caresse les moustaches, et parfois elle vous frappe du poing, car elle aussi a des accès de mauvaise humeur. J'ai dit *un* poing, car c'est toujours une main maladroite et insensible qui porte le coup. On a remarqué que la main de la sorcière est petite. Elle a de gros ongles ; a une peau humide dont la température varie depuis la chaleur

naturelle du corps jusqu'au froid glacial d'un cadavre dont le contact fait
frissonner ; elle se laisse manipuler, pincer, observer ; et finit par s'élever dans
les airs, y restant suspendu sans aucun moyen d'appui visible, comme une de
ces grosses mains de bois suspendues au-dessus du trottoir en guise
d'enseigne chez les marchands de gants.

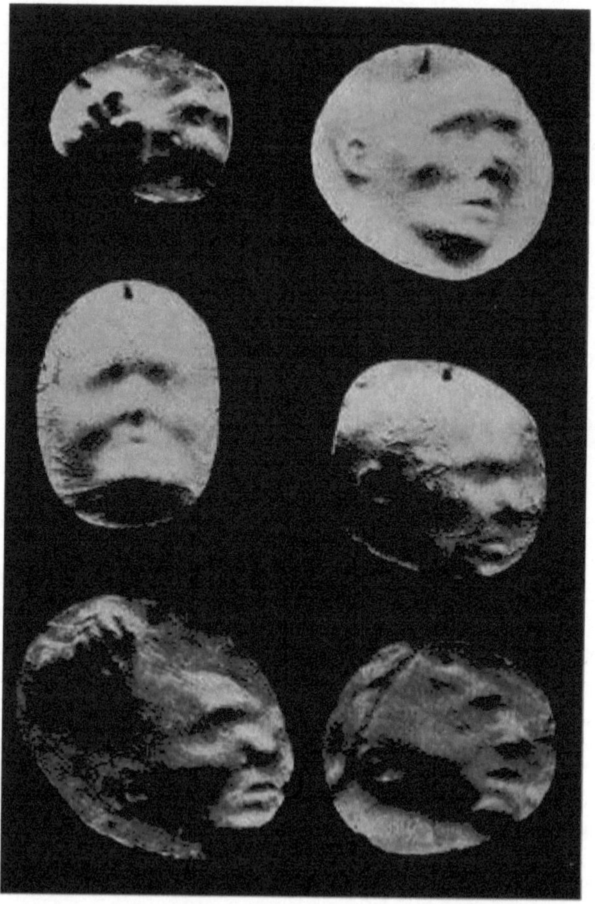

PLANCHE VII. MOULAGES EN PLÂTRE D'IMPRESSIONS EN
ARGILE PRODUITES PAR UNE FORCE INCONNUE.

Je vous jure que je sors avec un esprit très calme de la grotte de cette Circé.
Libéré de ses enchantements, je passe en revue toutes mes impressions et
aboutis au scepticisme, quoique le témoignage de mes sens m'assure que je
n'ai pas été le jouet d'une erreur ou d'une illusion.

Toutes ces manœuvres extraordinaires ne peuvent être attribuées à la prestidigitation. Nous devons nous méfier de toute sorte de supercherie et faire une enquête scrupuleuse afin de prévenir le mensonge ou la fraude.

Mais le test échoue parfois ; les faits ne répondent pas toujours aux exigences des spectateurs avides et agités. C'est un mystère de plus à expliquer, et cela prouve que l'individu lui-même qui réalise ces merveilles n'est pas leur seul arbitre. Sans aucun doute, elle possède le pouvoir exclusif de réaliser ces exploits prodigieux ; mais ils ne peuvent se matérialiser qu'avec la coopération d'un agent inconnu, un *deus ex machina* .

De tout cela résultent deux choses ; c'est-à-dire la grande difficulté qu'il y a à examiner la véritable intériorité de cet abrutissant charlatanisme, et la nécessité de faire une série d'expériences afin d'en rassembler suffisamment pour éclairer les sombres intelligences des dupes et vaincre l'obstination des les lutteurs.

Maintenant, vous voyez mon défi. Si vous n'avez pas rédigé le paragraphe cité ci-dessus simplement pour le plaisir de l'écrire ; si vous avez le véritable amour de la science ; si vous êtes sans préjugés, vous, le premier aliéniste d'Italie, ayez la bonté d'entrer en campagne et persuadez-vous que vous allez mesurer l'épée avec un digne adversaire.

Quand tu pourras prendre une semaine de vacances, laisse tes études bien-aimées et, au lieu d'aller à la campagne, montre-moi un endroit où nous pourrons nous rencontrer. Choisissez vous-même l'heure.

Vous disposerez d'une chambre dans laquelle vous entrerez seul avant l'expérience ; vous y disposerez les meubles et autres objets comme bon vous semblera ; vous verrouillerez la porte avec une clé. Je crois qu'il serait inutile de vous présenter la dame dans le costume porté dans le jardin d'Eden, car cette nouvelle Eve est incapable de riposter au serpent et de vous séduire.

Quatre messieurs seront nos seconds, comme il convient dans toutes les rencontres chevaleresques ; vous en choisirez deux, et j'apporterai les deux autres.

Aucune condition plus facile n'a jamais été élaborée par les Chevaliers de la Table Ronde. Il est évident que, si l'expérience ne réussit pas, je ne pourrai accuser que les durs décrets du destin ; vous ne me considérerez que comme un homme halluciné, qui désire être guéri de ses extravagances. Mais, si le succès couronne nos efforts, votre loyauté vous imposera le devoir d'écrire un article dans lequel, sans circonlocution, sans réticence ni erreur, vous attesterez la réalité des phénomènes mystérieux et promettez d'en rechercher les causes.

Si vous refusez cette rencontre, veuillez m'expliquer votre phrase : « Le moment n'est pas encore venu ». Sans doute, cela pourrait s'appliquer aux intelligences communes, mais non à un Lombroso, à qui s'adresse ce conseil de Dante : « L'honneur doit fermer les lèvres du mensonge par la vérité.

Bien cordialement et respectueusement,
(PROFESSEUR) CHIAIA .

M. Lombroso n'accepta pas tout de suite ce défi éloquent et spirituel. Cependant, nous verrons bientôt ce savant professeur expérimenter lui-même. En attendant, lisez ce que M. de Rochas nous dit de la jeunesse d'Eusapia :

Ses premières manifestations médiumniques commencèrent à l'âge de la puberté, vers l'âge de treize ou quatorze ans. Cette coïncidence se retrouve dans presque tous les cas où l'on a observé la singulière puissance de produire des mouvements à distance.

A cette époque de sa vie, on remarquait que les séances spiritualistes auxquelles elle était invitée réussissaient bien mieux lorsqu'elle était assise à table. Mais ils la fatiguaient et l'ennuyaient, et elle s'abstint d'y participer pendant huit ou neuf ans.

Ce n'est qu'à l'âge de vingt-deuxième ou vingt-troisième année que commença l'éducation spiritualiste d'Eusapia. Elle était dirigée par un ardent spiritualiste, M. Damiani. C'est alors qu'apparut la personnalité de *John King* , un esprit qui prit possession d'elle alors qu'elle était en état de transe. [31]

On dit que ce John King est le frère de Katie King de Crookes et qu'il a été le père d'Eusapia dans une autre existence. C'est Jean qui parle quand Eusapia est en transe ; quand il parle d'elle, il l'appelle « ma fille » et donne des conseils sur le soin de sa personne et de sa vie. M. Ochorowicz pense que ce Jean est une personnalité créée dans l'esprit d'Eusapia par l'union d'un certain nombre d'impressions recueillies dans les différents milieux psychiques dans lesquels s'est déroulée sa vie. Ce serait à peu près l'explication identique pour les personnalités suggérées par les hypnotiseurs et pour les variations de personnalité observées par MM. Azam, Bourru et Burot, et al.

Certains ont cru remarquer qu'Eusapia se préparait, consciemment ou inconsciemment, à la séance, en diminuant sa respiration, chose bien singulière. Dans le même temps, son pouls augmente progressivement de 88 à 120 pulsations par minute. Est-ce une pratique analogue à celle qu'emploient les fakirs de l'Inde, ou un simple effet de l'émotion qu'Eusapia éprouve avant chaque séance ? — fait qui a une forte tendance à convaincre les assistants, mais qui n'est jamais sûr de la production. des phénomènes.

Eusapia n'est pas hypnotisée ; elle entre d'elle-même en transe lorsqu'elle devient un maillon dans la chaîne des mains.

Elle commence à soupirer profondément, puis bâille et a le hoquet. Une série d'expressions variées passe sur son visage. Parfois, il prend une allure démoniaque, accompagné d'un rire saccadé très semblable à celui que Gounod donne à Méphistophélès dans l'opéra de *Faust* , et qui précède presque toujours un phénomène important. Parfois, son visage rougit ; les yeux deviennent brillants et liquides, et sont grands ouverts. Le sourire et les mouvements sont la marque de l'extase érotique. Elle dit « *mio caro* » (« mon cher »), pose sa tête sur l'épaule de son voisin et courtise les caresses lorsqu'elle croit qu'il est sympathique. C'est alors que se produisent des phénomènes dont le succès lui provoque des frissons agréables et même voluptueux. Pendant ce temps, ses jambes et ses bras sont dans un état de tension marquée, presque rigides, voire subissent des contractions convulsives. Parfois, un tremblement traverse tout son corps.

A ces états de suractivité nerveuse succède une période de dépression caractérisée par une pâleur presque cadavérique du visage (souvent couvert de transpiration) et l'inertie presque complète des membres. Si elle lève la main, elle retombe sous son propre poids.

Pendant la transe, ses yeux sont levés et seul le blanc est visible. Sa présence d'esprit et sa conscience générale sont diminuées ou pas du tout visibles. Elle ne répond pas, ou, si elle le fait, sa réponse est retardée par les questions. Eusapia n'a aucun souvenir de ce qui s'est passé pendant les séances, à l'exception d'états d'esprit proches de ceux de son état normal ; et, par conséquent, ils ne concernent, en général, que des phénomènes de faible intensité.

Afin d'aider aux manifestations, elle demande fréquemment que sa force soit augmentée en mettant une personne supplémentaire dans la chaîne. Il lui est souvent arrivé de s'adresser à un spectateur sympathique, de prendre ses doigts et de les presser comme pour en tirer quelque chose, puis de les repousser brusquement en disant qu'elle a assez de force.

À mesure que sa transe augmente, sa sensibilité à la lumière augmente. Une lumière soudaine lui cause des difficultés respiratoires, des battements de cœur rapides, une sensation d'hystérie, une irritation générale des nerfs, des douleurs dans la tête et dans les yeux, et un tremblement de tout le corps, avec convulsions, - sauf lorsqu'elle demande elle-même. lumière (ce qui lui arrive fréquemment lorsqu'il y a des vérifications intéressantes à faire au sujet des objets déplacés), car alors son attention est fortement appelée dans d'autres directions.

Elle est constamment en mouvement pendant la période active des séances. Ces mouvements peuvent être attribués aux crises hystériques qui l'agitent alors ; mais ils paraissent nécessaires à la production des phénomènes. Chaque fois qu'un mouvement est provoqué à distance, elle l'imite, soit avec ses mains, soit avec ses pieds, et en développant une force beaucoup plus forte qu'il n'en faudrait pour produire le mouvement par contact.

Voici ce qu'elle dit elle-même de ses impressions lorsqu'elle souhaite produire un mouvement à distance. *Elle éprouve soudain un désir ardent de produire les phénomènes ; puis elle a une sensation d'engourdissement et une sensation de chair de poule dans les doigts ; ces sensations ne cessent de croître ; en même temps, elle sent dans la partie inférieure de la colonne vertébrale l'écoulement d'un courant qui s'étend rapidement dans son bras jusqu'au coude, où il est doucement arrêté. C'est à ce moment que le phénomène se produit.*

Pendant et après les lévitations des tables, elle éprouve une sensation de douleur aux genoux ; pendant et après d'autres phénomènes, dans ses coudes et dans tous ses bras.

Ce n'est qu'à la fin de février 1891 que le professeur Lombroso, dont la curiosité était enfin fortement excitée, se décida à venir à Naples pour examiner ces curieuses manifestations dont tout le monde parlait en Italie. Les rapports suivants de M. Ciolfi ont été publiés à propos de cette visite. [32]

Première séance

Une grande chambre, choisie au premier étage par ces messieurs, avait été mise à notre disposition. M. Lombroso commença par examiner attentivement le support, après quoi nous nous installâmes autour d'une table de jeu. Mme. Paladino était assis à une extrémité ; à sa gauche, MM. Lombroso et Gigli ; J'ai fait face au médium, entre MM. Gigli et Vizioli ; puis vint MM. Ascensi et Tamburini, qui ont fermé le cercle, ce dernier nommé à droite du médium et en contact avec elle.

La pièce était éclairée par des bougies placées sur une table derrière Mme. Paladin. MM. Tamburini et Lombroso tenaient chacun une main du médium. Leurs genoux touchaient les siens, à une certaine distance des pieds de la table ; et ses pieds étaient sous les leurs.

Après une attente assez longue, la table commença à bouger, lentement d'abord, ce qui s'expliquait par le scepticisme, pour ne pas dire l'esprit positivement hostile, de ceux qui étaient ce soir-là dans un cercle de séance pour la première fois. Puis, petit à petit, les mouvements gagnèrent en intensité. M. Lombroso prouva la lévitation de la table, et estima à douze ou quinze livres la résistance à la pression qu'il dut exercer avec ses mains pour vaincre cette lévitation.

Ce phénomène d'un corps lourd soutenu dans l'air, hors de son centre de gravité et résistant à une pression de douze ou quinze livres, a beaucoup surpris et étonné les savants messieurs, qui l'attribuaient à l'action d'une force magnétique inconnue.

A ma demande, des coups et des grattements se sont fait entendre dans la table. Ce fut un nouveau motif d'étonnement, et ce qui amena ces messieurs à demander eux-mêmes l'extinction des bougies, afin de s'assurer si l'intensité des bruits s'augmenterait, comme on l'avait dit. Tous sont restés assis et en contact.

Dans une lumière tamisée qui n'empêchait pas la surveillance la plus attentive, des coups violents se firent d'abord entendre au milieu de la table. Alors une cloche posée sur une table ronde, à un mètre de distance à gauche du médium (de telle sorte qu'elle était placée derrière et à droite de M. Lombroso), s'éleva dans les airs et alla tinter au-dessus de lui. les chefs de l'entreprise, décrivant un cercle autour de notre table, où elle s'est finalement arrêtée.

Au milieu des expressions de profond étonnement que suscitait ce phénomène inattendu, M. Lombroso montrait un vif désir de l'entendre et de le prouver encore. Alors la petite cloche se mit à sonner, et fit de nouveau le tour de la table, redoublant ses coups dessus, à tel point que M. Ascensi, partagé entre l'étonnement et la crainte de se faire casser les doigts (la cloche pesait bien dix onces)), s'empressa de se lever et d'aller s'asseoir sur un canapé derrière moi.

J'insistais sans cesse sur le fait qu'il s'agissait d'une force intelligente, ce qu'il niait obstinément, et que par conséquent il n'y avait rien à craindre. Mais M. Ascensi refusa, sous aucun prétexte, de reprendre place à la table.

J'ai attiré l'attention sur le fait que le cercle était rompu, puisqu'un des expérimentateurs était parti, et que, sous peine de ne plus pouvoir observer les phénomènes avec sang-froid et jugement, il faudrait au moins qu'il garde silencieux et immobile. M. Ascensi est tout à fait disposé à s'y engager.

La lumière s'éteignit et les expériences recommencèrent. Tandis que, répondant à un vœu unanime, la clochette recommençait ses tintements et ses mystérieux circuits aériens, M. Ascensi, s'inspirant, à notre insu, de M. Tamburini, s'en allait (inaperçu, à cause de l'obscurité) : et se tenait à la droite du médium, et aussitôt, d'un seul grattement, il alluma une allumette, si bien, comme il le déclara, qu'il put *voir la petite cloche, tandis qu'elle vibrait dans l'air* , tomber soudainement sur un lit vers six heures. pieds et demi derrière Mme. Paladin.

Je n'essaierai pas de vous peindre l'étonnement du corps savant, dont la manifestation la plus frappante fut un rapide échange de questions et de commentaires sur cet étrange événement.

Après quelques remarques que j'ai faites sur l'intervention de M. Ascensi, qui paraissait susceptible de troubler sérieusement l'état psychique du médium, l'obscurité fut pour ainsi dire rallumée afin de continuer les expériences.

C'était d'abord une petite table de travail, petite mais lourde, qui bougeait. Il était placé à gauche de Mme. Eusapia, et c'est sur elle qu'on plaçait la petite cloche au début de la séance. Ce petit meuble heurta la chaise sur laquelle était assis M. Lombroso et *voulut se hisser* sur notre table.

En présence de ce nouveau phénomène, M. Vizioli céda sa place à notre table à M. Ascensi et alla se placer entre la table de travail et Mme. Eusapia, à qui il tournait le dos. Au moins il a dit qu'il avait fait tout cela, car nous ne pouvions pas le voir à cause de l'obscurité. Il prit la petite table entre ses deux mains et essaya de la tenir ; mais, *malgré ses efforts, il se détacha* et partit rouler sur le sol.

Un point important à noter est que, même si MM. Lombroso et Tamburini n'avaient pas lâché un instant les mains de Mme. Paladino, le professeur Vizioli a annoncé avoir ressenti un pincement au dos. L'hilarité générale suivit cette déclaration.

M. Lombroso a déclaré qu'il avait senti sa chaise soulevée, de sorte qu'il avait été obligé de rester debout pendant un certain temps, après quoi sa chaise avait été placée de manière à lui permettre de se rasseoir.

Il a également ressenti des contractions sur ses vêtements. Alors lui et M. Tamburini sentirent sur leurs joues et sur leurs doigts le contact d'une main invisible.

M. Lombroso, particulièrement frappé des deux faits de la table de travail et de la petite cloche, les jugea assez importants pour remettre à mardi son départ de Naples, d'abord fixé à lundi.

A sa demande, je lui ai promis une nouvelle séance, lundi, à l'Hôtel de Genève.

Deuxième séance

A huit heures du soir, j'arrivais à l'Hôtel de Genève, accompagné du médium Eusapia Paladino. Nous fûmes reçus sous la colonnade par MM. Lombroso, Tamburini, Ascensi et plusieurs autres personnes qu'ils avaient invitées ; à savoir les professeurs Gigli, Limoncelli, Vizioli et Bianchi (surintendant de l'asile d'aliénés de Sales), le docteur Penta et un jeune neveu de M. Lombroso, qui habite à Naples.

Après les présentations d'usage, on nous demanda de monter à l'étage le plus élevé de la maison, où nous fûmes introduits dans une très grande pièce avec une alcôve. Des rideaux, ou portières, étaient baissés sur le devant de l'alcôve. Derrière les rideaux, à une distance d'environ trois pieds et demi, mesurée par MM. Lombroso et Tamburini, on plaça dans cette alcôve une table ronde, avec un plateau en porcelaine rempli de farine, dans l'espoir d'y obtenir des empreintes de visages. L'alcôve contenait également une trompette en fer blanc, du papier à lettres et une enveloppe scellée contenant une feuille de papier blanc, pour voir si nous ne pouvions pas y *écrire directement* .

Ces messieurs inspectèrent l'alcôve avec un soin extrême, afin de s'assurer qu'il n'y avait là rien de suspect et arrangé.

Mme. Paladino s'assit à la table, à un peu moins de deux pieds des rideaux de l'alcôve, leur tournant le dos. Puis, à sa demande, elle s'est fait attacher le corps et les pieds à sa chaise au moyen de bandes de tissu. Cela a été fait par trois membres de la compagnie, qui n'ont laissé que ses bras libres. Cela fait, les places furent prises à table dans l'ordre suivant : à gauche de Mme. Eusapia, M. Lombroso ; puis successivement M. Vizioli, moi-même, neveu de M. Lombroso, MM. Gigli, Limoncelli, Tamburini ; enfin, le Dr Penta, qui compléta le cercle et s'assit à droite du médium.

MM. Ascensi et Bianchi refusèrent de faire partie du cercle et restèrent derrière MM. Tamburini et Penta. Je n'ai prêté que peu d'attention à ces deux-là, étant certain que leur action était une combinaison préméditée afin de redoubler de vigilance. J'ai simplement recommandé que, pendant qu'ils observaient avec une extrême prudence, chacun reste silencieux.

Les expériences ont commencé à la lumière de bougies suffisamment puissantes pour éclairer toute la pièce. Après une longue attente, la table commença à bouger, lentement d'abord, puis plus énergiquement. Cependant les mouvements restaient intermittents, laborieux et beaucoup moins vigoureux que lors de la séance de samedi.

La table fit une demande volontaire par des coups de pied désignant les lettres de l'alphabet, que MM. Limoncelli et Penta devraient échanger leurs places. Cet échange effectué, la table demanda l'extinction des lumières.

Un instant après, et avec plus de force cette fois, les mouvements de la table recommencèrent. Soudain, au milieu de ceux-ci, de violents coups se firent entendre. La chaise placée à la droite de M. Lombroso essaya de grimper sur la table, puis pendit suspendue au bras du savant professeur. Tout à coup les rideaux de l'alcôve furent secoués et basculés au-dessus de la table de manière à envelopper M. Lombroso, qui fut très ému d'un tel émerveillement, comme il l'a lui-même déclaré.

Tous ces phénomènes, se produisant à de longs intervalles, dans l'obscurité et au milieu de conversations bruyantes, n'étaient pas évalués à leur juste valeur. On pensait qu'ils n'étaient que des effets du hasard ou des plaisanteries de quelque membre de la société.

Pendant que nous attendons tous et discutons de la portée des phénomènes et de la plus ou moins grande valeur qu'il convient de leur accorder, le bruit de la chute d'un objet se fait entendre. Lorsque la pièce est éclairée, on retrouve à nos pieds sous la table la trompette qui avait été posée sur la table ronde dans l'alcôve derrière les rideaux. Cette circonstance, que MM. Bianchi et Ascensi reçoivent avec un éclat de rire, surprend les expérimentateurs et a pour effet de fixer plus complètement leur attention.

à de longs intervalles quelques lueurs fugitives . Ce phénomène impressionna MM. Bianchi et Ascensi, et mirent fin à leurs railleries incessantes, au point qu'ils vinrent faire partie du cercle. Au moment de l'apparition des lueurs, et même quelque temps après qu'elles eurent cessé de se montrer, MM. Limoncelli et Tamburini, à droite du médium, ont déclaré avoir été touchés en plusieurs endroits par une main. Le jeune neveu de M. Lombroso, absolument sceptique, qui s'était assis à côté de M. Limoncelli, déclara avoir senti le contact d'une main de chair et de sang, et demanda avec quelque impétuosité qui avait fait cela. Il oubliait, non seulement sceptique, mais naïf, que, comme lui, toutes les personnes présentes contribuaient à former la chaîne de mains et étaient en contact mutuel.

Il se faisait tard et le manque d'homogénéité du cercle réduisait le phénomène. Dans ces conditions, j'ai cru devoir mettre fin à la séance et faire allumer les bougies.

Lorsque MM. Limoncelli et Vizioli prenaient congé, le médium étant toujours assis et lié, et nous étions tous autour de la table, causant des phénomènes lumineux, comparant les effets épars et faibles obtenus dans cette soirée avec ceux du samedi précédent, et cherchant La raison de cette différence, nous entendions du bruit dans l'alcôve, et voyions les portières qui l'entouraient vigoureusement secouées, et la table ronde qui était derrière elles s'avançait lentement vers Mme. Paladino, toujours assis et attaché.

En voyant se produire en pleine lumière ce phénomène étrange et inattendu, nous fûmes tous stupéfaits d'étonnement. M. Bianchi et le neveu de M. Lombroso se précipitèrent dans l'alcôve, croyant qu'une personne cachée là faisait le mouvement des portières et de la table ronde. Leur étonnement fut sans borne lorsqu'ils constatèrent qu'il n'y avait personne et que, sous leurs yeux, la table continuait de glisser sur le parquet en direction du médium. Ce n'est pas tout. Le professeur Lombroso observa que, pendant que la table était en mouvement, le plateau qui la contenait avait été renversé sans qu'une seule particule de la farine qu'elle contenait ne se soit répandue ; et il ajouta qu'aucun prestidigitateur n'aurait été capable d'accomplir un tel exploit. En présence de ces phénomènes qui se produisaient après la rupture du cercle, de manière à éliminer l'hypothèse d'un courant magnétique, le professeur Bianchi, par obéissance à l'amour de la vérité, avoua que c'était lui qui qui, pour plaisanter, avait inventé et provoqué la chute de la trompette de fer-blanc, mais qu'en présence de telles réalisations, il ne pouvait plus être sceptique et allait s'appliquer à leur étude dans afin d'en rechercher les causes.

Le professeur Lombroso se plaignit de cette astuce et dit à M. Bianchi que, entre professeurs réunis pour faire en commun des études et des recherches scientifiques, de telles farces mystificatrices ne pouvaient que porter atteinte au respect dû à la science.

Le professeur Lombroso, en proie à la fois au doute et aux idées personnelles qui le tourmentaient, s'engagea à assister à d'autres réunions à son retour à Naples l'été suivant.

M. Ciolfi, ayant envoyé ces deux rapports à M. Lombroso, l'éminent professeur de Turin en confirma l'exactitude dans la lettre suivante, en date du 25 juin 1891 :

Cher Monsieur, Les deux rapports que vous m'avez envoyés sont de la plus grande exactitude. J'ajoute qu'avant qu'on eût vu le plateau retourné, la médium avait annoncé qu'elle aspergerait de farine le visage de ceux qui étaient assis près d'elle ; et tout porte à croire que telle était son intention, mais qu'elle n'a pas pu la réaliser, nouvelle preuve, à mon avis, de sa parfaite honnêteté, surtout compte tenu de sa semi-inconscience.

Je suis rempli de confusion et de regret d'avoir combattu avec tant de persévérance la possibilité des faits appelés spiritualistes. Je dis des faits, parce que je suis toujours opposé à la théorie.

Veuillez saluer ME Chiaia et, si cela est possible, faire examiner par M. Albini le champ visuel et les recoins intérieurs de l'œil du médium, sur lesquels je désire m'informer.

Cordialement,
C. LOMBROSO.

M. Lombroso publia peu après ses expériences et ses réflexions, dans un article des *Annales des sciences psychiques* (1892) qui se termine ainsi :

Aucun de ces faits (qu'il faut admettre, car personne ne peut nier les choses qu'il a vues) n'est de nature à nous amener à formuler pour leur explication

l'hypothèse d'un monde différent de celui admis par les neuropathologistes.
.

Il ne faut surtout pas oublier que Mme. Eusapia est une neuropathe ; que dans son enfance, elle a reçu un coup sur l'os pariétal gauche, qui a produit un trou si profond qu'on pouvait y mettre le doigt ; qu'elle restait sujette à des crises d'épilepsie, de catalepsie et d'hystérie, qui ont lieu surtout pendant les phénomènes de séance ; et qu'enfin elle a une remarquable stupidité du toucher.

Eh bien, je ne vois rien d'inadmissible à cela, que chez les personnes hypnotiques et hystériques l'excitation de certains centres, qui deviennent puissants par la paralysie de tous les autres et provoquent alors une transposition et une transmission de forces physiques , peut aussi produire une transformation en force lumineuse ou en force motrice. On comprend ainsi comment la force dans un milieu que j'appellerai cortical ou cérébral peut, par exemple, soulever la table, tirer la barbe de quelqu'un, le frapper, le caresser, etc.

Lors de la transposition des sens due à l'hypnotisme, lorsque, par exemple, le nez et le menton *voient* (et c'est un fait que j'ai observé de mes propres yeux), et lorsque pendant quelques instants tous les autres sens sont paralysés, le système cortical Le centre de la vision, qui a son siège dans le cerveau, acquiert une telle énergie qu'il dépasse l'œil. C'est ce que nous avons pu prouver, Ottolenghi et moi, dans le cas de trois personnes hypnotisées, en faisant usage de la lentille et du prisme.

Les phénomènes observés s'expliqueraient, selon cette théorie, par une *transformation* des pouvoirs du milieu. Continuons notre récit des expériences.

Prenant en considération le témoignage du professeur Lombroso, plusieurs savants — dont MM. Schiaparelli, directeur de l'observatoire de Milan ; Gerosa, professeur de physique ; Ermacora, docteur en philosophie naturelle ; Aksakof, conseiller d'État auprès de l'empereur de Russie ; Charles du Prel, docteur en philosophie à Munich ; Le docteur Richet, de Paris, et le professeur Buffern, se sont rencontrés en octobre 1892, dans l'appartement de M. Finzi, à Milan, pour renouveler ces expériences. M. Lombroso était présent à plusieurs soirées. Il y en avait dix-sept en tout.

Les expérimentateurs présents ont signé la longue déclaration suivante :

Les résultats obtenus n'ont pas toujours été à la hauteur de nos attentes. Non que nous n'ayons pas obtenu un grand nombre de faits apparemment ou réellement importants et merveilleux ; mais, dans la plupart des cas, nous n'avons pas pu appliquer les règles de la science expérimentale qui, dans d'autres domaines d'observation, sont considérées comme indispensables pour arriver à des résultats certains et incontestables. La plus importante de ces règles consiste à changer, l'une après l'autre, les méthodes d'expérimentation, de manière à faire ressortir la véritable cause, ou du moins les véritables conditions de tous les événements. Or c'est précisément de ce point de vue que nos expériences nous paraissent encore incomplètes.

Il est bien vrai que le médium, pour prouver sa bonne foi, proposait souvent volontairement de changer quelque trait de l'une ou l'autre expérience, et prenait souvent elle-même l'initiative de ces changements. Mais cela ne s'appliquait qu'à des choses apparemment indifférentes, selon notre façon de voir. Au contraire; les changements qui nous semblaient nécessaires pour mettre hors de doute le véritable caractère des résultats, soit n'étaient pas acceptés comme possibles, soit aboutissaient à des résultats incertains.

Nous ne pensons pas avoir le droit d'expliquer ces choses à l'aide d'hypothèses insultantes, que beaucoup considèrent encore comme l'explication la plus simple et dont certaines revues se sont fait les champions. Nous pensons au contraire que ces expériences portent sur des phénomènes d'une nature inconnue, et nous avouons que nous ne savons pas quelles sont les conditions nécessaires pour les produire. Vouloir fixer ces conditions par nous-mêmes et par notre propre tête serait aussi extravagant que de prétendre faire l'expérience du baromètre de Torricelli avec un tube fermé au fond, ou de faire des expériences électrostatiques dans une atmosphère saturée d'humidité. ou encore de prendre une photo en exposant la plaque sensible en pleine lumière avant de la placer dans l'appareil photo. Mais c'est un fait que l'impossibilité de varier les expériences à notre manière a diminué la valeur et l'intérêt des résultats obtenus, en les privant de cette démonstration rigoureuse que nous avons raison d'exiger dans des cas de ce genre, ou, plutôt à laquelle nous devrions aspirer.

Voici les principaux phénomènes observés.

Lévitation d'un côté de la table

Nous avons convenu que la médium serait assise seule à table, en pleine lumière, les deux mains posées sur sa face supérieure et les manches ramenées jusqu'aux coudes.

Nous restâmes debout autour d'elle, et l'espace au-dessus et au-dessous de la table était bien éclairé. Dans ces conditions, la table s'élevait selon un angle de vingt à quarante degrés, et restait ainsi pendant quelques minutes, tandis que la médium tenait ses jambes étendues et frappait ses pieds l'un contre l'autre. Lorsque nous appuyions avec la main sur le côté levé de la table, nous éprouvions une résistance élastique considérable.

La table était suspendue par l'une de ses extrémités à un dynamomètre qui était couplé à une corde : cette corde était attachée à une petite poutre supportée par deux armoires.

Dans ces conditions, le bout de la table ayant été soulevé de six pouces et demi, le dynamomètre indiquait soixante-dix-sept livres. La médium était assise au même bout étroit de la table, les mains *entièrement posées* sur la table, à droite et à gauche du point où était fixé le dynamomètre. Nos mains formaient la chaîne sur la table, sans pression : elles n'auraient de toute façon pu faire qu'augmenter *la* pression exercée sur la table. Au contraire, on exprima le désir que la pression diminuât, et bientôt la table commença à s'élever du côté du dynamomètre. M. Gerosa, qui suivait les marques sur l'appareil, annonça cette diminution, exprimée par les chiffres successifs $7\frac{1}{2}$, $4\frac{1}{2}$, $2\frac{1}{2}$, 0 (livres). A la fin, la lévitation était telle que le dynamomètre reposait horizontalement sur la table.

Ensuite, nous avons changé les conditions en mettant les mains sous la table. Le médium, surtout, plaçait le sien, non pas sous le bord, là où il aurait pu toucher la bordure verticale et exercer une poussée vers le bas, mais *sous le rail qui unit les pieds* , et il le touchait, non avec la paume, mais *avec le le dos de la main* . Ainsi, toutes les mains réunies n'auraient pu que diminuer la traction sur le dynamomètre. Suite au désir exprimé de voir cette traction augmenter, elle est passée de $7\frac{1}{2}$ livres à 13 livres. Durant toutes ces expériences, chacun des pieds du médium reposait sous le pied de son plus proche voisin de droite ou de gauche.

Lévitation complète de la table.

Il était naturel de conclure que si la table, en contradiction apparente avec la loi de la gravité, était capable de s'élever en partie, elle pourrait s'élever entièrement du sol. En fait, c'est ce qui s'est passé. *Cette lévitation, un des phénomènes les plus fréquents qui se produisent dans les expériences avec Eusapia, a résisté à un examen des plus satisfaisants.*

Le phénomène se matérialise toujours dans les conditions suivantes : les personnes assises autour de la table posent leurs mains dessus et forment la chaîne ; chaque main du médium est tenue par la main adjacente de ses deux voisines ; chacun de ses pieds reste sous les pieds de sa voisine, qui presse également ses genoux avec les leurs. Elle est assise, comme d'habitude, à l'un des petits bouts de la table, *position la moins favorable à une lévitation mécanique* . Au bout de quelques minutes, la table fait un mouvement latéral, s'élève d'abord à droite, puis à gauche, et enfin s'élève de ses quatre pieds tout droit dans les airs et reste là horizontalement (comme si elle flottait sur un liquide).), habituellement à une hauteur de 4 à 8 pouces (dans des cas exceptionnels

- 128 -

de 24 à 27 pouces) ; puis retombe et repose sur ses quatre pieds. Il reste fréquemment en l'air pendant plusieurs secondes et effectue également des mouvements ondulatoires au cours desquels la position des pieds sous la table peut être minutieusement examinée. Pendant la lévitation, la main droite du médium quitte souvent la table, ainsi que celle de son voisin, et se tient en l'air au-dessus.

Pour mieux observer cette chose, nous éloignâmes une à une les personnes placées à table, reconnaissant la vérité que la chaîne formée par plusieurs personnes n'était nécessaire ni à ce phénomène ni à d'autres. Finalement, nous n'avons laissé qu'une seule personne auprès du médium, assise à sa gauche. Cette personne posait son pied sur les deux pieds d'Eusapia et une main sur ses genoux, et tenait de l'autre main la main gauche du médium. La main droite d'Eusapia était sur la table, bien en vue, même si parfois elle la tenait en l'air pendant la lévitation.

PLANCHE VIII. DESSIN D'APRÈS UNE PHOTOGRAPHIE
MONTRANT LA MÉTHODE DE CONTRÔLE DES PROFESSEURS

La table étant restée en l'air pendant plusieurs secondes, il a été possible d'obtenir plusieurs photographies de la représentation. Trois appareils photographiques travaillaient ensemble dans différentes parties de la pièce, et l'éclairage était fourni au moment opportun par une lampe au magnésium. Vingt photographies ont été obtenues, dont certaines sont excellentes. Sur l'un d'eux (Pl. VIII) on voit le professeur Richet, qui tient une main, les genoux et un pied du médium. L'autre main de ce dernier est tenue par le professeur Lombroso. La table est montrée levée horizontalement, ce que prouve l' intervalle entre l'extrémité de chaque pied et l'extrémité de l'ombre projetée correspondante.

Dans toutes les expériences qui précèdent, nous avons attaché principalement notre attention à une inspection minutieuse de la position des mains et des pieds du médium ; et, à cet égard, *nous croyons pouvoir dire qu'ils étaient à l'abri de toute critique* . Cependant une sincérité scrupuleuse nous oblige à mentionner ce fait sur lequel nous n'avons commencé à attirer l'attention que le soir du 5 octobre, mais qui a probablement dû se produire aussi dans les expériences précédentes. Il s'ensuit que les quatre pieds de la table ne pouvaient être considérés comme parfaitement isolés lors de la lévitation, car l'un d'eux au moins était en contact avec le bord inférieur de la robe du médium.

Ce soir-là, on remarqua qu'un peu avant la lévitation, la jupe d'Eusapia était gonflée du côté gauche jusqu'à toucher le pied de la table la plus proche. L'un de nous ayant été chargé d'empêcher ce contact, la table ne put se lever comme auparavant, et elle ne se leva que lorsque l'observateur permit intentionnellement le contact. C'est ce que montrent les photographies prises au cours de cette expérience, ainsi que celles où le pied de table en question est visible (en quelque sorte) à son extrémité inférieure. Le lecteur verra qu'en même temps la médium avait la main posée sur la face supérieure de la table, et du même côté, de telle sorte que ce pied de table était sous son influence, tant dans sa partie inférieure, au moyen de la robe, comme dans la partie supérieure, au moyen de la main.

Or, de quelle manière le contact d'un vêtement léger avec l'extrémité inférieure du pied d'une table peut-il faciliter la lévitation ? C'est quelque chose que nous ne savons pas. L'hypothèse selon laquelle la robe pourrait dissimuler un support solide, savamment introduit, qui pourrait servir d'appui temporaire au pied de la table, est bien mauvaise.

En effet, pour maintenir la table entière appuyée sur ce seul pied, grâce à l'influence qu'une seule main pourrait produire sur la surface supérieure de la table, il faudrait que la main exerce sur la table une pression très forte, dont on ne peut supposer qu'Eusapia soit capable. de, même pendant trois ou quatre secondes.

Nous nous en sommes convaincus en en faisant nous-mêmes la preuve avec le même tableau. [33]

Mouvements d'objets à distance, sans contact avec aucune des personnes présentes

1. Mouvements spontanés d'objets.

Ces phénomènes ont été observés à plusieurs reprises au cours de nos séances. Il arrivait souvent qu'une chaise, placée à cet effet non loin de la table, entre la médium et une de ses voisines, se mettait à bouger et s'approchait parfois de la table. Un cas remarquable s'est produit lors de la deuxième séance, tout étant *toujours en pleine lumière*. Une lourde chaise, pesant vingt-deux livres, placée à un mètre de la table et derrière le médium, s'approchait de M. Schiaparelli, qui était assis à côté du médium. Il se leva pour le remettre à sa place ; mais à peine fut-il assis que la chaise s'avança une seconde fois vers lui.

2. Mouvement de la table sans contact.

Il était souhaitable d'obtenir ce phénomène à titre expérimental. A cet effet, la table étant placée sur des roulettes, on surveillait les pieds du médium, comme on l'a dit, et tous les assistants formaient la chaîne avec leurs mains, y compris celles du médium. Lorsque la table commença à bouger, nous levâmes tous les mains, sans casser la chaîne, et la table ainsi isolée fit plusieurs mouvements. Cette expérience a été renouvelée plusieurs fois.

La récupération de différents objets, les mains du médium étant liées à celles de ses voisins.

Afin de nous assurer que nous n'étions pas victimes d'une ruse, nous avons attaché les mains de la médium par une ficelle à celles de ses deux voisines, de manière que les mouvements des quatre mains se contrôlent réciproquement. La longueur de la corde entre les mains de la médium était de huit à douze pouces, et entre chacune de ses mains et celles de ses voisines de quatre pouces. Cette distance d'espace était volontairement aménagée pour que les mains des personnes voisines puissent en outre tenir facilement celles du médium pendant les mouvements convulsifs qui l'agitent habituellement.

Le nouage se faisait de la manière suivante : nous faisions trois tours de ficelle autour de chaque poignet de la médium, sans laisser de jeu, mais en la tirant si serrée qu'elle pouvait presque lui faire mal [34] , puis nous faisions deux nœuds simples. Cela a été fait pour que, si par un artifice quelconque la main parvenait à se libérer de la corde, les trois tours travailleraient contre elle et la main ne pourrait plus revenir sous la corde comme elle l'était auparavant.

Une petite cloche était placée sur une chaise derrière elle. La chaîne était formée et ses mains ainsi que ses pieds étaient tenus comme d'habitude. La pièce fut obscurcie en réponse à la demande que la petite cloche sonne immédiatement, après quoi nous devions détacher le médium. *Aussitôt* nous entendîmes la chaise bouger, décrire une courbe sur le parquet, s'approcher de la table et bientôt s'y placer. La cloche sonna, puis fut jetée sur la table. La lumière ayant été aussitôt allumée, nous nous sommes assurés que les nœuds de la ficelle étaient en parfait ordre. Il est clair que l'accrochage de la chaise n'a pas été produit par l'action des mains du médium.

Impressions de doigts obtenues sur papier fumé.

Afin de décider s'il s'agissait d'une main humaine... ou de toute autre manière de traiter, nous fixâmes sur la table, du côté opposé à celui de la table, une feuille de papier noircie par la fumée d'une lampe. médium, et exprima le souhait que la main y laisse une empreinte, que la main du médium reste intacte et que le noir de fumée soit transféré entre les mains de l'un de nous. Les mains du médium étaient tenues par celles de MM. Schiaparelli et Du Prel. La chaîne fut faite dans l'obscurité, puis on entendit une main taper légèrement sur la table, et bientôt M. Du Prel annonça que sa main gauche, qu'il tenait sur la main droite de M. Finzi, avait eu la sensation de frottements de doigts. il. Dès que la chambre fut éclairée, nous trouvâmes sur le papier plusieurs empreintes de doigts, et le dos de la main de M. Du Prel était couvert de noir de fumée ; *mais les mains du médium, examinées sur place, n'en portaient aucune trace* . Cette expérience s'est répétée trois fois. En insistant pour avoir une empreinte complète, nous avons obtenu cinq doigts sur une deuxième feuille de papier, et sur une troisième l'empreinte de presque toute la main gauche. Ensuite, le dos de la main de M. Du Prel fut complètement noirci, les mains du médium restant parfaitement propres.

Apparition de mains sur un fond faiblement éclairé

Nous avons posé sur la table un grand carton recouvert d'une substance phosphorescente (sulfure de calcium), et nous avons placé d'autres morceaux de carton sur des chaises en différentes parties de la salle. Dans de telles conditions, on voyait très clairement le contour d'une main imposée sur le carton de la table. Sur le fond formé par les autres pièces, nous voyions passer et repasser l'ombre de la main autour de nous.

Le soir du 21 septembre, l'un de nous a vu à plusieurs reprises l'image, non pas d'une, mais de *deux mains à la fois* , projetée sur les vitres d'une fenêtre faiblement éclairée (il faisait nuit dehors, mais l'obscurité n'était pas complète). Ces mains présentaient un mouvement tremblant rapide, mais pas au point de nous empêcher d'en voir clairement le contour. Ils étaient totalement opaques et étaient projetés sur la fenêtre comme des silhouettes absolument noires.

Cette apparition simultanée de deux mains est *très significative* , car elles ne peuvent s'expliquer par l'hypothèse d'une ruse du médium, qui n'aurait en aucun cas pu libérer plus d'une de ses mains, grâce à la surveillance de ceux qui s'assit à côté d'elle. La même conclusion s'applique au battement de deux mains l'une contre l'autre, qui a été entendu à plusieurs reprises dans les airs.

La lévitation du médium vers le haut de la table

Nous considérons cette lévitation comme l'une des réalisations spiritualistes les plus importantes et les plus significatives. Cela eut lieu deux fois, le 28 septembre et le 3 octobre. La médium était assise à un bout de la table, poussant de profonds gémissements, et elle fut soulevée avec sa chaise et posée sur la table, sans bouger de sa position, ceux à côté d'elle restant immobiles. lui tenant les mains alors qu'elle se levait.

Le 28 septembre au soir, alors que ses deux mains étaient tenues par MM. Richet et Lombroso, le médium, se plaignaient de ce qu'ils la tenaient sous le bras. Puis, dans un état de transe, elle dit, avec la voix modifiée qu'elle a habituellement dans cet état : "Maintenant, j'amène mon médium sur la table." Au bout de deux ou trois secondes, la chaise sur laquelle était assis le médium n'était pas jetée, mais soulevée avec précaution et posée sur la table. MM. Richet et Lombroso sont sûrs de ne pas l'avoir aidée dans cette ascension. Après qu'elle eut parlé, étant toujours en transe, le médium annonça sa descente, et (M. Finzi étant substitué à M. Lombroso) fut déposé sur le parquet avec soin et précision, MM. Richet et Finzi suivaient ses déplacements sans aucune aide.

D'ailleurs, pendant la descente, les deux messieurs sentirent une main les effleurer légèrement à plusieurs reprises sur la tête. Le 3 octobre au soir, le même phénomène se reproduisit dans des circonstances similaires.

Attouchements

Quelques-unes d'entre elles méritent une attention particulière, en raison d'une circonstance susceptible de nous donner une idée intéressante sur leur origine possible. Notre première affaire est de décrire les attouchements qui ont été ressentis par des personnes hors de portée des mains du médium. Ainsi, le soir du 6 octobre, M. Gerosa, qui était séparé du médium par trois places (environ quatre pieds, le médium étant un peu à l'écart et M. Gerosa dans un des coins adjacents à l'extrémité courte opposée) de la table), ayant levé la main pour la toucher, sentit une main frapper plusieurs fois la sienne pour la faire baisser ; et, comme il persistait, il fut frappé avec une trompette, qui, un instant auparavant, faisait des sons dans l'air.

En second lieu, il faut noter des attouchements qui constituent des opérations très délicates, et qui ne peuvent se faire dans l'obscurité avec la précision que nous y avons constatée. A deux reprises (les 16 et 21 septembre), M. Schiaparelli se fit retirer ses lunettes du nez et les déposa sur la table devant une autre personne. Ces lunettes sont fixées aux oreilles au moyen de deux ressorts, et une certaine attention est nécessaire pour les retirer, même à celui qui travaille en pleine lumière. Pourtant ils furent enlevés dans l'obscurité complète avec tant de délicatesse et de promptitude que ledit expérimentateur ne s'en apercevait de la perte que lorsqu'il n'en avait plus la sensation habituelle sur son nez, sur ses tempes et derrière ses oreilles, et il fut obligé palper avec ses mains pour être sûr qu'elles n'étaient plus à leur place habituelle.

Bien d'autres attouchements produisaient des effets semblables et étaient exécutés avec une extrême délicatesse ; par exemple, lorsqu'un membre de l'entreprise sentait ses cheveux et sa barbe lui caresser.

Dans toutes les innombrables manœuvres exécutées par des mains mystérieuses, il n'y a jamais eu de trébuchements ou de collisions gênantes, alors que cela est d'ordinaire inévitable lorsqu'on travaille dans l'obscurité. Je puis ajouter à ce propos que des corps assez lourds et volumineux, tels que des chaises et des vases pleins d'argile, étaient déposés sur la table sans avoir heurté aucune des nombreuses mains posées sur la table, chose particulièrement difficile dans le monde. cas des chaises qui, de par leurs dimensions, occupaient une grande partie de la table. Une chaise était renversée sur la table et posée là de tout son long sans causer le moindre ennui à personne ; et pourtant il couvrait presque toute la surface.

Contact avec un visage humain

L'un de nous ayant exprimé le désir d'être embrassé, sentit devant sa bouche les sons singuliers et rapides d'un baiser, mais non accompagnés d'aucun contact de lèvres. Cela s'est produit deux fois. À trois reprises, l'un des expérimentateurs a ressenti le contact d'un visage avec des cheveux et une barbe. La sensation de la peau était exactement celle d'un homme vivant. Les cheveux étaient beaucoup plus grossiers et plus hérissés que ceux du médium, et la barbe paraissait très douce et délicate.

Telles sont les expériences faites à Milan en 1892 par le groupe de savants cité plus haut.

Comment ne pas admettre, après la lecture de ce nouveau rapport officiel, les choses suivantes ?

1. La lévitation complète des tables.

2. La lévitation du médium.

3. Le mouvement des objets sans contact.

4. Touches précises et délicates réalisées par des organes invisibles.

5. La formation des mains et même des figures humaines.

Ces phénomènes prennent place dans ce livre comme des choses qui ont été observées avec le soin le plus scrupuleux.

Notons aussi l'action du petit meuble (chaise ou table ronde), qui tente de grimper sur un des convives ou sur la grande table, chose également observée par moi-même.

Même si les savants du groupe de Milan regrettaient de ne pas avoir fait *d'expériences* , mais seulement *d'observations* (j'ai dit plus haut (p. 20) ce qu'il fallait en penser), les faits n'en étaient pas moins prouvés.

J'ajouterai qu'après la lecture de ce *procès-verbal* , les réserves prudentes de M. Schiaparelli semblent exagérées. Si la fraude s'est parfois glissée, ce qui a été observé avec précision reste néanmoins sain et sauf et constitue une acquisition pour la science.

Notre médium, Eusapia, a fait l'objet d'une série d'expérimentations fructueuses. Citons encore celles de Naples en 1893, sous la direction de M. Wagner, professeur de zoologie à l'Université de Saint-Pétersbourg ; celle de Rome en 1893-1894, sous la direction de M. de Siemiradski, correspondant de l'Institut ; ceux de Varsovie, du 25 novembre 1893 au 15 janvier 1894, chez le docteur Ochorowicz ; ceux de Carqueiranne et de l'île Roubaud, en 1894, chez le professeur Richet ; ceux de Cambridge en août 1895, chez M. Myers ; ceux de la villa de l'Agnellas, du 20 au 29 septembre 1895, chez le colonel de Rochas ; ceux d'Auteuil, en septembre 1896, chez M. Marcel Mangin, etc. Il serait tout à fait superflu et d'une longueur inadmissible de les analyser tous. Sélectionnons simplement quelques exemples caractéristiques particuliers.

Dans le rapport de M. de Siemiradski, nous lisons ce qui suit :

Dans le coin de la salle, il y avait un piano, placé à gauche d'Ochorowicz et d'Eusapia, et un peu en retrait. Quelqu'un désirait entendre le clavier touché. On entend aussitôt le mouvement du piano. Ochorowicz peut même voir le déplacement, grâce à un rayon de lumière qui tombe sur la surface polie de l'instrument à travers les volets des fenêtres. Le piano s'ouvre alors bruyamment, et on entend résonner les notes graves du clavier. J'exprime à haute voix mon désir d'entendre toucher en même temps les notes aiguës et les notes graves, comme preuve que la force inconnue peut agir aux deux extrémités du clavier. Mon vœu est exaucé, et l'on entend résonner en même temps des notes graves et des notes aiguës, ce qui semble prouver l'action de deux mains distinctes. Puis *l'instrument s'avance vers nous* . Elle se presse contre notre groupe, et nous sommes obligés de nous lever et de reculer avec notre table d'expérimentation, et nous ne nous arrêtons qu'après avoir ainsi reculé de plusieurs mètres.

Un verre à moitié plein d'eau, qui se trouvait sur un buffet, hors de portée de nos mains, fut porté par une puissance inconnue aux lèvres d'Ochorowicz, d'Eusapia et d'une autre personne, qui en burent tous. Cette performance s'est déroulée dans l'obscurité totale et avec une précision étonnante.

Nous avons pu prouver l'existence d'une main réelle n'appartenant à aucune des personnes présentes. Nous l'avons réalisé au moyen du plâtre et du moule, comme suit :

Après avoir placé une lourde bassine remplie de pâte à modeler sur la grande table au milieu de la salle à manger, nous nous asseyâmes avec Eusapia autour de la petite table d'expérimentation distante de plus d'un mètre. Après quelques minutes d'attente, la vasque est venue d'elle-même et s'est posée sur notre table ! Eusapia gémissait, se tordait et tremblait de tous ses membres ; pourtant, ses mains ne quittèrent pas les nôtres un seul instant. Puis elle s'écria : « *E fatto* » (« C'est fait »). La bougie est rallumée, et nous trouvons un creux irrégulier à la surface de l'argile. Cet endroit creux, ensuite rempli de plâtre, nous donne un moulage parfait des doigts contractés d'une main.

Nous posâmes sur la table une assiette enduite de noir de fumée. La main mystérieuse y a laissé l'empreinte du bout de ses doigts. Les mains des expérimentateurs, y compris celles d'Eusapia, *sont restées blanches* . Nous avons ensuite amené le médium à reproduire l'impression de sa propre main sur une autre assiette fumée à la lampe. Elle l'a fait. La couche de suie enlevée par ses doigts les avait profondément noircis. La comparaison des deux plaques a permis de constater une ressemblance frappante, c'est-à-dire (pour parler plus exactement) l'identité de la disposition des cercles spiralés dans l'épiderme des deux mains ; et nous savons que la disposition de ces cercles est unique chez chaque individu. C'est là une particularité qui plaide éloquemment en faveur de l'hypothèse de la double personnalité du médium.

Afin de contrôler mécaniquement les mouvements des pieds d'Eusapia, le Dr Ochorowicz a employé l'appareil suivant. Deux boîtes à cigares profondes et étroites étaient placées sous la table, et Eusapia y mit ses pieds non ferrés. Les boîtes avaient un double fond et étaient munies d'un dispositif électrique de telle nature qu'elle pouvait bouger librement ses pieds sur quelques centimètres dans toutes les directions ; mais, si elle voulait les retirer de la boîte, la cloche électrique tintait avant qu'elle les eût déplacés à mi-hauteur, et ne s'arrêtait que lorsqu'ils étaient remis à leur place. Eusapia ne peut pas rester complètement silencieuse pendant les séances. On lui a donc donné une certaine liberté de mouvement ; mais il lui était impossible de se servir de ses jambes pour soulever la table. *Dans ces conditions, la table, pesant vingt-cinq livres, se releva deux fois sans que la cloche se fasse entendre.* Lors de la deuxième lévitation, la table a été photographiée en dessous. (Les quatre pieds de la table sont visibles sur la photographie. Celui de gauche est en contact avec la robe d'Eusapia, comme c'est toujours le cas lorsque la lumière est forte ; mais les caissons retenant les pieds du médium sont à leur place.) Puis les les expérimentateurs ont vérifié le fait que la cloche se faisait entendre, non seulement lorsqu'elle retirait son pied, mais lorsqu'elle le soulevait trop haut dans la boîte.

Après toutes ces démonstrations, je ne ferai pas le tort à mes lecteurs de penser que la lévitation de la table n'est pas PLUS QUE PROUVÉE pour tous.

Voici maintenant une curieuse observation relative au gonflement du rideau : dix personnes étaient assises autour de la table. Eusapia tournait le dos au rideau ; elle était contrôlée par le général Starynkiewicz et le Dr Watraszewski.

J'étais assis (écrit M. Glowacki-Prus) en face d'Eusapia, près de Mlle. X., une personne très nerveuse et facilement hypnotisable. La séance avait duré environ une heure, avec des phénomènes nombreux et variés. Eusapia, comme toujours, était dans un état semi-conscient. Tout à coup elle se réveilla, et Mlle. X. poussa un cri. Sachant ce que signifiait ce cri, je saisis sa main avec une grande force puis passai mon bras autour d'elle ; car cette fille devient très forte dans certains états. La pièce était bien éclairée, et c'est ce que nous avons vu (quelque chose, notons-le, que j'ai moi-même éprouvé par mes mains). Chaque fois que les muscles de Mlle. X... devint plus tendu et plus rigide, le rideau qui pendait en face d'elle, à une distance de sept à dix pieds, fit un mouvement. Le tableau suivant indique les détails de cette corrélation :

Faible tension des muscles	Le rideau est mis en mouvement.
Forte tension	Il se gonfle comme une voile.
Très forte tension, pleurs	Elle s'étend jusqu'aux contrôleurs d'Eusapia et les couvre presque entièrement.
Repos	Repos.
Tension des muscles	Mouvement du rideau.
Forte tension	Fort gonflement du rideau.

Cette vue tabulaire présente la proportion frappante que j'ai constatée entre la tension des muscles du médium (qui en l'occurrence était Mlle X.) et le travail mécanique du rideau en mouvement.

Cette expérience est d'autant plus intéressante que ce n'est pas Eusapia qui la fit ; et, si elle avait un truc pour gonfler les portières, il ne fut pas employé dans ce cas. Nous savons déjà qu'elle n'en avait pas.

Voici les conclusions de M. Ochorowicz :

1. Je n'ai trouvé aucune preuve en faveur de l'hypothèse spiritualiste ; c'est-à-dire en faveur de l'intervention d'une intelligence autre que celle du médium. "John" n'est pour moi qu'un double psychique du médium. Par conséquent, je ne suis pas spiritualiste.

2. Les phénomènes médiumniques confirment le « magnétisme » par opposition à « l'hypnotisme » ; c'est-à-dire qu'ils impliquent l'existence d'une action fluidique en dehors de la suggestion.

3. Pourtant la suggestion y joue un rôle important, et le médium n'est qu'un miroir reflétant les forces et les idées des personnes présentes. De plus, elle possède le pouvoir de réaliser ses propres visions somnambuliques ou celles suggérées par la compagnie, simplement par le processus de leur extériorisation.

4. Aucune force purement physique n'explique ces phénomènes, qui sont toujours de nature psycho-physique, ayant un centre d'action dans l'esprit du médium.

5. Les phénomènes constatés ne contredisent ni la mécanique en général, ni la loi de la conservation des forces en particulier. Le médium agit aux dépens de ses pouvoirs propres et aux dépens de ceux des personnes présentes.

6. Il existe une série de transitions entre une médiumnité de type inférieur (automatisme, fraude inconsciente) et une médiumnité de type supérieur ou extériorisation de la motricité (action à distance sans lien de connexion visible et palpable).

7. L'hypothèse d'un « double fluide » (corps astral), qui, dans certaines conditions, se détache et agit indépendamment du corps du médium, semble nécessaire pour l'explication de la plupart des phénomènes. Selon cette conception, le mouvement des objets sans contact serait produit par les membres fluidiques du milieu. [35]

Sir Oliver Lodge, éminent physicien anglais, recteur de l'Université de Birmingham, dit que, sur l'invitation du Dr Richet, il alla assister aux expériences de Carqueiranne, profondément convaincu qu'il ne devrait y voir aucun exemple de mouvement physique sans contact mais que ce qu'il a vu l'a complètement convaincu que des phénomènes de ce genre peuvent avoir, sous certaines conditions, une existence réelle et objective. Il se porte garant des faits vérifiés suivants :

1. Mouvements d'une chaise à distance, vus à la lumière de la lune, et dans des circonstances qui prouvaient qu'il n'y avait aucune liaison mécanique.

2. Le gonflage et le mouvement d'un rideau en l'absence de vent ou de toute autre cause apparente.

3. Le remontage et le déplacement automatiques d'une boîte à musique.

4. Sons provenant d'un piano et d'un accordéon qui n'ont pas été touchés.

5. Une clé tournée dans une serrure, à l'intérieur de la pièce où se tenaient les séances, puis placée sur la table, et remise de nouveau dans la serrure.

6. Le renversement, au moyen d'évolutions lentes et correctes, d'une lourde table mobile, qui fut ensuite retrouvée ainsi renversée.

7. La lévitation d'une table lourde, dans des conditions dans lesquelles il aurait été impossible de la soulever dans des circonstances ordinaires.

8. L'apparition de marques bleues sur une table auparavant impeccable, et cela sans l'aide des méthodes ordinaires d'écriture.

9. Sensation de coups, comme si quelqu'un frappait la tête, les bras ou le dos, tandis que la tête, les mains et les pieds du médium étaient bien en vue ou tenus à l'écart des parties du corps qui ont été touchés.

Le rôle que jouent les déclarations ci-dessus dans notre argument est assez clair. Ce ne sont là que de simples confirmations des expériences décrites ci-dessus.

À Cambridge, Eusapia fut prise en flagrant délit de tromperie ; à savoir, la substitution des mains. Alors que les contrôleurs croyaient lui tenir les deux mains, ils n'en tenaient qu'une : l'autre était libre. Ainsi, ces expérimentateurs de Cambridge ont déclaré à l'unanimité que « tout était fraude, du début à la fin », dans *les vingt séances d'Eusapia Paladino* .

Dans une communication adressée à M. de Rochas, M. Ochorowicz contestait cette conclusion radicale, pour plusieurs raisons. Eusapia est très sensible à la suggestion, et, en cédant à son penchant à la fraude et en ne l'entravant pas, on l'y incite encore davantage par une sorte d'encouragement tacite. De plus, sa fraude est généralement de nature inconsciente. Je joins ici, à titre d'illustration particulière, une histoire assez typique à son sujet :

Un soir, à Varsovie (dit M. Ochorowicz), Eusapia dort dans sa chambre à côté de la nôtre. Je ne me suis pas encore endormi, quand tout à coup je l'entends se lever et se déplacer pieds nus dans le salon. Puis elle rentre dans sa chambre et s'approche de notre porte. Je fais signe à Mme. Ochorowicz, qui s'est réveillé, de se taire et d'observer attentivement ce qui va se passer. Un instant après, Eusapia ouvre doucement la porte, s'approche de la table de toilette de ma femme, ouvre un tiroir, le ferme et s'en va en évitant soigneusement de faire du bruit. Je m'habille à la hâte et nous entrons dans sa chambre. Eusapia dort tranquillement. La lumière de notre bougie semble la réveiller.

"Que cherchais-tu dans notre chambre à coucher ?"

"Moi ? Je n'ai pas quitté cet endroit."

Constatant l'inutilité de nouvelles questions, nous nous recouchons en lui conseillant de dormir tranquillement.

Le lendemain, je lui pose la même question. Elle est très étonnée et même troublée (elle rougit légèrement).

« Comment oserais-je, dit-elle, entrer dans votre chambre pendant la nuit ?

Cette accusation lui est très douloureuse, et elle essaie de nous persuader, par toutes sortes de raisons insuffisantes, que nous avons tort. Elle nie tout cela, et je suis obligé d'admettre qu'elle ne se souvient pas de s'être levée ni *même d'avoir conversé avec nous* (c'était juste un état somnambulique de plus).

Je prends une petite table et je demande à Eusapia de mettre la main dessus.

« Très bien, dit-elle, John vous dira que je ne mens pas.

Je pose alors les questions suivantes :

"Est-ce toi, John, qui es venu dans notre chambre à coucher hier soir ?"

"Non."

« Était-ce la femme de chambre ? (Je suggère cette idée dans le but exprès de tester la véracité de John.)

"Non", dit-il.

« Était-ce le médium elle-même ?

« Oui », dit la table. — « Non, ce n'est pas vrai », s'exclame Eusapia en voyant son espoir banni. « Oui », répond la table avec force.

« Était-elle en état de transe ?

"Non."

"Dans son état normal ?"

"Non."

— Dans un état somnambulique spontané ?

"Oui."

"Dans quel but?"

" *Elle chassait des allumettes ; car elle avait peur dans son sommeil et ne voulait pas dormir sans lumière.* "

Effectivement, il y avait toujours des allumettes dans le tiroir ouvert par Eusapia, sauf cette nuit-là. Elle est donc revenue sans en avoir reçu.

En écoutant l'explication du tableau, Eusapia haussa les épaules, mais ne protesta plus.

Voilà donc une femme qui, de temps en temps, a le pouvoir de passer d'un état psychique à un autre. Est-il juste d'accuser une telle créature de fraude préméditée, sans le moindre examen médical et psychologique, sans la moindre tentative de vérification ?...

M. Ochorowicz ajoute ici que, pour lui, les phénomènes ne sont pas produits par une personnalité différente de celle du médium, ni par une nouvelle force occulte indépendante ; mais c'est un état psychique particulier qui permet au *dynamisme vital du médium* (le corps astral des occultistes) *d'agir à distance* , dans certaines conditions exceptionnelles. C'est la seule hypothèse qui semble *nécessaire dans l'état actuel de nos connaissances* .

Pourquoi la médium essaie-t-elle si souvent de lâcher sa main ? Pour les expérimentateurs de Cambridge, la cause est très simple et toujours la même : elle lâche la main pour se livrer à des tours. En fait, les raisons pour lesquelles elle libère sa main sont nombreuses et compliquées.

Les explications du Dr Ochorowicz sont les suivantes :

1. Observons, en premier lieu, qu'Eusapia lâche fréquemment sa main, sans autre raison que pour toucher sa tête, qui souffre au moment des manifestations. C'est un mouvement réflexe naturel ; et, dans son cas, c'est une habitude fixe. Comme, le plus souvent, elle ne s'en rend pas compte, ou du moins ne prévient pas son contrôleur, l'obscurité justifie les soupçons.

2. Immédiatement avant le dédoublement médiumnique de sa personnalité, sa main est atteinte d'hyperesthésie et, par conséquent, la pression de la main d'autrui la rend malade, surtout dans la partie dorsale. Elle place alors le plus souvent la main qui doit être médiumniquement active *au-dessus* et non en dessous de celle du contrôleur, en essayant de la toucher le moins possible. Lorsque le dédoublement de la personnalité est complet et que la main dynamique est plus ou moins matérialisée, celle du médium se contracte et s'appuie lourdement sur le contrôleur, exactement au moment où le phénomène a lieu. Elle est alors presque insensible et toute rétrécie. Dans de très bonnes conditions médiumniques, le dédoublement est facile et l'hyperesthésie initiale de courte durée. Dans ce cas, le médium permet que sa main soit complètement couverte et que les pieds des contrôleurs soient *sur* les siens, comme c'était toujours le cas lors de nos séances à Rome en 1893 ; mais, depuis lors, elle ne supporte plus cette position et préfère être tenue par les mains sous la table.

3. Conformément aux lois psychologiques, la main avance toujours automatiquement dans la direction de nos pensées (Cumberlandisme). Le médium agit par autosuggestion, et l'ordre d'aller jusqu'à un point indiqué est donné par son cerveau simultanément à la main dynamique et à la main corporelle, puisqu'à l'état normal elles n'en forment qu'une. Et comme, immédiatement après l'hyperesthésie, la sensation musculaire est excitée et la main s'engourdit, il arrive parfois (surtout lorsque le médium procède avec insouciance et ne règle pas convenablement ses mouvements) que la main dynamique reste en place, tandis que sa propre main s'en va. dans la direction indiquée. La première, n'étant pas encore matérialisée, ne produit qu'un semblant de pression ; et une autre personne, capable de voir un peu dans l'obscurité, n'en apercevra rien, et pourra même constater par le toucher l'absence de la main du médium avec celle du contrôleur. En même temps, la main du médium se dirige vers l'objet ; et *pourtant il peut arriver qu'il ne l'atteigne pas réellement, agissant, comme il le fait, à distance, par un prolongement dynamique* .

C'est ainsi que j'explique les cas où la main, une fois libérée, n'a pas encore pu atteindre le point visé (physiquement inaccessible), ainsi que les nombreuses expériences faites à Varsovie en pleine lumière, avec un peu de une cloche suspendue de différentes manières, avec des compas de formes différentes, avec une très petite table, etc., expériences dans lesquelles les doigts d'Eusapia étaient tout près, mais ne touchaient pas l'objet. J'ai prouvé qu'il n'y avait pas de force électrique à l'œuvre dans ces cas, mais que les choses se passaient comme si les bras du médium étaient allongés et agissaient de manière invisible, mais *mécaniquement* . A Varsovie, lorsqu'un de mes amis, M. Glowacki, s'est mis en tête « qu'il fallait laisser libre cours au médium pour découvrir sa méthode », nous avons fait une séance entièrement frauduleuse et avons perdu notre temps inutilement. . Au contraire, dans une mauvaise séance à l'île Roubaud, nous avons obtenu de bons phénomènes après avoir franchement dit au médium qu'elle trichait.

Et voici les conclusions de l'auteur sur « les fraudes de Cambridge » :

1. Non seulement une fraude *consciente* n'a pas été prouvée sur Eusapia à Cambridge, mais aucun effort n'a été fait pour le faire.

2. La fraude *inconsciente* a été prouvée dans des proportions bien plus grandes que dans toutes les expériences précédentes.

3. Ce résultat négatif est justifié par une méthode maladroite peu conforme à la nature des phénomènes.

Telle est aussi l'opinion du Dr J. Maxwell et de tous ceux qui sont des juges compétents en la matière.

En résumé, nous voyons que l'influence des idées, des opinions et des sentiments préconçus sur la production des phénomènes est certaine. Lorsque tous les expérimentateurs auront à peu près la même inclination sympathique pour ce genre de recherche, et lorsqu'ils auront décidé d'exercer un « contrôle » suffisant (c'est-à-dire une surveillance vigilante) pour ne pas être dupes d'aucune mystification, et qu'ils seront d'accord entre eux pour accepter la Dans des conditions regrettables d'obscurité, nécessaires à l'activité de ces radiations inconnues, et pour ne troubler en aucune manière les exigences apparentes du milieu, les phénomènes qui en résultent atteignent alors un degré extraordinaire d'intensité. [36]

Mais si la discorde règne, si un ou plusieurs membres de la compagnie espionnent avec persistance les actes du médium, avec la conviction qu'il doit tricher, les résultats ressemblent beaucoup à la progression d'un voilier poussé par plusieurs vents contraires. Le médium marque simplement le pas sans avancer ; et l'on obtient peu de résultats, mais stériles. *Les forces psychiques ne sont pas moins réelles que les forces physiques, chimiques ou mécaniques.* Malgré le désir qu'on peut avoir de convaincre des sceptiques prévenus, il convient de n'en inviter qu'un à la fois, et de le placer à côté du médium, afin qu'il soit à la fois étonné, ébranlé et convaincu. . Mais en général, cela n'en vaut pas la peine.

Au mois de septembre 1895, une nouvelle série d'expériences fut faite à l'Agnélas, dans la résidence du colonel de Rochas, président de l'école polytechnique, avec le concours du docteur Dariex, rédacteur des *Annales des sciences psychiques* . Le comte de Gramont (docteur ès sciences), le docteur J. Maxwell, substitut du procureur général près la cour d'appel de Limoges, le professeur Sabatier, de la faculté des sciences de Montpellier, et le baron de

Watteville, licencié en sciences. Ils confirmèrent tous les détails précédents. [37]

Une série similaire eut lieu en septembre 1896, à Tremezzo, dans les chambres de la famille Blech, alors en résidence d'été au lac de Côme ; encore à Auteuil, chez M. Marcel Mangin, avec MM. Sully-Prudhomme, le Dr Dariex, Emile Desbeaux, A. Guerronnan et Mme. Boisseaux participe également. Arrêtons-nous un instant pour jeter un coup d'œil sur cette dernière séance.

Je citerai d'abord la photographie de la table suspendue dans les airs, lévitation qui n'a laissé aucun doute dans l'esprit des expérimentateurs, pas plus que dans celui de l'observateur qui examine avec attention cette photographie (Pl. IX). . La table descendait lentement et la succession d'images était enregistrée par la photographie (même planche, Coupe B). Voici un extrait du rapport de M. de Rochas sur cette séance et la suivante :

21 septembre. — La table se lève de ses quatre pieds. M. Guerronnan a le temps d'en prendre une photo, mais il craint qu'elle ne soit pas bonne. Nous supplions Eusapia de recommencer. Elle y consent de bonne grâce. La table est à nouveau soulevée de ses quatre pieds. M. Mangin n'alerte pas M. Guerronnan qui, de son poste, ne pouvait voir, et la table reste en l'air jusqu'à ce qu'il ait eu le temps de la prendre en photo (de trois à quatre secondes au maximum). La lumière éblouissante du magnésium nous permet à tous de vérifier la réalité du phénomène.

Le rideau, accroché dans un coin de la pièce, se détache brusquement et me couvre la tête. Puis je ressens successivement trois pressions d'une main sur ma tête, les pressions devenant de plus en plus fortes. Je sens des doigts qui pressent comme pourraient le faire ceux de M. Sully-Prudhomme, mon voisin de droite. Je tiens sa main gauche comme faisant partie de la chaîne de mains.

C'est une main, ce sont des doigts qui viennent ainsi de me presser ; mais de qui ? J'ai continuellement eu la main droite d'Eusapia sur ma main gauche, qu'elle a saisie et tenue fermement au moment de la production du phénomène.

Je rejette le rideau qui est resté sur ma tête, et nous attendons. " *Meno luce* " ("moins de lumière") demande Eusapia. La lampe est davantage éteinte et la lumière restante est éteinte par un écran.

En face de moi se trouve une fenêtre aux volets extérieurs fermés, mais à travers laquelle filtre la lumière de la rue. Dans le silence, mon attention est attirée par l'apparition d'une main, la petite main d'une femme. Je le vois, grâce à la faible lumière qui vient de la fenêtre.

Photographie d'une table suspendue.

La table retombée.

Ce n'est pas l'ombre d'une main : c'est une main de chair (je n'ajoute pas « et d'os », car j'ai l'impression qu'elle n'a pas d'os). Cette main s'ouvre et se ferme trois fois, assez longtemps pour me permettre de dire :

" A qui est cette main ?... la vôtre, monsieur Mangin ? "

"Non."

"Alors c'est une matérialisation ?"

"Sans doute : si vous tenez la main droite du médium, je tiens l'autre."

J'avais la *main droite* d'Eusapia sur ma main gauche, et *ses doigts étaient entrelacés avec les miens* .

Or la main que je voyais était une *main droite* , tendue et présentée de profil. Il resta un moment immobile dans les airs, à environ vingt-quatre à vingt-huit pouces au-dessus de la table et trente-six pouces d'Eusapia. Comme son immobilité (je suppose) était la raison pour laquelle je ne le voyais pas, il s'ouvrait et se fermait donc : ce sont ces mouvements qui attiraient mon attention.

Ma position favorable par rapport à la fenêtre me permettait malheureusement de voir seule cette main mystérieuse ; mais M. Mangin aperçut, à deux moments différents, non pas une main, mais l'ombre d'une main se dessinant de profil sur la fenêtre opposée.

Eusapia tourne la tête en direction du rideau derrière lequel se trouve un fauteuil recouvert de cuir et, déplaçant le rideau, ce fauteuil vient s'appuyer contre moi.

Elle me prend la main gauche, la lève au-dessus de la table sur toute la longueur de son bras droit, et fait la feinte de frapper en l'air : l'écho de trois coups se fait entendre sur la table.

Une petite cloche est placée devant elle. Elle étend ses deux mains à droite et à gauche de la cloche à une distance de trois à quatre pouces ; puis elle retire ses mains vers son corps, et voilà ! la cloche glisse sur la table jusqu'à ce qu'elle heurte quelque chose et tombe. Eusapia répète l'expérience plusieurs fois. On croirait que ses mains étaient invisiblement prolongées ; et cela me semble justifier le terme de « force ecténique », que le professeur Thury, de Genève, donna en 1855 à cette énergie inconnue.

Je demandais justement si elle n'avait pas par hasard quelque fil invisible entre ses doigts, quand tout à coup, une démangeaison irrésistible lui fit porter la main gauche à son nez ; sa droite était restée sur la table près de la cloche ; les deux mains étaient à ce moment-là espacées d'environ deux pieds. J'ai observé attentivement. Eusapia posa sa main gauche sur la table, à quelques centimètres de la cloche, et celle-ci se remit en mouvement. Vu le geste qu'elle faisait, il aurait fallu, pour accomplir cet exploit, disposer d'un fil merveilleusement élastique, absolument invisible ; car nos yeux étaient pour ainsi dire fixés sur la cloche, et la lumière était abondante. Mes yeux n'étaient qu'à un pied de la cloche, tout au plus.

C'était un cas certain et indéniable, et Sully-Prudhomme est rentré chez lui avec moi aussi convaincu que moi.

Le poète des *Solitudes* et de la *Justice* écrivait de son côté ainsi :

Après une assez longue attente, un tabouret d'architecte s'est avancé tout seul vers moi. Il m'effleura le côté gauche, s'éleva jusqu'à la hauteur de la table et parvint à s'y placer. En levant la main, je la sentis aussitôt saisie.

"Pourquoi me prends-tu la main ?" J'ai demandé à mon voisin.

"Ce n'était pas moi", dit-il.

Pendant que ces phénomènes se produisaient, Eusapia semblait souffrir. Il semblait que, grâce à son propre fonds physiologique, elle fournissait toute la force nécessaire pour mettre les objets en mouvement.

Après la séance, alors qu'elle était encore très prosternée, nous avons vu un fauteuil qui se trouvait derrière le rideau venir s'enrouler derrière elle, comme pour lui dire : « Attends ! tu m'as oublié !

Ma conviction est que j'ai été témoin de phénomènes que je ne peux relier à aucune loi physique ordinaire. J'ai l'impression que la fraude, en tout cas, est plus qu'improbable, du moins en ce qui concerne le déplacement à distance de meubles lourds disposés par mes compagnons et moi-même. C'est tout ce que je peux en dire. Pour ma part, j'appelle « naturel » ce qui est scientifiquement prouvé. De sorte que le mot « mystérieux » signifie ce qui nous étonne encore parce qu'il ne s'explique pas. Je crois que l'esprit scientifique consiste à vérifier les faits, à ne nier *a priori* aucun fait qui ne soit en contradiction avec les lois connues, et à n'en accepter aucun qui n'ait été déterminé par des conditions sûres et vérifiables.

Séance du 26 septembre. — Un buste sombre s'avance sur la table, venant d'où est assise Eusapia ; puis un autre, et encore un autre. «Ils ressemblent à des fantômes chinois», dit M. Mangin, avec cette différence que moi, qui suis mieux placé, grâce à la lumière de la fenêtre, je peux percevoir les dimensions de ces images singulières, et surtout leur *épaisseur*. Tous ces bustes noirs sont des bustes de femmes, grandeur nature ; mais, bien que vagues, ils ne ressemblent pas à Eusapia. La dernière d'entre elles, de belle forme, est celle d'une femme qui paraît jeune et jolie. Ces demi-longueurs, qui semblent émaner du médium, glissent entre nous ; et, lorsqu'ils sont allés jusqu'au milieu de la table ou aux deux tiers de sa longueur, ils s'enfoncent complètement (tout d'un morceau, pour ainsi dire) et disparaissent. Cette rigidité me fait penser aux reproductions, ou fac-similés, d'un buste échappé d'un atelier de sculpteur, et je murmure : « On croirait qu'il regarde des bustes moulés en papier mâché. Eusapia m'a entendu. "Non, pas du papier mâché", s'indigne-t-elle. Elle ne donne pas d'autre explication, mais dit (cette fois en italien) : "Afin de vous prouver que ce n'est pas le corps du médium, je vais vous montrer un homme avec une barbe. Attention !" Je ne vois rien, mais le Dr Dariex sent son visage frotté pendant un bon moment par une barbe.

De nouvelles expériences faites à Gênes en 1901, auxquelles assistait Eurico Morselli, professeur de psychologie à l'Université de Gênes, ont été rapportées par mon savant ami l'astronome Porro, successivement directeur des observatoires de Gênes et de Turin, aujourd'hui directeur de l'observatoire national de la République argentine à La Plata. Voici quelques extraits de ce rapport : [38]

Près de dix ans se sont écoulés depuis qu'Eusapia Paladino a fait sa première apparition dans les mémorables séances de Milan au cours de ses tournées médiumniques à travers l'Europe. Objet d'investigations astucieuses de la part d'observateurs expérimentés et érudits ; la cible de plaisanteries, d'accusations, de sarcasmes ; exaltée par certains fanatiques comme une personnification de pouvoirs surnaturels et bafouée par d'autres comme un monticule , l'humble mercière de Naples a fait tant de bruit dans le monde qu'elle en est elle-même ennuyée et mécontente.

J'en ai eu bien preuve lorsque je lui ai pris congé, après avoir écouté avec beaucoup de curiosité les anecdotes qu'elle me racontait sur ses séances et sur les hommes connus avec lesquels elle a été associée, - Ch. Richet, Schiaparelli, Lombroso, Flammarion, Sardou, Aksakof, et al. Elle m'a alors demandé très instamment de ne pas parler dans les journaux de sa présence à Gênes et des expériences auxquelles elle devrait y figurer. Heureusement, elle a elle-même de bonnes raisons de ne pas lire les journaux. [39]

Pourquoi un astronome a-t-il été choisi pour rendre compte des expériences de Gênes ? Parce que les astronomes sont occupés à rechercher l'inconnu. [40]

Si un homme absorbé par ses études privées et attaché à un genre de vie austère et laborieux, tel que mon vénéré maître M. Schiaparelli, n'a pas hésité à défier les plaisanteries irrévérencieuses des journaux comiques, il nous appartient de conclure que le lien entre la science du ciel et celle de l'âme humaine est plus intime qu'il n'y paraît. Voici l'explication la plus probable. Nous avons affaire dans ces études à des phénomènes qui se manifestent dans des conditions tout à fait particulières et encore indéterminées, conformément à des lois presque inconnues et, en tout cas, d'un caractère tel que la volonté de l'expérimentateur n'a que peu d'influence sur celui qui est libre. des volitions autorégulatrices et souvent adverses qui se trahissent à chaque instant dans l'étude de ces merveilles psychiques. Personne n'est mieux préparé à étudier ces choses qu'un astronome, possédant, comme lui, une formation scientifique l'adaptant précisément à l'étude de telles conditions. En effet, par l'observation systématique des mouvements des astres, l'astronome contracte l'habitude d'être un spectateur vigilant et patient des phénomènes, sans tenter ni d'arrêter ni d'accélérer leur développement irrésistible. Autrement dit, l'étude des étoiles appartient à la science de l' *observation* plutôt qu'à celle de *l'expérimentation* .

Le professeur Porro expose ensuite l'état actuel de la question relative aux phénomènes médiumniques.

L'explication selon laquelle tout est fraude, consciente ou inconsciente, dit-il, est aujourd'hui presque entièrement abandonnée, au même titre que celle qui suppose que tout est hallucination. En fait, ni l'une ni l'autre de ces hypothèses ne suffisent à éclairer les faits observés. L'hypothèse d'une action automatique et inconsciente du médium n'a pas connu de meilleur sort ; car les contrôles les plus rigoureux ont seulement prouvé que le médium se trouve dans l'impossibilité de provoquer un effet dynamique direct. La physiopsychologie a donc été obligée, dans ces dernières années, de recourir à une hypothèse suprême, en acceptant les théories de M. de Rochas , contre lesquelles elle avait jusqu'alors dirigé le feu de ses plus gros canons. On s'est résigné à admettre qu'un médium dont les membres sont maintenus immobiles par un contrôle rigoureux puisse, sous certaines conditions, projeter hors d'elle-même, à une distance de plusieurs mètres, une force suffisante pour produire certains phénomènes de mouvement dans les corps inanimés.

Les partisans les plus audacieux de cette hypothèse vont jusqu'à accepter la création temporaire de membres pseudo-humains, bras, jambes, têtes, à la formation desquels les énergies des autres personnes présentes coopèrent probablement avec celles du médium. La théorie est que dès que le pouvoir énergisant du médium est retiré, ces membres dynamiques fantômes se dissolvent et disparaissent immédiatement.

Pour autant, nous n'allons pas encore jusqu'à admettre l'existence d'êtres libres et indépendants qui ne pourraient exercer leurs pouvoirs qu'à travers l'organisme humain ; et encore moins admettons-nous l'existence d'esprits qui animaient autrefois les formes des êtres humains...

M. Porro déclare ouvertement que, pour sa part, il n'est ni matérialiste ni spiritualiste : il dit qu'il n'est prêt à accepter, *a priori* , ni les négations de la psychophysiologie ni la foi des spiritualistes.

Il ajoute que les neuf personnes qui l'accompagnaient aux séances représentaient la plus grande variété d'opinions sur le sujet, depuis les spiritualistes les plus fermement convaincus jusqu'aux sceptiques les plus incorrigibles. D'ailleurs, sa tâche n'était pas de rédiger un rapport officiel, approuvé par tous les expérimentateurs, mais uniquement de rapporter fidèlement ses propres impressions.

Voici les *plus importants* d'entre eux, sélectionnés à partir de ses rapports sur les différentes séances :

J'ai vu, et j'ai bien vu, la table de rough deal (une table d'un mètre de long sur près de deux pieds de large et reposant sur quatre pieds) s'élever plusieurs fois du sol et, sans aucun contact avec des objets visibles, rester suspendue dans les airs, à plusieurs centimètres du sol, pendant deux, trois et même quatre secondes.

Cette expérience se renouvela *en pleine lumière,* sans que les mains du médium et des cinq personnes qui formaient la chaîne autour de la table ne touchent en aucune façon cette dernière. Les mains d'Eusapia étaient soignées par ses voisins, qui contrôlaient également ses jambes et ses pieds de telle manière qu'aucune partie de son corps ne pouvait exercer la moindre pression pour soulever ou maintenir en l'air le meuble assez lourd utilisé. dans les expériences.

C'est dans des conditions aussi absolument dignes de confiance que j'ai pu voir gonflés un *morceau de drap noir très épais* et les rideaux rouges qui étaient derrière le médium et qui servaient à fermer l'embrasure de la fenêtre. La croisée était soigneusement fermée, il n'y avait aucun courant d'air dans la pièce, et il est absurde de supposer que des personnes se cachaient dans l'embrasure de la fenêtre. Je crois donc pouvoir affirmer avec la plus grande certitude qu'une *force* , analogue à celle qui avait produit la lévitation de la table, s'est manifestée dans les rideaux, *les a gonflés, les a secoués et les a poussés* dehors de telle manière qu'ils ont été gonflés. ils touchaient tantôt l'un, tantôt l'autre de la société.

Au cours de la séance s'est produit un événement qui mérite d'être mentionné comme une preuve, ou du moins comme une indication, du caractère *intelligent* de la force en question.

Être face à face avec Mme. Paladino, à l'endroit du tableau le plus éloigné d'elle, je me plaignais de ne pas avoir été touché comme l'avaient été les quatre autres personnes qui formaient la compagnie. A peine avais-je dit cela que je vis le lourd rideau se déployer et venir me frapper au visage avec son bord inférieur, en même temps que je sentis un léger coup sur les jointures de mes doigts, comme venant d'un objet très fragile. et morceau de bois léger.

Puis un coup formidable, comme le coup de poing d'un athlète, est porté au milieu de la table. La personne assise à droite du médium se sent saisie par le côté ; la chaise sur laquelle il était assis est enlevée et posée sur la table, d'où elle revient ensuite à sa place sans avoir été touchée par personne. L'expérimentateur en question, resté debout, peut reprendre place sur la chaise. La maîtrise de ce phénomène ne laissait rien à désirer.

Les coups redoublèrent maintenant, et sont si terribles qu'il semble qu'ils allaient diviser la table. On commence à apercevoir des mains soulevant et gonflant les rideaux et s'avançant jusqu'à toucher l'un, puis l'autre de la société, les caressant, leur serrant les mains, leur tirant délicatement les oreilles ou frappant joyeusement des mains en l'air au-dessus de leurs têtes.

Cela me paraît très singulier et peut-être intentionnel, ce contraste entre les attouchements (parfois nerveux et énergiques, puis délicats et doux, mais toujours amicaux) et les coups assourdissants, violents, brutaux portés sur la table.

Un seul de ces coups de poing, planté dans le dos, suffirait à briser la colonne vertébrale.

Les mains qui accomplissent ces exploits sont les mains fortes et musclées d'un homme, les mains les plus délicates sont celles d'une femme, les toutes petites mains celles des enfants.

L' obscurité est rendue un peu moins dense, et aussitôt la chaise du n° 5 (professeur Morselli), qui avait déjà fait un saut de côté, est glissée sous lui, tandis qu'une main est posée sur son dos et sur son corps. épaule. La chaise se lève sur la table, redescend jusqu'au sol, et, après différentes oscillations horizontales et verticales, s'élève et s'appuie sur la tête du professeur resté debout. Il y reste quelques minutes dans un état d'équilibre très instable.

Les coups forts et les effleurements délicats des mains, grandes et petites, se succèdent sans interruption, de telle sorte que, sans qu'on puisse prouver mathématiquement la simultanéité des différents phénomènes, elle est pourtant à peu près certaine dans plusieurs cas.

Tandis que nos possibilités d'obtenir un sujet de démonstration aussi précieux augmentent, la simultanéité que nous demandons est enfin accordée ; car la table frappe, la cloche sonne, et le tambourin est porté en tintant au-dessus de nos têtes tout autour de la pièce, repose un moment sur la table, puis reprend son vol dans les airs.

Un bouquet de fleurs, déposé en carafe sur la plus grande table, vient sur la nôtre, précédé d'un agréable parfum. Des tiges de fleurs sont placées dans la bouche du n°5 ; et le numéro 8 est frappé par une balle en caoutchouc qui rebondit sur la table. La carafe vient rejoindre les fleurs sur notre table ; on le soulève alors immédiatement et on le porte à la bouche du médium, et on lui fait boire deux fois ; entre les deux moments, il s'abaisse sur la table et reste là un moment à l'endroit. On entend distinctement la déglutition de l'eau, après quoi Mme. Paladino demande à quelqu'un de s'essuyer la bouche avec un mouchoir. Enfin, la carafe revient vers la grande table.

Mais un transfert d'un tout autre caractère s'effectue de la manière suivante. Je m'étais plaint à plusieurs reprises que ma position dans la chaîne, à distance du médium, m'empêchait d'être touché pendant la séance. Soudain, j'entends un bruit sur le mur de la pièce, suivi du tintement des cordes de la guitare, qui vibrent comme si quelqu'un essayait de démonter l'instrument du mur sur lequel il était accroché. Finalement l'effort réussit, et la guitare vient vers moi dans une direction oblique. Je le vis distinctement s'interposer entre moi et le n° 8, avec une rapidité qui en rendit l'impact assez désagréable. Ne pouvant d'abord me rendre compte de cet objet sombre et noir qui se dirigeait vers moi, je me suis glissé sur le côté (le n° 8 était assis à ma gauche). Puis la guitare, changeant de route, frappa avec force avec son manche trois coups sur mon front (qui resta un peu meurtri pendant deux ou trois jours), après quoi elle s'arrêta avec une délicate précision sur la table. Il n'y resta pas longtemps avant de se mettre à tourner autour de la salle, avec une rotation vers la droite, assez haut au-dessus de nos têtes, et à grande vitesse.

Il convient de remarquer que, dans cette rotation de la guitare, la vibration de ses propres cordes s'ajoutait au son du tambourin frappé tantôt d'un côté, tantôt de l'autre, dans l'air ; et la guitare, si volumineuse qu'elle fût, ne frappa pas une seule fois la tige centrale de l'éclairage électrique, ni les trois lampes à gaz fixées sur les murs de la chambre. Quand on prend en considération les dimensions réduites de la pièce, on voit qu'il était très difficile d'éviter ces obstacles, puisque l'espace restant libre était très limité.

La guitare fit deux fois le tour de la pièce, s'arrêtant (entre les deux fois) au milieu de la table, où finalement elle s'arrêta. Dans un dernier effort suprême, Eusapia se tourne vers la gauche, où se trouve sur une table une machine à écrire pesant quinze livres. Pendant l'effort, le médium tombe épuisé et nerveux sur le sol ; mais la machine se lève et se dirige vers le milieu de notre table, près de la guitare.

En pleine lumière, Eusapia appelle M. Morselli et, contrôlée par les deux personnes qui se trouvent à côté d'elle, l'amène avec elle vers la table sur laquelle est posée une masse de plâtre à modeler. Elle prend sa main ouverte et la pousse trois fois vers le plâtre, comme pour y enfoncer la main et y laisser une empreinte. La main de M. Morselli reste à plus de quatre pouces de la masse : néanmoins, à la fin de la séance, les expérimentateurs constatent que le morceau de plâtre contient l'empreinte de trois doigts, empreintes plus profondes qu'il n'est possible d'en obtenir. directement au moyen de pressions volontaires.

La médium lève ses deux mains, toujours jointes dans les miennes et dans celles du n° 5 (Morselli), et poussant des gémissements, des cris, des exhortations, *elle se lève avec sa chaise* , jusqu'à poser ses deux pieds et les extrémités de ses deux barres transversales avant sur le dessus de la table. Ce fut un moment de grande anxiété. La lévitation s'est effectuée rapidement, mais sans aucune secousse, ni secousse, ni secousse. En d'autres termes, si, dans un effort d'extrême méfiance, vous teniez à supposer qu'elle employait quelque artifice pour obtenir le résultat, il faudrait plutôt penser à une traction, au moyen d'une corde et d'une poulie, plutôt qu'à une poussée. par le dessous.

Mais aucune de ces hypothèses ne résiste à l'examen le plus élémentaire des faits.

Il y a plus à suivre. Eusapia était soulevée encore plus avec sa chaise, de la partie supérieure de la table, de telle sorte que le numéro 11 d'un côté et moi de l'autre pûmes passer nos mains sous ses pieds et sous ceux de la chaise.

De plus, le fait que les pieds postérieurs de la chaise étaient entièrement dégagés de la table, sans aucun support visible, rend cette lévitation encore plus inconciliable avec la supposition qu'Eusapia aurait pu faire bondir son corps et la chaise vers le haut.

M. Porro juge que ce phénomène est un de ceux qui s'expliquent le moins facilement si l'on refuse de recourir à l'hypothèse spiritualiste. C'est un peu comme l'homme qui tombait à l'eau et pensait pouvoir s'en sortir par ses propres cheveux.

Eusapia, ajoute M. Porro, descendit sans à-coups, peu à peu, le n° 5 et je ne lui lâchai jamais les mains. La chaise, s'étant élevée un peu plus haut, se retourna et se posa sur ma tête, d'où elle revint spontanément sur le sol.

Cette chose a été réessayée. Eusapia et sa chaise furent de nouveau transportées sur le dessus de la table, seulement, cette fois, le résultat de la fatigue qu'elle éprouvait fut tel que la pauvre femme tomba évanouie sur la table. Nous l'avons descendue avec tout le soin requis.

Les expérimentateurs désiraient savoir si ces phénomènes, dont le succès dépend dans une si grande mesure des conditions de lumière, ne pourraient pas avoir un meilleur succès sous la lumière blanche et tranquille de la Lune.

Ils furent obligés d'admettre qu'il n'y avait pas de différence appréciable entre la lumière lunaire et les autres. Mais la table autour de laquelle ils avaient formé la chaîne quitta la véranda où se tenait la séance, et, malgré les vœux fortement exprimés des assistants et de la médium elle-même, se dirigea vers la salle voisine, où la séance se poursuivit alors. .

Cette pièce était un petit salon rempli de meubles élégants et d'objets fragiles, tels que lustres en cristal, vases en porcelaine, bric-à-brac, etc. Les expérimentateurs craignaient beaucoup que ces objets ne subissent des dommages dans le tumulte de la séance ; mais pas le moindre objet n'a subi de dommage.

Mme. Paladino, qui était redevenue elle-même, prit la main du n°11 et la posa doucement sur le dossier d'une chaise, en posant en même temps sa propre main sur la sienne. Puis, tandis qu'elle levait sa main et celle du n°11, *la chaise suivit* plusieurs fois de suite le même mouvement ascendant.

Cette chose s'est répétée en pleine lumière.

Le n° 5, ainsi que d'autres messieurs, aperçurent, d'une manière qui ne laissait aucun doute, une silhouette vague et indistincte projetée dans l'air dans l'embrasure d'une antichambre faiblement éclairée. La figure était constituée de silhouettes changeantes et fugitives, parfois avec le contour d'une tête et d'un corps humains, parfois comme des mains sortant des rideaux. Leur caractère objectif était démontré par l'accord des impressions, qui étaient à leur tour contrôlées au moyen d'enquêtes continuelles. Il n'y avait aucune possibilité qu'il s'agisse d'ombres projetées volontairement ou involontairement par les corps des expérimentateurs, puisque nous nous observions mutuellement .

La dixième séance (la dernière) fut l'une des plus fréquentées et peut-être la plus intéressante de toutes.

A peine la lumière électrique est-elle éteinte que nous remarquons un mouvement automatique de la chaise sur laquelle un morceau de plâtre a été posé, tandis que les mains et les pieds d'Eusapia sont soigneusement contrôlés par moi et par le n° 3. Cependant, comme nous voulons le Devant l'objection des critiques selon laquelle les phénomènes se déroulent dans l'obscurité, la table demande typtologiquement (c'est-à-dire par coups) de la lumière et les expérimentateurs allument la lampe électrique.

Actuellement, *toute la troupe voit la chaise* sur laquelle repose le morceau de plâtre (pas du tout une chaise légère) *se déplacer entre moi et le médium* , sans qu'on puisse comprendre la cause déterminante de ce mouvement.

Mme. Paladino pose sa main étendue sur le dossier de la chaise et sa main gauche au-dessus. Lorsque nos mains se lèvent, la chaise se lève également sans contact, atteignant une hauteur d'environ six pouces. Cette performance est répétée plusieurs fois, avec en plus l'intervention de la main du n°5, dans des conditions de lumière et de contrôle qui ne laissent rien à désirer.

La pièce est de nouveau presque complètement plongée dans l'obscurité... Un courant d'air froid sur la table précède l'arrivée d'une petite branche à deux feuilles vertes. On sait qu'il n'y a pas d'usines aux alentours de l'entreprise : il semble donc qu'il s'agisse là d'un cas d' *apport* de l'extérieur.

Le n°3 est très épuisé par la chaleur. Et voilà ! une main qui retire son mouchoir de son cou et avec elle sèche la sueur de son visage. Il essaie de saisir le mouchoir avec ses dents, mais on le lui arrache. Une grosse main soulève sa main gauche et lui fait frapper plusieurs coups avec sur la table.

Des lueurs commencent à apparaître, d'abord à droite du n° 5, puis dans différentes parties de la salle. Ils sont perçus par tout le monde.

Le rideau est gonflé, comme s'il était poussé par un vent violent, et touche le n° 11, qui est assis dans un petit fauteuil à un mètre et demi du médium. La même personne est touchée par une main, tandis qu'une autre main sort un éventail de la poche intérieure de sa veste, le porte au n° 5 puis au n° 11. L'éventail est bientôt rendu à son propriétaire, et est déplacé vers et au-dessus de nos têtes, à la grande satisfaction de nous tous. Une blague à tabac est tirée de la poche du n° 3 : l'Invisible la vide sur la table, puis la donne au n° 10. Diverses tiges de plantes tombent sur la table.

Les transferts de l'éventail d'une main à l'autre recommencent. Alors le n°11 estime qu'il aurait dû annoncer que l'éventail lui avait été offert par une jeune fille qui avait exprimé le souhait qu'il soit transféré au n°11, puis rendu au n°5. Personne n'était au courant sauf Non. 11.

Le n° 5, qui occupe actuellement le petit fauteuil où était assis autrefois le n° 11, à un mètre et demi du médium, sent le bord du rideau le toucher et aperçoit alors la présence du corps d'une femme dont les cheveux reposent sur sa tête.

La séance est levée vers une heure.

Au moment de se séparer, Eusapia aperçoit une cloche sur le piano ; elle tend la main ; la cloche glisse sur le piano, se retourne et tombe par terre. L'expérience est renouvelée, en pleine lumière comme auparavant, la main du médium restant à quelques centimètres de la cloche....

Il est évident que ces exploits sont encore plus extraordinaires que les précédents, à certains égards. Voici les *conclusions* du rapport du professeur Porro.

Les phénomènes sont réels. Ils ne peuvent s'expliquer ni par fraude ni par hallucination. Trouvent-ils leur explication dans certaines strates de l'inconscient (le subliminal), dans quelque faculté latente de l'âme humaine, ou bien révèlent-ils l'existence d'autres entités vivant dans des conditions totalement différentes des nôtres et normalement inaccessibles à nos sens ?

En d'autres termes, l' hypothèse *animiste* suffira-t-elle à résoudre le problème et à faire disparaître l' hypothèse *spiritualiste* ? Ou plutôt les phénomènes ne servent-ils pas ici, comme dans la psychologie du rêve, à compliquer le problème en cachant en eux la solution spiritualiste ? C'est à cette formidable question que je vais tenter de répondre.

Lorsqu'Alexandre Aksakof, il y a onze ans, posait le dilemme entre l'animisme et le spiritisme et prouvait clairement dans un ouvrage magistral que les manifestations purement animistes étaient inséparables de celles qui dirigent notre pensée vers la croyance en l'existence d'entités indépendantes, intelligentes et actives, personne n'aurait pu s'attendre à ce que le premier terme du dilemme soit contesté et critiqué de mille manières, sous mille formes variées, par des personnes consternées par le second terme.

En fait, que sont toutes les hypothèses qui ont été inventées depuis dix ans pour réduire les phénomènes médiumniques à la simple manifestation de qualités latentes dans le *psychisme* (ou l'âme) humaine, sinon les différentes formes de l'hypothèse animiste, tant raillée ? quand est-il apparu dans l'œuvre d'Aksakof ?

De l'idée de l'action musculaire inconsciente des spectateurs (avancée il y a un demi-siècle par Faraday) à la projection d'activité protoplasmique ou à l'émanation temporaire du corps du médium imaginée par Lodge ; de la doctrine psychiatrique de Lombroso à la psychophysiologie d'Ochorowicz ; de l'extériorisation admise par Rochas à l'ésopsychisme de Morselli ; depuis l'automatisme de Pierre Janet jusqu'au *dédoublement de personnalité* d'Alfred Binet, ce fut un flot d'explications ayant pour but l'élimination d'une personnalité extérieure.

Le processus était logique et conforme aux principes de la philosophie scientifique, qui nous ordonne d'épuiser les possibilités de ce qui est déjà connu avant de recourir à l'inconnu.

Mais ce principe, inattaquable en théorie, peut conduire à des résultats erronés lorsqu'il est volontairement étendu trop loin dans un domaine de recherche donné. Vallati a cité, à ce propos, une curieuse note marginale de Galilée, récemment publiée dans le troisième volume de l'édition nationale de ses œuvres :

"Si l'on chauffe l'ambre, le diamant et certaines autres substances très denses en les frottant, ils attirent de petits corps légers, car, en se refroidissant, ils attirent l'air, qui entraîne avec lui ces corpuscules." Ainsi, le désir de soumettre des faits matériels encore inexpliqués aux lois physiques connues de son époque a conduit un observateur et un penseur aussi prudent et pratique que Galilée à formuler une fausse proposition. Si quelqu'un lui avait dit que dans l'attraction exercée par l'ambre il y avait le germe d'une branche nouvelle de la science et la manifestation rudimentaire d'une énergie (l'électricité) alors inconnue, il aurait répondu qu'il était inutile de « recourir à l'électricité ». l'aide de l'inconnu.

Mais l'analogie entre l'erreur commise par le grand physicien et celle que commettent les savants modernes peut être poussée encore plus loin.

Galilée connaissait une forme d'énergie que la philosophie naturelle de notre temps étudie simultanément avec l'énergie électrique, avec laquelle elle entretient des relations étroites confirmées par toutes les découvertes récentes. Si l'on s'était aperçu que l'explication qu'il donnait du phénomène de l'ambre n'était pas fondée, il aurait pu porter son attention sur les analogies que présente l'attraction exercée par l'ambre frotté sur les corps légers avec l'attraction exercée par l'aimant. sur de la limaille de fer. Arrivé à ce point, il aurait très probablement écarté sa première hypothèse et aurait admis que le pouvoir attractif de l'ambre est un *phénomène magnétique* . Il aurait pourtant été trompé, car il s'agit d'un *phénomène électrique* .

De même ne pourraient-ils pas se tromper ceux qui, pour échapper à tout prix à la nécessité de l'hypothèse des entités spirites, insisteraient avec une prédilection trop persistante sur l'hypothèse animiste, même lorsque celle-ci se révélerait insuffisante pour expliquer tout manifestations médiumniques ? Ne serait-il pas vrai que, comme les phénomènes électriques et magnétiques, qui sont en étroite relation interchangeable et nous paraissent souvent inséparables, les phénomènes animistes et spirites ont un lien commun ? Et notons bien qu'un seul fait, inexplicable par l'hypothèse animiste et explicable par l'hypothèse spirite, suffirait pour conférer à cette dernière ce degré de valeur scientifique qui lui a été jusqu'à présent si énergiquement nié, tout comme la découverte d'un phénomène secondaire, celui de la polarisation de la lumière, suffit pour que Fresnel rejette la théorie newtonienne de l'émission et admette celle de l'ondulation.

Avons-nous obtenu, au cours de nos dix séances avec Eusapia, le seul fait qui suffit pour que l'hypothèse spirite prenne nécessairement le pas sur toutes les autres ?

Il est impossible de répondre catégoriquement à cette question car il n'est pas possible, et ne sera jamais, d'avoir une preuve scientifique de l'identité des êtres qui se manifestent.

Le fait que j'entends, que je vois, que je touche un fantôme ; que j'y reconnais la forme et l'attitude de personnes que j'ai connues et dont la médium n'a ni connu ni même entendu les noms ; que j'ai le témoignage le plus vivant et le plus touchant de la présence de cette apparition éphémère, tout cela ne suffira pas à constituer le fait scientifique que nul ne pourra réfuter, et qui sera digne de rester dans les annales de la science avec les expériences de

Torricelli, Archimède et Galvani. Il sera toujours possible d'imaginer un mécanisme inconnu à l'aide duquel la substance et le pouvoir élémentaires pourront être extraits du médium et des sujets et combinés de manière à produire les effets indiqués. Il sera toujours possible de trouver dans les aptitudes particulières du médium, dans la pensée des assistants, et même dans leur attitude d'attention attentive, la cause de l' origine *humaine* des phénomènes. Il sera toujours possible de déterrer de l'arsenal des attaques lancées contre ces études au cours des cinquante dernières années, quelque argument générique ou spécifique, *ad rem* ou *ad hominem* , en ignorant ou en feignant d'ignorer la réfutation de l'argument qui a déjà été a été fait.

La question se réduit donc à la fois à une étude individuelle de cas soit directement observés, soit obtenus de main sûre, afin d'une part de créer une conviction personnelle capable de résister au ridicule cinglant des sceptiques et, d'autre part. d'autre part, préparer l'opinion publique à admettre la vérité des cas observés par des personnes dignes de foi.

A propos du premier d'entre eux, l'illustre expérimentateur Sidgwick a déjà dit qu'il n'existe aucun fait ou cas capable de convaincre tout le monde, mais que chacun, en observant patiemment et calmement, peut trouver tel fait ou cas qui suffira à établir son opinion. propre conviction. Je peux dire que pour moi un tel cas existe. Il me suffit de mentionner les phénomènes auxquels j'ai personnellement participé lors des séances avec Eusapia.

Sur le deuxième point, je pourrais en dire beaucoup, mais cela me mènerait au-delà du sujet et des limites de cette étude.

D'une part, nous avons la croyance universelle en l'existence objective d'un monde qui nous est inconnu dans notre état normal ; cette foi (la base de toutes les religions) en une vie future où les injustices de celle-ci seront expiées et où nous serons confrontés aux bonnes ou aux mauvaises actions que nous avons faites sur terre ; cette tradition ininterrompue d'observances et de rituels systématiques ou spontanés, grâce auxquels l'homme est constamment maintenu en relation plus ou moins avec ce monde inconnu.

De l'autre côté, nous avons la négation sceptique et décourageante des systèmes de philosophie pessimiste et de l'athéisme, négation qui naît en l'absence de preuves positives de la survie de l'âme ; la tendance de plus en plus marquée de la science vers une interprétation moniste de l'énigme de la vie humaine ; et la croyance que tous les phénomènes connus de la vie n'apparaissent qu'en relation avec des organes spéciaux.

Pour trancher une question aussi absconse que celle-là, les expériences médiumniques ne suffisent pas ; chacun peut y puiser autant de crédibilité ou d'incrédulité qu'il en a besoin pour résoudre ses doutes d'une manière ou d'une autre ; mais il ne se dépouillera jamais du substrat de tendances capricieuses que l'éducation plus ou moins scientifique de son esprit ou les inclinations plus ou moins mystiques de sa nature auront développé en lui.

Encore un mot et c'est fini.

Tout en admettant comme l'hypothèse la plus probable que les êtres intelligents à qui nous devons ces phénomènes psychiques sont des entités préexistantes, indépendantes, et qu'ils ne tirent de nous que les conditions nécessaires à leur manifestation sur un plan physique accessible à nos sens, faut-il Devons-nous admettre aussi qu'ils sont réellement les esprits des morts ?

A cette question, je répondrai que je ne me sens pas encore capable de donner une réponse décisive.

Pourtant, je serais enclin à l'admettre, si je ne voyais la possibilité que ces phénomènes puissent faire partie d'un ensemble de choses encore plus vaste. En fait, rien n'empêche de croire à l'existence de formes de vie totalement différentes de celles que nous connaissons, et dont la vie des êtres humains avant la naissance et après la mort ne constitue qu'un cas particulier, tout comme la vie organique de l'homme. un cas particulier de la vie animale en général.

Mais je quitte le terrain solide des faits pour explorer celui des hypothèses les plus hasardeuses. J'ai déjà parlé trop longuement et je vais donc clore la discussion sur ce sujet particulier.

J'ai examiné les sujets ci-dessus dans plusieurs de mes propres travaux. [41]

Nous sommes entourés de forces inconnues et rien ne prouve que nous ne sommes pas également entourés d'êtres invisibles. Nos sens ne nous apprennent rien sur la réalité. Mais logiquement, la discussion des théories devrait être réservée à un complément à l'ensemble ou au résumé de nos observations et expériences ; c'est-à-dire pour le dernier chapitre. Il nous appartient avant tout de constater positivement que les phénomènes médiumniques existent.

Il me semble que *cela a été fait* pour tout lecteur impartial. Cela sera largement confirmé par les chapitres suivants. Mais il est un point sur lequel nous devrions nous arrêter un instant. Je veux parler de la question de la fraude, consciente ou inconsciente, qu'il serait naturel, mais injuste, d'ignorer et de dissimuler ici. Notre revue judiciaire ne serait pas complète si nous ne consacrions un chapitre spécial à ces mystifications, malheureusement trop fréquemment employées par les médiums.

CHAPITRE V

FRAUDES, TRUCS, DÉCEPTIONS, IMPOSTURES, FAITS DE LEGERDEMAIN, MYSTIFICATIONS, OBSTACLES

A plusieurs reprises dans les chapitres précédents la question de la fraude dans les médiums a été évoquée. Je suis désolé de dire que les expérimentateurs doivent constamment se méfier d'eux. C'est ce qui a découragé certains hommes éminents et les a empêchés de poursuivre leurs recherches, car leur temps est trop précieux pour être gaspillé. Cela peut être particulièrement remarqué dans la lettre ci-dessus de M. Schiaparelli (p. 64) que les spiritualistes ne cessent de citer (à tort) parmi leurs partisans. Mais il refuse catégoriquement de s'identifier à eux. Il n'accepte aucune théorie ; il n'est même pas sûr de l'existence réelle des faits et refuse de donner le délai nécessaire à leur authentification.

Je profiterai dans le deuxième volume de *L'Inconnu* de traiter du Spiritualisme (proprement ainsi appelé), de la doctrine de la pluralité des mondes, de la pluralité des existences, de la réincarnation, de la préexistence et des communications avec les défunts, sujets indépendants des phénomènes matériels à une discussion à laquelle le présent ouvrage est consacré. A ces sujets les manifestations physiques n'apportent que de manière indirecte. Comme nous l'avons déjà dit à plusieurs reprises dans les pages précédentes, il ne s'agit ici que de *prouver l'existence réelle de ces phénomènes extraordinaires* . L'établissement de la preuve dépend avant tout de l'élimination de la fraude.

Dans le cas d'Eusapia (le médium le plus étudié dans le présent volume), la fraude n'a malheureusement été que trop bien établie à plus d'un titre.

Mais une remarque très importante doit être faite ici. Tous les physiologistes savent que les hystériques ont tendance au mensonge et à la simulation. Ils mentent, apparemment sans raison, et uniquement pour le plaisir de mentir. Il y a des crises de colère parmi les femmes et les jeunes filles des classes supérieures.

Ce défaut caractéristique prouve-t-il que l'hystérie n'existe pas ? Cela prouve bien le contraire.

Par conséquent, ceux qui pensent que les fraudes des médiums portent le coup mortel à la médiumnité se trompent. La médiumnité existe, ainsi que l'hystérie, ainsi que l'hypnotisme, ainsi que le somnambulisme. La supercherie existe aussi.

Je ne dirai pas, avec certains théologiens : « Il y a de *faux* prophètes, *donc* il y en a de *vrais* », car c'est un sophisme de la pire espèce. L'existence du faux n'empêche pas l'existence du vrai.

J'ai connu une cleptomane, qui s'est fait arrêter plus d'une fois dans les grandes boutiques de Paris, pour vol de divers objets. Cela ne prouve pas qu'elle n'ait jamais rien acheté, et qu'elle n'ait obtenu que par vol tous les objets dont elle avait besoin. Au contraire, les objets volés ne devaient représenter qu'une petite partie du matériel de sa toilette. Mais le fait qu'elle ait volé est incontestable . Dans les expériences que nous envisageons dans ces pages, la tromperie est un coefficient qui ne peut être négligé.

Il est de mon devoir de signaler ici quelques exemples de ces échecs. Avant de le faire, je dois rappeler que, pendant quarante ans, j'ai examiné tous les médiums dont les œuvres ont eu la plus grande célébrité, y compris Daniel D. Home, doué des pouvoirs les plus étonnants, qui a donné aux Tuileries. , devant l'empereur Napoléon III, sa famille et ses amis, des séances si extraordinaires, et qui fut plus tard employé par William Crookes dans les recherches scientifiques précises faites par ce monsieur ; Mme. Rodière, un milieu typtologique remarquable ; C. Brédif, qui produisit d'étranges apparitions ; Eglington, avec les ardoises enchantées ; Henry Slade, qui fit avec l'astronome Zöllner ces expériences incroyables dont la géométrie ne se sauva qu'en admettant la possibilité d'une quatrième dimension de l'espace ; Buguet dont les plaques photographiques captaient et retenaient les ombres des morts, et qui, m'ayant permis d'expérimenter avec lui, m'a laissé faire mes recherches pendant cinq semaines avant de déceler ses méthodes et mécanismes frauduleux ; Lacroix, à qui les esprits de tous âges semblaient se rassembler en foule ; et bien d'autres qui inspirent un profond intérêt aux spiritualistes et aux chercheurs scientifiques par des manifestations plus ou moins étranges et merveilleuses.

J'ai souvent été absolument trompé. Lorsque j'ai pris les précautions nécessaires pour mettre le médium hors de portée de la supercherie, je n'ai obtenu aucun résultat ; si je faisais semblant de ne rien voir, je percevais du coin de l'œil des tentatives de tromperie. Et, en général, les phénomènes qui se produisaient ne se produisaient que dans les moments de distraction où mon attention était un instant relâchée. Tandis que je poussais un peu plus loin mon enquête, je vis de mes propres yeux les négatifs préparés par Buguet ; j'ai vu de mes propres yeux Slade écrire sous la table sur une ardoise cachée, et ainsi de suite. A propos de ce fameux médium Slade, je rappelle qu'après ses expériences avec Zöllner, directeur de l'observatoire de Leipzig, il est venu à Paris et, pour expérimenter, s'est mis à ma disposition (et à celle de tous les astronomes). à l'Observatoire à qui je devrais le présenter). Il disait avoir obtenu des écrits directs des esprits grâce à un bout de crayon placé entre deux ardoises liées ensemble, par les oscillations de l'aiguille magnétique, les déplacements des meubles, les projections automatiques d'objets, etc. Il était tout à fait disposé à me donner une séance par semaine, pendant six semaines (le lundi à 11 heures, au 21 rue Beaujon). Mais je n'ai rien obtenu de certain. Dans les cas qui ont abouti, il y a eu une substitution possible des ardoises. Las de tant de perte de temps, je convins avec l'amiral Mouchez, directeur de l'Observatoire de Paris, de confier à Slade une double ardoise préparée par nous-mêmes, avec les précautions qui étaient nécessaires pour que nous ne soyons pas piégés. Les deux ardoises étaient scellées de telle façon avec du papier de l'Observatoire que s'il les démontait, il ne pourrait dissimuler la fraude. Il a accepté les conditions de l'expérience. J'ai porté les ardoises jusqu'à son appartement. Ils restèrent sous l'influence du médium, dans cet appartement, non pas un quart d'heure, non pas une demi-heure ou une heure, mais dix jours consécutifs, et lorsqu'il nous les renvoya il n'y avait pas la moindre trace d'écriture. à l'intérieur; et pourtant il en fournissait toujours des spécimens lorsqu'il avait l'occasion de transposer des ardoises préparées d'avance. [42]

Sans entrer dans d'autres détails, qu'il me suffise de dire que, trompé trop souvent par des médiums malhonnêtes et mensongers, j'apportais à mes expériences avec Eusapia une réserve mentale de scepticisme, de doute et de suspicion.

Les conditions d'expérimentation sont en général si tortueuses qu'il est facile de se laisser tromper. Et les savants et les savants sont peut-être ceux qui sont le plus facilement dupés de tous les hommes, parce que l'observation scientifique des expériences est toujours honnête, puisque nous ne sommes pas obligés de nous méfier de la nature, — quand il s'agit d'une étoile ou d'une molécule, — et puisque nous avons le droit de nous méfier de la nature. habitude de décrire les faits tels qu'ils se présentent à notre intelligence.

Ceci étant posé, nous pouvons maintenant examiner certaines actions curieuses d'Eusapia.

Nous avons considéré un peu plus loin (p. 173) l'étrange expérience du colonel de Rochas avec la peseuse de lettres. Cela a été considéré par les expérimentateurs comme absolument concluant. J'étais curieux de le vérifier. Voici mes notes à ce sujet.

JE.

12 novembre 1898. — Cet après-midi, nous avons fait une promenade en landau (Eusapia et moi) en compagnie de M. et Mme. Pallotti du Caire et, entre autres, nous avons visité l'exposition de chrysanthèmes aux Tuileries. Eusapia est enchantée. Nous revenons vers 6 heures. Ma femme s'assoit au piano et Eusapia chante quelques airs napolitains et quelques petits fragments d'opéras italiens. Ensuite, nous discutons tous les trois en toute confidentialité.

Elle est dans un état d'esprit très heureux et nous raconte que parfois, les jours d'orage, elle ressent des crépitements électriques et des étincelles dans ses cheveux, notamment sur une vieille blessure qu'elle a reçue autrefois à la tête. Elle nous dit aussi que lorsqu'elle reste longtemps sans séance, elle est dans un état d'irritation et éprouve le besoin de se libérer du fluide psychique qui la sature. Cet aveu m'étonne, car, à la fin de chaque séance, elle semble plutôt apathique et mélancolique et semble tenir une séance plutôt à contrecœur qu'autrement. Elle ajoute qu'elle a fréquemment des prolongements fluidiques au bout de ses doigts, et, posant ses deux mains sur mes genoux, l'intérieur de la main tourné vers le haut, en écartant en même temps les doigts et en les plaçant face à face. , à plusieurs pouces de distance, et alternativement rapprochant et retirant les mains, elle nous dit d'observer de temps en temps les radiations qui prolongent les doigts en formant une sorte d'auréole lumineuse à leurs extrémités. Ma femme pense en percevoir certains. Je ne vois rien du tout, malgré tous mes efforts, même si je change la lumière et l'ombre de toutes sortes de manières. Le salon est éclairé à cette époque par deux brûleurs Auer intenses. Nous entrons dans la chambre, éclairée uniquement par des bougies, et je ne les vois pas mieux. J'éteins les bougies, supposant qu'il s'agit peut-être d'un cas de phosphorescence ; mais je ne perçois jamais rien. Nous retournons au salon. Eusapia étend un châle de laine noire sur sa jupe en soie et me montre l'effluence lumineuse. Mais tout le temps je ne vois rien, si ce n'est un instant une sorte de rayon pâle au bout de l'index de sa main droite.

L'heure du dîner approche. Il est sept heures. Une peseuse de lettres (Pl. X), que j'avais achetée pour renouveler la curieuse expérience de M. de Rochas, est sur la table. Je demande à Eusapia si elle se souvient d'avoir fait descendre un mécanisme comme celui-ci sur son ressort en plaçant ses mains de chaque côté, à distance, et en faisant quelque chose comme des passes magnétiques. Elle ne semble s'en souvenir de rien et fredonne une petite strophe de *Sainte Lucie* . Je la prie de l'essayer. Elle le fait. Rien ne bouge. Elle me demande de poser mes mains sur les siennes. Nous faisons les mêmes passes et, à mon grand étonnement (car je ne m'y attendais vraiment pas du tout), le petit plateau s'enfonce jusqu'au point où il touche le levier et produit le bruit aigu du contact. Ce point est au-delà de la graduation de l'échelle, qui s'arrête à cinquante grammes, et peut aller jusqu'à soixante, et représente soixante-dix grammes au plus bas. Le plateau remonte immédiatement. On recommence une seconde fois. Rien. Une troisième fois : même abaissement et même retour à l'équilibre. Alors je la supplie de tenter l'expérience seule. Elle se frotte les mains et fait les mêmes passes. La peseuse de lettres descend jusqu'au même point maximum. Nous sommes tous à ses côtés, en pleine lumière des brûleurs Auer. La même performance est répétée, le plateau restant baissé pendant un intervalle d'environ cinq minutes. Le mouvement ne s'effectue pas d'un seul coup ; il y a parfois trois ou quatre essais sans succès, comme si les forces étaient épuisées par le résultat. Le plateau était déjà descendu quatre fois sous nos yeux, toujours jusqu'au maximum, lorsque le valet de chambre, passant par là pour quelque affaire de service, je lui dis de s'arrêter et de regarder. Eusapia recommence et n'y parvient pas. Elle attend un moment, se frotte les mains, recommence , et le même mouvement sans contact se produit pour la septième fois, devant les trois témoins, chacun aussi étonné l'un que l'autre. Ses mains sont sensiblement glacées. Je pense au tour de cheveux, passe mes mains entre les siennes et n'y trouve rien ; Je n'ai rien vu. D'ailleurs, elle ne semble pas avoir touché sa tête, et ses mains sont restées devant nous depuis le début de l'expérience, libres et intactes.

Dans la supposition qu'il puisse y avoir ici quelque force électrique à l'œuvre, je la prie de placer ses doigts sur un compas extrêmement sensible. Quelle que soit la manière dont elle le saisit, il refuse de bouger.

Nous nous mettons à table. Je lui demande de lever une fourchette comme elle l'avait fait à Montfort. Au troisième essai, elle réussit — et sans l'usage d'un cheveu, du moins celui qui était apparent.

II.

16 novembre. — Afin de divertir Eusapia, Adolphe Brisson lui a offert hier soir une loge aux Folies-Bergère, où Loïe Fuller lui donnait de magnifiques expositions spectaculaires. Nous y sommes allés avec elle. Elle en revient enchantée, est aujourd'hui très gaie et très animée, parle de son caractère franc et loyal et accuse les comédies de la vie mondaine. Pendant le dîner, elle nous raconte une partie de l'histoire de sa vie.

Neuf heures.—M. et Mme. Lévy et MG Mathieu viennent d'arriver.

Nous discutons. Posant ses mains sur une jambe de M. Mathieu dans l'obscurité, elle lui montre les radiations émanant de ses doigts, qui nous sont pourtant à peine apparentes.

C'est après m'avoir montré ces radiations, l'autre jour, qu'eut lieu l'expérience de la peseuse de lettres. Elle associe les deux phénomènes, et entreprend de réessayer le dernier.

Elle me demande de lui donner un peu d'eau. Je vais à la salle à manger à la recherche d'une carafe et d'un verre. Pendant mon absence, M. Mathieu remarque que, pendant que ma femme cause avec M. et Mme. Levy, Eusapia porte la main à sa tête et fait un petit geste comme si elle s'arrachait un cheveu.

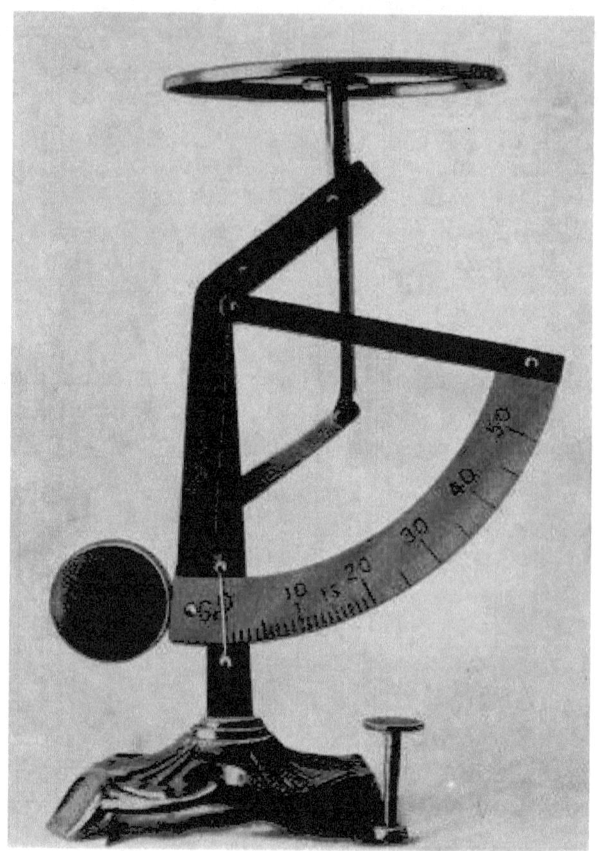

PLANCHE X. BALANCES UTILISÉES DANS
L'EXPÉRIENCE DU PROFESSEUR FLAMMARION.

Je reviens avec un verre et une carafe et lui verse autant qu'elle le souhaite. Elle boit un quart de verre d'eau. A ma demande, elle descend ses mains de chaque côté de la peseuse à lettres comme avant-hier, et après deux ou trois passages le plateau s'enfonce, non pas de toute sa longueur comme avant-hier, mais jusqu'au repère. de trente-cinq ou quarante grammes.

L'expérience a été tentée une seconde fois et a réussi de la même manière.

Sous prétexte d'aller chercher un appareil photo, M. Mathieu m'entraîne dans une autre pièce et me montre un long cheveu très fin qui lui est tombé dans la main après l'expérience, au moment où Eusapia faisait un geste comme si elle allait pour lui serrer la main.

Ces cheveux sont d'une riche teinte châtain (la couleur des cheveux d'Eusapia) et mesurent quatorze pouces de longueur. *Je l'ai conservé.*

Cela a eu lieu à neuf heures et quart. La séance commence à 9h30 et se termine à 11h30. Après la séance, Eusapia me demande un autre verre d'eau et me montre un peu de cheveux entre ses doigts.

Au moment où elle s'en va, à minuit, moitié en riant, moitié sérieusement, elle arrache un cheveu de la partie avant de sa tête et, prenant la main de ma femme, y met ces cheveux et ferme la main en la regardant dans les yeux. . Elle a certainement remarqué que nous avions perçu une fraude.

III.

19 novembre. — Eusapia est rusée. Elle est dotée d'une grande acuité de vue et d'oreilles inhabituellement sensibles. Elle est très intelligente et est une personne d'une rare délicatesse de sentiment. Elle perçoit et devine tout ce qui la concerne. Ne lisant jamais, puisqu'elle ne sait pas lire ; n'écrit jamais, puisqu'elle ne sait pas écrire ; parlant peu ici, puisqu'elle trouve rarement des personnes qui comprennent et parlent l'italien, elle reste toujours concentrée sur elle-même et rien ne la détourne d'une réflexion permanente sur sa propre personnalité. Il serait sans doute impossible de découvrir un état d'esprit similaire chez d'autres personnes ; car nous, comme eux, sommes généralement occupés de mille choses qui dispersent notre attention sur de nombreux objets différents.

J'arrive, à 11h30, chez le Dr Richet pour accompagner Eusapia chez Mme. Fourton's, où nous devons déjeuner. Elle est froide et contrainte. Je fais semblant de ne pas le remarquer et je continue de parler avec le médecin. Elle va mettre son chapeau et nous descendons les escaliers. Au pied de l'escalier, elle dit : « Que vous a dit M. Richet ? De quoi parliez-vous ? Un instant après, revenant en réflexion à notre dernière séance, elle dit : « Étiez-vous entièrement satisfait ? Dans la voiture, je lui prends la main et je converse amicalement avec elle. "Tout se passe très bien, lui dis-je, mais quelques expérimentations seront encore nécessaires pour ne laisser aucun doute." Puis je lui parle d'autres choses.

Elle devient peu à peu sociable et son front embrumé semble s'éclaircir. Cependant, elle sent évidemment que, malgré mon amabilité plutôt superficielle, je ne suis pas tout à fait pareil à ses yeux. Pendant le déjeuner, elle me tend sa coupe de champagne et boit à ma santé. Mme. Fourton est convaincu de l'authenticité d'Eusapia, sans aucun doute. Au cours d'une conversation, un peu plus tard, Eusapia lui dit : « Je suis sûre de vous, je suis sûre de Mme Blech, de M. Richet, de M. de Rochas ; mais je ne suis pas sûre de M. Flammarion.

"Vous êtes sûr de Mme Fourton", répondis-je. " Très bien. Mais pensez un instant aux quelques milliers de personnes qui attendent mon avis pour fixer

le leur. M. Chiaia vous l'a dit à Naples, M. de Rochas vous l'a répété à Paris.
Vous voyez, je J'ai une très grande responsabilité et vous voyez certainement
vous-même que je ne peux affirmer ce dont je ne suis pas absolument certain.
Vous devez vous-même loyalement m'aider à obtenir cette certitude.

" Oui, répondit-elle, je comprends très bien la différence. Cependant, sans
vous, je n'aurais pas fait le voyage de Naples, car le climat de Paris ne me
convient pas très bien. Oh, certainement. ; nous devons vous convaincre sans
aucun doute."

Elle est désormais revenue à son intimité habituelle. Nous l'avons conduite
au Musée du Louvre, qu'elle n'avait pas visité, puis à une rencontre avec M.
Jules Bois qui faisait des suggestions-expériences avec Mme. Lina. Eusapia
s'y intéresse beaucoup. On parle des plaisanteries et des mimiques des
comédiens.

Le soir, au dîner, la brillante conversation de Victorien Sardou, les réparties
du colonel de Rochas, les questions (un peu insidieuses) de Brisson, tout
l'intéresse mais force est de constater qu'elle ne s'oublie jamais. Ainsi, avant
le dîner, elle me dit qu'elle a mal à la tête, surtout au voisinage de sa blessure,
se passe la main dans les cheveux (« ce qui lui fait mal »), et me demande une
brosse. "Afin", dit-elle, "qu'en cas d'expérience de séance, un cheveu égaré
ne soit pas trouvé au mauvais endroit". Et elle se brosse soigneusement les
épaules. Je n'ai pas toujours l'air de la comprendre. Mais il ne fait aucun doute
qu'elle comprend que nous avons… trouvé un cheveu !

IV.

(NOTE PLUS RÉCENTE, MARS 1906.)

Le jeudi 29 mars, Eusapia, étant à Paris, est venue me voir. Je ne l'avais pas
vue depuis ses séances chez moi en novembre 1898. Nous l'avons gardée à
dîner, et après le dîner, je lui ai demandé de participer avec moi à quelques
expériences.

Je lui ai d'abord demandé de poser ses mains sur le piano, pensant que peut-
être certaines de ses cordes allaient vibrer. Mais rien ne s'est passé.

Je l'ai alors incitée à placer ses mains sur le clavier couvert. Elle demanda
qu'on l'entrouvre légèrement au moyen d'un petit bloc. J'ai posé mes mains
dessus, à côté des siennes. Mon but était, en gardant le contact, de l'empêcher
de glisser le doigt sur les touches. Elle essayait sans cesse de substituer une
main aux deux que je tenais, de manière à en laisser une libre, et quelques
notes retentissaient. Résultat de l'expérience, *nul*. Nous avons quitté le piano
et nous sommes dirigés vers une table en bois blanc. Nous avons obtenu des
équilibrages insignifiants.

"Y a-t-il un esprit là-bas ?"

"Oui" (indiqué par trois coups frappés.)

"Est-ce qu'il souhaite communiquer ?"

"Oui."

Je prononce lentement et dans le bon ordre les lettres de l'alphabet.

Répondez : « *Tua matre* » (« ta mère »).

Cela signifie certainement « Tua madre ». (notez encore une fois qu'Eusapia ne sait ni lire ni écrire.)

Eusapia a remarqué que j'étais en deuil et je lui avais dit que ma mère était décédée le premier juillet dernier. J'ai alors demandé à ce qu'on me donne son nom. (Eusapia ne le sait pas.)

Pas de réponse.

Les mouvements de table qui furent ensuite demandés ne donnèrent aucun résultat d'une valeur particulière.

Cependant, un fauteuil rembourré à proximité fut plusieurs fois déplacé sans contact, avançant de lui-même vers Eusapia. Puisque le lustre était allumé et qu'il n'y avait aucune possibilité d'utiliser une corde, et que j'avais le pied sur celui d'Eusapia le plus proche du fauteuil, le mouvement devait évidemment être dû à une force émanant du médium. .

J'ai repoussé le fauteuil trois fois. Trois fois, il est revenu. Le même phénomène s'est reproduit quelques jours après.

Il est observable que si elle avait pu détacher son pied du mien, elle aurait pu atteindre la chaise (par quelques petites torsions), et la production du phénomène aurait dû être dans le cadre de son cercle d'activité. et d'éventuelles supercheries). Mais en l'occurrence, la tromperie était impossible.

Comme nous ne pouvions obtenir aucune lévitation de la table, et que la force psychique de nous quatre (Eusapia, moi-même, ma femme et le compagnon d'Eusapia, qui nous avait rejoint un moment, mais qui, à d'autres moments, restait toujours) à part) était clairement insuffisant, je suis allé me procurer une table ronde plus légère. Puis, ses mains posées *dessus* en contact avec les miennes, trois de ses pieds furent élevés à une hauteur de dix ou douze pouces du sol. Nous avons répété l'expérience trois fois, avec un succès gratifiant. Eusapia serra violemment mes mains dans l'une des siennes (la main droite) qui reposait sur la table.

L'ensemble de la séance apparaît ainsi comme un réseau de vérité et de mensonge mêlés.

Ces notes nous rappellent une fois de plus qu'il y a presque toujours un mélange de faits réels et d'exécutions frauduleuses.

Il est facile d'admettre que le médium, voulant produire un effet, et disposant pour cela de deux moyens, l'un facile et n'exigeant que de l'adresse et de la ruse, l'autre pénible, coûteux et pénible, est tenté de choisir, consciemment ou *même inconsciemment*, ce qui lui coûte le moins.

Voici sa méthode de procédure pour obtenir le remplacement des mains. Les figures représentées sur la planche XI représentent quatre positions successives des mains du médium et de celles des assistants. Ils montrent comment, grâce à l'obscurité et à une savante série de mouvements combinés, elle peut faire croire au modèle de droite qu'il sent encore tout seul la main droite du médium, alors qu'il sent réellement sa main gauche, qui est fermement tenu par le modèle de gauche. Sa main droite, étant alors libre, est capable de produire les effets qui sont à sa portée.

La substitution peut être obtenue de différentes manières. Mais quelle que soit la méthode utilisée, il est évident que la main libérée ne peut opérer que dans un espace à sa portée.

Qui d'entre nous est toujours maître de ses impressions et de ses facultés ? écrit le Dr Dariex à ce propos. [43] Qui d'entre nous peut à volonté se mettre dans telle ou telle condition physique et dans tel ou tel état moral ? Le compositeur de musique est-il maître de son inspiration ? Un poète écrit-il toujours des vers de valeur égale ? Un homme de génie est-il toujours un homme de génie ? Or, qu'y a-t-il de moins normal, de plus impressionnable et de plus capricieux qu'une sensible, une médium, surtout lorsqu'elle est loin de chez elle, rejetée hors de la routine de sa vie quotidienne, et reste avec ceux qu'elle ne connaît pas ou qu'elle connaît. très légèrement, qui doit être ses juges et qui attend d'elle le phénomène rare et anormal dont la production n'est pas sous le contrôle constant et complet de sa volonté ?

Un sensible placé dans une telle situation, aura une propension fatale à simuler le phénomène qui ne se matérialise pas spontanément ou à accroître par tromperie l'intensité d'une expérience partiellement réussie.

Cette feinte est bien entendu une chose très vexatoire et regrettable. Cela jette le soupçon sur les expériences, les rend beaucoup plus difficiles et moins à la portée du chercheur. Mais ceci n'est qu'un obstacle et ne doit pas nous arrêter et nous amener à prendre une décision prématurée. Tous ceux d'entre nous qui ont expérimenté et manipulé ces objets sensibles savent qu'à chaque instant nous sommes confrontés à des fraudes, conscientes ou inconscientes, et que tous les médiums, ou presque, y sont habitués. Nous savons qu'il faut malheureusement prendre notre part, pour le moment, à cette regrettable faiblesse, et être assez perspicace pour empêcher, ou du moins déterrer la supercherie, et démêler le vrai du faux.

Plus d'un de ceux qui se sont livrés avec persévérance à des expériences psychiques, peuvent dire qu'il a été parfois énervé et irrité en attendant un phénomène qui n'a pas lieu, et qu'il a éprouvé comme un désir de mettre fin à cette attente. par lui-même en donnant la touche supplémentaire ou la touche décisive. [44]

De tels expérimentateurs peuvent comprendre que si, au lieu d'être des travailleurs consciencieux, toujours maîtres d'eux-mêmes, incapables de tromper et engagés uniquement dans la recherche de la vérité scientifique, ils étaient au contraire des personnes quelque peu rêveuses et impulsives, susceptibles de suggestion. et dont *l'amour-propre* était actif et dans l'esprit duquel la probité scientifique n'occupait pas la première et prééminente place, ils se lanceraient sans doute, plus ou moins involontairement, dans la production artificielle de phénomènes qui refusaient de se produire dans un ordre régulier et naturel. .

Quant à Eusapia, si elle contrefait quelquefois, elle ne le fait qu'en se soustrayant à l'inspection vigilante des expérimentateurs et en échappant un instant à leur contrôle ; mais elle le fait sans aucun autre artifice. Ses expériences ne sont pas planifiées et, contrairement à l'habitude des prestidigitateurs, elle ne porte sur elle aucun appareil. Il est facile de s'en assurer, car elle se déshabille volontiers complètement devant une dame chargée de la surveiller.

En outre, elle déploie ses pouvoirs *ad libitum* auprès des mêmes personnes, et répète indéfiniment devant elles les mêmes expériences. Les prestidigitateurs n'agissent pas de cette façon.

PLANCHE XI

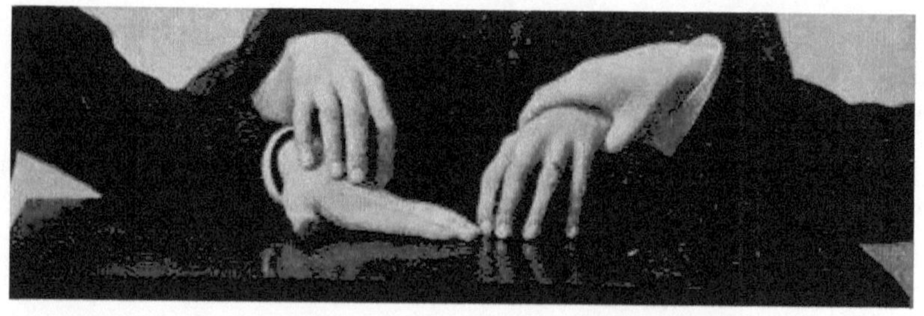

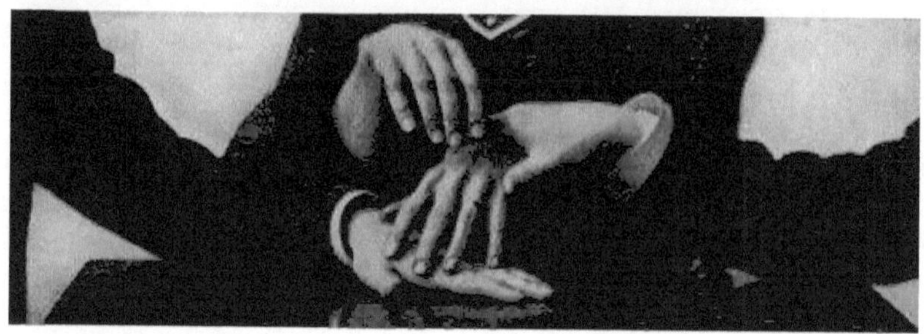

Méthode utilisée par Eusapia pour libérer subrepticement sa main.

Il est infiniment regrettable qu'on ne puisse pas se fier à la fidélité des médiums. Ils trichent presque tous. Ceci est extrêmement décourageant pour l'enquêteur, et la perplexité d'esprit constante que nous ressentons au cours de nos investigations les rend tout à fait pénibles. Quand nous avons passé plusieurs jours dans ces recherches inexplicables et que nous revenons ensuite au travail scientifique, — à une observation ou à un calcul astronomique, par exemple, ou à l'examen d'un problème de science pure, —

nous éprouvons une sensation de fraîcheur, de calme. , un soulagement et une sérénité qui nous procurent, au contraire, la plus vive satisfaction. Nous sentons que nous marchons sur du solide et que nous ne devons nous méfier de personne. Il faut en effet, parfois, tout l'intérêt intrinsèque des problèmes psychiques pour nous donner le courage de renoncer au plaisir de l'étude scientifique pour nous livrer à des investigations si laborieuses et si perplexes.

Je crois qu'il n'y a qu'un seul moyen de s'assurer de la réalité des phénomènes, c'est de mettre le médium dans des conditions où la supercherie est impossible. La surprendre en flagrant délit de tromperie serait extrêmement facile. Il suffirait de lui laisser carte blanche. Et puis on peut très facilement l'aider à tricher et à se faire prendre. Il suffit que nous soyons convaincus de sa malhonnêteté. Eusapia, surtout, accepte très facilement les suggestions. Alors qu'il allait un jour en voiture découverte dîner chez lui, le colonel de Rochas lui dit, en ma présence : « Vous ne pouvez plus lever la main droite. Essayez ! Elle a essayé, mais en vain. "Non, non, non !" (« Je ne peux pas le faire, je ne peux pas le faire ! »). La simple suggestion avait suffi.

Dans les phénomènes relatifs aux mouvements d'objets sans contact, elle fait toujours un geste correspondant au phénomène. Une force jaillit d'elle et accomplit l'acte. Ainsi, par exemple, elle frappe du poing trois ou quatre coups en l'air à une distance de dix ou douze pouces de la table : les mêmes coups se font entendre dans la table. Et c'est positivement dans le bois de la table. Ce n'est pas en dessous, ni sur le sol. Ses jambes sont tenues et elle ne les bouge pas. Elle donne cinq coups du majeur sur ma main en l'air : les cinq coups sont frappés sur la table (19 novembre).

Bien plus, cette force peut être transmise par une autre. Je tiens ses jambes avec ma main gauche étendue dessus ; M. Sardou lui tient la main gauche ; elle prend mon poignet droit dans sa main droite et me dit : « Frappez du côté de M. Sardou. Je le fais trois ou quatre fois. M. Sardou sent sur son corps mes coups correspondant à mon geste, avec une différence d'environ une seconde entre mon mouvement et sa sensation. L'expérience est retentée avec le même succès.

Le soir même, non seulement nous n'avons pas lâché un seul instant les mains d'Eusapia, séparées l'une de l'autre par la largeur de son corps et placées près des nôtres, mais nous ne leur avons pas permis de les déplacer du côté des objets. être déplacé. Il a fallu beaucoup de temps pour obtenir des résultats. Mais ils ont quand même pleinement réussi.

Elle a tendance à aller s'emparer des objets ; il faut l'arrêter à temps. Mais elle les saisit elle-même, en effet, par le prolongement de sa force musculaire, et elle le dit : « Je le saisis, je le tiens. C'est notre rôle de garder soigneusement ses mains normales dans les nôtres.

On a parfois de bonnes raisons de soupçonner qu'Eusapia saisit les objets à déplacer (comme les instruments de musique) avec une de ses mains qu'elle a libérée. Mais il existe de nombreuses preuves qu'elle ne le fait pas toujours. Voici un cas, par exemple. La scène se déroule à Naples, en 1902, lors d'une séance avec le professeur von Schrenck-Notzing :

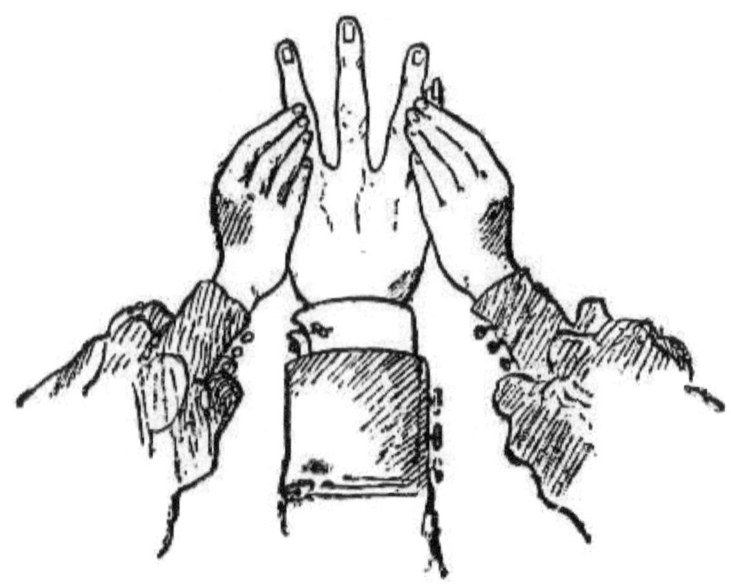

FIGURE 2.

La séance eut lieu dans une petite salle, sous une lumière faible, mais suffisante pour qu'on puisse distinguer les personnages et leurs mouvements. Derrière le médium, sur une chaise, il y avait un harmonica, à environ un mètre de distance.

Or, à un certain moment, Eusapia prit entre ses mains une main du professeur et commença à séparer ses doigts les uns des autres et à les rapprocher, comme on peut le voir dans la coupure qui l'accompagne. L'harmonica jouait à ce moment-là à distance dans des tons qui synchronisaient parfaitement les mouvements effectués par Eusapia. L'instrument était isolé dans la pièce. Nous nous sommes assurés qu'il n'y avait aucun fil le reliant au support. On pouvait encore moins craindre les complices, car la lumière aurait facilement trahi leur intervention. Cette performance était analogue à celle qui s'est produite en ma présence le 27 juillet 1897. (voir ci-dessus p. 72.)

Ce qui suit est un exemple typique de mouvements « sympathiques », tiré d'un rapport du Dr Dariex. Il s'agissait de faire jaillir une clé d'une serrure .

La lumière était suffisamment forte pour que nous puissions distinguer parfaitement chacun des mouvements d'Eusapia. Tout à coup, la clé du coffre résonne dans sa serrure ; mais, pris d'une manière inconnue, il refuse de bouger. Eusapia saisit de sa main droite la gauche de M. Sabatier, et, en même temps, enroule les doigts de son autre main autour de son index. Elle commence alors à effectuer des mouvements alternés de rotation d'avant en arrière autour de son doigt. On entend aussitôt des cliquetis synchrones de la clé qui tourne dans sa serrure au même rythme que les doigts du médium. [45]

Supposons que le coffre, au lieu d'être à distance du médium, ait été à sa portée ; supposons encore que la lumière, au lieu d'être abondante, ait été faible et incertaine : les modèles n'auraient pas manqué de confondre cette sorte d'automatisme synchrone avec une fraude consciente et impudente de la part d'Eusapia. Et ils auraient été trompés.

Sans excuser la fraude, abominable, honteuse et méprisable dans tous les cas, elle peut sans doute s'expliquer de manière très humaine en admettant la réalité des phénomènes. D'abord les phénomènes réels épuisent le milieu et ne se produisent qu'au prix d'une énorme dépense de force vitale. Elle est fréquemment malade le lendemain, parfois même le deuxième jour suivant, et est incapable de se nourrir sans vomir immédiatement. On conçoit donc aisément que lorsqu'elle est capable de faire certains prodiges sans aucune dépense de force et simplement par une tromperie plus ou moins adroite, elle préfère le second procédé au premier. Cela ne l'épuise pas du tout, et peut même l'amuser.

Remarquons ensuite que, pendant ces expériences, elle est généralement dans un état de demi-éveil qui ressemble un peu au sommeil hypnotique ou somnambulique. Son idée fixe est de produire des phénomènes ; et elle les produit, peu importe comment.

Il est alors urgent, indispensable d'être constamment en alerte et de contrôler tous ses faits et gestes avec la plus grande attention.

Je pourrais citer des centaines d'exemples analogues observés par moi-même dans les années passées. En voici une tirée de mes notes.

Le 2 octobre 1889, une séance spiritualiste avait réuni certains enquêteurs dans l'hôtel hospitalier de la comtesse de Mouzay, à Rambouillet. On nous dit que nous avions la rare chance d'avoir avec nous une véritable et excellente médium : Mme. X., épouse d'un médecin parisien très distingué, elle-même bien instruite et inspirant par son caractère la plus grande confiance.

Nous nous disposâmes, quatre en tout, autour d'une petite table en bois clair. A peine une minute s'est écoulée que la petite table semble prise de tremblement, et presque aussitôt elle se lève puis retombe. Ce mouvement vertical se répète plusieurs fois en pleine lumière des lampes du salon.

Le lendemain, la même lévitation s'est produite en plein jour, à midi, alors que nous attendions un invité en retard pour le déjeuner. Cette fois, la table ronde utilisée était beaucoup plus lourde.

"Y a-t-il un esprit là-bas ?" demande quelqu'un.

"Oui."

"Est-il prêt à donner son nom ?"

"Oui."

Quelqu'un prend un alphabet, compte les lettres, et reçoit, par des coups faits par l'un des pieds de la table, le nom de Léopoldine Hugo.

"Avez-vous quelque chose à nous dire?"

"Charles, mon mari, aimerait me retrouver."

"Mais où est-il ?"

"Flottant dans l'espace."

"Et toi?"

"En présence de Dieu."

"Tout cela est très vague. Pourriez-vous nous fournir un justificatif d'identité pour nous prouver que vous êtes bien la fille de Victor Hugo, l'épouse de Charles Vacquerie ? Vous souvenez-vous de l'endroit où vous êtes décédée ?"

"Oui, à Villequier."

" Dans la mesure où l'accident de votre naufrage dans la Seine est bien connu, et comme tout cela est peut-être latent dans nos cerveaux, pourriez-vous s'il vous plaît nous donner d'autres faits ? Vous souvenez-vous de l'année de votre mort ? "

"1849."

« Je ne le crois pas, répondis-je, car j'ai en tête une page des *Contemplations* où est écrite la date du 4 septembre 1843. Ma mémoire m'a-t-elle trompé ?

"Oui. Nous sommes en 1849."

"Vous m'étonnez beaucoup, car en 1843, Victor Hugo revenait d'Espagne à cause de votre mort, alors qu'en 1849 il était représentant du peuple à Paris.

D'ailleurs, vous êtes décédé six mois après votre mariage, qui a eu lieu en février. , 1843."

La comtesse de Mouzay fait alors remarquer qu'elle connaît très bien Victor Hugo et sa famille, qu'ils habitent alors rue de Latour-d'Auvergne, et que la date 1849 doit être exacte.

Je maintiens le contraire. L'esprit s'en tient à son fait.

"En quel mois l'événement a-t-il eu lieu ?"

"Juillet."

"Non, c'était en septembre. Vous n'êtes pas Léopoldine Hugo. Quel âge aviez-vous lorsque vous êtes décédé ?"

"Dix-huit ans. Ils ne se souviennent pas très souvent de décorer mon tombeau de fleurs."

"Où?"

"Au Père-Lachaise."

"Vous vous trompez, c'est à Villequier que vous avez été enterré, et je suis allée moi-même visiter votre tombe. Votre mari, Charles Vacquerie, est là aussi, avec les deux autres victimes de la catastrophe. Vous ne savez pas de quoi vous parlez. à propos de."

Notre hôtesse déclare alors qu'elle ne pensait pas du tout au Père-Lachaise, et que, selon elle, Léopoldine Hugo et son mari restaient au fond de la Seine.

Après le déjeuner, nous nous asseyons à nouveau à la table de la séance. Diverses oscillations. Puis un nom est dicté.

"Sivel."

"L'aéronaute ?"

"Oui."

"En quelle année es-tu mort ?"

"1875." (Correct.)

"Quel mois?"

"Mars." (C'était le 15 avril.)

"A partir de quel moment ton ballon est-il parti ?"

"La Villette." (Correct.)

"Où es-tu tombé ?"

"Dans la rivière Indre."

Tous ces « éléments » nous étaient plus ou moins connus. Je demande un justificatif d'identité plus particulier.

"Où m'as-tu connu ?"

"Avec l'amiral Mouchez."

— C'est impossible. J'ai connu pour la première fois l'amiral Mouchez au moment de sa nomination à la direction de l'Observatoire de Paris. Il a succédé à Le Verrier en 1877, deux ans après votre mort.

La table s'agite et dicte ce qui suit :

"Donne ton nom."

"Witold. Marquise, je t'aime toujours."

"Êtes-vous heureux?"

"Non, je me suis mal comporté avec toi."

"Tu sais bien que je te pardonne et que je garde de toi le plus heureux souvenir."

"Tu es trop bon."

Ces pensées étaient évidemment dans l'esprit de la dame ; il n'y avait donc pas ici plus de preuve d'identité que dans l'autre cas.

Tout d'un coup, la table se met à bouger vigoureusement et un autre nom est dicté : « Ravachol ». [46]

"Oh, qu'est-ce qu'il va nous dire ?"

Je rapporterai ici ce qu'il a dit, non sans honte, et avec toutes mes excuses à mes lectrices. Le voici dans toute sa crudité :

" *Bougres de crétins, votre vente gueule est encore plaine des odeurs du festin.* "

("Méchants canailles et idiots, votre gorge sale est encore pleine des odeurs de festin.")

" Monsieur Ravachol, votre langage est exquis ! N'avez-vous rien de plus raffiné à nous dire que cela ? "

"Tu es époustouflé !"

Certes, aucun d'entre nous n'était capable de composer consciemment une telle phrase. Mais tout le monde connaît les mots qui ont été utilisés. Peut-être que nos pensées conscientes ou subconscientes y parlaient ? Émanaient-ils de Mme. X., le médium ?

Dans l'incertitude dans laquelle nous étions plongés par ces deux séances, nous demandâmes à M. et Mme. X. pour venir passer un dimanche à Juvisy et tenter de nouvelles études et tests.

Ils sont venus, et le dimanche 8 octobre, nous avons obtenu des lévitations remarquables. Mais il reste encore quelques doutes dans nos esprits, et nous nous engageons pour une autre réunion dans la quinzaine.

Le dimanche 22 octobre 1899, conformément à mon désir d'exercer un contrôle attentif sur les enquêteurs, je fis clouer ensemble quatre larges planches formant un cadre vertical dans lequel je plaçai la petite table qui devait servir pendant l'audience. Cette charpente empêchait le passage des pieds des assistants sous la table ; et si elle s'élevait malgré cela, alors nous saurions que la lévitation était due à une force inconnue.

Les remarques de Mme. X., lorsqu'elle a vu cet appareil, m'a tout de suite fait penser qu'il n'y aurait pas de lévitation.

« Notre pouvoir, dit-elle, est capricieux ; certains jours nous obtenons de bons résultats, d'autres pas du tout, et sans raison apparente.

— Mais nous aurons peut-être des raps, en tout cas ?

"Certainement. Il ne faut pas anticiper les résultats. On peut toujours essayer."

Deux heures après le déjeuner, Mme. X. accepte de tenter une séance. *Aucune lévitation ne s'est produite.*

J'avais quelques soupçons que ce serait le cas. Je désirais ardemment le contraire, et nous voulions la lévitation de toutes nos forces. J'ai pris expressément soin d'avoir les mêmes expérimentateurs (Mme X. et Mme Cail, et moi-même) qu'il y a quinze jours, où tout se passait si admirablement, mêmes lieux, mêmes chaises, même pièce, même température, heure, etc.

Les raps indiquent qu'un esprit souhaite parler. Je remarque que les coups correspondent à un mouvement musculaire de Mme. La jambe de X.

"Qui es-tu?"

"Dans la bibliothèque du maître de maison, mon nom se retrouvera dans un livre."

"Comment allons-nous le trouver?"

"C'est écrit sur un morceau de papier."

"Dans quel livre ?"

" *Astronomie.* "

"De quelle date ?"

Pas de réponse.

"De quelle couleur ?"

"Jaune."

"Lié?"

"Non."

« Cousu ? »

"Oui."

"Sur quelle étagère ?"

"Chasse."

"Il est impossible de parcourir des milliers de volumes et, d'ailleurs, il n'y a pas un tel livre dans toute la bibliothèque."

Pas de réponse.

Après une série de questions, nous apprenons que le livre se trouve sur la sixième étagère du corps principal de la bibliothèque, à droite de la porte. Mais d'abord, nous sommes tous entrés dans la pièce pour nous assurer qu'elle ne contenait aucun livre tel que celui décrit.

"Alors le volume est relié en planches ?"

"Oui, il y a quatre volumes *faibles* ."

Nous retournons dans la pièce et, bien sûr, trouvons dans un volume intitulé *Anatomia Celeste* , Venise, 1573, un morceau de papier sur lequel est écrit au crayon le nom « Krishna ». Nous retournons à la table de séance.

"Est-ce vraiment toi, Krishna ?"

"Oui."

« A quelle époque viviez-vous ?

"Au temps de Jésus."

"Dans quel pays?"

"Dans le voisinage du système montagneux de l'Himalaya."

"Et comment as-tu écrit ton nom sur ce morceau de papier ?"

"En passant par la pensée de mon médium."

Etc.

J'ai pensé qu'il serait superflu d'insister davantage.

Mme. X. ne pouvant relever la table avait choisi le dispositif des coups de table. Cependant, l'invocation du prophète hindou m'a semblé une belle audace.

L'hypothèse la plus simple est que la femme est entrée dans ma bibliothèque et a mis le morceau de papier dans le livre. En fait, elle y a été vue. Mais même si elle ne l'avait pas été, la conclusion n'en serait pas moins certaine. Car la chambre était ouverte, et Mme. X. était resté environ une heure dans la pièce voisine, retenu par « un mal de tête nerveux ».

Cet exemple de supercherie médiumnique est, comme je l'ai dit, un parmi des centaines. En réalité, il faut être doté de la plus infatigable persévérance pour pouvoir consacrer à ces études des heures qui seraient bien mieux employées même à ne rien faire du tout. Cependant, quand on a la conviction que quelque chose de réel existe, on revient toujours, malgré d'incessantes ruses.

Au mois de mai 1901, la princesse Karadja me présenta une médium professionnelle, Mme Anna Rothe, une Allemande, dont la spécialité résidait dans sa prétendue capacité à faire jaillir des fleurs dans une pièce bien fermée en plein jour.

J'ai pris des dispositions pour une séance avec elle dans mes appartements à Paris. Pendant sa durée, des bouquets de fleurs de toutes tailles firent certes leur apparition, mais toujours d'un point de la pièce à l'opposé de celui sur lequel notre attention était attirée par Mme Rothe et son directeur, Max Ientsch.

Etant presque convaincu que tout n'était que fraude, mais n'ayant pas le temps à consacrer à de telles séances, je priai M. Cail d'assister, aussi souvent qu'il le pourrait, aux réunions qui devaient se tenir dans les différents salons parisiens. Il y consentit volontiers et fut invité à une séance chez Clément Marot. S'étant placé un peu en retrait du milieu à fleurs, il la vit glisser adroitement une main sous ses jupes et en tirer des branches qu'elle lançait en l'air.

Il la vit également prendre des oranges dans son corsage et s'assura qu'elles étaient chaudes.

L'imposture était flagrante, et il la démasqua aussitôt, au grand scandale des assistants, qui l'injurièrent. Une dernière séance était prévue, qui aurait lieu dans mon salon le mardi suivant. Mais Mme Rothe et ses deux complices ont pris le train le matin même à la gare de l'Est et nous ne les avons plus revus. L'année suivante, elle fut arrêtée à Berlin, après une séance frauduleuse, et condamnée à un an de prison pour escroquerie.

Dans ce genre de choses, les tricheries et les mystifications sont aussi nombreuses que les faits authentifiés. Ceux qui sont curieux de ces choses n'auront pas oublié la canular et le délit scandaleux de la célèbre Mme Williams, Américaine qui fut reçue en toute confiance, en 1894, à Paris, par mon excellente amie, la duchesse de Pomar. Déjà rendus méfiants par les observations ingénieuses du jeune duc, les participants étaient déterminés à ne pas être la cible de ses bêtises très longtemps, et une séance fut convenue. Les participants étaient MM. de Watteville, Dariex, Mangin, Ribero, Wellemberg, Lebel, Wolf, Paul Leymarie (fils du rédacteur en chef de *La Revue Spirite*), etc.

La spécialité de Mme Williams (qui était, soit dit en passant, une personne plutôt corpulente) était la représentation d'apparitions ou de fantômes. Lesdites apparitions se sont révélées être des mannequins, plutôt mal dressés ; les dames spectatrices, ainsi que les messieurs, étaient très déçus de l'absence de contours riches et fluides *sous* les draperies des misérables marionnettes. Minces et molles, en lambeaux, elles ne ressemblaient pas le moins du monde aux contours normaux et classiques de la femme, dont nous aurions pu apercevoir, au moins dans une certaine mesure, les lignes sous la gaze légère qui enveloppait les personnages. Plusieurs dames brillantes, mais quelque peu irrévérencieuses, ne dissimulaient pas qu'elles préféreraient l'anéantissement s'il fallait être ainsi... « réduites », si « incomplètes » dans l'autre monde ! Ces messieurs ajoutent qu'ils ne seront certainement pas les seuls à déplorer un tel état de choses !

Il n'y avait aucune atmosphère religieuse dans ces séances. L'imposture fut découverte, ou plutôt saisie, par M. Paul Leymarie. Il saisit simplement Mme. L'imposteur autour de la taille (s'étant glissé derrière le rideau à cet effet) et la tient fermement pour l'inspection du public. Les lumières s'allument et, au milieu du tumulte confus des vingt-cinq modèles trompés, l'héroïne du spectacle est obligée de se montrer en collants de chair, tandis que tout l'appareil de son spectacle de marionnettes fantomatiques se découvre dans le hall. armoire!

Mme Williams a eu l'audace de se défendre, un peu plus tard, dans l'American Journal *Light*, qualifiant de manière ludique de « bandits » ceux qui l'avaient démasquée à Paris.

C'était là un cas de haute mystification, de jonglerie digne d'un saltimbanque du coin de la rue. Mais, comme nous l'avons déjà vu, les choses n'atteignent généralement pas un tel degré d'audace, et bien souvent la fraude n'intervient que lorsque les pouvoirs véritables sont affaiblis. Cela apparaît bien dans les récits de la « fille poisson-torpille », Angelica Cottin, qui a acquis une grande notoriété .

Le 15 janvier 1846, dans le village de Bouvigny, près de Perrière (Orne), une jeune fille de treize ans, nommée Angélique Cottin, légère et robuste, mais extrêmement apathique de tempérament physique et de moralité, montra soudain d'étranges pouvoirs. Les objets touchés par elle ou par ses vêtements étaient repoussés de force. Parfois, même à son approche, les gens étaient plongés dans un tumulte et une excitation, et on voyait des meubles et des ustensiles de ménage bouger et vibrer. Avec quelques variations d'intensité, et avec des intermittences parfois de deux ou trois jours, cette curieuse vertu dura environ un mois, puis disparut aussi inopinément qu'elle était apparue. Elle a été authentifiée par un grand nombre de personnes, dont certaines ont soumis la petite fille à de véritables expériences scientifiques et ont consigné leurs observations dans des rapports formels qui ont été rassemblés et publiés par le Dr Tanchou. Ce monsieur a vu Angélique pour la première fois le 12 février 1846, à Paris, où elle avait été emmenée pour être exposée. Les manifestations (qui avaient diminué depuis le jour où le fond ou le cours habituel de ses habitudes avaient été modifiés) étaient sur le point de disparaître complètement. Elles étaient pourtant suffisamment distinctes pour permettre à l'enquêteur de rédiger la note suivante, qui fut lue à l'Académie des Sciences, le 17 février, par Arago, témoin oculaire des faits. [47]

J'ai vu deux fois la jeune fille "électrique" (dit le Dr Tanchou).

Une chaise que je tenais aussi fort que possible avec mon pied et mes deux mains m'a été arrachée de force au moment où elle s'y était assise.

Un petit bout de papier que je tenais en équilibre sur un doigt fut plusieurs fois emporté comme par un coup de vent.

Une table à manger de taille moyenne, quoique un peu lourde, fut plus d'une fois déplacée par le simple contact de sa robe.

Une petite roue de papier, placée verticalement ou horizontalement sur son axe, était mise en mouvement rapide par les radiations qui jaillissaient du poignet de cette enfant et du pli de son bras. [48]

Un grand et lourd canapé sur lequel j'étais assis fut poussé avec beaucoup de force contre le mur au moment où la jeune fille vint s'asseoir à côté de moi.

Une chaise était maintenue au sol par des hommes forts et j'étais assis dessus de manière à n'occuper que la moitié du siège. Il a été arraché de force sous moi dès que la jeune fille s'est assise sur l'autre moitié.

Ce qui est curieux, c'est qu'à chaque fois que la chaise est soulevée, elle semble s'accrocher à la robe d'Angelica. Il la suit un instant avant de se détacher.

Deux petites boules de moelle de sureau ou boules de plumes, suspendues par un fil de soie, sont mises en mouvement, attirées l'une vers l'autre et parfois repoussées.

émanations) de cette fille ne sont pas présentes en permanence à toutes les heures de la journée. Ils sont particulièrement forts le soir, de sept heures à neuf heures, ce qui me laisse supposer que peut-être son dernier repas (pris à six heures) n'est pas sans influence.

Les émanations proviennent uniquement de la partie antérieure du corps, notamment au niveau du poignet et du pli du bras. Ils ne se produisent que du côté gauche, et le bras de ce côté est d'une température plus élevée que celui de l'autre. Il dégage une douce chaleur, comme s'il s'agissait d'une partie où se déroule une vive réaction. Le bras tremble et est continuellement troublé par des contractions et des frémissements inhabituels qui semblent être communiqués à la main qui le touche.

Pendant le temps que j'ai observé ce sujet, son pouls variait de 105 à 120 pulsations par minute. Cela me paraissait souvent irrégulier.

Lorsqu'elle est isolée du réservoir commun de puissance électrique ou magnétique, soit en étant assise sur une chaise sans que ses pieds touchent le sol, soit en les plaçant sur la chaise d'une personne devant elle, les phénomènes n'ont pas lieu. Ils cessent également lorsqu'on la fait asseoir sur ses propres mains. Un parquet ciré, un morceau de soie huilée, une plaque de verre sous ses pieds ou sur la chaise, tout cela a pour effet de contrarier et de détruire pour le moment la propriété électro-dynamique de son corps.

Pendant le paroxysme, elle ne peut presque rien toucher avec sa main gauche sans la jeter loin d'elle comme si elle la brûlait. Lorsque ses vêtements touchent les meubles d'une pièce, elle les attire, les déplace et les renverse.

On comprendra cela plus facilement lorsqu'on saura qu'à chaque décharge électrique elle s'enfuit pour échapper à la douleur. Elle dit que « ça la pique » ou la « pique » au poignet ou au pli du coude. Un jour, alors que je cherchais son pouls dans l'artère temporale (n'ayant pas pu le localiser dans le bras gauche), mes doigts touchèrent par hasard la nuque. Elle poussa un cri et s'éloigna rapidement de moi. Je me suis assuré plusieurs fois que, près du cervelet, à l'endroit où les muscles de la partie supérieure du cou se joignent au crâne, il y a un endroit si sensible qu'elle ne permet à personne d'y toucher. Toutes les sensations qu'elle éprouve dans son bras gauche sont ici reprises ou répétées.

Les émanations électriques de cet enfant semblent se déplacer par vagues, par intermittence et successivement, à travers différentes parties de la partie antérieure du corps. Mais quoi qu'il en soit, *ils sont certainement accompagnés d'un courant aériforme qui donne la sensation de froid* . Je sentais clairement sur ma main un souffle d'air rapide, semblable à celui produit par les lèvres.

Chaque fois que la force mystérieuse traverse son corps et se matérialise dans un acte, la terreur et la consternation remplissent l'esprit de cette enfant, et elle cherche refuge dans la fuite. Chaque fois qu'elle approche le bout de ses doigts du pôle nord d'un morceau de fer aimanté, elle reçoit un choc violent ; le pôle sud ne produit aucun effet. Si je manipulais le fer de telle manière que je ne pouvais pas moi-même y identifier le pôle nord, *elle* pourrait toujours très bien le distinguer.

Elle a treize ans et n'a pas encore atteint l'âge de la puberté. J'ai appris de sa mère que rien de tel que les menstruations n'est encore apparu. Elle est très forte et en bonne santé, mais son intellect est encore peu développé. C'est une paysanne *villageoise* dans tous les sens du terme ; pourtant elle sait lire et écrire. Son métier est la confection de gants en fil pour dames. Les premiers phénomènes électriques ont commencé il y a un mois.

Il est souhaitable d'ajouter à la note qui précède des extraits d'autres rapports. Voici par exemple une citation de M. Hébert :

Le 17 janvier, c'est-à-dire le deuxième jour de l'apparition des phénomènes, les ciseaux suspendus à sa taille par un ruban de coton s'envolèrent sans que le cordon se rompe, et personne ne put imaginer comment cela pouvait se produire. s'est délié. Cette circonstance, incroyable par sa ressemblance avec les farces de la foudre, fait immédiatement penser que l'électricité doit jouer un rôle important dans la production d'effets aussi étonnants. Mais cette façon de voir les choses n'a pas duré longtemps. Car le miracle des ciseaux ne s'est produit que deux fois, une fois en présence du curé du village, qui m'a garanti sur l'honneur la véracité de cette déclaration. Au milieu de la journée, on n'obtenait presque aucun effet, mais le soir, à l'heure habituelle, ils redoublaient d'intensité. C'est à cette époque que l'action sans contact se produisait et que les effets se produisaient dans les corps organiques vivants. Ces derniers firent leur première apparition sous la forme de violentes secousses ressenties aux chevilles par une des ouvrières qui se trouvait alors en face d'Angélique, les pointes de leurs sabots étant espacées d'environ quatre pouces.

Le docteur Beaumont Chardon, médecin de Mortagne, a également publié des notes et observations similaires, entre autres les suivantes :

La répulsion et l'attraction, le sautillement et le déplacement, d'une table assez solide ; d'une autre table de six pieds sur neuf, montée sur roulettes ; d'une autre table carrée en chêne de quatre pieds et demi ; d'un fauteuil en acajou très massif, - *tous ces déplacements s'effectuaient par contact avec les vêtements de la jeune fille Cottin, contact soit involontaire, soit volontairement provoqué par des expériences* .

On ressentait une sensation de violentes piqûres lorsqu'un bâton de cire à cacheter ou un tube de verre convenablement frotté était mis en contact avec un pli du bras gauche ou avec la tête, ou simplement lorsqu'on l'approchait un peu. Lorsque la cire à cacheter ou le tube n'avaient pas été frottés, ou lorsqu'ils étaient essuyés ou humidifiés, les effets cessaient. Les poils du bras, inclinés ou aplatis par un peu de salive, se dressaient de nouveau à l'approche du bras gauche de l'enfant.

J'ai déjà remarqué que cette jeune fille avait été amenée à Paris comme sujet d'observation scientifique. Arago, à l'Observatoire, en présence de ses collègues MM. Mathieu, Laugier et Goujon ont établi la vérité des phénomènes suivants :

Lorsqu'Angélique tendit la main vers une feuille de papier posée près du bord d'une table, le papier fut fortement attiré par la main. S'approchant d'une table centrale, elle l'effleura avec son tablier, et la table s'éloigna d'elle. Lorsqu'elle s'asseyait sur une chaise et posait ses pieds sur le sol, la chaise était violemment rejetée contre le mur, et elle-même était projetée en avant de l'autre côté de la pièce. Cette dernière expérience, répétée plusieurs fois, réussit toujours. Ni Arago ni les astronomes de l'Observatoire n'ont pu maintenir la chaise enfoncée. M. Goujon, qui s'était assis d'avance sur une moitié de la chaise qui allait servir à Angélique, fut bouleversé au moment où elle vint partager le siège avec lui.

Suite à un rapport favorable de son illustre secrétaire perpétuel [49] , l'Académie des sciences nomma une commission pour examiner Angelica Cottin. Cette commission borna ses efforts exclusivement à déterminer si la force électrique du sujet était ou non semblable à celle des machines ou à celle du poisson torpille. Ils ne purent parvenir à aucune conclusion, probablement à cause de l'émotion suscitée chez la jeune fille à la vue du formidable appareil d'expérimentation ; et puis ses pouvoirs particuliers étaient déjà sur le déclin. Aussi la commission s'empressa-t-elle de déclarer nulles et non avenues toutes les communications faites à ce sujet à l'Académie auparavant.

A ce sujet, mon vieux maître et ami Babinet, qui était membre de la commission, écrivait ceci :

Les membres de la commission n'ont pu vérifier aucune des caractéristiques annoncées. Aucun rapport ne fut fait, et les parents d'Angélique, dignes personnes de la probité la plus exemplaire, revinrent avec elle de Paris dans leur localité. La bonne foi de ce couple et d'un ami qui les accompagnait m'intéressait beaucoup, et j'aurais donné tout au monde pour trouver un peu de réalité aux merveilles qu'on avait proclamées sur la jeune fille. La seule chose remarquable qu'elle faisait était de se lever de sa chaise de la manière la plus concrète du monde et de la lancer derrière elle avec une telle force que souvent la chaise se brisait contre le mur. Mais l'expérience suprême, celle où, selon ses parents, se révéla le miracle du mouvement produit sans contact, fut la suivante : elle fut placée debout devant une légère table basse recouverte d'une fine étoffe de soie. Son tablier, également fait d' une soie très légère et presque transparente, reposait sur la table centrale (même si cette dernière condition n'était pas indispensable). Puis, *lorsque la force électrique est apparue* , la table s'est renversée, tandis que « la fille électrique » gardait sa stupide impassibilité habituelle. Je n'avais personnellement jamais vu de succès dans cet aspect particulier des performances de la jeune fille ; ni mes collègues de la commission de l'Institut, ni les médecins, ni certains écrivains, qui, avec une grande assiduité, avaient assisté à toutes les séances désignées au siège des parents de la jeune fille à Paris. Quant à moi, j'avais déjà dépassé toutes les limites de la complaisance amicale, lorsqu'un soir les parents vinrent me supplier, en vertu de l'intérêt que je leur portais, d'assister encore à une séance, disant que la force électrique allait se déclarer à nouveau avec beaucoup d'énergie. J'arrivai vers huit heures du soir à l'hôtel où logeait la famille Cottin. Je fus désagréablement surpris de trouver une séance destinée uniquement à moi et aux amis que j'amenais avec moi, envahie par une foule de médecins et de journalistes attirés par l'annonce des prodiges qui allaient recommencer. Après m'être excusé, on me présenta dans une pièce du fond qui servait de salle à manger, et j'y trouvai une immense table de cuisine faite de planches de chêne d'une épaisseur et d'un poids énormes. Au moment où on servait le dîner, la jeune fille électrique avait, par un acte de sa volonté (dit-on), renversé cette table massive, et, par suite, brisé toutes les assiettes et les bouteilles qui s'y trouvaient. Mais ses excellents parents ne regrettaient pas la perte, ni le mauvais dîner qui en résultait, en raison de l'espoir qui les animait que les merveilleuses qualités du pauvre idiot allaient se manifester et recevoir le cachet officiel de l'authenticité. Il n'y avait aucune possibilité de douter de la véracité de ces honnêtes témoins. Un octogénaire qui m'accompagnait (MM—, le plus sceptique des hommes) croyait comme moi à leur récit ; mais, après être entré avec moi dans la salle pleine de monde, cet observateur méfiant se plaça dès la porte d'entrée, alléguant comme prétexte la foule dans la salle, et se plaça de manière à avoir une vue latérale de la jeune fille électrique avec sa table centrale devant elle. La foule qui faisait face à la jeune fille occupait l'extrémité et les côtés de la pièce.

Après une heure de patiente attente, et en vain, je me retirai en exprimant ma sympathie et mes regrets. MM restait obstinément à son poste. Il *pointa* la jeune fille électrique de son œil infatigable, comme un setter accroupi pointe une perdrix. Enfin, au bout d'une autre heure, alors que l'attention de la société était distraite par d'innombrables préoccupations et que plusieurs centres de conversation s'étaient formés, tout à coup le miracle se produisit : la table centrale fut renversée. Grand étonnement ! de grandes attentes! Ils commençaient tout juste à crier « Bravo ! lorsque MM, s'avançant par âge et par amour de la vérité, déclara qu'il avait vu Angélique, par un mouvement convulsif du genou, pousser la table qui était placée devant elle. Il en conclut que l'effort qu'elle avait dû faire avant le dîner pour renverser la lourde table de la cuisine lui aurait causé une grave contusion au-dessus du genou, ce qui fut étudié et trouvé vrai. Ainsi finit cette mélancolique affaire où tant de gens avaient été dupés par une pauvre idiote, qui avait pourtant assez de ruse pour faire illusion par son calme et son impassibilité. Il nous reste encore à nous rendre compte des faits singuliers observés près de Rambouillet (voir les *Rapports* de l'Académie), chez un riche fabricant, dont tous les vases et autres ustensiles de poterie éclatèrent en mille morceaux au moment où on s'y attendait le moins. . Les bouilloires et autres gros récipients coulés en métal volèrent également en fragments, au grand dam du propriétaire, dont les ennuis cessèrent cependant avec le renvoi d'un domestique, qui s'était entendu avec un homme qui devait occuper l'usine ainsi. afin qu'il puisse l'obtenir à un meilleur prix. Il est néanmoins regrettable que l'affaire se soit terminée avant qu'on ait découvert quelle poudre fulminante avait été employée pour produire des résultats si curieux, si nouveaux et, en apparence, si bien prouvés. [50]

Babinet ajoute plus loin dans le même volume les remarques suivantes sur Angelica Cottin :

Au milieu de prodiges qu'elle *ne faisait pas* , on voyait un effet très naturel du *premier relâchement des muscles,* qui était curieux au plus haut degré. La jeune fille, de taille légère et de physique engourdi, qu'on appelait justement la « poisson-torpille », s'étant d'abord assise sur une chaise puis se levant très lentement (au milieu du mouvement qu'elle faisait en se levant), eut le *pouvoir* de rejeter en arrière, avec une soudaineté terrifiante, la chaise qu'elle quittait, sans que personne ne puisse percevoir le moindre mouvement du tronc du corps, et uniquement par le relâchement du muscle qui avait été en contact avec la chaise. Lors d'une des séances d'essai au laboratoire de physique du Jardin des Plantes, plusieurs chaises d'amphithéâtre en bois blanc ont été projetées contre les murs de manière à les briser. Une seconde chaise, que j'avais jadis pris la précaution de placer derrière celle où était assise la jeune fille électrique (afin de protéger, le cas échéant, deux personnes qui causaient au fond de la salle), était tirée à côté d'elle. la chaise propulsée et alla avec elle pour réveiller de leur distraction les deux savants. J'ajouterai que plusieurs jeunes employés du Jardin des Plantes ont réussi à réaliser — quoique de façon moins brillante — ce joli tour de mécanique corporelle. Pour avoir une bonne idée de ce jeu des muscles par un effet semblable, il suffit de serrer doucement la partie du muscle du bras de quelqu'un qui est la plus développée, en même temps qu'il fait le mouvement d'ouverture et d'ouverture. fermant le poing plusieurs fois. Vous sentirez aussitôt le gonflement des muscles et devinerez le mouvement qui en résulterait si le changement de forme se faisait très rapide.

Tel est le rapport du savant physicien. C'est ainsi que la fraude a une fois de plus empêché la reconnaissance de la réalité de phénomènes dûment prouvés auparavant. Parallèlement à cela, il y avait également un affaiblissement des facultés de l'interprète. Mais il est absurde d'en conclure que les observateurs des premiers jours de cette affaire (dont Arago et ses collègues de l'Observatoire, Mathieu, Laugier et Goujon, ainsi que l'examinateur Hébert, le Dr Beaumont Chardon et d'autres) étaient de mauvais observateurs et se laissaient tromper par les mouvements du pied de cet enfant.

Nous pouvons permettre la fraude, consciente et inconsciente des médiums. On peut le déplorer, car il jette une tristesse désagréable sur tous les phénomènes ; mais rendons justice aux faits incontestables et continuons à les observer.

Quære et invenies! Cherche et tu trouveras. *L'Inconnu* , la science de demain.

CHAPITRE VI

LES EXPÉRIENCES DU COMTE DE GASPARIN

Une des séries d'expériences les plus importantes qui aient été faites au sujet des tables mobiles est celle du comte Agénor de Gasparin à Valleyres, en Suisse, en septembre, octobre, novembre et décembre de l'année 1853. Le comte a publié des rapports formels. de ces études en deux grands volumes. [51] Ces séances peuvent être qualifiées de purement scientifiques, car elles étaient conduites avec le soin le plus scrupuleux et étaient sous le contrôle le plus sévère. La table habituellement employée avait un plateau rond en chêne de trente-deux pouces de diamètre, qui reposait sur une lourde colonne centrale à trois pieds, les pieds étant espacés d'environ vingt-deux pouces. Il y avait habituellement dix ou douze expérimentateurs, et ils formaient la chaîne sur la table en se touchant avec leurs petits doigts de telle sorte que le pouce de la main gauche de chaque opérateur touchait celui de sa main droite, et le petit doigt de la main droite toucha celle de la main gauche de son voisin. De l'avis de l'auteur, cette chaîne est utile, mais pas absolument nécessaire. La rotation de la table commençait généralement après une attente de cinq ou dix minutes. Puis il leva un pied à une hauteur qui variait de temps en temps, et retomba. La lévitation avait lieu même lorsqu'un homme très lourd était assis sur la table. Les rotations et les lévitations ont été obtenues sans contact des mains. Mais écoutons l'auteur lui-même :

C'est une question de fait positif que je souhaite résoudre. La théorie viendra plus tard. Prouver que le phénomène des tables tournantes est réel et de nature purement physique ; qu'elle ne peut s'expliquer ni par l'action mécanique de nos muscles, ni par l'action mystérieuse des esprits, telle est ma thèse. Je souhaite ici, dès le début, l'énoncer avec précision et en circonscrire les limites. J'avoue que je trouve quelque satisfaction à rencontrer avec des preuves irréfutables les sarcasmes de gens qui trouvent plus facile de se moquer que d'examiner. Je suis bien conscient que nous devons nous en accommoder. Aucune nouvelle vérité ne devient évidente sans avoir été d'abord ridiculisée. Mais il n'en est pas moins agréable d'arriver au moment où les choses prennent leur place légitime et où les rôles cessent de s'inverser. Ce moment aurait pu tarder à venir. J'ai longtemps craint que les phénomènes de table ne se prêtent pas à une démonstration scientifique définitive ; que, même s'ils inspiraient une certitude absolue dans l'esprit des opérateurs et des témoins de première main, ils ne fourniraient pas d'arguments irréfutables au public. En présence de possibilités limitées, chacun serait libre de chérir sa propre opinion particulière ; nous aurions dû avoir des croyants et des sceptiques. La classification aurait eu lieu en vertu de tendances plutôt qu'en raison de la connaissance ou de l'ignorance des faits. Certains, dans l'agréable sensation de leur supériorité intellectuelle, auraient porté la tête très haute, et d'autres se seraient abandonnés, désespérés, aux superstitions courantes de l'époque. La vérité incomplètement démontrée aurait été traitée comme un mensonge et, ce qui est pire, aurait fini par le devenir.

Mais Dieu merci ! ce ne sera plus le cas maintenant. Nos réunions étaient de véritables séances formelles, auxquelles étaient consacrées les meilleures heures de la journée. Les résultats, vérifiés avec le plus grand soin, furent consignés dans des déclarations formelles et officielles. J'ai maintenant sous les yeux ces *procès-verbaux*, et il me semble que je ne pourrais faire mieux que de reprendre l'un après l'autre et d'extraire de chacun les observations intéressantes qu'il peut contenir. Je suivrai donc la méthode de certains historiens, et raconterai la vérité plutôt que de la systématiser. Le lecteur nous suivra en quelque sorte pas à pas. Il examinera et vérifiera mes diverses assertions en les comparant ; il se fera sa propre conviction, et jugera si mes preuves ont ce caractère de fréquence, de persistance, de développement progressif que n'ont jamais les fausses découvertes, fondées sur quelque coïncidence fortuite et mal décrite.

Ce sont des prémisses prometteuses. Nous verrons si les promesses seront tenues. Le rapport (ou procès-verbal) de la première réunion porte la date du 20 septembre 1853. De nombreuses séances avaient eu lieu auparavant, mais il n'avait pas été jugé nécessaire d'en consigner les résultats. Ces résultats seront présentés dans le bref compte rendu suivant :

Seuls ont une conviction invincible (écrit le comte de Gasparin) qui ont participé fréquemment et directement à des séances d'études, qui ont senti sous leurs doigts la production de ces mouvements particuliers que l'action de nos muscles ne peut imiter. Ils connaissent les limites de leurs pouvoirs et savent où s'arrêter. Car ils ont vu la table refuser de tourner, malgré l'impatience des enquêteurs et malgré leurs appels bruyants. Là encore, ils ont été présents lorsqu'il s'est mis à bouger si doucement, si doucement et si spontanément, si l'on peut dire, sous des doigts qui le touchaient à peine. Ils ont parfois vu les pieds de la table (rivés au sol par quelque enchantement) refuser de bouger sous toutes conditions, malgré les incitations et les cajoleries de ceux qui composaient la chaîne. En d'autres occasions, ils ont vu les mêmes pieds de table effectuer des lévitations si libres et si énergiques qu'ils anticipaient les mains, prenaient le départ des ordres et exécutaient les pensées presque avant qu'elles ne soient conçues, et avec une énergie presque terrifiante. . Ils ont entendu de leurs propres oreilles des coups étourdissants et des coups doux, les uns menaçant de briser la table, les autres d'une finesse et d'une délicatesse si incroyables qu'on pouvait à peine capter les sons, et qu'aucun de nous ne pouvait en aucune manière les imiter. Ils ont remarqué que la force des lévitations ne diminue pas lorsque les personnes assises sont éloignées du côté de la table qui doit former le point d'appui. Ils ont eux-mêmes ordonné à la table de soulever celui de ses pieds sur lequel reposent les seules mains qui composent la partie restante de la chaîne, et le pied s'est élevé aussi souvent et aussi haut qu'ils le voulaient. Ils ont observé la table dans ses danses lorsqu'elle battait la mesure avec un pied ou avec deux ; lorsqu'il reproduit exactement le rythme de la musique qui vient d'être chantée ; quand, cédant de la manière la plus comique à l'invitation à danser le menuet, elle prend des airs de grand-mère, fait tranquillement demi-tour, fait la révérence, puis s'avance en tournant de l'autre côté ! La manière dont les événements se sont déroulés en dit plus aux expérimentateurs que les événements eux-mêmes. Ils étaient en contact avec une réalité qui s'est vite fait comprendre.

Les expériences persévérantes que nous avions faites avant le 20 septembre nous avaient déjà donné la preuve de deux choses principales : la lévitation d'un poids que l'action musculaire des opérateurs était impuissante à déplacer, et la reproduction des nombres par lecture des pensées.

Je vais maintenant donner les déclarations ou rapports formels du comte de Gasparin, ou du moins l'essentiel. Je les présenterai ici comme l'a fait l'auteur, séance après séance. Le lecteur jugera. Il est invité à lire les rapports avec la plus grande attention. Ce sont des documents scientifiques de la plus haute valeur et tout aussi importants que les précédents.

Séance du 20 septembre

Quelqu'un a proposé l'expérience qui consiste à faire tourner une table et à donner des coups alors qu'elle porte dessus un homme pesant, disons, cent quatre-vingt-dix livres. Nous plaçâmes donc un tel homme sur la table, et les douze expérimentateurs, enchaînés, y appliquèrent leurs doigts.

Le succès fut complet : la table tourna et frappa plusieurs coups. Ensuite, *il s'est élevé entièrement du sol*, de manière à bouleverser la personne qui se trouvait dessus. Qu'il me soit permis ici, en passant, de faire une remarque générale. Nous avions déjà eu de nombreuses réunions. Nos expérimentateurs, parmi lesquels se trouvaient plusieurs jeunes dames au physique délicat, avaient travaillé avec une persévérance et une énergie très inhabituelles. Leur fatigue corporelle à la fin de chaque séance était naturellement très grande. Il semble que nous devions donc nous attendre à ce que quelques effondrements nerveux plus ou moins graves se manifestent parmi nous. Si les explications basées sur des actes involontaires accomplis dans un état d'excitation extraordinaire avaient le moindre fondement en fait, nous aurions eu des transes, presque des possessions, et, en tout cas, des crises nerveuses. Or, malgré le caractère excitant et bruyant de nos réunions, il n'est pas arrivé, en cinq mois, qu'aucun d'entre nous ait éprouvé un seul moment d'indisposition ou de maladie de quelque nature que ce soit. Nous avons appris quelque chose de plus : lorsqu'une personne est dans un état de tension nerveuse, elle devient positivement inapte à agir sur la table. Il faut le gérer avec gaieté, légèreté et habileté, avec confiance et autorité, mais sans passion. Cela est si vrai, qu'au moment où je m'intéressais trop aux choses, je cessais d'obtenir l'obéissance. Si, à cause des discussions publiques dans lesquelles j'avais été engagé, il m'arrivait de désirer trop ardemment le succès et de m'impatienter du retard, je n'avais plus aucun contrôle sur la table ; il reste inerte.

Nous avons commencé assez mal, et étions presque enclins à penser que le résultat net des expériences de la journée se limiterait aux deux observations suivantes, qui ont leur valeur, à vrai dire, et que notre expérience a toujours confirmées : Premièrement, il y a les jours où rien ne peut se faire, rien ne prospère, quoique les assises soient aussi nombreux, aussi forts et aussi excités que jamais, ce qui prouve que les mouvements de la table ne sont pas obtenus par fraude ou par la pression involontaire des muscles. Deuxièmement, il y a des personnes (entre autres malades ou fatiguées) dont la présence dans la chaîne est non seulement inutile, mais même préjudiciable. Dépourvus de la force fluidique, ils semblent en outre gêner sa circulation et sa transmission. Leur bonne volonté, leur foi dans la table ne servent à rien ; tant qu'ils sont là, les rotations sont faibles, les lévitations sans esprit, les traites tirées sur la table ne sont pas honorées ; qu'un de ses pieds qui leur fait face est particulièrement frappé de paralysie. Suppliez-les de se retirer, et aussitôt la vitalité réapparaît et tout réussit comme par magie. En effet, ce n'est qu'après avoir suivi ce cours que nous avons enfin obtenu les mouvements libres et énergiques auxquels nous étions habitués. Nous étions vraiment découragés ; mais quand eut lieu l'épuration dont je viens de parler, quel changement ! Rien ne nous semble difficile. Même ceux qui (comme moi) n'ont d'ordinaire qu'un succès médiocre, pensent maintenant aux chiffres et les font rapper sur la table avec un succès complet, ou avec la légère imperfection (qui arrive fréquemment) d'un coup de trop, à cause du retard à donner. l'ordre mental d'arrêter les robinets.

Voyant que tout se déroulait selon notre souhait, et étant décidés à tenter l'impossible, nous entreprenons ensuite une expérience qui marque notre entrée dans une phase toute nouvelle de l'étude et place nos démonstrations expérimentales antérieures sous la garantie d'une démonstration positivement irréfutable. Nous allons laisser de côté les probabilités et nous attarder sur les preuves. Nous allons faire bouger la table *sans la toucher* . Et voici comment nous avons réussi cette première fois :

Au moment où la table tournait dans une rotation puissante et irrésistible, à un signal donné nous levions tous les doigts. Puis, gardant nos mains jointes au moyen des petits doigts, et continuant à former la chaîne à une hauteur d'environ un huitième ou un quart de pouce au-dessus de la table, nous continuâmes notre mouvement circulaire. *A notre grande surprise, la table fit de même* ; il fit ainsi trois ou quatre tours ! Nous pouvions à peine croire à notre bonne fortune ; les spectateurs (témoins) ne pouvaient s'empêcher de applaudir. Et la manière dont s'effectuait la rotation était aussi remarquable que la rotation elle-même. Une ou deux fois, la table cessa de nous suivre parce que les petits accidents et interruptions de notre marche avaient éloigné nos doigts de leur distance régulière du dessus de la table. Une ou deux fois, la table avait repris vie — si je puis m'exprimer ainsi — lorsque la chaîne tournante avait retrouvé le bon rapport avec elle. Nous avions tous le sentiment que chaque main avait entraîné dans sa course la partie de la table qui se trouvait immédiatement au-dessous d'elle.

Séance du 29 septembre

Nous étions naturellement impatients de soumettre la rotation sans contact à une nouvelle épreuve. Dans la confusion du premier succès, nous avons oublié de renouveler et de varier cette expérience décisive. En y réfléchissant ensuite, nous avons vu qu'il nous fallait refaire la chose avec plus de soin et en présence de nouveaux témoins ; qu'il importait avant tout de produire le mouvement et non seulement de le continuer, et de le produire sous forme de lévitations au lieu de le limiter à des rotations. Tel était le programme de notre séance du 29 septembre. Jamais programme ne fut exécuté avec plus de précision. En préliminaire, nous avons réitéré notre exploit du 24. Tandis que la table tournait rapidement, les mains entrelacées en furent soulevées, tout en continuant à tourner au-dessus d'elle et à former la chaîne. La table suivait, faisant tantôt un ou deux tours, tantôt un demi ou quart de tour seulement. Le succès, plus ou moins prolongé, était certain. Nous l'avons confirmé à plusieurs reprises. Mais on pourrait dire que la table étant déjà en mouvement, l'élan l'entraînait mécaniquement tandis que nous imaginions qu'elle cédait à notre force fluidique. L'objection était absurde, et nous aurions défié n'importe qui d'obtenir un seul quart de tour sans former la chaîne, si rapide qu'eût pu être la rotation imprimée. Surtout, aurions-nous défié quiconque de renouveler sa motion alors qu'elle avait été un instant suspendue. Cependant, il est bon, dans de tels cas, de prévenir les objections même absurdes, aussi peu plausibles soient-elles. Et cette objection particulière pourrait paraître plausible à l'homme inattentif. Il était donc impératif de réaliser la rotation à partir d'un état d'inertie totale. C'est ce que nous avons fait. La table étant aussi immobile que nous, la chaîne de mains s'en sépara et commença à tourner lentement à une hauteur d'environ trois huitièmes de pouce au-dessus de son bord. En un instant la table fit un léger mouvement, et chacun de nous s'efforçant d'entraîner par sa volonté la partie située sous ses doigts, nous parvînmes à entraîner le disque à notre suite. Les détails qui suivirent ressemblèrent à ceux du cas précédent. Il y a une telle difficulté à maintenir la chaîne en l'air sans la casser, à la maintenir près du bord de la table sans aller trop vite et détruire ainsi le rapport harmonieux établi, qu'il arrive souvent que la rotation s'arrête après un tour ou un demi-tour. -tourner. Pourtant elle se prolonge parfois pendant trois, voire quatre révolutions. Nous nous attendions à rencontrer des obstacles encore plus grands quand nous entreprenions une lévitation sans contact. Mais il en fut tout autrement. Cela s'explique facilement quand on se souvient que dans cette aisance il n'y a pas de mouvement circulaire et qu'il est beaucoup plus facile de maintenir la position normale des mains au-dessus de la table. La chaîne étant donc formée à une distance d'environ un huitième de pouce au-dessus du dessus rond de la table, nous ordonnâmes à l'un de ses pieds de se soulever, et il le fit.

Nous avons été très enchantés et avons répété plusieurs fois cette jolie expérience. Sans y toucher en aucune façon, nous ordonnâmes à toute la table de s'élever en l'air et de résister aux témoins, qui durent faire des efforts pour la faire tomber à terre. Nous lui ordonnâmes de se retourner, et il tomba les pieds en l'air, bien que nous ne le touchions jamais avec nos doigts, mais les maintenions devant lui pendant qu'il tombait, à la distance convenue.

Tels furent les résultats essentiels de cette rencontre. Ils sont tels que j'hésite à évoquer à ce propos des incidents d'importance secondaire.

Je dirai seulement en passant que la séance était très décourageante au début ; car non seulement il fut nécessaire de supprimer certains nouveaux opérateurs, mais plusieurs des anciens n'y apportèrent pas leur bonne humeur habituelle. La table a mal répondu ; des coups étaient émis faiblement et comme à contrecœur ; la lecture télépathique des chiffres n'a pas réussi. Alors nous primes une résolution dont nous tirâmes beaucoup de profit : nous persévérâmes, et persévérâmes gaiement ; nous avons chanté, nous avons fait danser la table ; nous avons renoncé à toute idée de nouvelles expériences et persisté dans des expériences faciles et amusantes. Après un certain temps, les conditions ont changé ; la table était assez bondée et attendait à peine nos commandes ; nous étions maintenant en état d'essayer des choses plus sérieuses.

Séance du 7 octobre

Une réunion longue et très fatigante. Il fut principalement consacré à l'essai de divers dispositifs mécaniques qui n'eurent aucun succès, tels que les anneaux métalliques ; des cadres de toile ou de papier posés sur la table ; platines sur pivots et clavettes à ressort. Que la vue de tous ces engrenages ait gêné le rayonnement de la force fluidique des opérateurs, que les appareils eux-mêmes aient arrêté sa circulation dans la table, ou que, enfin, les conditions naturelles du phénomène aient été troublées d'une autre manière, il est certains que les résultats étaient nuls ou douteux.

Une nouvelle expérience a réussi. Une plaque tournant sur pivot soutenait une cuve. J'ai rempli cette baignoire d'eau, et deux de mes collaborateurs et moi y avons plongé nos mains. Nous formâmes la chaîne et commençâmes une marche circulaire en faisant attention de ne pas toucher la baignoire. Cela imitait immédiatement notre mouvement. Nous avons répété la chose plusieurs fois de suite.

Puisqu'on pouvait supposer que l'impulsion donnée à l'eau suffirait à mettre en mouvement une cuve reposant sur un plateau si délicatement équilibré, nous avons immédiatement procédé à la preuve du contraire. L'eau reçut un tourbillon circulaire, la faisant se déplacer avec une rapidité beaucoup plus grande que lorsque nous formions la chaîne ; mais la baignoire ne bougeait pas d'un coin. Reste sans doute à examiner si l'un de nous trois n'a pas touché l'intérieur de la baignoire et n'a pas déterminé ainsi son mouvement. A cela je réponds, d'abord, que la manière dont nos mains étaient tenues dans l'eau prouve évidemment qu'aucun de nos doigts ne pouvait réellement toucher le fond ; deuxièmement, qu'en prenant soin de former la chaîne au centre, il ne nous aurait guère été moins difficile de toucher les parois verticales de la baignoire.

Et pourtant, le doute n'étant pas tout à fait inadmissible, je classe cette expérience parmi celles dont je n'entends pas faire usage. Je veux montrer que je suis difficile à satisfaire en matière de preuve.

La preuve que fournit la frappe des nombres par la lecture des pensées a toujours semblé être l'une des plus convaincantes. Dans la séance que je décris, il y avait cette particularité que chacun des dix opérateurs recevait tour à tour la communication d'un numéro par écrit, les autres ayant les yeux fermés. Or, sur les dix, un seul n'a pas réussi à obtenir une obéissance parfaite du pied de table qui lui avait été assigné par des témoins ou des passants très suspects. Si mes lecteurs réfléchissent bien, ils verront que les combinaisons de mouvements communiqués et de tricheries qu'exigerait un résultat aussi solide que celui-ci dépassent de loin les limites des choses admissibles. Pour le justifier, l'objecteur doit inventer un miracle bien plus étonnant que le nôtre.

Revenons à la plus belle de toutes les démonstrations, celle de la lévitation sans contact. Nous avons commencé par le jouer trois fois. Puis, comme quelques-uns pensaient que l'inspection des témoins pouvait se faire d'une manière plus sûre dans le cas d'une petite table que dans celui d'une grande, et avec cinq opérateurs plus sûrement qu'avec dix, nous avions un une simple table centrale apportée que la chaîne, réduite de moitié, suffisait à mettre en rotation. Puis les mains se levèrent, et, *le contact avec la table étant entièrement rompu, elle s'éleva sept fois dans les airs à notre ordre* .

Séance du 8 octobre

Deux circonstances sont venues confirmer les résultats que nous avions obtenus lors des séances précédentes. Parmi les nombres sélectionnés pour le test de pensée, la friponnerie d'un des témoins avait placé un zéro, et la jambe qu'il avait choisie pour répondre se trouvait à gauche de l'opérateur et hors de portée de son action musculaire. Or, le commandement ayant été donné à la jambe et aucune action n'en résultait, nous nous sentions tous inconsolables, convaincus que notre faiblesse ce jour-là était si grande que nous n'allions pas obtenir même de simples lévitations. J'affirme avec la plus grande insistance que si un expérimentateur avait jamais imprimé un mouvement à un pied de table, il serait apparu à ce moment-là. Nos nerfs étaient à l'état exalté et notre impatience était à son comble. Cependant aucun mouvement de table n'eut lieu, et nous fûmes par conséquent d'autant plus réconfortés lorsque nous apprîmes que le chiffre communiqué était un chiffre.

Le mouvement sans contact a été effectué deux fois.

A notre expérience d'une table qui donnait des coups en ayant un homme dessus, on avait objecté que cet homme pouvait prêter son concours au mouvement, et même l'inciter en partie. Déterminés à rechercher la vérité avec le soin le plus anxieux, nous avions reconnu une certaine plausibilité dans cette objection et avions décidé d'y répondre équitablement. L'être vivant, intelligent, et par conséquent soupçonné, doit être remplacé par un poids inerte. Des seaux remplis de sable doivent être placés au centre précis de la table, qui doit alors être appelée à montrer son habileté.

Mais le jour était mal choisi. Après avoir placé sur la table deux seaux l'un sur l'autre, pesant tous deux 143 livres au total, on s'aperçut que nous étions incapables de produire la lévitation. Il fallait se contenter de les poursuivre en mouvement circulaire après leur mise en route. Les godets ont été enlevés, la table a été mise en mouvement et les godets remplacés alors que le mouvement était à son paroxysme. Ils ne l'arrêtèrent pas du tout, mais furent transportés avec une telle force que le sable s'envola de tous côtés.

Le reste de la séance fut consacré à une enquête sur le sujet de la (prétendue) divination, ou devinette.

Lorsqu'on demandait à la table de deviner quelque chose connu d'un des membres de la chaîne, il arrivait assez fréquemment et tout naturellement qu'elle le devinait. C'est le cas de la lecture des pensées par les nombres, ni plus ni moins.

Lorsqu'on lui demande de deviner une chose connue d'un membre de la société qui ne fait pas alors partie de la chaîne, il arrive parfois qu'il la devine. Mais la personne en question doit être dotée d'un grand pouvoir fluidique et pouvoir l'exercer à distance. Nous n'avons pas obtenu nous-mêmes quelque chose de pareil ; mais d'autres ont réussi, et leur témoignage semble trop bien établi pour être remis en question.

Jusqu'à présent, il est évident qu'il n'y a pas la moindre trace de divination. C'est une action fluidique, proche ou lointaine.

Si les tables devinent, si elles pensent, s'il y a des esprits, nous devrions avoir des réponses décisives dans le cas où personne ne connaît les faits, ni dans la chaîne, ni hors de la chaîne. Le problème ainsi posé, la solution n'est pas difficile.

Prend un livre. Ne l'ouvrez pas, mais invitez la table à lire la première ligne de la page que vous désignerez, par exemple la page 162 ou la page 354. La table ne bronchera pas : elle rappera et composera des mots pour vous. C'est du moins ainsi qu'elle a toujours agi avec nous. En tout cas, une chose est sûre, que ni ici ni ailleurs, aucun esprit, si rusé soit-il, n'a lu cette simple ligne ; et il ne pourra pas non plus le faire à l'avenir. Je recommande l'expérience aux partisans des évocations spirituelles.

Quant à l'épreuve des pièces de monnaie dans une bourse, des heures, des cartes à jouer, etc., les tables s'en remettent à un strict calcul de probabilités ; ils devinent autant que vous ou que moi. Dans la mesure où il s'agit de petits nombres dont on peut se faire à l'avance une idée approximative, l'éventail des combinaisons possibles n'est pas très étendu. L'esprit se fixe sur un nombre qui a assez de chance d'être le vrai, et la proportion entre les échecs de la table et ses succès est dans un tel cas ce qu'elle serait en dehors de toute question de divination miraculeuse.

Séance du 9 novembre

Avant d'entrer dans la description de cette séance, très remarquable, je dirai que ni le thermomètre ni la boussole des marins n'ont fourni la moindre indication de quelque chose d'intéressant. J'ai cru devoir le noter en passant, pour montrer au lecteur que nous n'avons pas négligé d'employer des instruments qui semblaient susceptibles de nous mettre en mesure d'obtenir une explication scientifique. D'une manière générale, je passe sous silence cette phase de notre travail, ainsi que les différents essais qui sont restés de simples essais et n'ont abouti à aucun résultat positif.

Notre premier soin fut de renouveler l'expérience de la lévitation d'un poids inerte. Il fut cette fois convenu entre nous que nous partirions toujours de l'état d'immobilité absolue dans l'objet : nous voulions produire du mouvement, non pas le continuer.

Le centre de la table ayant donc été fixé avec une belle précision, on y plaça un premier bac de sable, pesant 46 livres. *Les jambes se sont facilement levées du sol lorsqu'elles ont reçu la commande.*

Une deuxième baignoire, pesant 42 livres, a ensuite été placée au milieu de l'autre. *Ils furent tous deux soulevés* – moins facilement, mais très proprement et clairement.

Ensuite, une troisième cuve, plus petite et pesant 28 ⅗ livres, a été placée au-dessus des deux autres. Les lévitations ont eu lieu.

Nous avions encore préparé d'énormes pierres pesant au total 48½ livres. Ils ont été placés sur le troisième bac. Après une assez longue hésitation, *la table souleva plusieurs fois successivement chacun de ses trois pieds* . Cela les a soulevés avec une force, une décision, un élan qui nous a surpris. Mais sa force, déjà mise à tant de preuves, ne put résister à cette dernière. Pliant sous le puissant mouvement de balancement conféré par la masse totale de 165 livres, *il s'est soudainement brisé* et son massif poteau central a été fendu de haut en bas, au grand péril des opérateurs du côté desquels toute la charge roulait. .

Je ne m'arrêterai pas à commenter une telle expérience. Il répond à toutes les demandes. Notre force musculaire réunie n'aurait pas suffi à déterminer les mouvements qui s'effectuaient. Une masse de matière inerte, libre de tout soupçon d'obligeance, avait remplacé celui dont la complicité était soupçonnée. Enfin, lorsque les trois jambes furent levées tour à tour, les critiques n'eurent plus pour ressource l'insinuation que nous avions fait peser le poids davantage d'un côté que de l'autre.

Comme notre pauvre table avait été blessée au champ d'honneur et ne pouvait être réparée sur place, nous en obtenâmes une nouvelle qui lui ressemblait beaucoup. Mais il était un peu plus grand et un peu plus léger.

Le point intéressant était de savoir si nous allions être obligés d'attendre qu'il se charge du fluide psycho-physique. L'occasion était célèbre pour résoudre ce problème important : où réside le fluide ? - dans les opérateurs ou dans le meuble. La solution fut aussi rapide que décisive. A peine nos mains enchaînées furent-elles posées sur cette seconde table, qu'elle se mit à tourner avec la rapidité la plus inattendue et la plus comique ! Évidemment, le fluide était en nous, et nous étions libres de l'appliquer successivement sur différentes tables.

Nous n'avons pas perdu de temps. Dans l'état d'esprit où nous nous trouvions alors, le mouvement sans contact doit réussir mieux que jamais. Nous ne nous sommes pas non plus trompés en pensant ainsi. Nous avons d'abord développé des rotations sans contact au nombre de cinq ou six.

Quant aux lévitations sans contact, nous avons découvert une manière de procéder qui rend leur réussite plus facile. La chaîne, formée quelques millimètres au-dessus du disque supérieur, est disposée de manière à aller dans le sens dans lequel doit s'effectuer le mouvement ; les mains les plus proches de la jambe appelée à se lever sont en dehors et au-delà du sommet ; elles se rapprochent et passent peu à peu, tandis que les mains qui se font face et qui s'étaient d'abord avancées vers la même jambe, s'en éloignent en l'attirant. C'est pendant cette progression de la chaîne, tandis que toutes nos volontés sont fixées en un point particulier du bois, et que les ordres de léviter sont donnés avec force, que le pied quitte le sol et que le plateau suit les mains, pour au point de bouleverser, si on ne le gardait pas.

Cette lévitation sans contact s'est produite une trentaine de fois. Nous l'avons produit successivement par chacune des trois étapes, afin d'écarter tout prétexte à critique. De plus, nous surveillions les mains avec un soin scrupuleux. Si le lecteur veut bien observer que cette surveillance s'est exercée pendant trente opérations sans déceler le moindre contact, je pense qu'il en conclura que la réalité est désormais mise hors de tout doute.

Séance du 21 novembre

La caractéristique principale de cette séance était l'absence de celui d'entre nous qui exerçait à table la plus grande autorité. [52] En travaillant sans elle, nous avons été en mesure d'établir deux choses : premièrement, qu'on ne peut impunément se passer d'un expérimentateur extraordinairement doué ; et, deuxièmement, qu'on peut néanmoins se passer de lui, si c'est absolument nécessaire, et que le succès, bien que moins brillant dans ce cas, n'est pas impossible. J'attire une attention particulière sur ce dernier point, ainsi que sur les fréquentes modifications de notre personnel, au profit de personnes suspectes qui, ne connaissant pas la valeur mentale des personnes en question, seraient disposées à mettre en cause leur dextérité. les résultats auxquels ils contribuent essentiellement. La puissance de travail psycho-physique d'un tourneur de table « sensible » est de nature mixte : une posture résolue et un mouvement circulaire ne suffisent pas à le faire naître. En plus de cela et surtout, il faut *de la volonté* .

Notre volonté s'étant enfin affirmée, et la pression musculaire ayant cédé la place à la pression des commandes, la rotation fluidique arrive, après cinq ou six minutes de concentration de nos pensées. Nous sentions en effet vivement qu'il manquait quelque personnage important et que nous ne possédions pas notre pouvoir habituel. Cependant, nous étions déterminés à réussir, même au prix d'une plus grande fatigue mentale.

Nous avons donc relevé avec audace notre exploit le plus difficile ; à savoir, des mouvements sans contact. Des rotations sans contact ont été obtenues trois fois. J'ajouterai qu'ils étaient très incomplets, un quart de tour ou un demi-tour tout au plus.

Quant aux lévitations sans contact, notre succès fut plus décisif ; mais il fut acheté au prix d'une dépense de force très considérable. Après chaque lévitation, il nous fallait nous reposer, et, lorsque nous atteignîmes le numéro 9, nous étions absolument obligés de nous arrêter, accablés de fatigue. Il faut avoir eu une connaissance personnelle de telles expériences pour comprendre quels tirages elles font sur son attention et son énergie, et à quel point il est indispensable de vouloir, et de vouloir péremptoirement, que tel ou tel noeud de bois dans la table suive le mouvement. des doigts ouverts qui le séduisant à distance.

Quoi qu'il en soit, notre tentative a été couronnée de succès et nous avons pu terminer la séance par des exercices moins épuisants.

L'idée nous est alors venue d'essayer nos pouvoirs sur une grande table à quatre pieds. On avait souvent affirmé que les tables centrales à trois pieds répondraient seules à nos manipulations. Il était temps de fournir la preuve indéniable du contraire. Nous avons donc pris une table de trois pieds cinq pouces de diamètre, dont une moitié pliante (indépendante du pied qui la soutient lorsqu'elle est relevée) peut être relevée à volonté.

A peine nos doigts furent-ils en place que la table commença une rotation avec un mouvement bruyant dont la vivacité nous surprit. Elle montrait ainsi que les tables à quatre pieds n'étaient pas plus réfractaires que les autres. En outre, cela fournissait un nouvel argument en faveur d'une de nos observations précédentes, que le fluide est dans les personnes et non dans les tables. En fait, le mouvement de la grande table s'est produit presque immédiatement, et avant qu'elle puisse être considérée comme chargée de fluide.

La tâche suivante qui nous attendait était de lui faire donner des coups avec ses différentes pattes. Nous avons commencé par ceux fixés à la moitié du sommet, au nombre de trois. Ils se levèrent du sol deux à deux avec une telle force qu'au bout d'un moment l'un des lanceurs vola en morceaux. [53] Or il est difficile de se faire une idée de l'intensité qu'a dû acquérir une action frauduleuse des doigts pour exercer un levier sur une table si lourde et la lancer en l'air à une telle hauteur.

Restait le pied de table qui était indépendant du plateau. Nous pensions qu'il obéirait aussi bien que les autres. Mais non! En vain avons-nous lancé les invitations les plus prodigues et les plus pressantes : il n'a jamais voulu se lever, ni avec son voisin de droite, ni avec son voisin de gauche. Notre pensée suivante fut que cela était dû aux personnes placées à proximité, et certains membres de la chaîne changèrent de siège. En vain! Toutes les combinaisons ont échoué les unes après les autres.

Nous avons tiré de grandes déductions de cette circonstance. Mais comme cela a été réfuté plus tard, lorsque la jambe contumace a cédé une obéissance parfaite lors d'une autre réunion, je ne ferai pas confiance au public en exposant nos raisonnements sur le sujet. Je demanderai seulement que deux choses soient notées ; d'abord, le soin que nous avons pris de vérifier plusieurs fois les phénomènes avant de les affirmer ; et, deuxièmement, que nous avons là encore une belle réfutation des critiques qui prétendent que l'action musculaire peut tout expliquer. S'il en était ainsi, pourquoi l'action musculaire n'a-t-elle pas soulevé la jambe libre ainsi que celles solidement attachées à la table ? Cela aurait pu le faire tout aussi facilement ; et pourtant, pour une *raison inconnue* , mais évidemment *étrangère aux lois de la mécanique* , seules les jambes attachées consentirent à bouger.

Séance du 27 novembre

Nous étions au complet ; mais deux ou trois opérateurs étaient légèrement indisposés. Dans l'ensemble, quelle qu'en soit la cause, l'occasion n'était guère remarquable que par l'absence presque totale de puissance fluidique. L'espace d'un instant, nous en avons eu un peu. Une demi-heure d'action et deux heures et demie d'inertie, tel fut notre résultat net.

Rien n'était plus lamentable et en même temps plus curieux que de nous voir parcourir les différentes tables, passer de l'une à l'autre, leur enjoignant de faire les choses les plus élémentaires, et n'obtenant qu'une rotation faible et languissante, qui cessa bientôt complètement. .

Séance du 2 décembre

J'aurais été fâché de devoir terminer mon récit sur un disque aussi ennuyeux et aussi morne que le précédent. Par chance, le dernier de nos rapports me donne le droit de laisser dans l'esprit du lecteur une impression tout autre.

Nous étions de bonne humeur. Peut-être que le beau temps a aidé. Ce n'est pas la première fois que je remarque cela. Ce qui est sûr, c'est que ceux-là mêmes qui, le 27 novembre, n'avaient eu qu'une demi-heure de succès et avaient passé le reste de la séance à implorer en vain quelque chose de mieux que de pauvres rotations avortées ou des coups sourds, gouvernent aujourd'hui. la table avec une autorité, une rapidité et, si je puis dire, une élasticité de tenue qui ne laissait rien à désirer.

La grande table à quatre pieds fut mise en mouvement. Et cette fois, la facilité avec laquelle la jambe libre a soulevé sa part de tableau a prouvé que nous avions eu raison de ne pas tirer de conclusions trop définitives de son refus antérieur. Chaque fois que nous essayions de soulever sans contact la partie de la table la plus éloignée de moi, je sentais le pied de table le plus proche de moi s'approcher progressivement et se presser contre ma jambe. Frappé de cet événement, qui s'est produit plusieurs fois, j'en ai tiré la conclusion que la table *glissait vers l'avant*, n'ayant pas assez de force pour se relever. Nous exercions donc une influence sensible sur cette grande table sans y toucher en aucune façon.

Pour mieux m'en assurer, je quittai la chaîne et observai le mouvement des pieds de la table sur le parquet. Cela variait de quelques fractions de pouce à plusieurs pouces. Lorsque nous essayâmes ensuite de relever sans contact le rabat d'une table de jeu recouverte de tissu, nous obtenions le même résultat : le rabat ne cédait pas à notre influence, mais la table entière avançait dans le sens du mouvement prescrit. Maintenant, je dois ajouter que la glisse n'était pas du tout facile, car le sol de notre chambre était rugueux et inégal.

Il est intéressant de noter à ce propos le moment où commence habituellement ce mouvement de glissement. Cela se produit précisément au moment où a lieu la lévitation sans contact lorsque cette manifestation est en cours. Lorsque la partie de la chaîne qui pousse vient juste d'avancer au-delà du côté du plateau, où elle commence à tourner, et lorsque la partie de la chaîne qui tire vient de franchir le point médian de sa récession, alors le le mouvement ascensionnel – ou, à défaut, le *mouvement de glissement* – se manifeste. Notre puissance fluidique est alors à son maximum, précisément à l'instant où notre puissance mécanique est à son minimum, où les mains qui poussent ont cessé d'agir (en supposant le cas de fraude) et où les mains qui tirent sont impuissantes à agir.

Revenons maintenant à notre table ordinaire. Nous avons essayé de réaliser des rotations et des lévitations sans contact, et nous avons obtenu un succès complet.

De tels rapports comme ceux qui précèdent ont plus de valeur que toutes les thèses. Ils montrent la réalité indéniable de la lévitation non totale, mais partielle, de la table restée en position oblique, appuyée sur deux pieds seulement. Ils montrent également des rotations et des lévitations *sans contact*, ainsi que des glissements sous l'influence d'une force naturelle jusqu'ici peu étudiée.

Lévitations d'une lourde table, portant sur elle un homme pesant 191 livres, ou de bacs de sable et de pierres pesant 165 livres , — aucune négation de ces événements ne peut être admise.

Il en est de même des mouvements de la table dansant selon le rythme de certains airs, de ses retournements, de son obéissance aux ordres donnés. Ces faits ont été observés exactement comme ont été observés les faits mécaniques, physiques, chimiques, météorologiques, astronomiques.

Aux rapports ci-dessus j'ajouterai ici une expérience supplémentaire décrite dans la préface du livre du comte de Gasparin :

Certains savants distingués à qui j'avais communiqué les résultats que nous avions obtenus, s'accordèrent pour m'assurer que les lévitations sans contact auraient le caractère d'une preuve absolument certaine si nous parvenions à les vérifier par le procédé pratique suivant : « Saupoudrez de la farine sur la table ». disaient-ils, à l'instant où vos mains viennent de la quitter ; alors faites une ou plusieurs lévitations ; assurez-vous enfin que la couche de farine ne porte pas le moindre signe d'aucun contact, et tous les objecteurs seront muets.

Eh bien, c'est précisément cette expérience que nous avons réalisée plusieurs fois avec succès. Permettez-moi de donner quelques détails :

Notre premier essai avait très mal réussi. Nous avons utilisé un tamis grossier que nous avons dû déplacer d'avant en arrière sur toute la table. Cela produisait un double inconvénient ; d'abord, de suspendre trop longtemps, et donc d'annuler l'action des opérateurs ; et, deuxièmement, d'étaler une couche de farine beaucoup trop épaisse. Le ressort dynamique et l'impulsion de la volonté des opérateurs ont été atténués, l'action fluidique a été contrecarrée, le plateau de la table s'est refroidi, pour ainsi dire ; rien n'a bougé. Le mal alla si loin que la table nous refusa non seulement les lévitations et les rotations sans contact, mais presque toutes les ordinaires.

C'est alors qu'une idée géniale est venue à l'un de nous. Nous possédons un de ces soufflets qu'on utilise pour souffler du soufre sur les vignes attaquées par le mildiou. Au lieu du soufre, nous y avons mis de la farine et, ainsi préparé, nous avons commencé l'essai.

Les conditions étaient des plus favorables. Le temps était sec et chaud, la table sautait sous nos doigts, et en effet, avant que l'ordre de lever les mains ne soit donné, la plus grande partie de notre groupe avait spontanément cessé de toucher le dessus de la table. Puis l'ordre retentit ; toute la chaîne s'élève de la table, et au même instant le soufflet recouvre toute sa surface d'un léger saupoudrage de farine. Pas une seconde n'avait été perdue ; la lévitation sans contact avait déjà eu lieu. Mais pour ne laisser aucun doute, la chose se répéta trois ou quatre fois de suite.

Cela fait, la table fut scrupuleusement examinée ; *aucun doigt ne l'avait touché, ni même effleuré le moins du monde* .

La peur de l'effleurer involontairement avait même été si grande que les mains avaient agi de manière fluide depuis une hauteur bien plus grande que lors des séances précédentes. Chacun avait cru ne pas pouvoir lever les mains trop haut, et les mains éloignées du sommet n'avaient eu recours à aucune des manœuvres ou passes dont nous avions fait usage en d'autres temps. Gardant sa place, au-dessus de la table à soulever, la chaîne avait conservé intacte sa forme ; il avait fait un mouvement à peine perceptible dans le sens du mouvement qu'il produisait à distance de la table.

J'ajouterai enfin que nous ne nous sommes pas contentés d'une seule expérience. Une inspection minutieuse après chacune de plusieurs lévitations montrait toujours que la couche de farine semblable à de la poussière était absolument intacte ; et aucune partie de la table n'avait échappé à sa couche blanche révélatrice.

L'auteur de ces rapports estime lui-même comme suit les résultats qu'il a enregistrés :

Les phénomènes observés se confirment et s'éclairent mutuellement. Les grandes tables à quatre pieds rivalisent avec celles à trois pieds. Des poids inertes, posés sur ceux-ci, se substituent aux personnes soupçonnées de donner un coup de main à la table chargée de les soulever. Enfin la grande découverte arrive à son tour : on commence par continuer sans contact les mouvements déjà amorcés, et on finit par les produire ; on réussit presque à créer le processus, à tel point que ces faits extraordinaires se manifestent parfois dans une série ininterrompue de quinze ou trente représentations. Les glissements complètent le sujet en éclairant à distance une phase de l'action : ils la révèlent impuissante (parfois) à soulever la table, mais capable de l'entraîner sur le sol.

Tel est le récit rapidement esquissé de nos progrès. Prise à elle seule, elle constitue une preuve solide et j'en recommande l'étude aux hommes sérieux. Ce n'est pas ainsi que procède l'erreur. Les illusions nées de l'accident ou du hasard ne résistent donc pas à une longue étude, et ne passent pas démasquées par une longue série d'expériences qui les justifient de plus en plus.

La lecture des chiffres dans l'esprit des autres et l'équilibre des forces méritent une attention particulière.

Lorsque tous les opérateurs sauf un ignorent le nombre à matérialiser par coups, l'opération (à moins qu'elle ne soit fluidique) doit procéder soit de la personne qui connaît le nombre et fournit à la fois le mouvement et l'arrestation, soit elle doit partir d'une relation instinctivement établie entre celui qui fournit l'arrestation et son vis-à-vis qui fournit le mouvement. Examinons les deux hypothèses.

La première est intenable ; car, dans le cas où quelqu'un choisit un pied de table sur lequel l'opérateur qui connaît le numéro ne peut exercer aucune action musculaire, le pied ainsi désigné n'en se lève pas moins sur son ordre.

La seconde est intenable ; car, dans le cas où quelqu'un indique un zéro, le mouvement qui devrait avoir lieu ne le fait pas. Non, plus. Si l'on met à couteaux tirés deux personnes placées de part et d'autre de la table et qu'on enjoint à chacune de faire triompher un numéro différent, l'opérateur le plus puissant obtient l'exécution du numéro principal bien que son vis-à-vis ait intérêt non seulement à ne pas le fournir. à lui, mais en l'arrêtant.

Je sais que cette question de divination des nombres à laquelle on pense est en mauvaise odeur. Il lui manque une certaine forme pédante et scientifique. Je n'ai pourtant pas hésité à insister là-dessus ; car il y a peu d'expériences dans lesquelles se manifeste mieux le *caractère mixte* du phénomène, puissance physique développée et appliquée hors de nous par l'effet de notre volonté. Juste parce que cela constitue une grande offense ou une pierre d'achoppement, je ne veux pas en avoir honte. Je maintiens d'ailleurs que c'est tout aussi scientifique qu'autre chose. La vraie science n'est pas liée à l'emploi de tel ou tel procédé ou de tel ou tel instrument. Ce que montrerait un fluidomètre ne serait pas moins scientifiquement démontré que ce qui est vu avec les yeux et estimé par la raison.

Continuons cependant. Nous ne sommes pas encore arrivés à la fin de nos démonstrations. L'une d'elles m'a toujours particulièrement frappé : je veux dire la preuve tirée des échecs.

On prétend que les mouvements sont produits par l'action de nos muscles, par une pression involontaire. Voici maintenant les mêmes opérateurs qui hier ont obtenu de la table la réalisation de leurs désirs les plus capricieux ; leurs muscles sont aussi forts, leur vivacité est aussi grande, leur désir de réussir est peut-être plus vif — et pourtant rien ! absolument rien! Une heure entière se passera sans que la moindre rotation ne commence ; ou bien, s'il y a des rotations, les lévitations sont impossibles à procurer ; le peu qui est fait à la table est fait faiblement, lamentablement et comme à contrecœur. Je le répète, les muscles n'ont pas changé ; alors pourquoi cette soudaine incapacité ? La cause restant identiquement la même, d'où vient que l'effet varie à ce point ?

"Ah!" dit un objecteur, vous parlez de pression involontaire, et vous ne dites rien de pression volontaire, de fraude enfin. Ne voyez-vous pas que les tricheurs peuvent être présents à une séance et ne pas paraître à une autre, qu'ils peuvent agir d'une manière ou d'une autre ? jour et ne pas se donner la peine le lendemain ? »

Je répondrai très simplement et par des faits.

"Les tricheurs sont absents quand on n'y arrive pas !" Mais il est arrivé à maintes reprises que notre personnel n'ait subi aucun changement. Les mêmes personnes, absolument les mêmes, sont passées d'un état de puissance remarquable à un état d'impuissance relative. Et ce n'est pas tout. S'il n'existe aucun opérateur dont la présence nous ait préservé des échecs, il n'en existe pas non plus dont l'absence nous ait rendus incapables de réussir. Avec et sans chacun des membres de la chaîne, nous avons réussi à faire toutes les expériences, sans exception.

Mais « les tricheurs ne se donnent pas tant de mal tous les jours ! Les souffrances seraient en effet grandes, et ceux qui infèrent la fraude ne pensent guère aux prodiges qu'ils invoquent. L'accusation est une absurdité qui confine à la bêtise, et sa bêtise enlève son aiguillon. On ne s'offusque pas de choses pareilles. Mais supposons pour l'instant que Valleyres soit peuplé de disciples de Bosco, que la prestidigitation y soit généralement pratiquée, et qu'elle ait été placée sous nos yeux depuis cinq mois, et sous les yeux de nombreux et très suspects témoins. sans qu'un seul cas de perfidie ait été signalé. Nous avons si bien caché notre jeu que nous avons inventé un code télégraphique secret pour l'expérience de lecture des chiffres, un tour de doigt particulier pour déplacer les masses les plus énormes, une méthode pour soulever progressivement des tables auxquelles nous ne semblons pas toucher. Nous sommes tous des menteurs, tous ; car depuis longtemps nous nous surveillons mutuellement et ne dénonçons personne. Bien plus, la contagion de nos vices est si rapide à prendre que, dès que nous admettons dans la chaîne un étranger, un témoin hostile, il devient notre complice ; il ferme volontairement les yeux sur la transmission des signaux, sur les efforts musculaires, sur les agissements suspects répétés et prolongés de ses prochains voisins de chaîne ! Bel et bien; si nous accordons tout cela, nous ne serons pas allés plus loin pour cela. Restera encore à expliquer pourquoi nos tricheurs ne font parfois rien au moment même où ils auraient intérêt à réussir. Il est arrivé en effet qu'une certaine séance, où nous avions de nombreux témoins et un grand désir de convaincre, se soit révélée médiocre. Tel ou tel autre, dans les mêmes conditions, fut au contraire un brillant succès.

Voilà des inégalités réelles et importantes, et on ose nous parler d'action musclée et de fraude.

Fraude et action musclée ! Voici par exemple une belle occasion de les mettre à l'épreuve. Nous venons de mettre un poids sur la table. Ce poids est inerte et ne peut être accessoire à aucun appareil. La fraude est peut-être omniprésente, mais elle n'est pas dans les bacs à sable. Ce poids est également réparti entre les trois pieds de la table, et ils vont le prouver en se levant chacun à son tour. La charge totale pèse 165 livres, et nous osons à peine l'augmenter, car, en l'état, il suffisait, un jour, de briser notre table très solide. Très bien; maintenant, laissez quelqu'un essayer de déplacer ce poids. Puisque l'action musculaire et la fraude doivent tout expliquer, il leur sera facile de mettre la masse en mouvement. Maintenant, ils ne peuvent pas le faire. Leurs doigts se contractent et les jointures blanchissent sans qu'ils obtiennent une seule lévitation, alors que, quelques instants plus tard, des lévitations auront lieu au contact des mêmes doigts, qui effleurent doucement le dessus de la table et ne font aucun effort, comme chacun peut facilement le faire. se convaincre.

Certaines règles scientifiques de mesure très ingénieuses, dont je ne peux prétendre au mérite de l'invention, nous mettent en mesure de traduire en chiffres l'effort que demande la rotation ou la lévitation de la table, lorsqu'elle est chargée de la manière que nous venons de décrire. Avec le poids précité de 165 livres, la rotation est assurée au moyen d'une traction latérale d'environ 17½ livres, tandis que la lévitation n'est obtenue que par une pression perpendiculaire de 132 livres au moins (que je réduirai cependant à 110, en par respect pour les souhaits présumés du critique et dans l'hypothèse où la pression pourrait ne pas être absolument verticale). Plusieurs déductions doivent être tirées de ces chiffres.

En premier lieu, l'action musculaire peut faire tourner la table, mais elle ne peut pas la soulever. En effet, les dix opérateurs ont cent doigts appliqués sur sa surface. Or, la pression verticale ou quasi verticale de chaque doigt ne peut excéder douze onces en moyenne, la chaîne étant composée telle quelle. Ils ne développent donc qu'une pression totale de 66 livres, ce qui est bien insuffisant pour produire la lévitation.

Ensuite, il arrive cette chose frappante, que le phénomène que l'action musculaire pourrait facilement produire est précisément celui que nous obtenons le plus rarement et avec le plus de difficulté, et que le phénomène que l'action musculaire ne pourrait pas comprendre est celui que l'on obtient le plus habituellement. réalisé lorsque la chaîne est formée. Pourquoi notre impulsion involontaire ne fait-elle pas toujours tourner la table ? Pourquoi notre « fraude » ne procurerait-elle pas toujours un tel triomphe ? Pourquoi, en général, ne réussissons-nous qu'à réaliser ce qui est mécaniquement impossible ?

Je conseille à ceux qui aiment se moquer des retournements de table de ne pas les examiner de trop près, et de se garder de prêter trop d'attention à notre démonstration suprême, celle des mouvements sans contact, car elle ne leur laissera pas le moindre prétexte d'incrédulité. .

Le fait est ainsi établi. Des expériences multipliées, des preuves diverses et irréfutables, qui s'unissent d'ailleurs dans la plus étroite solidarité, donnent à l'action fluidique le cachet d'une certitude complète. Ceux qui ont eu la patience de me suivre jusqu'ici auront senti leurs soupçons s'évanouir les uns après les autres, et leur foi dans le phénomène nouveau se renforcer de plus en plus. Ils auront réparé ce que nous avons nous-mêmes justifié et réparé ; car personne n'a opposé plus de difficultés que nous au retournement des tables, personne ne s'est montré plus inquisiteur et plus exigeant à leur égard.

Ce n'est pas notre faute si les résultats ont été concluants (et de plus en plus), ni notre faute s'ils se sont réciproquement confirmés, s'ils ont fini par former un seul corps et prendre le caractère d'une parfaite évidence. Étudier, comparer, répéter et répéter encore, et enfin exclure tout ce qui permet de douter ou de s'interroger, tel était notre devoir. Nous n'avons pas non plus manqué de l'accomplir. Je ne fais aucune affirmation dans ces rapports que je n'ai pas prouvée à maintes reprises.

Telles sont les expériences mémorables du comte de Gasparin. Leur valeur sera appréciée par tous ceux qui les liront. J'ai tenu à reproduire ces rapports soignés ; car ils établissent d'eux-mêmes *la réalité absolue et indéniable de ces mouvements qui contredisent la loi normale de la gravitation* . Écoutons les hypothèses explicatives du Comte.

Le lecteur aura remarqué le soin que j'ai pris de me limiter à la vérification des faits, sans hasarder aucune hypothèse explicative. Si j'ai employé le mot « fluide », c'est pour éviter les périphrases. Une stricte précision scientifique aurait exigé que j'écrive toujours « le fluide, la force ou l'agent physique quel qu'il soit ». On me pardonnera d'avoir été un peu moins exact que cela dans mon langage. Il suffisait que ma pensée soit parfaitement claire. Qu'il s'agisse d'un fluide proprement dit dans les phénomènes de retournement et de soulèvement des tables, je ne peux l'affirmer absolument. J'affirme qu'il existe un agent, et que cet agent *n'est pas surnaturel* , qu'il est *physique* , communiquant aux objets physiques les mouvements que notre volonté détermine.

Notre volonté, je l'ai dit. Et c'est en fait l'idée fondamentale que nous avons tirée de ce sujet d'agent physique. C'est cela qui le caractérise, et c'est cela aussi qui le compromet aux yeux de bien des gens. Ils pourraient peut-être se résigner à un nouvel agent, si celui-ci était le produit nécessaire et exclusif des mains formant la chaîne, s'il était vrai que certaines positions ou certains actes en assuraient la manifestation. Mais il n'en est rien : le mental et le physique doivent se conjuguer pour lui donner naissance. Voilà des mains qui se fatiguent à former la chaîne, et qui n'obtiennent aucun mouvement : la volonté ne s'est pas mêlée à l'acte. Voilà une volonté qui commande en vain : les mains n'ont pas été placées dans une position convenable.

Nous avons mis en lumière ces deux faces du phénomène, car elles sont toutes deux essentielles.

Un autre fait a été noté par nous, et devrait entrer dans la description de l'agent physique en question : cet agent est inhérent aux personnes et non au tableau. Que les opérateurs, lorsqu'ils sont en rapport, passent à une nouvelle table et l'encerclent : ils pourront immédiatement exercer sur elle toute leur autorité ; leur volonté continuera à disposer de l'agent physique et à s'en servir pour rapper des numéros mentalement choisis par les personnes présentes ou pour produire des mouvements sans contact.

Tels sont les faits. Leur explication viendra plus tard. Il est cependant très naturel de vouloir le découvrir immédiatement et de formuler des hypothèses qui peuvent être considérées comme possibles, sinon vraies. J'ai pris le risque de le faire et je ne m'en repens pas. N'était-il pas impératif de prouver à nos adversaires qu'ils n'ont même pas le prétexte d'une « impossibilité scientifique » ? Les hypothèses ont leur place légitime et leur utilité, même si elles sont incorrectes. S'ils sont admissibles en eux-mêmes, cela suffit, car cela défend les faits auxquels ils s'appliquent de l'accusation de monstruosité. Le critique n'a plus le droit de réclamer la question précédente.

Voyant qu'elle était demandée de toutes parts, j'ai risqué la déclaration suivante :

Vous affirmez que nos prétentions sont fausses, pour la simple raison qu'elles *ne peuvent pas être* vraies ! Très bien. Mais permettez-moi en tout cas de vous présenter certains postulats. Supposons d'abord que vous ne sachiez pas tout, que la nature morale et même matérielle de l'homme ait des obscurités que vous n'avez pu dissiper. Supposons que le plus petit brin d'herbe poussant dans un champ, que le plus petit grain reproduisant son espèce, que le doigt de votre main en train d'exécuter l'ordre que vous lui donnez, renferment des mystères qui dépassent les pouvoirs des savants médecins pour sonder. , et qu'ils déclareraient absurdes s'ils n'étaient pas obligés de les reconnaître pour réels. Puis, en second lieu, supposons que certains hommes qui le veulent et dont les mains sont jointes les unes aux autres d'une certaine manière, donnent naissance à un fluide ou à une force particulière. Je ne vous demande pas d'admettre qu'une telle force existe ; vous conviendrez seulement avec moi que c'est possible. À ma connaissance, aucune loi naturelle ne s'y oppose.

Maintenant, faisons un pas de plus. La volonté dispose de ce fluide. Il ne donne une impulsion aux objets extérieurs que lorsque nous le voulons et dans les lieux choisis par nous. Y aurait-il quelque chose d'impossible là-dedans ? Est-ce une chose inouïe que nous transmettions du mouvement à une matière qui est extérieure à nous ? Eh bien, nous le faisons chaque jour et à chaque instant ; notre action mécanique n'est ni plus ni moins que cela. Ce qui est horrible à vos yeux sans doute, c'est qu'on n'agit pas mécaniquement ! Mais il y a autre chose que l'action mécanique dans ce monde. Il existe des causes physiques du mouvement qui sont autre chose que cela. Le calorique qui pénètre dans un corps vivant y produit une dilatation ; c'est-à-dire le mouvement universel. L'aimant placé au voisinage d'un morceau de fer l'attire et le fait sauter à travers l'espace intermédiaire.

"Oui", s'écriera quelqu'un, "nous n'y ferions aucune objection, pourvu que votre prétendu fluide n'obéisse pas à une direction particulière dans sa progression. S'il allait tout droit, comme une force aveugle, tant mieux ! Ce serait alors comme le calorique, qui dilate tout ce qu'il rencontre sur son passage. Ce serait comme l'aimant qui attire indistinctement vers un point fixe toutes les particules de fer qui se trouvent dans son voisinage. Quant à vous, votre invention de la théorie d'un fluide rotatif y interpelle vivement. pensez à l'explication des propriétés dormitives de l'opium.

Il est impossible de se méprendre davantage sur les choses. Personne ne rêve d'un « fluide rotatif ». Tout ce que nous soutenons, c'est que, lorsque le fluide est émis et confère soit une répulsion, soit une attraction latérale à un meuble reposant sur des pieds, une loi mécanique très simple transforme l'action latérale en rotation.

Je ne dis pas : « Les tables tournent parce que mon fluide est rotatif ». Je dis : « Les tables tournent, parce que, lorsqu'elles reçoivent une force motrice ou subissent une attraction, elles ne peuvent s'empêcher de tourner. Exposé ainsi, c'est un peu moins naïf. Par conséquent, je ne serais pas obligé d'entreprendre la cause du pauvre universitaire du *Malade Imaginaire* et de défendre sa célèbre réponse : " *Opium facit dormire quia est in eo virtus dormitiva* " (" L'opium endort parce qu'il a le pouvoir de dormir ". vertu ou propriété productrice de sommeil »). Néanmoins, je n'y peux rien, il faut que cela vienne : je trouve la réponse excellente. Je doute que les savants en aient trouvé encore aujourd'hui un meilleur, et je leur conseille de se résigner parfois au genre de raisonnement suivant : « L'opium nous endort parce qu'il nous endort ; les choses sont parce qu'elles sont. » En d'autres termes, je vois les faits et je n'en connais pas les causes. Je ne sais pas. "Je ne sais pas!" des mots terribles, qu'on a du mal à prononcer ! Or, je soupçonne très fortement que la malice sournoise de Molière est au profit des médecins, qui prétendent tout savoir, inventent des explications qui n'expliquent pas, et ne savent pas accepter les faits en attendant plus de lumière.

Mais il y a encore plus à venir. L'hypothèse du fluide (une pure hypothèse, rappelons-le) doit encore prouver qu'elle est une hypothèse conciliable avec les différentes circonstances du phénomène. La table ne se contente pas de tourner : elle lève les jambes, elle frappe les numéros mentalement indiqués ; en un mot, il obéit à la volonté, et lui obéit si bien que la suppression du contact ne met pas fin à son obéissance. La force motrice ou l'attraction latérale qui explique les rotations ne peut pas expliquer les lévitations.

Mais pourquoi? Parce que la volonté dirige le fluide tantôt vers un pied de la table, tantôt vers un autre. Parce que la table s'identifie en quelque sorte à nous, devient un membre de notre propre corps et produit des mouvements pensés par nous de la même manière que notre bras les produit. Parce que nous n'avons aucune connaissance consciente de la direction donnée au fluide, et que nous gouvernons les mouvements de la table sans imaginer qu'une quelconque sorte de fluide ou de force quelle qu'elle soit soit en action.

Dans tous nos actes, sans exception, nous n'avons aucune conscience de la direction que nous donne notre volonté. Quand vous m'expliquerez comment je lève la main, je vous expliquerai comment je fais lever le pied de la table du sol. J'ai « voulu lever la main ». Oui, et j'ai aussi voulu soulever ce pied de table. Quant à l'exécution des mandats de la volonté, la mise en jeu des muscles nécessaires pour lever la main, ou de la puissance fluide nécessaire pour lever le pied de table, j'ignore ce qui se passe en moi à propos de cela. . Étrange mystère, et qui devrait nous inspirer un peu de modestie ! Il y a en moi un pouvoir exécutif, un pouvoir de telle nature que, lorsque j'ai voulu tel ou tel acte, il adresse des ordres détaillés aux différents muscles et met en mouvement une centaine de mouvements compliqués pour amener un résultat final qui a été simplement pensé, simplement voulu. Ce miracle se produit en moi, et je ne le comprends pas du tout, et je ne le comprendrai jamais. Ne croyez-vous pas que la même puissance exécutive puisse donner au fluide les directions qu'elle donne aux muscles ? J'ai voulu jouer une sonate au piano et, à mon insu, quelque chose en moi a commandé des centaines de milliers d'actes musculaires. J'ai voulu que le pied de cette table soit relevé, et, à mon insu, quelque chose en moi a dirigé les attractions et les impulsions du fluide vers l'endroit désigné.

L'hypothèse d'un fluide est donc défendable. Cela s'accorde avec la nature des choses et avec la nature de l'homme. Je ne souhaite pas aller plus loin et fournir d'emblée une explication définitive. Mais je ne m'inquiète pas. Que les faits soient admis une fois, les explications ne manqueront pas. Ce qui semble impossible aujourd'hui semblera alors très simple. Sur les choses incontestables, aucune difficulté n'est faite. Nous sommes ainsi constitués qu'après avoir affirmé l'impossibilité de tout ce que nous ne comprenons pas, nous déclarons compréhensible tout ce que nous avons reconnu comme réel. On rencontre partout des gens qui haussent les épaules lorsqu'on leur parle de retournement de table et qui ne font rien de la performance semblable à celle d'un Puck du courant électrique en faisant le tour de la terre en une fraction d'instant. , et qui trouvent le miracle de la transmission des qualités mentales et morales des pères aux enfants une chose bien simple à comprendre ! Les tables de l'expérimentateur psychique ne peuvent échapper au sort commun. Leurs phénomènes, absurdes aujourd'hui, vont de soi demain.

Ces expériences du comte de Gasparin et de ses collaborateurs sont connues depuis plus d'un demi-siècle, et il est vraiment incompréhensible que même le fait de la lévitation des tables et de leurs mouvements ait continué à être nié. En vérité, si les tables sont parfois légères, il faut avouer que le genre humain est un peu lourd.

Quant à la théorie, à l'hypothèse du fluide, — *felix qui potuit rerum cognoscere causas* (Heureux celui qui sait la cause des choses) — j'y reviendrai dans le chapitre des théories explicatives. Mais il est incontestable que, dans de telles expériences, nous agissons au moyen d'une force invisible émanant de nous. Il faut être aveugle pour ne pas l'admettre.

Après une série d'expériences si admirablement conduites, on comprend que l'auteur puisse se permettre une petite dérision à l'égard d'incroyants obstinément prévenus. En terminant ce chapitre, je ne peux renoncer au plaisir de citer le comte de Gasparin à propos des savantes négations de Babinet et de ses émules de l'Institut.

Les savants ne sont pas les seuls à défendre leur dignité. Je me tiens également debout sur le mien et j'ose penser qu'un certificat signé de mon nom ne serait considéré par personne comme une imposture ou une frivolité. On sait que j'ai l'habitude de peser mes mots ; on sait que j'aime la vérité, et que je ne la sacrifierai à aucune considération ; on sait que j'aime mieux admettre une erreur plutôt que d'y persister ; et quand, après une longue enquête, je persiste avec une conviction plus ferme et plus profonde que jamais, la portée ou la portée de la déclaration que je fais ne doivent pas être mal comprises.

Je peux vous dire ensuite que le témoignage des yeux a, à mon avis, une valeur scientifique. Indépendamment des instruments et des chiffres, auxquels j'attache les plus hautes valeurs, je crois que la vraie *vision* des choses peut servir. Je crois que c'est aussi en soi un instrument. Si un nombre suffisant de bonnes paires d'yeux ont constaté et prouvé dix, vingt, cent fois qu'une table est mise en mouvement sans contact ; si, en outre, l'explication du fait par des contacts frauduleux ou involontaires dépasse les limites qu'il faut assigner à l'incrédulité, la conclusion est claire. Personne n'est autorisé à crier : « Vous n'avez ni fluidomètre ni alambic ; vous ne donnez pas un échantillon de votre agent physique dans un flacon ; vous ne décrivez pas comment il agit sur une colonne de mercure ou sur le plongement d'une aiguille. ne te crois pas, car tu n'as fait que voir. »

"Je ne te crois pas parce que tu n'as rien fait d'autre que voir !" "Je ne te crois pas parce que je n'ai pas vu de mes propres yeux !" Tant de pédants, tant d'objections. Ils ne prennent guère la peine de s'entendre entre eux ; dans une guerre menée contre les tables, toutes les armes sont justes, rien ne va pas.

Je ne veux pas oublier que les scientifiques ne parlaient encore que de rotations au moment où Faraday inventait ses disques. [54] Devant un phénomène si inadéquat et, avouons-le, si suspect, on comprend comment les savants se sont montrés sceptiques et se sont contentés de réfutations fragiles. Ils proportionnaient le nombre et la taille de leurs armes à l'apparence de l'ennemi. Celui d'entre eux qui a fait preuve du plus de pénétration et qui a proposé l'explication la plus plausible est assurément Chevreul. Sa théorie de la tendance au mouvement est incontestablement vraie. Il explique comment les objets que nous suspendons à notre doigt finissent par prendre un mouvement vibratoire dans le sens indiqué par notre volonté. Je ne suis pas étonné que certains aient pensé que cette théorie suffisait à expliquer comment des expérimentateurs pouvaient, en fin de compte, imprimer une rotation à la table et participer eux-mêmes au mouvement. Je n'ai pas besoin de dire que nos lévitations prouvées de poids et nos mouvements sans contact ne permettront désormais à personne de se réfugier dans une telle explication. Si toutes les tendances au mouvement étaient réunies en une seule, elles ne pourraient pas produire à distance une force motrice, ni mouvoir une masse que l'action mécanique ne pourrait mettre en mouvement.

En réalité, les savants médecins ne devraient pas jeter au public ces explications qui n'expliquent pas. Ils devraient plutôt se mettre au travail et nous montrer, en effet, comment procéder au levage direct et mécanique d'un poids de 220 livres sans appliquer à la tâche une force de 220 livres.

Mais ils préfèrent employer des expressions insultantes, puis inventer telle ou telle théorie qui n'a qu'un petit défaut : c'est qu'il n'a pas de jambes pour marcher. Le récent article de M. Babinet dans la *Revue des Deux Mondes* est à sa manière un chef-d'œuvre. Si j'avais besoin d'être convaincu de la réalité des phénomènes de retournement de table, etc., j'aurais assurément été convaincu par la lecture de cette réfutation.

De l'avis de M. Babinet, les phénomènes des tables n'offrent aucune difficulté ! Heureuse science physique, heureuse science mécanique qui a une réponse prête à tout ! Nous, pauvres ignorants, croyions avoir découvert quelque chose d'extraordinaire et ne savions pas que nous obéissions simplement à deux lois extrêmement élémentaires, la loi des mouvements inconscients et surtout celle des mouvements naissants, mouvements dont la puissance semble surpasser celle des mouvements inconscients. celui des mouvements développés.

En ce qui concerne les mouvements inconscients, M. Babinet n'ajoute rien aux explications précédentes, rien que l'histoire de ce seigneur (un lord anglais, dit-il) dont le cheval était si admirablement dressé qu'il semblait qu'il suffisait de penser le mouvement qu'on voulait lui faire exécuter, et il s'en rendit compte aussitôt. Je suis bien convaincu, comme M. Babinet, que ledit seigneur a donné une impulsion à la bride sans s'en douter, et je suis tout aussi bien convaincu que les expérimentateurs dont les mains touchent une table peuvent exercer une pression dont ils ne sont pas conscients. conscient. Seulement... je pense qu'il devrait y avoir une certaine proportion entre la cause et l'effet. Supposons que les mouvements soient inconscients : ils n'en sont pas moins vigoureux. Il incombe à M. Babinet et à ses disciples de prouver que les mêmes doigts qui se serrent en vain jusqu'à devenir raides dans l'effort de soulever un poids de quatre-vingt-huit livres, soulèveront le double de ce poids en ignorant simplement que ils font des efforts.

Mon honorable et érudit adversaire n'entendra pas parler de mouvements obtenus sans contact. "Tout ce qui a été dit sur l'action exercée à distance devrait être relégué au rang de la fiction." Le jugement est bref et sommaire. Les mouvements sans contact sont une fiction, d'abord parce qu'ils sont impossibles ; ensuite parce que la poudre de stéatite a gêné la rotation d'une table ; et enfin parce que le mouvement perpétuel est impossible.

Les mouvements à distance sont impossibles ! Pour être strictement logique, M. Babinet aurait dû s'arrêter là, se souvenant de la réponse faite par Henri IV aux magistrats qui avaient ainsi commencé à s'adresser à lui :

"Nous n'avons pas fait un salut de canon à l'approche de Votre Majesté, et cela pour trois bonnes raisons. D'abord, parce que nous n'avions pas de canon..."

"Cette raison est suffisante", dit le roi.

Nous sommes portés à croire que M. Babinet lui-même n'a guère de doute sur son « impossibilité ». Il a agi avec sagesse en agissant ainsi ; car cette impossibilité repose entièrement sur un cercle vicieux de raisonnement. "Existe-t-il un seul exemple connu de mouvement produit sans qu'une force agisse de l'extérieur ? Non. Eh bien, le mouvement à distance s'effectuerait très clairement par une force extérieure active. Par conséquent, le mouvement à distance est impossible." Je me sens très disposé à dire à M. Babinet, dans le langage technique des écoles, que sa prémisse majeure est vraie et que sa conclusion serait légitime si sa mineure n'était pas purement et simplement une question posée. Vous prétendez qu'il n'y a pas de force active extérieure à la table qui la soulève sans le contact des mains. Mais c'est précisément le point en litige entre nous. Un fluide est une force active externe. Il est en effet utile pour mon critique de commencer par établir cet axiome. Or, dit-il, il n'y a pas de fluide, ni d'agent physique analogue, dans le cas des tables ; il n'y a *donc* aucun effet produit.

Les savants messieurs Faraday, Babinet et autres ne se limitent pas aux objections dérivées de mouvements naissants ou inconscients, de petites causes produisant de grands effets. Ils ont encore une autre manière de procéder. Si une expérience a réussi, elle n'a plus aucune valeur. Oh, si l'on pouvait réussir une telle autre expérience, tant mieux ! Mais cela n'empêcherait pas la nouvelle expérience de devenir à son tour insignifiante et de donner lieu à un nouveau desideratum. La formulation fonctionne un peu de cette façon :

" Vous faites telle ou telle chose. Très bien ; mais voyons maintenant que vous faites une chose différente. Vous employez telle ou telle méthode ; contentez-vous de celles que nous vous prescrivons. Pour réussir dans votre voie. cela ne suffit pas ; vous devez réussir dans la nôtre. Votre voie n'est pas scientifique ; elle va à l'encontre des traditions. Nous fermons la porte face aux faits s'ils ne se présentent pas en grande tenue réglementaire. ne faites pas attention à vos expériences si notre appareil expérimental n'y figure pas. »

Étrange façon de vérifier et d'établir les résultats des expériences ! Vous commencez par changer les conditions dans lesquelles ils sont produits. Autant dire à celui qui a vu la récolte de l'orge en Haute-Egypte en janvier : « Je le croirai quand je la verrai se faire sous mes yeux en Bourgogne ». On comprend, bien sûr, comment on peut faire preuve d'une minutie déraisonnable et gênante à l'égard des récits de voyageurs. Mais les expériences scientifiques revêtent un autre caractère. En présence de faits aussi évidents, il est presque incroyable qu'ils veuillent nous imposer des instruments, des aiguilles et des appareils mécaniques. L'idée d'introduire *des parce que* et *des donc* dans une enquête dans laquelle la nature réelle de la force agissante est un mystère pour le monde entier !

Les essais polémiques ne sont pas des études scientifiques. En général, ils sont exactement le contraire. Lorsque des personnes qui n'ont rien vu, qui n'ont pas consacré une part considérable de leur énergie et de leur temps à l'expérimentation, qui n'ont peut-être assisté qu'à quelques ridicules rotations de tables centrales, prennent leur plume en main pour exposer des théories ou donner hautes réprimandes aux expérimentateurs, je ne les regarde pas à la lumière des étudiants scientifiques.

Je suis convaincu qu'un homme n'étudie jamais vraiment ce qu'il déclare *a priori* n'avoir aucun sens. Si les attaques sont des études, elles ne manquent pas et (je dois ajouter) ne le seront jamais. A l'époque où l'Académie de médecine enterrait le rapport de M. Husson et publiait ce que tout le monde en Europe persistait à appeler un refus d'examiner, paraissait chaque matin un journal contre le magnétisme ; chaque matin, un nouvel écrivain vociférait que les partisans du magnétisme étaient des imbéciles et proposait son propre système explicatif. Si vous appelez cela faire une étude, alors j'admets qu'ils ont étudié les retournements de tables, car les insultes et les théories sur ces phénomènes n'ont certainement pas manqué. Ils ont reçu toute l'attention, sauf que personne n'était disposé à les inspecter, à les expérimenter, à les écouter et à les lire.

A deux reprises, à un mois d'intervalle, l'Institut a annoncé (sans protestation de qui que ce soit) aux étudiants des tables tournantes qu'il mettait de côté les documents relatifs à ce sujet ; qu'il n'était pas obligé de s'occuper de bêtises ; qu'il y avait place dans ses archives pour des élucubrations de ce genre ; à savoir, le lieu où étaient consignés les papiers en mouvement perpétuel.

Ah Molière ! pourquoi n'es-tu pas présent parmi nous ? Mais en réalité, vous êtes là. Votre génie a tracé de lignes ineffaçables cette maladie éternelle des vénérables gros bonnets et des spécialistes moisis : le mépris des laïcs, le respect des confrères, l'idolâtrie du passé. Une difformité des plus singulières, celle-là ! Et elle apparaît à toutes les époques, sous des déguisements divers, au milieu de toutes les branches de l'activité humaine, tantôt au nom de la religion, tantôt au nom de la médecine, et encore au nom de la science ou de l'art. Oui, même après avoir survécu au naufrage de révolutions qui n'épargnent rien, apparaissant jusque dans les murs des savantes académies dont les membres écrivent pour l'avancement des grands mouvements du progrès moderne, une chose demeure : l'esprit de partisanerie, de cliques, l'esprit de parti. l'esprit de tradition, le respect superstitieux des formes.

En réalité, il semblerait que les gens prêtent encore des serments bibliques comme ceux de la cérémonie du baccalauréat à la fin du *Malade Imaginaire de Molière* . M. Foucault aime cette scène et ne prendra donc pas mal si je lui rappelle quelques strophes :

Essere in omnibus
Consultationibus
Ancieni aviso,
Aut bono,
Aut mauvaiso.
—JURO !

De non jamais te servire
De remediis alcunis
Quam de ceux soulement doctæ facultatis,
Maladus dut-il crevare,

Et mori de suo malo.
— JURO ! [55]

Si on n'appelle pas ça un refus d'examiner, je ne sais pas ce que veulent dire ces mots en bon français.

C'est avec une candeur si ingénieuse et une telle autorité que le comte Agénor de Gasparin s'est exprimé en 1854. Il me semble que les expériences racontées dans ce volume fournissent d'abondantes preuves qu'il a raison.

Pourtant j'ai encore des amis, à l'Institut, qui sourient avec le plus grand mépris quand je leur demande leur avis sur les phénomènes de lévitation des tables, de mouvements d'objets sans cause perceptible, de bruits inexpliqués dans les maisons hantées, de communication de pensée à distance. , rêves prémonitoires et apparitions de mourants. Bien que ces phénomènes inexpliqués se soient avérés indéniablement réels, mes érudits amis restent convaincus que « de telles choses sont impossibles ».

CHAPITRE VII

LES RECHERCHES DU PROFESSEUR THURY

Les explications insuffisantes de Chevreul et de Faraday, les négations scientifiques de Babinet, les expériences consciencieuses du comte de Gasparin avaient amené plusieurs savants à étudier la question au point de vue purement scientifique. Parmi eux se trouvait un savant très doué que j'ai visité à Genève, M. Marc Thury, professeur d'histoire naturelle et d'astronomie à l'Académie de cette ville. Nous lui devons une monographie remarquable et peu connue [56] , qu'il est de mon devoir de condenser pour ce volume.

Lorsque nous étions en présence de phénomènes nouveaux (écrit Thury), il n'y avait qu'une seule alternative :

D'abord, soit de rejeter, au nom du bon sens et des résultats acquis par la science, tous les prétendus phénomènes de tables comme autant de jeux enfantins indignes de prendre le temps du vrai savant ou du vrai savant, puisque, à première vue, leur absurdité est évidente ; bref, laisser tomber l'affaire en refusant d'y accorder une attention sérieuse.

Ou bien, en faire un examen déterminé à tout prix, étudier le fait dans ses détails afin de mettre en lumière toutes les sources d'illusion par lesquelles le public est dupe, séparer le vrai du faux, et jeter un oeil à tout cela. une lumière intense sur tous les aspects du phénomène, physiques, physiologiques et psychologiques, afin que la question soit si surabondamment claire et évidente qu'aucune autre excuse de doute ne puisse subsister.

Il est superflu de le dire, mais cette dernière méthode est celle adoptée par Thury (comme par Gasparin). Il considère que c'est la seule méthode adaptée, efficace et légitime.

L'obscurité sape la force de la science. Sa plus grande force réside dans sa capacité à tout mettre en lumière. Voilà donc la question : dans ces curieux phénomènes des tables, l'explication est-elle si claire qu'on puisse mettre le doigt sur les causes de l'illusion et montrer clairement qu'il n'y a en elles aucun élément nouveau et inconnu à l'œuvre ?

Je ne pense pas (répond le professeur genevois) que nous soyons parvenus à ce degré d'évidence. Je ne souhaite qu'une preuve, l'explication de ce qui a déjà été tenté.

S'il est donc bien établi que l'explication commune ne va pas de soi, aux yeux de tous les hommes intelligents et sensés, il reste une tâche à accomplir, un devoir dû à la science, celui de faire toute la lumière sur le phénomène. Dans la question; et cette tâche ne peut être remplacée par la tâche plus facile consistant à traiter avec ironie ou dédain ceux qui se sont égarés dans la voie que la Science a refusé d'éclairer.

Les savants sont pourtant excusables de ne pas aller trop vite (avouons-le avec Thury).

Quoi! une force perturbatrice tapie, par hypothèse, dans l'organisme humain, suffisamment puissante pour soulever des tables, et qui pourtant n'avait jamais produit le moindre dérangement dans les milliers d'expériences que les physiciens font quotidiennement dans leurs laboratoires ! Leurs balances, sensibles au poids d'un dixième de milligramme, leurs pendules dont les oscillations s'effectuent avec une régularité mathématique, n'avaient jamais ressenti le moindre effet perturbateur de ces forces, dont la source est là partout où il y a un homme et une volonté ! Or, le physicien souhaite ardemment que l'expérience corresponde toujours exactement aux prévisions de la théorie. Doit-il alors admettre une force perturbatrice inconnue ?

Et, même sans sortir des limites de l'organisme humain, pensez, si l'organisme est incapable de bouger la moindre partie de lui-même lorsque cette partie est privée de muscles et de nerfs, ou, lorsqu'un seul cheveu de notre tête est absolument retiré. sous l'influence de la volonté — pensez, dis-je, combien moins (et avec quelle raison plus forte) notre organisme nerveux semblerait être capable de mouvoir des corps inertes résidant en dehors des limites de nos propres cadres !

Mais s'il y a une profonde improbabilité dans la chose, on ne peut cependant pas dire que cela soit impossible. Personne ne peut démontrer *a priori* l'impossibilité des phénomènes décrits, comme ils démontrent l'impossibilité du mouvement perpétuel ou de la quadrature du cercle. Par conséquent, personne n'a le droit de considérer comme absurdes les évidences qui tendent à confirmer les expériences. Pourvu que ces preuves soient fournies par des hommes judicieux et véridiques, elles valent la peine d'être examinées. Si l'on avait suivi cette voie logique, la seule vraie et équitable, l'œuvre serait maintenant faite, et les savants en auraient la gloire.

Thury commence par examiner les expériences du comte de Gasparin à Valleyres.

Les expériences de Valleyres (écrit-il) tendent à établir les deux principes suivants :

1. La volonté, dans un certain état de l'organisme humain, peut agir à distance sur des corps inertes et par un moyen différent de celui de l'action musculaire.

2. Dans les mêmes conditions, la pensée peut être communiquée directement, quoique inconsciemment, d'un individu à un autre.

Tant que nous ignorions d'autres faits que ceux résultant d'un mouvement effectué par contact avec les doigts de la main, de manière à rendre possible l'action mécanique des doigts, les résultats des expériences sur table étaient toujours d'interprétation difficile et douteuse. Ces résultats devaient nécessairement reposer sur une estimation de la force mécanique exercée par les mains par rapport à la force de la résistance à vaincre. Mais la force mécanique des mains est difficile à mesurer avec précision, dans les conditions nécessaires à la production des phénomènes.

Pourtant, au-delà de ce plan de travail, il restait deux méthodes d'opération à employer.

un. Il faut donc disposer l'appareil employé de telle sorte que le mouvement à produire soit celui que l'action mécanique des doigts ne pourrait pas comprendre.

b. Mettre en place des mouvements à distance sans aucune sorte de contact.

Voici nos premières expériences :

A. *Action mécanique rendue impossible.* La première expérience tentée dans ce sens a donné des résultats totalement négatifs. Nous suspendions une table par une corde qui passait sur deux poulies fixées au plafond et avait un contrepoids attaché à l'extrémité libre. Il était facile, en réglant ce contrepoids, d'équilibrer dans l'air soit le poids total de la table, soit seulement une fraction plus ou moins grande de celui-ci.

En fait, la table pendait presque en équilibre avec son poids, un seul de ses trois pieds touchant le sol. Les opérateurs posèrent leurs mains sur la surface supérieure. Nous avons agi d'abord dans une direction circulaire, disposition de la force dont l'efficacité avait été établie par des expériences antérieures. Nous avons alors tenté en vain de soulever la table en la détachant du sol. Aucun résultat positif n'a été obtenu.

Nous avions déjà (au cours de l'année précédente) fait suspendre une table à un dynamomètre, et les efforts de quatre hypnotiseurs furent impuissants à soulager le dynamomètre d'une fraction appréciable du poids de la table.

Mais les conditions nécessaires à la production des phénomènes nous étaient encore inconnues, et, par conséquent, lorsque les expériences tentées aboutissaient à des résultats négatifs, il fallut en essayer d'autres, sans se presser trop hâtivement pour des inférences et des conclusions. C'est ainsi que nous avons obtenu les résultats que je vais décrire.

Expérimentez avec la table pivotante. — Il nous fallait un appareil tel que l'action mécanique des doigts devienne impossible. À cette fin, nous avions une table composée d'un plateau d'environ 33 pouces de diamètre et d'un pied central trifurqué en dessous. Cette table ressemblait beaucoup à celle qui avait servi jusqu'alors à nos besoins, et pouvait tourner comme sa devancière. Pourtant, la nouvelle table était capable de se transformer en un instant en un mécanisme tel que celui que je vais maintenant décrire.

Le sommet du trépied devient le point d'appui d'un levier de premier ordre capable de s'équilibrer librement dans un plan vertical. Ce levier, dont les deux bras sont égaux entre eux et au rayon de la table, porte à l'une de ses extrémités le plateau retenu par le bord, et, vers l'autre extrémité, un contrepoids qui vient équilibrer le poids de la table. tableau, mais qui peut être modifié à volonté. Sous le plateau de la table est fixé un pied reposant sur le sol.

Après les rotations préliminaires nécessaires, la table est attelée sous sa deuxième forme. L'équilibre est d'abord assuré, puis 3 à 5 livres sont retirées du contrepoids. La force nécessaire pour soulever le plateau par son centre est alors de 4 onces, et des expériences antérieures ont prouvé que l'adhérence des doigts des opérateurs (le plateau était poli et non verni), ainsi que les effets possibles d'élasticité, forment un total inférieur à ce chiffre. Pourtant le plateau se soulève par l'action des doigts posés légèrement sur sa face supérieure, à une certaine distance du bord. Alors le contrepoids est diminué ; la difficulté mécanique du levage est augmentée, et pourtant il a toujours lieu. Le poids diminue encore, et de plus en plus, jusqu'à la limite de l'appareil. La force nécessaire pour soulever le sommet est alors de 8 livres 1,5, et le contrepoids a été allégé de 24 livres ; pourtant la lévitation est facile à réaliser. Le nombre des opérateurs est progressivement réduit de onze à six. La difficulté ne cesse de croître, mais six opérateurs suffisent encore ; mais cinq ne suffisent pas. Six opérateurs soulèvent 9,1 à 3 livres, soit une moyenne d'environ 1½ livre pour chaque homme.

Nous possédons maintenant, dans l'appareil qui vient d'être décrit, une jauge ou instrument de mesure.

B. Les mouvements suivants ont été produits sans contact :

La table sur laquelle ont été faits les essais dont j'ai été témoin a un diamètre de 32 pouces et pèse 31 livres. Une force tangentielle moyenne de 4,2-5 livres, qui peut être portée à 6,3-5 livres, selon les inégalités plus ou moins grandes du plancher, appliquée au bord de la table, est nécessaire pour lui donner un mouvement de rotation. Dix est généralement le nombre de personnes qui opèrent autour de cette table.

Afin de nous assurer de l'absence de tout contact, nous avons placé notre œil au niveau de la table de manière à voir la lumière entre nos doigts et la surface de la table, les doigts eux-mêmes restant à un peu moins d'un pouce. au-dessus du sommet. Habituellement, deux personnes observaient en même temps. Par exemple, M. Edmond Boissier observait les pieds de la table, pendant que je regardais les pieds de la table. Puis nous avons échangé nos rôles. Quelquefois deux personnes prenaient place aux extrémités d'un même diamètre, l'une en face de l'autre, pour surveiller le dessus de la table. Nous l'avons vu plusieurs fois bouger, même si nous n'avons pas pu détecter le moindre contact avec les doigts. Selon mes calculs, il faudrait le contact d'au moins 100 doigts, ou la légère pression d'une trentaine, agissant volontairement et frauduleusement, pour expliquer mécaniquement les mouvements que nous avons observés.

Bien plus fréquemment encore, nous obtenions des équilibrages sans contact, équilibrages qui allaient parfois jusqu'à faire basculer entièrement la table. Pour expliquer en termes de mouvement mécanique les effets que nous avons observés, il faudrait admettre le contact involontaire de 84 doigts, ou la légère pression de 25, ou encore deux mains agissant dans l'intention de tromper. Mais ces suppositions aussi ne sont pas du tout admissibles.

Néanmoins, nous sentions toujours que quelqu'un pourrait objecter qu'il était difficile d'observer ces opérations avec précision, et nous incitions constamment M. Gasparin à convaincre les sceptiques et les sceptiques au sujet du non-contact des doigts au moyen de un appareil mécanique. De là est née la dernière expérience faite à cette époque, et la plus concluante de toutes. Une légère pellicule de farine était presque instantanément répandue sur la table au moyen d'un soufflet en soufre comme on en utilise dans les vignes. Le mouvement de la chaîne de mains au-dessus de la table la faisait tournoyer. Ensuite, le film de farine a été examiné et trouvé inviolable au contact des mains. Plusieurs répétitions à des jours différents donnaient toujours les mêmes résultats.

Tels sont les principaux faits qui établissent la réalité du phénomène. Thury aborde ensuite l'étude plus difficile des cours.

Le siège de la Force. — Il est possible que la force qui produit les phénomènes soit une force tellurique générale qui est simplement transmise par les opérateurs ou mise en action par eux ; ou, peut-être, la force réside dans les opérateurs eux-mêmes.

Pour trancher cette question, on fit construire une grande plate-forme mobile qui tournait sur un axe parfaitement vertical. Près de la périphérie extérieure de la plate-forme se trouvaient quatre chaises et une table au centre. Quatre opérateurs, experts en action neuro-magnétique, prirent place sur les chaises et, posant leurs mains sur la table centrale, essayèrent de lui donner un mouvement circulaire par une force non mécanique. En fait, la table commença bientôt à bouger. Ensuite, il a été arrêté et fixé à la plate-forme au moyen de trois vis. L'effort exercé sur cette table par les quatre magnétiseurs fut tel qu'au bout de trois quarts d'heure d'expérimentation, la jambe centrale d'appui fut cassée. Pourtant, la plate-forme mobile ne tournait pas. La force tangentielle requise pour déplacer mécaniquement la plate-forme vide n'était que de quelques grammes ; chargé des quatre opérateurs, il fallait 250 grammes, appliqués à environ 28 pouces du centre. Ce chiffre aurait été bien inférieur s'il avait été possible de répartir uniformément le poids des opérateurs.

Le résultat de cette expérience (du 4 juin 1853) montra que la force qui tend à faire tourner la table est dans les individus et non dans le sol. Car la force exercée sur la table tend à entraîner avec elle la plate-forme. Si donc la plate-forme reste immobile, il faut qu'une force égale et contraire soit exercée par les opérateurs. C'est donc en eux que réside la base du siège de la force. Si au contraire cette force était émanée, en totalité ou en grande partie, du sol, si elle avait été une force directement tellurique, la plate-forme aurait tourné, l'effort qu'exerçait sur elle la table n'étant plus contrebalancé par un réaction égale émanant des individus.

Conditions de production et d'action de la force. — J'ai dit que les conditions de production de la force sont peu connues. A défaut de lois précises, je présenterai ce qui a été plus ou moins vérifié dans le cas des trois points suivants :

un. Conditions d'action relatives aux opérateurs.

b. Conditions relatives aux objets à déplacer.

c. Conditions relatives au mode d'action des opérateurs sur les objets à déplacer.

LA VOLONTÉ. La première et la plus indispensable des conditions, selon M. Gasparin, est la volonté de l'exploitant. « Sans volonté, dit-il, nous n'obtenons rien ; nous pourrions rester là, enchaînés, vingt-quatre heures de suite, sans le moindre mouvement. Plus loin, l'auteur parle, il est vrai, de mouvements inattendus, différents de ceux que prescrit la volonté ; mais il est évident qu'il se réfère à une combinaison nécessaire de mouvements prescrits et de résistances extérieures, les mouvements effectifs étant la *résultante* de ceux qui ont été voulus et de forces de résistance développées dans les objets extérieurs. En bref, la volonté est toujours le moteur et l'initiateur.

Rien, il est vrai, dans les expériences de Valleyres ne permettait de croire qu'il pût en être autrement. Mais il est également certain que ce résultat purement négatif, ou généralisation provisoire, déduit d'un nombre limité d'expériences, ne peut invalider les résultats d'expériences incompatibles avec ceux-ci, au cas où de tels résultats existeraient. En d'autres termes, la volonté peut ordinairement être nécessaire, sans toutefois l'être toujours. De même, le contact est ordinairement nécessaire, et l'a *toujours* été pour un grand nombre d'opérateurs, sans toutefois leur donner le droit de conclure que le contact est la condition indispensable du phénomène, et que les différents résultats obtenus à Valleyres n'étaient qu'illusions. ou une erreur.

Puisqu'il s'agit ici d'un point d'une importance capitale, je me permettrai d'exposer avec quelques détails les circonstances qui semblent opposées à la thèse soutenue par M. Gasparin. Ces faits, ou données, ont pour garantie le témoignage d'un homme que j'aimerais pouvoir nommer, parce que sa culture scientifique et son caractère sont connus de tous les hommes. C'est dans sa maison et sous ses yeux que se sont déroulés les événements que je vais raconter.

A l'époque où chacun s'amusait à faire tourner et parler les tables, ou à diriger le mouvement de crayons de plomb, fixés dans des douilles mobiles, sur des feuilles de papier, les enfants de la maison s'amusaient plusieurs fois à ce sport. Dans un premier temps, les réponses obtenues étaient telles qu'on pouvait y voir un réflexe de la pensée inconsciente des opérateurs, un « rêve d'interprètes éveillés ». Mais bientôt le caractère des réponses parut changer. Il semblait que ce qu'ils révélaient ne pouvait guère sortir de l'esprit des jeunes interrogateurs. Enfin, il y eut une telle opposition aux commandements donnés que MN, incertain quant à la véritable nature de ces manifestations dans lesquelles *semblait* apparaître une volonté différente de la volonté humaine, interdisa qu'elles soient à nouveau évoquées. À partir de ce moment-là, les prises et la table restèrent intactes.

A peine une semaine s'était écoulée, après les événements que nous venons de raconter, qu'un enfant de la famille, celui qui autrefois avait le mieux réussi les expériences sur table, devint l'acteur ou l'instrument de phénomènes étranges. Le garçon recevait une leçon de piano, lorsqu'un faible bruit retentit dans l'instrument, et celui-ci fut secoué et déplacé de telle manière que l'élève et le professeur le fermèrent en toute hâte et quittèrent la pièce. Le lendemain, MN, qui avait été informé de ce qui s'était passé, était présent à la leçon, donnée à la même heure, c'est-à-dire au crépuscule. Au bout de cinq ou dix minutes, il entendit dans le piano un bruit difficile à définir, mais qui était certainement le genre de son qu'on attend d'un instrument de musique. Il y avait quelque chose de musical et de métallique. Peu de temps après, les deux pieds avant du piano (qui pesaient plus de six cent soixante livres) furent légèrement soulevés du sol. MN s'est dirigé vers une extrémité de l'instrument et a tenté de le soulever. À une certaine époque, il avait son poids ordinaire, qui était supérieur à ce que la force de MN pouvait supporter ; tantôt il semblait qu'il n'avait plus aucun poids et n'opposait pas la moindre résistance à ses efforts. Les bruits intérieurs devenant de plus en plus violents, on mit fin à la leçon, de peur que l'instrument ne subisse quelques dommages. Le cours était reporté au matin et donné dans une autre salle située au rez-de-chaussée. Le même phénomène se produisit, et le piano, plus léger que celui d'en haut, fut beaucoup plus élevé ; c'est-à-dire jusqu'à une hauteur de plusieurs pouces. MN et un jeune homme de dix-neuf ans essayaient de s'appuyer de toutes leurs forces sur les coins du piano qui se soulevaient. Alors, de deux choses l'une : ou bien leur résistance était vaine, et le piano continuait à monter, ou bien le tabouret à musique sur lequel était assis l'enfant reculait rapidement, comme s'il était poussé ou secoué.

Si de tels événements n'avaient eu lieu qu'une seule fois, nous pourrions penser que l'enfant ou les personnes présentes travaillaient dans une illusion. Mais ils furent répétés un grand nombre de fois, pendant quinze jours, en présence de différents témoins. Puis, un jour, une manifestation violente eut lieu, et désormais aucun événement inhabituel ne se produisit dans la maison. D'abord, c'était le matin et le soir que ces perturbations se manifestaient ; puis, invariablement à toute heure, ils se produisaient chaque fois que l'enfant prenait place au piano, après cinq ou dix minutes de jeu. Les phénomènes ne se sont produits qu'avec ce garçon, bien qu'il y ait d'autres personnes présentes (musiciens) ; et peu importe lequel des pianos de la maison il utilisait.

J'ai vu ces instruments. Le plus petit, au rez-de-chaussée, est un piano horizontal rectangulaire. D'après mes calculs, une force d'environ 165 livres appliquée sur le bord du boîtier, sous le clavier, est nécessaire pour soulever ce piano comme il a été soulevé par une force inconnue. L'instrument du premier étage de la maison est un lourd piano Erard, pesant, avec la caisse d'emballage dans laquelle il a été envoyé, 812 livres, comme l'indique la feuille de route que j'ai vue moi-même. D'après mes calculs approximatifs, une pression de 440 livres est nécessaire pour soulever ce piano, dans les mêmes conditions que le premier.

Je ne pense pas que quiconque soit tenté d'attribuer à l'effort musculaire direct d'un enfant de onze ans le fait de soulever un poids de 440 livres. [57] Une dame qui avait attribué l'effet produit à l'action des genoux passa sa propre main entre le bord du piano et les genoux de l'enfant, et put ainsi se convaincre que son explication n'avait aucun fondement dans les faits. Même lorsque l'enfant se mettait à genoux sur le tabouret du piano pour jouer, il ne constatait pas que les perturbations qu'il redoutait cessaient pour autant.

Ces faits authentifiés du professeur Thury sont à la fois précis et formidables. Quoi! deux pianos s'élèvent du sol et sautent ! De quoi ont donc besoin les physiciens, les chimistes, les savants pédants en poste pour les tirer de leur torpeur et leur faire secouer les oreilles et ouvrir les yeux ? Que faire pour supprimer leur indolence noble et pharisienne ?

Mais, quoi qu'il arrive, personne ne s'occupe du problème fascinant tel qu'il est exposé, à l'exception d'enquêteurs dispersés, libérés de la peur du ridicule et conscients de la valeur exacte de la race humaine, dans ses grandes et petites dimensions, et de la valeur de l'humanité. ses jugements.

M. Thury discute ensuite l'explication basée sur « la volonté ».

Ce garçon, dit-il, *a-t-il voulu* ce qui s'est passé, comme la théorie de M. de Gasparin voudrait nous l'admettre ? D'après le témoignage du garçon, que nous croyons tout à fait vrai, il ne l'a pas voulu ; il semblait visiblement ennuyé par ce qui se passait ; cela troublait son habitude de pratiquer assidûment sa leçon et offensait son goût de la régularité et de l'ordre, bien connu de ses intimes. Ma conviction personnelle est que nous ne pouvons absolument pas admettre, dans le cas de ce garçon, une volonté consciente, un dessein bien établi, de produire ces étranges événements. Mais on sait que parfois nous avons une double personnalité, et l'une d'elles converse avec l'autre (comme dans les rêves) ; que notre nature désire alors inconsciemment ce qu'elle ne veut pas, et qu'entre la volonté et le désir il n'y a qu'une différence de degré plutôt que de nature. Il faudrait avoir recours à des explications de ce genre, trop subtiles peut-être, pour mettre en adéquation ces faits de piano avec la théorie de M. Gasparin ; et il faudrait encore modifier et élargir les faits si l'on admettait que *même le désir inconscient* suffit, en l'absence de la volonté exprimée. Il y a donc lieu de douter sur ce point essentiel. C'est la seule déduction que je souhaite tirer des événements que j'ai relatés.

Cette lévitation, équivalente à un effort exercé de 440 livres, a sa valeur scientifique. Mais comment la volonté, consciente ou inconsciente, pourrait-elle soulever un meuble d'un tel poids ? Par une force inconnue que nous sommes obligés de reconnaître.

Action préliminaire. — Le pouvoir se développe par l'action. Les rotations préparent aux basculements et aux lévitations. Les rotations et les basculements, avec contact, semblent développer la force nécessaire pour produire les rotations et basculements sans contact. A leur tour, les rotations et les basculements sans contact préparent à la production de véritables lévitations, telles que celles de la table oscillante ; et les personnes chez qui cette force latente est éveillée sont mieux à même d'y faire appel une seconde fois.

Une préparation progressive s'impose donc, du moins pour la majorité des opérateurs. Cette préparation consiste-t-elle en une modification qui s'opère chez l'opérateur, ou dans le corps inerte sur lequel il agit, ou dans les deux ? Pour résoudre ce problème, les expérimentateurs qui s'exerçaient à une table passèrent à une autre, opérant sur laquelle ils retrouvèrent toute leur puissance sans relâche. La préparation consiste donc en une modification qui s'opère chez les individus, et non dans le corps inerte. [58] Cette modification survenant chez les individus se dissipe assez rapidement, surtout lorsque la chaîne des expérimentateurs est rompue.

Développement Intérieur des Opérateurs. — Ce n'est qu'après un certain temps d'attente que les opérateurs, qui n'ont pas encore agi, provoquent même le mouvement le plus facile, celui de la rotation avec contact. C'est pendant ce temps que la force, ou les conditions déterminant la manifestation de la force, se développent . Dès lors, la force développée n'a plus qu'à s'accroître. Ce qui se passe pendant ce temps d'attente est donc une chose très importante à considérer. On sait déjà que ce sont les opérateurs eux-mêmes qui sont modifiés. Mais que se passe-t-il en eux ?

Il faut qu'une sorte d'activité se mette dans l'organisme, activité qui requiert ordinairement l'intervention de la volonté. Cette activité, ce travail, s'accompagne d'une certaine fatigue. L'action ne se déclenche pas chez tous les opérateurs avec la même facilité et rapidité. Il y a même des personnes (l'auteur estime leur nombre à une sur dix) chez qui il semble que cela ne puisse pas du tout se produire.

Au milieu de cette grande diversité d'aptitudes naturelles, on observe que les enfants « peuvent obtenir l'obéissance à table tout comme les adultes ». Pourtant, les enfants ne magnétisent pas. Ainsi, bien que plusieurs faits semblent montrer que les magnétiseurs (ou hypnotiseurs) ont fréquemment un fort pouvoir sur les tables, on ne peut cependant admettre l'identité du pouvoir magnétique et du pouvoir sur les tables ; l'un n'est pas la mesure de l'autre. Seulement, la puissance magnétique constituerait (ou présumerait) une condition subjective favorable.

Une volonté simple et forte, l'animation, la bonne humeur, la concentration de la pensée sur le travail à faire, une bonne santé corporelle, peut-être l'acte même physique de tourner autour de la table, et enfin tout ce qui peut contribuer à l'unité de la volonté. pouvoir parmi les expérimentateurs, tout cela contribue à rendre efficaces les ordres adressés à la table avec force et autorité.

Les tables (dit M. de Gasparin) « veulent être maniées gaiement, librement, avec animation et confiance ; il faut les accommoder au début avec des exercices amusants et faciles ». La première condition nécessaire pour réussir à table est une bonne santé et la seconde, la confiance.

Parmi les circonstances défavorables, il faut compter, au contraire, un état de tension nerveuse ; fatigue; un intérêt trop passionné ; un esprit anxieux, préoccupé ou distrait.

Les tableaux-M. de Gasparin dit encore, dans son langage métaphorique : « détestez les gens qui se querellent, soit comme adversaires, soit comme amis ». "Dès que je m'intéressais trop profondément, je cessais d'ordonner l'obéissance." "S'il m'arrivait de désirer trop ardemment le succès et de me montrer impatient de retarder, je n'avais plus aucun pouvoir d'action sur la table." "Si les tables rencontrent des esprits préoccupés ou une excitation nerveuse, ils se mettent d'humeur boudeuse." "Si vous êtes susceptible, trop anxieux... vous ne pouvez rien faire qui ait de la valeur." "Au milieu des distractions, des bavardages, des plaisanteries, les opérateurs perdent infailliblement tout leur pouvoir." Fini les expériences en salon !

Faut-il avoir la foi ? Ce n'est pas nécessaire; mais la confiance dans le résultat prédispose à une plus grande dotation de pouvoir lors de la séance de l'occasion. Il ne suffit pas d'avoir la foi, il y a des personnes qui ont la foi et la bonne volonté, mais chez lesquelles la puissance d'action fait totalement défaut.

La force musculaire ou la susceptibilité nerveuse ne semblent jouer aucun rôle.

Les conditions météorologiques semblent exercer une certaine influence, probablement en agissant sur le physique et le moral des opérateurs. Ainsi le beau temps, le temps sec et chaud (mais pas la chaleur suffocante) agissent favorablement.

L'influence particulièrement efficace de la chaleur sèche sur la surface de la table [59] recevra peut-être une explication différente.

Action musculaire inconsciente, produite lors d'un état particulièrement nerveux. — Tant qu'on ne connaissait que des mouvements avec contact, dans lesquels le mouvement observé était un de ceux que pouvait produire l'action musculaire, les explications fondées sur l'hypothèse d'une action musculaire inconsciente étaient certainement suffisantes et beaucoup plus probables que toutes les autres explications qui avaient été proposées. jusqu'alors proposé.

A ce point de vue (tout à fait physiologique), il est établi qu'il faut distinguer entre l'effort qu'exerce un muscle et la conscience que nous avons de cet effort. On se souvient qu'il existe dans l'organisme humain un grand nombre de muscles qui exercent habituellement des efforts considérables sans que nous en soyons le moins du monde conscients. Il a été signalé qu'il existe des muscles dont les contractions sont perceptibles par nous dans un certain état du système et inaperçues dans un autre état. Il est donc concevable que les muscles de nos membres puissent, à titre exceptionnel, présenter le même phénomène. La préparation au mouvement de la table, le type particulier de réaction qui se produit pendant cet intervalle d'attente, mettent le système nerveux dans un état particulier où certains mouvements musculaires peuvent s'effectuer d'une manière inconsciente.

Mais, évidemment, cette théorie n'est pas suffisante pour rendre compte des mouvements sans contact, ni de ceux qui s'effectuent de telle manière que l'action musculaire ne pourrait les produire. Ce sont donc ces deux classes de mouvements qui doivent servir de base à de nouvelles expériences et de fondement à une nouvelle théorie.

Comment expliquer aussi le caractère très particulier et vraiment inconcevable des mouvements de la table ? cette mise en mouvement, si insensible, si douce, si différente de la brusquerie caractéristique de l'impulsion donnée par la force mécanique ; ces lévitations si spontanées, si énergiques, qui bondissent à la rencontre des mains ; ces danses et imitations de musique que vous tenteriez en vain d'égaler par l'action combinée et volontaire des opérateurs ; ces petits coups succédant aux grands coups, quand l'ordre est donné, dont rien ne peut exprimer la délicatesse exquise. Plusieurs fois, lorsqu'on demandait à un soi-disant esprit son âge, un des pieds de la table centrale se soulevait et frappait 1, 2, 3, etc. Alors le mouvement s'accélérait. Enfin, les trois jambes battaient une sorte de roulement de tambour si rapide qu'il était impossible de compter, et que les plus habiles ne parviendraient jamais à imiter. Une autre fois, sous le contact des mains, la table tournait sur trois pieds, sur deux, sur un seul ; et, dans cette dernière position, il changeait de pied, jetant son poids d'abord sur l'un puis sur l'autre avec une grande facilité, et sans rien de brusque ni de saccadé dans ses mouvements. Ni les expérimentateurs ni leurs adversaires les plus éminents ne pourront jamais imiter mécaniquement cette danse de la table et, surtout, les pirouettes tournoyantes et les changements de pieds.

Électricité. — Beaucoup ont essayé d'expliquer les mouvements des tables par l'électricité. Même en supposant qu'ils impliquent la production très abondante de cet agent, aucun effet connu de l'électricité ne rendrait compte du mouvement des tables. Mais en fait, il est facile de montrer qu'il n'y a pas d'électricité produite ; car, lorsqu'on interposait un galvanomètre dans la chaîne, aucune déviation de l'aiguille ne se produisait. L'électromètre reste aussi indifférent aux sollicitations des tables que le compas du marin.

Nervo-magnétisme. — Il y a certainement quelque analogie entre plusieurs phénomènes du nervo-magnétisme et ceux des tables. Ces passes qui semblent favoriser l'équilibre sans contact ; le mouvement imprimé par la chaîne à cet homme qu'ils font retourner (à moins qu'il n'y ait là quelque effet d'imagination) ; enfin, le pouvoir qu'exercent de nombreux hypnotiseurs sur les tables, tout cela semble indiquer une parenté entre les deux ordres de phénomènes. Mais les lois du nervomagnétisme étant peu connues, il n'y a aucune conclusion à en tirer, et il me semble préférable, pour le moment, d'étudier séparément les phénomènes de tables, mieux adaptés aux expériences de le physicien, et qui, bien étudié, rendra plus de services au nervo-magnétisme qu'il ne pourrait en recevoir dans longtemps de cette branche obscure de la physiologie.

Thury aborde ensuite la théorie de l'action fluidique de M. de Gasparin. Etant certain de bien comprendre cette théorie, il en donne un résumé dans les articles suivants :

1. Un liquide est produit par le cerveau et circule le long des nerfs.

2. Ce fluide peut dépasser les limites du corps ; il peut être *émis*.

3. Sous l'influence de la volonté, il peut se déplacer ici et là.

4. Ce fluide agit sur les corps inertes ; mais il évite le contact avec certaines substances, comme le verre.

5. Il soulève les parties vers lesquelles il se déplace, ou dans lesquelles il s'accumule.

6. Il agit en outre sur les corps inertes par attraction ou par répulsion, avec une tendance soit à joindre, soit à séparer le corps inerte et l'organisme.

7. Il peut aussi déterminer des mouvements intérieurs dans la matière et donner lieu à des bruits.

8. Ce fluide est spécialement produit et développé par la rotation, et par la volonté, et par l'union des mains d'une certaine manière.

9. Elle se communique d'une personne à une autre par voisinage ou par contact. Pourtant certaines personnes font obstacle à sa communication.

10. Nous n'avons aucune connaissance des mouvements spéciaux du fluide, qui sont déterminés par la volonté.

11. Ce fluide est probablement identique au fluide nerveux et au fluide neuro-magnétique.

Application. — La rotation est une résultante de l'action du fluide et des résistances du bois.

Le basculement résulte de l'accumulation du liquide dans le pied de la table qui est soulevé.

Le verre placé au milieu de la table arrête le mouvement car il chasse le fluide.

Le verre posé d'un côté de la table fait monter le côté opposé car le liquide, fuyant le verre, s'y accumule.

Thury ne tente pas de discuter de cette théorie. Mais on peut répéter avec Gasparin : « Quand vous m'aurez expliqué comment je lève la main, je vous expliquerai comment je fais lever le pied de la table.

Tout le problème réside là : l'action de l'esprit sur la matière. Nous ne devons pas rêver que nous puissions donner une solution définitive à ce problème à l'heure actuelle. Réduire les faits nouveaux à la conformité aux anciens ; c'est-à-dire relier l'action de l'esprit sur les corps inertes extérieurs à nous à l'action de l'esprit sur la matière dans notre corps, tel est le seul problème que la science d'aujourd'hui puisse raisonnablement se proposer. Thury l'énonce en termes généraux comme suit :

Question générale de l'action de l'esprit sur la matière. — Nous chercherons à formuler les résultats de l'expérience jusqu'au point où l'expérience nous abandonne. A partir de là, nous étudierons toutes les alternatives qui s'offrent à notre esprit, comme de simples possibilités, dont certaines donneront lieu à des hypothèses explicatives des phénomènes nouveaux.

Premier principe : Dans l'état ordinaire du corps, la volonté n'agit directement que dans la sphère de l'organisme. — La matière appartenant au monde extérieur se modifie *au contact de l'organisme* , et les modifications qu'elle subit en produisent progressivement d'autres par contiguïté. C'est ainsi que nous pouvons agir sur des objets éloignés de nous. Notre action à distance sur tout ce qui nous entoure est *médiate* et non immédiate. Nous pensons que cela est vrai de l'action de toutes les forces physiques, comme la gravité, la chaleur, l'électricité. Leur effet se communique progressivement et c'est ainsi qu'ils mettent de la distance derrière eux et entrent en relation avec l'homme en tant qu'être sensible.

Deuxième principe : Dans l'organisme lui-même, il existe une série d'actes médiatisés. — Ainsi la volonté n'agit pas directement sur les os qui reçoivent le mouvement des muscles ; la volonté ne modifie pas non plus directement les muscles, puisque privés de nerfs, ils sont incapables de bouger. La volonté agit-elle directement sur les nerfs ? La question reste de savoir si cela les modifie directement ou indirectement. Ainsi la substance sur laquelle l'âme agit immédiatement est encore indéterminée. La substance peut être solide, elle peut être fluide ; il peut s'agir d'une substance encore inconnue, ou peut-être d'un état particulier de substances connues. Afin d'éviter une périphrase, permettez-moi de lui donner un nom. Je l'appellerai la *psychode* (ψυχή, âme, et ὁ δός, voie).

Troisième principe : La substance sur laquelle l'esprit agit immédiatement, la psychode, n'est susceptible que de modifications très simples sous l'influence de l'esprit , car, comme les mouvements doivent être quelque peu variés, un appareil étendu et compliqué apparaît dans l'organisme. — tout un système de muscles, de vaisseaux, de nerfs, etc., qui manquent chez les animaux inférieurs (chez lesquels les mouvements sont très simples), et qui auraient été inutiles si la matière avait été directement susceptible de modifications également variées sous l'influence de l'esprit. . Lorsque les mouvements sont destinés à être très simples (comme dans le cas des infusoires), l'appareil compliqué fait défaut et l'esprit vital agit sur une matière presque homogène.

Les quatre hypothèses suivantes concernant le psychode peuvent être formulées :

un. Le psychode est une substance propre à l'organisme, et incapable d'en émerger. Elle n'agit que médiatement sur tout ce qui est extérieur à l'organisme visible.

b. Le psychode est une substance propre à l'organisme, capable de s'étendre au-delà des limites de l'organisme visible dans certaines conditions particulières. Les modifications qu'il reçoit agissent nécessairement sur d'autres corps inertes. La volonté agit sur le psychode, et donc médiatement sur les corps qu'embrasse la sphère de cette substance.

c. Le psychode est une substance universelle dont l'action sur d'autres corps inertes est conditionnée par la structure des organismes vivants, ou par un certain état des corps inorganiques, état déterminé par l'influence des organismes vivants dans certaines conditions particulières.

d. La psychode est un état particulier de la matière, un état qui se produit habituellement dans la sphère de l'organisme, mais qui peut aussi se produire au-delà de ses limites sous l'influence d'un certain état de l'organisme, influence comparable à celle des aimants dans l'organisme. phénomènes de diamagnétisme.

Thury propose l'adjectif *ecténéique* (de ἐ κτένεια, extension) pour décrire cet état particulier de l'organisme dans lequel l'esprit peut, dans une certaine mesure, étendre les limites habituelles de son action, et il appelle « force ecténéique » celle qui se développe dans cet état.

La première hypothèse (ajoute-t-il) ne serait pas du tout adaptée pour expliquer les phénomènes qui nous occupent. Mais les trois autres donnent lieu à trois explications différentes, dans lesquelles (nous assure-t-il) sera comprise la plus grande partie des phénomènes étudiés.

Explications basées sur l'intervention des esprits. —M. de Gasparin a montré l'erreur de toutes ces explications :

1. Par des considérations théologiques.

2. Par la très juste remarque qu'il ne faut pas recourir à des explications qui introduisent des esprits dans le problème jusqu'à ce que d'autres interprétations se soient révélées tout à fait insuffisantes.

3. Enfin, par des considérations physiques.

En considérant ici la question uniquement au point de vue physique général, je ne suis pas M. de Gasparin (dit Thury) dans son exploitation des explications théologiques. Quant à la seconde, j'attirerai seulement l'attention sur la suggestion selon laquelle la suffisance des explications purement physiques ne devrait s'appliquer strictement qu'aux expériences de Valleyres, où, en vérité, rien ne témoigne de l'intervention d'autres volontés que la volonté humaine.

La question de l'intervention des esprits pourrait être tranchée à partir de la teneur ou du contenu des révélations, en tout cas dans lequel ce contenu serait tel qu'il ne pourrait évidemment pas provenir de l'esprit humain. Ce n'est pas mon intention de discuter de ce point. La présente étude ne s'intéresse qu'aux mouvements des corps inertes, et il suffit de considérer, parmi les arguments de M. de Gasparin, ceux qui sont compris dans ce champ de vue.

Or, ses arguments sur ce point me semblent tous résumés dans ces lignes un peu ironiques : « Esprits étranges !... dont la présence ou l'absence pourrait dépendre d'une rotation, dépendre du froid ou de la chaleur, ou de la santé ou de la maladie, de bonne humeur ou lassitude, sur une compagnie malhabile de magiciens inconscients ! J'ai le mal de tête ou l'emprise, donc les êtres démoniaques ne pourront pas apparaître aujourd'hui."

M. de Mirville, qui croit aux Esprits qui se manifestent par l'intermédiaire du fluide, pourrait répondre à Gasparin que les conditions de la manifestation ostensible des Esprits sont peut-être l'état fluidique lui-même ; que s'il en est ainsi, nous pourrions très bien, dans un phénomène de séance, avoir une manifestation fluidique sans l'intervention des esprits, mais pas l'intervention des esprits sans une manifestation fluidique préalable, et qu'ainsi chacun n'invitera une telle manifestation qu'à un moment donné. à ses propres risques et périls.

Thury discute ensuite de la manière dont la question des esprits devrait être considérée.

La tâche de la science (écrit-il) est de témoigner de la vérité. Elle ne peut le faire si elle emprunte une partie de ses données à la révélation ou à la tradition ; faire cela reviendrait à soulever la question, et le témoignage de la science perdrait toute valeur.

Les faits de l'ordre naturel se rattachent à deux catégories de forces, l'une celle de *la nécessité*, l'autre celle de *la liberté*. Aux premières appartiennent les forces générales de gravitation, de chaleur, de lumière, d'électricité et la force végétative. Il est possible que nous en découvrions d'autres un jour ; mais à l'heure actuelle, ce sont les seuls que nous connaissons. À la seconde catégorie appartiennent uniquement l'esprit des animaux et celui de l'homme. Ce sont véritablement *des forces*, puisqu'elles sont à l'origine de *mouvements* et de phénomènes divers dans le monde physique.

L'expérience nous apprend que ces forces mentales se manifestent par l'intermédiaire d'organismes spéciaux, très complexes dans le cas de l'homme et des animaux supérieurs, mais simples dans celui des plus bas, parmi lesquels l'esprit de ces derniers n'a pas besoin de muscles ni de nerfs pour se manifester extérieurement, mais semble agir directement sur une matière homogène dont elle détermine les mouvements (l'amibe d'Ehrenberg). C'est dans ces organisations élémentaires que se pose, en quelque sorte, le problème de l'action de l'esprit sur la matière dans ses termes les plus simples.

Une fois que nous avons admis l'existence de la volonté comme distincte, au moins en principe, du corps matériel, il devient uniquement une question d'expérience de savoir si d'autres volontés que celles de l'homme et des animaux jouent un rôle quelconque, fréquent ou occasionnel. , sur la scène de la vie. Si ces volontés existent, elles auront tel ou autre moyen de manifestation, que *l'expérience seule* peut nous faire connaître. En fait, tout ce qu'il est possible d'affirmer *a priori* , c'est que, pour apparaître, ils *doivent* se manifester à travers quelqu'une des formes de la substance éternelle que nous appelons matière. Mais dire que cette matière doit nécessairement avoir une organisation de muscles, de nerfs, etc., ce serait s'en tenir à une idée très étroite, et déjà démentie par l'observation du règne animal dans ses types inférieurs. Tant que l'on ignore quel est le lien qui unit l'esprit à la matière dans laquelle il se manifeste, il serait parfaitement illogique de poser *a priori* des conditions particulières que la matière doit observer dans cette manifestation. Ces conditions sont actuellement totalement indéterminées. Nous sommes donc libres de rechercher des signes de ces manifestations dans l'éther cosmique ou dans la matière pondérable ; dans les gaz, les liquides ou les solides ; dans la matière non organisée, ou particulièrement dans la matière déjà organisée, telle que celle dont l'homme et les animaux sont constitués. Il serait peu logique d'affirmer qu'on ne peut découvrir d'autres volontés que celles des hommes et des animaux, sous prétexte que jusqu'à présent rien de tel n'a été vu ; car des faits de ce genre peuvent avoir été observés, mais non scientifiquement élucidés et authentifiés. De plus, ces volontés pourraient n'apparaître qu'à de longs intervalles, ou à des intervalles qui nous paraissent longs ; mais les vastes abîmes des époques de la nature ne peuvent pas être parcourus par nos petits souvenirs ni mesurés par la durée momentanée de nos vies.

Tels sont les faits et les idées exposés dans cette monographie consciencieuse du professeur Thury. On voit facilement que, selon lui (1) les phénomènes sont des faits positifs ; (2) qu'ils sont produits par une substance inconnue, à laquelle il donne le nom de *psychode* , quelque chose qui, par hypothèse, existe en nous et sert d'intermédiaire entre l'esprit et le corps, entre la volonté et les organes, et peut se projeter au-delà des limites du corps ; 3° que l'hypothèse des Esprits n'est pas absurde, et qu'il peut exister dans ce monde d'autres volontés que celles de l'homme et des animaux, volontés capables d'agir sur la matière.

Le professeur Marc Thury meurt en 1905, après avoir consacré toute sa vie à l'étude des sciences exactes. Sa spécialité était l'astronomie.

- 236 -

CHAPITRE VIII

LES EXPÉRIENCES DE LA SOCIÉTÉ DIALECTIQUE DE LONDRES

Une association bien connue d'érudits et de scientifiques, la Dialectical Society of London, fondée en 1867 sous la présidence de Sir John Lubbock, résolut, en 1869, d'inclure dans la sphère de ses observations, les phénomènes physiques dont elle est l'objet. objet de ce volume à étudier. Après une série d'expériences, la société publia un rapport auquel elle ajouta les attestations, sur le même sujet, d'un certain nombre de savants, parmi lesquels j'eus l'honneur de figurer. [60] Ce rapport a été traduit en français par le docteur Dusart et publié [61] dans la série des ouvrages psychiques si heureusement planifiés et dirigés par le comte de Rochas. Pour donner ici une idée juste des résultats atteints par cette société, je ne peux mieux faire que de citer les parties saillantes et essentielles de ce mémoire purement scientifique.

Deux ou trois paragraphes dès le début du rapport montreront comment et à quelle époque la société s'est lancée pour la première fois dans les études psychophysiques :

Lors d'une réunion de la London Dialectical Society, tenue le mercredi 6 janvier 1869, sous la présidence de MJH Levy, il fut résolu : -

"Qu'il soit demandé au Conseil de nommer un comité conformément au règlement VII., pour enquêter sur les phénomènes présumés être des manifestations spirituelles et faire rapport à ce sujet."

Ce comité a été formé le 26 janvier suivant. Il était composé de vingt-sept membres. Parmi eux, on note Alfred Russel Wallace, savant naturaliste et membre de la Royal Society de Londres. Le professeur Huxley et George Henry Lewis ont été invités à collaborer avec le comité. Ils ont refusé. La lettre du professeur Huxley est trop caractéristique pour être omise :

Monsieur, — Je regrette de ne pouvoir accepter l'invitation du Conseil de la Société Dialectique à coopérer avec un Comité d'enquête sur le « Spiritualisme » ; et pour deux raisons. En premier lieu, je n'ai pas le temps de me lancer dans une telle enquête, qui entraînerait beaucoup de problèmes et (à moins qu'elle ne soit différente de toutes les enquêtes de ce genre que j'ai connues) beaucoup d'ennuis. En deuxième lieu, le sujet ne m'intéresse pas. Le seul cas de « spiritualisme » que j'ai eu l'occasion d'examiner par moi-même était une imposture aussi grossière que celle qui m'ait jamais été signalée. Mais à supposer que les phénomènes soient authentiques, ils ne m'intéressent pas. Si quelqu'un voulait me donner la faculté d'écouter les bavardages des vieilles femmes et des vicaires de la ville cathédrale la plus proche, je refuserais ce privilège, ayant mieux à faire.

Et si les gens du monde spirituel ne parlent pas avec plus de sagesse et de sens que leurs amis ne le prétendent, je les mets dans la même catégorie.

Le seul bien que je puisse voir dans une démonstration de la vérité du « spiritualisme » est de fournir un argument supplémentaire contre le suicide. Mieux vaut vivre comme balayeur que mourir et se faire faire bavarder par un « médium » engagé lors d'une séance de guinée.

Je suis, monsieur, etc.,
TH HUXLEY.

29 janvier 1869.

Comme pour opposer à ce scepticisme radical, basé sur une seule séance d'observation (!), une critique directe et négative, le savant électricien Cromwell Fleetwood Varley, en 1867, qui a tant fait pour promouvoir et encourager la pose du troisième (et finalement réussi) du câble atlantique entre l'Europe et l'Amérique, s'empressa de s'identifier aux recherches et, grâce à son aide, fit progresser matériellement les progrès de cet examen scientifique.

Le rapport, avec ses différents témoignages, fut présenté à la Société Dialectique le 20 juillet 1870. Mais, pour ne pas compromettre la société, il fut décidé de ne pas le publier officiellement, sous l'égide de l'association. En conséquence, la commission décide à l'unanimité de publier le rapport sous sa propre responsabilité. Il se lit comme suit :

Votre Comité a tenu quinze réunions au cours desquelles il a entendu les témoignages de trente-trois personnes qui ont décrit des phénomènes qui, selon eux, s'étaient produits dans le cadre de leur propre expérience personnelle.

Votre Comité a reçu des déclarations écrites relatives aux phénomènes émanant de trente et une personnes.

Votre Comité a invité et demandé la coopération et les conseils des hommes scientifiques qui avaient publiquement exprimé des opinions, favorables ou défavorables, sur l'authenticité des phénomènes.

Votre Comité a également spécialement invité les personnes qui avaient publiquement attribué le phénomène à une imposture ou à une illusion.

Comme il a semblé à votre commission de la plus haute importance qu'elle étudie les phénomènes en question par des expériences et des tests personnels, elle s'est constituée en sous-commissions comme étant le meilleur moyen d'y parvenir.

Six sous-comités ont donc été constitués.

Ces rapports, ci-joints, se corroborent substantiellement les uns les autres et semblent établir les propositions suivantes : -

1. Que des sons de caractère varié, provenant apparemment d'articles de meubles, du sol et des murs de la pièce (les vibrations accompagnant ces sons sont souvent distinctement perceptibles au toucher), se produisent, sans être produits par une action musculaire ou un dispositif mécanique.

2. Que les mouvements de corps lourds s'effectuent sans dispositif mécanique d'aucune sorte ni exercice adéquat de force musculaire par les personnes présentes, et fréquemment sans contact ou connexion avec qui que ce soit.

3. Que ces sons et mouvements se produisent souvent aux moments et de la manière demandés par les personnes présentes et, au moyen d'un simple code de signaux, répondent aux questions et énoncent des communications cohérentes.

4. Que les réponses et communications ainsi obtenues sont, pour la plupart, d'un caractère banal ; mais il arrive parfois que des faits soient correctement exposés et qu'ils ne soient connus que d'une seule des personnes présentes.

5. Que les circonstances dans lesquelles les phénomènes se produisent sont variables, le fait le plus marquant étant que la présence de certaines personnes semble nécessaire à leur apparition, et celle d'autres généralement défavorables. Mais cette différence ne semble dépendre d'aucune croyance ou incrédulité concernant les phénomènes.

6. Que, néanmoins, la survenance des phénomènes n'est pas assurée respectivement par la présence ou l'absence de telles personnes.

Les témoignages oraux et écrits reçus par votre Comité témoignent non seulement de phénomènes de même nature que ceux observés par les sous-comités, mais d'autres d'un caractère plus varié et plus extraordinaire.

Ces preuves peuvent être brièvement résumées comme suit : -

1. Treize témoins déclarent avoir vu des corps lourds – dans certains cas des hommes – s'élever lentement dans les airs et y rester un certain temps sans support visible ou tangible.

2. Quatorze témoins témoignent avoir vu des mains ou des figures, n'appartenant à aucun être humain, mais d'apparence et de mobilité réalistes, qu'ils ont parfois touchées ou même saisies, et dont ils sont donc convaincus qu'elles n'étaient pas le résultat d'une imposture ou d'une imposture. illusion.

3. Cinq témoins déclarent qu'ils ont été touchés, par quelque agent invisible, sur diverses parties du corps, et souvent là où cela était demandé, alors que les mains de toutes les personnes présentes étaient visibles.

4. Treize témoins déclarent avoir entendu des morceaux de musique bien joués sur des instruments non manipulés par aucun organisme vérifiable.

5. Cinq témoins déclarent avoir vu des charbons ardents appliqués sur les mains ou la tête de plusieurs personnes sans provoquer de douleur ni de brûlure ; et trois témoins déclarent qu'ils ont fait sur eux-mêmes la même expérience avec la même immunité.

6. Huit témoins déclarent avoir reçu des informations précises par le biais de coups, d'écrits et d'autres moyens, dont l'exactitude était alors inconnue d'eux-mêmes ou de toute personne présente et qui, après une enquête ultérieure, s'est avérée exacte. .

7. Un témoin déclare avoir reçu une déclaration précise et détaillée qui s'est néanmoins révélée totalement erronée.

8. Trois témoins déclarent qu'ils ont été présents lorsque les dessins, tant au crayon qu'en couleurs, ont été réalisés dans un laps de temps si court et dans des conditions telles qu'ils rendaient l'intervention humaine impossible.

9. Six témoins déclarent avoir reçu des informations sur des événements futurs et que, dans certains cas, l'heure et la minute de leur survenance ont été prédites avec précision, des jours et même des semaines auparavant.

En plus de ce qui précède, des témoignages ont été apportés sur la transe, la guérison, l'écriture automatique, l'introduction de fleurs et de fruits dans des pièces fermées, les voix dans l'air, les visions dans les cristaux et les verres, et l'élongation. du corps humain.

Quelques extraits des rapports donneront à mes lecteurs une meilleure idée de ces expériences et montreront leur tout caractère scientifique :

Toutes ces réunions ont eu lieu dans les résidences privées des membres du Comité, délibérément pour exclure la possibilité d'un mécanisme ou d'un artifice arrangé à l'avance.

Le mobilier de la pièce dans laquelle se déroulaient les expériences était à chaque fois son mobilier habituel.

Les tables étaient dans tous les cas de lourdes tables à manger, exigeant un effort important pour les déplacer. Le plus petit d'entre eux mesurait 5 pieds. 9 pouces. de long sur 4 pieds. de large et le plus grand, 9 pieds. 3 pouces. de long et 4½ pieds. large et de poids proportionné.

La pièce, les tables et les meubles étaient généralement soumis à plusieurs reprises à un examen minutieux avant, pendant et après les expériences, pour s'assurer qu'il n'existait aucune machinerie, instrument ou autre dispositif dissimulé au moyen duquel les sons ou les mouvements mentionnés ci-après pourraient être provoqués.

Les expériences ont été conduites à la lumière du gaz, sauf dans les rares occasions spécialement signalées dans les procès-verbaux.

Votre Comité a évité l'emploi de médiums professionnels ou rémunérés, la médiumnité étant celle des membres de votre Sous-Comité, personnes de bonne position sociale et d'une intégrité irréprochable, n'ayant aucun objet pécuniaire à servir, et n'ayant rien à gagner par la tromperie.

Parmi les membres de votre sous-commission, environ *les quatre cinquièmes* ont commencé l'enquête entièrement sceptiques quant à la réalité des phénomènes allégués, croyant fermement qu'ils étaient le résultat soit d'une *imposture*, soit d' *une illusion*, soit d'une *action musculaire involontaire*. Ce n'est que par des preuves irrésistibles, dans des conditions qui excluaient la possibilité de l'une ou l'autre de ces solutions, et après des essais et des tests maintes fois répétés, que les plus sceptiques de votre sous-commission ont été lentement et à contrecœur convaincus que les phénomènes manifestés au cours de leur longue enquête était de véritables faits.

La description d'une expérience et de la manière de la conduire montrera le mieux le soin et la prudence avec lesquels votre comité a poursuivi ses enquêtes.

Tant qu'il y avait un contact, ou même une possibilité de contact, par les mains ou les pieds, ou même par les vêtements de toute personne présente dans la pièce, avec la substance déplacée ou sonore, il ne pouvait y avoir une assurance parfaite que les mouvements et les sons n'ont pas été produits par la personne ainsi en contact. L'expérience suivante a donc été tentée :

À une occasion où onze membres de votre Sous-Comité étaient assis autour d'une des tables à manger décrites ci-dessus pendant quarante minutes, et que divers mouvements et bruits s'étaient produits, ils, en guise de test, tournèrent le dossier de leurs chaises vers le table, à environ neuf pouces de celle-ci. Ils s'agenouillèrent alors tous sur leurs chaises, plaçant leurs bras sur le dossier. Dans cette position, leurs pieds étaient bien entendu détournés de la table, et ne pouvaient en aucun cas être placés en dessous ou toucher le sol. Les mains de chaque personne étaient étendues au-dessus de la table à environ quatre pouces de la surface. Le contact avec n'importe quelle partie de la table ne pouvait donc avoir lieu sans détection.

En moins d'une minute, la table, intacte, bougea *quatre* fois ; d'abord environ *cinq* pouces d'un côté, puis environ *douze* pouces du côté opposé, et ensuite, de la même manière, quatre pouces et six pouces respectivement.

Les mains de toutes les personnes présentes furent ensuite placées sur le dossier de leurs chaises et à environ un pied de la table, qui se déplaça de nouveau, comme auparavant, *cinq* fois, sur des espaces variant de quatre à six pouces. Ensuite, toutes les chaises furent retirées de la table à douze pouces, et chacun s'agenouilla sur sa chaise comme auparavant, cette fois cependant en croisant les mains derrière son dos, son corps étant ainsi à environ dix-huit pouces de la table, et ayant le dossier de la chaise. entre lui et la table. La table bougea encore quatre fois, dans des directions différentes. Au cours de cette expérience concluante, et en moins d'une demi-heure, la table s'est ainsi déplacée, sans contact ni possibilité de contact avec aucune personne présente, treize fois, les mouvements étant dans des directions différentes, et certains d'entre eux selon à la demande de divers membres de votre sous-commission.

La table fut ensuite soigneusement examinée, retournée et démontée, mais rien ne fut découvert pour expliquer le phénomène. L'expérience a été menée entièrement en pleine lumière du gaz au-dessus de la table.

Au total, votre sous-commission a été témoin de plus de *cinquante* motions similaires sans contact au cours de *huit* soirées différentes, dans les maisons des membres de votre sous-commission, les tests les plus minutieux étant appliqués à chaque occasion.

Dans toutes les expériences similaires, la possibilité d'un dispositif mécanique ou autre était encore plus réduite par le fait que les mouvements se produisaient dans des directions diverses, tantôt d'un côté, puis de l'autre ; tantôt en haut de la pièce, tantôt en bas de la pièce – mouvements qui auraient nécessité la coopération de plusieurs mains ou pieds ; et celles-ci, à cause de la grande taille et du poids des tables, n'auraient pas pu être ainsi utilisées sans l'exercice visible de la force musculaire. Chaque main et chaque pied étaient clairement visibles et n'auraient pas pu être déplacés sans détection instantanée.

Les mouvements ont été observés simultanément par toutes les personnes présentes. C'étaient des questions de mesure et non d'opinion ou de fantaisie. Et elles se sont produites si souvent, dans des conditions si nombreuses et si diverses, avec de telles garanties contre l'erreur ou la tromperie, et avec des résultats si invariables, qu'elles ont satisfait les membres de votre Sous-Comité par lesquels les expériences ont été tentées, totalement sceptiques comme la plupart des autres. ils étaient lorsqu'ils ont commencé l'enquête, qu'il *existe une force capable de déplacer des corps lourds sans contact matériel, et laquelle force dépend d'une manière inconnue de la présence d'êtres humains* .

Tel fut le premier verdict de la science sur les activités spiritualistes en Angleterre, verdict rendu par des physiciens, des chimistes, des astronomes et des naturalistes, dont plusieurs étaient membres de la London Royal Society. Les investigations furent confiées au soin particulier du professeur Morgan, président de la Mathematical Society de Londres ; de Varley, ingénieur électricien en chef du département des télégraphes, et d'Alfred Wallace, naturaliste, etc. Plusieurs membres de la Société dialectique refusèrent de se joindre aux conclusions du comité et déclarèrent qu'elles devaient être vérifiées par un autre savant ; par exemple, par le chimiste Crookes. Ce monsieur accepta la proposition, et c'est ainsi qu'il commença ses expériences, dont nous reviendrons plus loin.

Mais, avant de présenter le récit des expériences de l'éminent chimiste, je voudrais exposer à mes lecteurs les principaux points réglés par le Comité expérimental dont je viens de parler.

OBSERVATIONS SPÉCIALES.

9 mars. Neuf membres présents. Retrouvailles à huit heures. Les phénomènes suivants se produisirent : 1. Les membres du cercle, debout, posaient le bout de leurs doigts uniquement sur la table. Cela a fait un mouvement considérable. 2. Tenant leurs mains à quelques centimètres au-dessus de la table, et sans que personne ne la touche, la table s'est déplacée sur une distance de plus d'un pied. 3. Pour rendre l'expérience absolument concluante, tous ceux qui étaient présents se tenaient à l'écart de la table, et étendant les mains dessus sans la toucher, elle se déplaça de nouveau comme auparavant et à peu près à la même distance. Pendant ce temps, un membre du Comité était placé sur le sol pour regarder attentivement sous la table, tandis que d'autres étaient placés à l'extérieur pour s'assurer que personne ne s'approchait de la table. Dans cette position, il était fréquemment déplacé, sans possibilité de contact par aucune personne présente. 4. Tandis qu'ils se tenaient ainsi à l'écart de la table, mais le bout des doigts appuyé dessus, tous au même moment levèrent la main à un signal donné ; et à plusieurs reprises, la table sauta du sol à une élévation variant d'un demi-pouce à un pouce. 5. Tous tenaient leurs mains au-dessus de la table, mais sans la toucher, puis, sur un mot d'ordre, les levaient brusquement, et la table sautait comme auparavant. Les membres étendus sur le sol et ceux placés à l'extérieur du cercle observaient attentivement comme auparavant, et tous observaient le phénomène tel que décrit.

15 avril. Huit membres présents. Assis à 20 heures. Cinq minutes plus tard, des bruits de tapotements se faisaient entendre sur le rebord de la table. Diverses questions, quant à l'ordre de séance, etc., furent posées et répondues par des coups frappés. L'alphabet était nécessaire et le mot « rire » était épelé.

On a demandé si nous avions l'intention de rire. Une réponse affirmative étant donnée, les membres rirent ; sur quoi la table émit un son et un mouvement très vigoureux, imitant et répondant au rire, et si ridicule qu'il provoqua un éclat général de rire réel, auquel la table trembla, et les coups gardèrent le rythme comme accompagnement. Les questions suivantes étaient alors posées et auxquelles on répondait en fonction du nombre de coups donnés : — « Combien d'enfants a Mme M… ? "Quatre ;" "Mme W——?" "Trois;" "Mme D——?" Pas de rap; "Mme E——?" "Cinq;" "Mme S——?" "Deux." Il a été constaté, après enquête, que ces réponses étaient parfaitement exactes, sauf dans le cas de Mme E…, qui n'a que quatre enfants vivants, mais en a perdu un. Ni le médium ni aucune des personnes présentes n'étaient au courant de tous les numéros ci-dessus, mais chaque numéro était connu de certains d'entre eux. La demande de communication écrite ayant été répondue par trois coups frappés, des feuilles de papier avec un crayon furent déposées sous la table, et à la fin de la séance examinées, mais aucune lettre ni marque ne fut trouvée sur le papier. Afin de vérifier si ces sons persisteraient dans des conditions différentes, tous étaient assis à une certaine distance de la table , se tenant la main en formant un cercle autour d'elle. Mais au lieu d'être sur la table comme auparavant, de forts coups retentirent venant de diverses parties du parquet et de la chaise sur laquelle le médium était assis ; tandis que certains venaient de l'autre côté de la pièce, à une distance d'environ quinze pieds de la personne la plus proche. Le désir ayant été exprimé d'une pluie de coups, des coups forts retentirent de toutes les parties de la table à la fois, produisant un effet semblable à celui d'une pluie de grêle tombant sur elle. Les sons tout au long de la soirée étaient très aigus et distincts. On a observé que, bien que pendant la conversation les coups soient parfois d'un caractère singulièrement vif, quand une question est posée, ils cessent instantanément, et on n'entend personne jusqu'à ce que la réponse soit donnée.

29 avril. Neuf membres présents. Moyen et conditions comme avant. Au bout d'un quart d'heure environ, la table fit divers mouvements sur le sol, avec des coups frappés. Les sons, au début, étaient émis très doucement, mais devinrent ensuite beaucoup plus forts. Ils battaient la mesure au rythme des airs joués par une boîte à musique, et venaient de n'importe quel endroit de la table demandé par les membres. Certaines questions étaient posées et suivies de coups frappés, mais plus fréquemment d'une inclinaison de la table sur ses côtés, ses extrémités ou ses coins, l'élévation étant de un à quatre pouces. Ceux qui étaient assis à proximité s'efforcèrent d'empêcher la table de se lever, mais elle résista à tous leurs efforts. La chaise sur laquelle était assis le médium fut tirée plusieurs fois sur le sol. D'abord, il recula de plusieurs mètres ; puis il fit plusieurs tours et détours, et revint finalement avec le médium à presque sa position initiale. La chaise n'avait pas de roulettes et se déplaçait sans bruit, le médium paraissant parfaitement immobile et tenant ses pieds au-dessus du tapis ; de sorte que pendant tout le phénomène aucune partie de sa personne ni de son vêtement ne toucha le sol. Il y avait une lumière vive au gaz et les membres avaient clairement l'occasion d'observer tout ce qui se passait ; et tous s'accordèrent sur le fait que l'imposture était impossible. Pendant que cela se passait, un bruit de claquement retentissait continuellement du sol, sous et autour de la chaise. Il a alors été suggéré de tester si la table pouvait bouger sans contact. Toutes les personnes présentes, y compris le médium, se tenaient à l'écart de la table, tenant leurs mains à trois ou six pouces au-dessus d'elle, et sans aucun moyen de la toucher. Des observateurs ont été placés en dessous pour vérifier qu'il n'y était pas touché. Voici les observations :

1. La table se déplaçait à plusieurs reprises sur le sol dans différentes directions, prenant souvent celle demandée. Ainsi, conformément au désir exprimé de se déplacer de l'avant vers l'arrière-salle, il prit cette direction et, en s'approchant des portes pliantes et rencontrant un obstacle, se tourna comme pour l'éviter.

2. Au signal donné, tous levèrent brusquement la main et la table sauta immédiatement du sol d'environ un pouce.

Divers membres du Comité se portaient volontaires pour surveiller tour à tour sous la table, tandis que d'autres, debout autour d'eux, notaient soigneusement tout ce qui se passait ; mais personne n'a pu découvrir une quelconque action visible dans leur production.

18 mai. La musique était jouée au piano-forte, et un morceau était accompagné de sons de frappe provenant de toutes les parties de la table, et un autre morceau à la fois de sons de frappe, de vibrations et de légers mouvements verticaux de la table sur ses côtés, ses extrémités et ses coins. Les sons et les mouvements suivaient tous le rythme de la musique. Le même phénomène se produisait également lorsqu'une chanson était chantée. Au cours de la *séance,* les sons étaient répartis de manière très égale, étant rarement confinés à une seule partie de la table.

9 juin. Huit membres présents. Le fait le plus intéressant de ce soir était que, bien que les bruits de coups provenaient de différentes parties de la table, mais principalement de celle située devant le médium ; pourtant, lorsqu'elle entrait dans le hall pour recevoir un message, ils continuaient à venir de cette partie de la table.

L'alphabet étant répété conformément au signal, « Queer Pals » fut épelé. Ces mots parurent amuser et intriguer l'assemblée. Cependant, il a été suggéré qu'ils pourraient s'adresser aux Christy Minstrels, dont les mélodies nègres, à St. George's Hall, étaient très clairement entendues à travers la fenêtre ouverte de l'arrière-salle. A cette suggestion, la table donna trois inclinaisons considérables.

17 juin. Le médium tenait une feuille de papier à bout de bras au-dessus de la table par l'un de ses coins et, sur demande, des coups faibles mais distincts se faisaient entendre dessus. Les autres coins du journal furent alors tenus par les membres du Comité, et les bruits furent de nouveau entendus par tous autour de la table ; tandis que ceux qui tenaient le papier ressentaient l'impact des coups invisibles. Une ou plusieurs questions recevaient une réponse de cette manière au moyen de trois coups clairs et distinctement audibles, qui avaient un caractère similaire à celui produit par une goutte d'eau. Ce phénomène nouveau et curieux s'est produit sous les yeux de toutes les personnes présentes, sans qu'aucune cause physique ne soit détectée.

21 juin. Mouvement de l'harmonican sans contact. Sur le médium et deux autres membres tenant la main au-dessus de l'harmonica sans le toucher d'aucune façon, celui-ci tournait presque entièrement, par à-coups successifs, sur la table sur laquelle il était posé. La table à manger était fortement déplacée d'une distance de six pieds, les mains des membres présents reposant légèrement dessus.

18 octobre. Un cylindre de toile, haut de trois pieds et diamètre d'environ deux pieds, était placé sous une petite table dont les pieds étaient contenus à l'intérieur. À l'intérieur du cylindre se trouvait une cloche posée sur le sol. Aucun son ne sortait de la cloche, mais il y avait des coups répétés sur la table et des secousses. Ce cylindre empêchait la possibilité de contact avec la table par un pied de l'une des personnes présentes, pendant toute la durée des coups et des secousses de la table.

14 décembre. Sons de table sans contact. — Tous s'éloignaient de la table, sans la toucher d'aucune manière, et les sons, quoique un peu plus faibles, continuaient à en sortir.

28 décembre. Mouvements sans contact. —Question : « La table serait-elle désormais déplacée sans contact ? Réponse : « Oui », par trois coups sur la table.

Toutes les chaises étaient alors tournées dos à la table et éloignées de neuf pouces ; et tous ceux qui étaient présents *s'agenouillèrent* sur les chaises, les poignets appuyés sur le dossier et les mains à quelques centimètres au-dessus de la table.

Dans ces conditions, la table (la lourde table de salle à manger décrite précédemment) bougea quatre fois, chaque fois de quatre à six pouces, et la seconde fois de près de douze pouces.

Alors toutes les mains furent placées sur les dossiers des chaises, et à près d'un pied de la table, lorsque quatre mouvements se produisirent, un lent et continu, pendant près d'une minute. Alors tous les assistants placèrent leurs mains derrière le dos, s'agenouillant droit sur leurs chaises, qui étaient éloignées d'un pied de la table ; le gaz était également monté plus haut, de manière à donner une abondance de lumière, et dans ces conditions d'essai, des mouvements distincts se produisaient, dans l'étendue de plusieurs pouces à chaque fois, et visibles par toutes les personnes présentes.

Les mouvements allaient dans diverses directions, vers toutes les parties de la pièce – certains étaient brusques, d'autres réguliers. Au même moment et dans les mêmes conditions, des coups distincts ont eu lieu, apparemment aussi bien sur le sol que sur la table, en réponse à des demandes. Les mouvements décrits ci-dessus étaient si évidents que toutes les personnes présentes ont déclaré sans hésitation leur conviction qu'aucune force physique, exercée par l'une quelconque des personnes présentes, n'aurait pu les produire. Et ils déclarèrent en outre par écrit qu'un examen rigoureux de la table montrait qu'il s'agissait d'une table à manger ordinaire, sans aucune machinerie ou appareil d'aucune sorte qui y soit connecté. La table a été posée sur le sol, les pieds relevés, et démontée autant que possible.

Observations spéciales.

Ces expériences ne sont qu'une répétition et une confirmation absolue de celles qui ont été décrites tout au long de ce volume, dès ses premières pages. Pourtant, ils suffisent à eux seuls à justifier nos convictions.

Ce premier sous-comité, dont nous avons donné les principales expériences, étudiait uniquement les phénomènes physiques. La sous-commission n° 2 s'occupait plus spécialement des communications intelligentes et des dictées médiumniques. Ils ne doivent pas nous retenir ici, mais trouveront leur place dans un ouvrage spécial sur le Spiritualisme.

La même commission a publié dans son rapport général la lettre suivante, qu'elle m'a fait l'honneur de demander :

Je dois vous avouer tout d'abord, messieurs, que parmi ceux qui se disent « médiums » et « spirites », un nombre considérable sont des personnes d'une intelligence limitée, incapables d'appliquer la méthode expérimentale à l'investigation de ce sujet. ordre des phénomènes, et par conséquent sont souvent dupes de leur crédulité ou de leur ignorance ; tandis que d'autres, dont le nombre est également considérable, sont des imposteurs dont le sens moral est devenu si émoussé par l'habitude de la fraude qu'ils semblent incapables d'apprécier l'horreur de leur abus criminel de la confiance de ceux qui s'adressent à eux pour obtenir des instructions. ou pour se consoler.

Et même lorsque le sujet est étudié sérieusement et de bonne foi, la force à laquelle est due la production de ces phénomènes est si capricieuse dans son action que beaucoup de retards et de déceptions sont inévitables dans la poursuite de toute enquête expérimentale à leur sujet. Il n'est donc pas facile de mettre de côté les obstacles ainsi placés sur le chemin du chercheur sérieux, d'éliminer ces sources d'erreur et d'arriver à des manifestations authentiques des phénomènes en question ; garder soigneusement son propre esprit contre toute erreur, toute illusion dans l'examen méthodique et scrupuleux de l'ordre des faits actuellement en discussion. Néanmoins, je n'hésite pas à affirmer ma conviction, fondée sur un examen personnel du sujet, que tout homme de science qui déclare les phénomènes dénommés « magnétiques », « somnambuliques », « médiumniques », et autres non encore expliqués par la science, est « impossible », est celui *qui parle sans savoir de quoi il parle* ; et aussi tout homme habitué, par ses vocations professionnelles, à l'observation scientifique, à condition que son esprit ne soit pas biaisé par des opinions préconçues, ni sa vision mentale aveuglée par cette espèce d'illusion contraire, malheureusement trop courante dans le monde savant, qui consiste à imaginer que les lois de la nature nous sont déjà connues et que tout ce qui semble dépasser les limites de nos formules actuelles est impossible, nous pouvons acquérir une certitude radicale et absolue de la réalité des faits évoqués.

Après une affirmation aussi catégorique, il n'est guère nécessaire pour moi d'assurer aux membres de la Société Dialectique que j'ai acquis, par ma propre observation, la certitude absolue de la réalité de ces phénomènes.

Mais bien que contraint, en l'absence de données concluantes quant à *la cause* des soi-disant « phénomènes spirituels », de m'abstenir de faire une quelconque affirmation positive concernant cette partie du sujet, je peux ajouter que, même si l'affirmation générale de sa nature spirituelle, de la part de la force occulte qui, au cours du dernier quart de siècle, s'est ainsi manifestée partout dans le monde, constitue un aspect de l'affaire qui, de par son universalité, mérite l'attention de l'enquêteur impartial. — l'histoire du genre humain, depuis les premiers âges, fournit des exemples de coïncidences, de prévisions et de pressentiments d'avertissements éprouvés dans certains moments critiques, d'apparitions plus ou moins distinctement vues, qui sont constatées sur des preuves aussi dignes de foi que celles que nous possédons. en ce qui concerne toute autre branche de la tradition historique, comme s'étant produite spontanément dans l'expérience de toutes les nations, et qui peut donc être considérée comme renforçant la présomption de la possibilité de communication entre les esprits incarnés et désincarnés.

J'ajouterai également que mes propres recherches dans les domaines de la philosophie et de l'astronomie moderne m'ont conduit, comme on le sait, à adopter une manière personnelle et individuelle d'envisager l'espace et le temps, la pluralité des mondes habités, l'éternité et l'ubiquité des forces agissantes de l'univers, et l'indestructibilité des âmes, ainsi que des atomes.

La pérennité de la vie intelligente doit être considérée comme le résultat de la succession harmonieuse d'incarnations sidérales.

Notre terre étant l'un des corps célestes, province de l'existence planétaire, et notre vie présente étant une phase de notre durée éternelle, il paraît naturel (le *surnaturel* n'existe pas) qu'il existe un lien permanent entre les sphères, les corps et les âmes de l'univers, et donc tout à fait probable que l'existence de ce lien sera démontrée, au fil du temps, par les progrès de la découverte scientifique.

Il serait difficile de surestimer l'importance des questions ainsi soumises à l'examen ; et j'ai vu avec une vive satisfaction la noble initiative qui, par la formation de votre commission d'enquête, a été prise par un corps d'hommes aussi justement éminents que les membres de la Société dialectique, dans l'investigation expérimentale de ces phénomènes profondément intéressants. Je suis donc très heureux de me conformer à la teneur de votre lettre, en vous adressant l'humble hommage de mes observations sur le sujet en question, et d'avoir ainsi l'occasion d'offrir à votre société l'expression de mes plus sincères vœux pour l'élucidation rapide des mystères de la nature qui n'ont pas encore été introduits dans le domaine de la science positive.

Je suis, Monsieur, votre fidèle
CAMILLE FLAMMARION ,
10, rue des Moineaux (Palais Royal).

Paris, le 8 mai 1870.

Le résumé ci-dessus des travaux de la Société Dialectique de Londres montre une fois de plus que les phénomènes médiumniques sont entrés depuis longtemps sur la voie de l'expérience scientifique. Il semblerait que seuls les aveugles volontaires puissent désormais renier leur allégeance.

Les résultats des études décrites constituent également une réponse à la question fréquemment posée de savoir si l'on peut entreprendre des expériences similaires sans connaître un véritable milieu. Je réponds que, dans toute réunion d'une douzaine de personnes, il y aura toujours un ou plusieurs médiums. Cela fut prouvé par les séances du comte de Gasparin.

Le rapport anglais contient également (25 mai 1869) une communication de l'électricien Cromwell Varley, déclarant que les phénomènes médiumniques ne pouvaient être discrédités par aucun observateur de bonne foi, et que, pour lui, l'hypothèse des esprits désincarnés est celle qui les explique le mieux

– tout simplement, des esprits communs (en général), comme la majorité des citoyens de notre planète.

Les expériences scientifiques du comité de la Société Dialectique furent poursuivies par la « Société pour la Recherche Psychique », fondée en 1882, dont les présidents successifs furent le professeur Sidgwick, le professeur Balfour Stewart, le professeur Sidgwick pour la seconde fois, le professeur William James, Sir William Crookes. , Frederick Myers, Sir Oliver Lodge, le professeur Richet, tous éminents dans les départements des sciences et de l'éducation. Permettez-moi de mentionner ici le travail splendide du Dr Hodgson et du professeur Hyslop dans la branche américaine de cette société.

Les expériences furent poursuivies magistralement par le célèbre chimiste Sir William Crookes et lui donnèrent les résultats les plus merveilleux. Mes lecteurs s'en rendront bientôt compte.

CHAPITRE IX

LES EXPÉRIENCES DE SIR WILLIAM CROOKES

Le savant chimiste, Sir William Crookes, membre de la Royal Society de Londres, auteur de plusieurs découvertes de premier ordre (parmi lesquelles il faut placer la découverte, en 1861, du métal, le thallium), et d'ingénieuses expériences sur " matière radiante », a publié ses premières recherches sur le sujet que nous examinons ici dans une revue dont il était le rédacteur en chef, le *Quarterly Journal of Science* .

J'ai eu l'honneur de rédiger certains articles astronomiques dans cette revue. [62] Je présenterai d'abord à mes lecteurs un extrait de l'article de M. Crookes du 1er juillet 1871, intitulé « Enquête expérimentale sur une force nouvelle », dans lequel il décrit ses études avec Home. J'ai aussi eu moi-même plus d'une fois l'occasion de converser avec ce médium. [63]

Il y a douze mois, dans ce journal, le 1er juillet 1870, j'écrivais un article dans lequel, après avoir exprimé de la manière la plus catégorique ma croyance en l'apparition, dans certaines circonstances, de phénomènes inexplicables par aucune loi naturelle connue, j'indiquais plusieurs tests que les hommes de science étaient en droit d'exiger avant d'accorder crédit à l'authenticité de ces phénomènes. Parmi les tests soulignés figuraient le fait qu'« une balance délicatement équilibrée devait être déplacée dans des conditions de test » ; et qu'une démonstration de puissance équivalente à tant de « pieds-livres » devrait être « manifestée dans son laboratoire, où les expérimentateurs pourraient la peser, la mesurer et la soumettre à des tests appropriés ». J'ai dit aussi que je ne pouvais pas promettre d'aborder pleinement ce sujet, en raison des difficultés à obtenir des opportunités et des nombreux échecs qui ont accompagné l'enquête ; de plus, « les personnes en présence desquelles ces phénomènes se produisent sont peu nombreuses et les occasions d'expérimenter avec des appareils préalablement disposés sont encore plus rares ».

Les occasions s'étant offertes depuis pour poursuivre l'investigation, j'en ai volontiers profité pour appliquer à ces phénomènes des expériences scientifiques minutieuses, et je suis ainsi arrivé à certains résultats précis qu'il me semble opportun de publier. Ces expériences semblent établir de manière concluante l'existence d'une nouvelle force, liée d'une manière inconnue à l'organisation humaine, que, par commodité, on peut appeler la Force Psychique.

De toutes les personnes dotées d'un puissant développement de cette force psychique, et qui ont été qualifiées de « médiums » selon une toute autre théorie de son origine, M. Daniel Dunglas Home est le plus remarquable, et cela est principalement dû aux nombreuses opportunités que j'ai eues. J'ai dû poursuivre mon enquête en sa présence pour que je puisse affirmer de manière si concluante l'existence de cette force. Les expériences que j'ai tentées ont été très nombreuses , mais en raison de notre connaissance imparfaite des conditions qui favorisent ou s'opposent aux manifestations de cette force, de la manière apparemment capricieuse dont elle s'exerce, et du fait que M. Home lui-même est sujet à des flux et reflux inexplicables de la force, il est rarement arrivé qu'un résultat obtenu en une seule occasion puisse être ultérieurement confirmé et testé avec un appareil spécialement conçu à cet effet.

Parmi les phénomènes remarquables qui se produisent sous l'influence de M. Home, les plus frappants, ainsi que les plus faciles à tester avec une exactitude scientifique, sont : (1) l'altération du poids des corps, et (2) le jeu d'airs sur des instruments musicaux. instruments (généralement un accordéon, pour faciliter la portabilité) sans intervention humaine directe, dans des conditions rendant impossible le contact ou la connexion avec les touches. Ce n'est que lorsque j'ai été témoin de ces faits une demi-douzaine de fois et les ai scrutés avec tout le sens critique que je possède que je suis devenu convaincu de leur réalité objective. Cependant, désireux de mettre la question hors de tout doute, j'ai invité à plusieurs reprises M. Home à venir chez moi, où, en présence de quelques chercheurs scientifiques, ces phénomènes pourraient être soumis à des expériences cruciales.

Les réunions ont eu lieu le soir, dans une grande salle éclairée au gaz. L'appareil préparé dans le but de tester les mouvements de l'accordéon, consistait en une cage formée de deux cerceaux en bois, respectivement de 1 pied 10 pouces et 2 pieds de diamètre, reliés entre eux par 12 lattes étroites, chacune mesurant 1 pied 10 pouces de longueur, de sorte de manière à former un cadre en forme de tambour, ouvert en haut et en bas ; autour de cela, 50 mètres de fil de cuivre isolé étaient enroulés en 24 tours, chacun étant à un peu moins d'un pouce de son voisin. Les brins horizontaux de fil étaient ensuite fermement liés ensemble avec de la ficelle, de manière à former des mailles d'un peu moins de 2 pouces de long sur 1 pouce de haut. La hauteur de cette cage était telle qu'elle se glissait juste sous ma table à manger, mais était trop près du dessus pour permettre l'introduction de la main à l'intérieur, ou pour permettre qu'un pied soit poussé en dessous. Dans une autre pièce se trouvaient deux cellules de Grove, d'où des fils étaient acheminés vers la salle à manger pour être connectés, si cela était souhaitable, avec le fil entourant la cage.

L'accordéon était neuf, ayant été acheté par moi-même dans le but de ces expériences chez Wheatstone's, dans Conduit Street. M. Home n'avait ni manipulé ni vu l'instrument avant le début des expériences de test.

Dans une autre partie de la salle, un appareil était installé pour expérimenter la modification du poids d'un corps. Il se composait d'une planche d'acajou mesurant 36 pouces de long sur 9½ pouces de large et 1 pouce d'épaisseur. A chaque extrémité, une bande d' acajou de 1½ pouce de large était vissée, formant pieds. Une extrémité du plateau reposait sur une table ferme, tandis que l'autre extrémité était soutenue par un balancier à ressort suspendu à un solide trépied. La balance était équipée d'un index à enregistrement automatique, de telle manière qu'il enregistrait le poids maximum indiqué par l'aiguille. L'appareil était réglé de manière à ce que la planche d'acajou soit horizontale, son pied reposant à plat sur le support. Dans cette position, son poids était de 3 livres, comme l'indique l'aiguille de la balance.

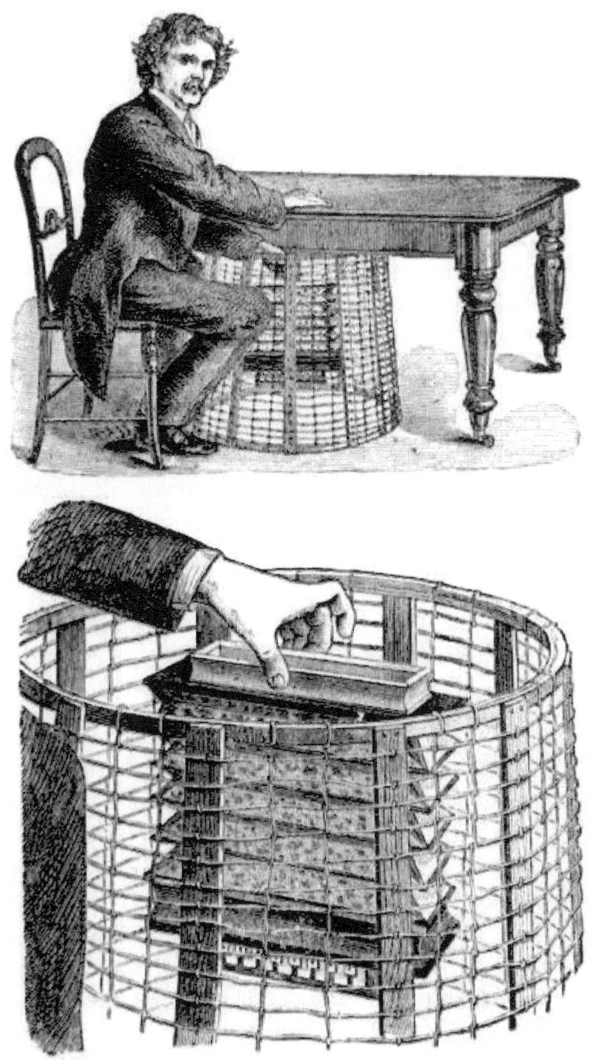

Avant que M. Home n'entre dans la pièce, l'appareil avait été disposé et il ne s'était même pas fait expliquer l'objet de certaines parties avant de s'asseoir. Il serait peut-être utile d'ajouter, dans le but d'anticiper certaines remarques critiques qui risquent d'être faites, que dans l'après-midi, j'ai appelé M. Home dans ses appartements et, une fois là-bas, il a suggéré que, comme il l'avait fait, pour changer de tenue, peut-être ne devrais-je pas m'opposer à ce que nous poursuivions notre conversation dans sa chambre. Je suis donc en mesure de déclarer positivement qu'aucune machine, appareil ou artifice d'aucune sorte n'était caché autour de sa personne.

Les enquêteurs présents à l'occasion du test étaient un éminent physicien, haut placé dans les rangs de la Royal Society, [64] un sergent d'avocat bien connu ; [65] mon frère; et mon assistant chimiste.

M. Home était assis dans un fauteuil bas à côté de la table. Devant lui, sous la table, se trouvait ladite cage, une de ses jambes étant de chaque côté. Je me suis assis près de lui, à sa gauche, et un autre observateur s'est assis près de lui, à sa droite, le reste du groupe étant assis à des distances convenables autour de la table.

Pendant la plus grande partie de la soirée, particulièrement lorsque quelque chose d'important se déroulait, les observateurs de chaque côté de M. Home gardaient respectivement leurs pieds sur ses pieds, de manière à pouvoir détecter son moindre mouvement.

La température de la pièce variait entre 68 degrés et 70 degrés F.

M. Home a pris l'accordéon entre le pouce et le majeur d'une main à l'extrémité opposée aux touches (voir Pl. XII A) (pour éviter les répétitions, cela sera appelé par la suite « de la manière habituelle »).

Ayant préalablement ouvert moi-même la touche de basse, et la cage étant tirée de dessous la table de manière à permettre simplement d'enfoncer l'accordéon avec ses touches vers le bas, on la repoussa aussi près que le permettait le bras de M. Home, mais sans le cacher. sa main de ceux à côté de lui (Pl. XII, Coupe B). Très vite, ceux de chaque côté virent que l'accordéon s'agitait d'une manière assez curieuse ; puis des sons en sortaient, et enfin plusieurs notes furent jouées successivement. Pendant ce temps, mon assistant passa sous la table et rapporta que l'accordéon se dilatait et se contractait ; en même temps, on vit que la main de M. Home qui la tenait était tout à fait immobile, son autre main reposant sur la table.

À ce moment-là, ceux qui se trouvaient de chaque côté de M. Home virent l'accordéon se déplacer, osciller et tourner autour de la cage, tout en jouant en même temps. Le Dr AB regarda maintenant sous la table et dit que la main de M. Home semblait tout à fait immobile tandis que l'accordéon se déplaçait en émettant des sons distincts.

M. Home tenant toujours l'accordéon de la manière habituelle dans la cage, ses pieds étant tenus par ceux qui étaient à côté de lui, et son autre main posée sur la table, nous entendîmes des notes distinctes et séparées résonner successivement, puis un air simple fut joué. . Etant donné qu'un tel résultat n'aurait pu être produit que par l'action successive et harmonieuse des différentes touches de l'instrument, cela a été considéré par les personnes présentes comme une expérience cruciale.

Mais la suite fut encore plus frappante, car M. Home retira alors complètement sa main de l'accordéon, le sortant complètement de la cage, et la plaça dans la main de la personne à côté de lui. L'instrument a alors continué à jouer, personne ne le touchant et aucune main ne s'en approchant.

J'avais maintenant envie d'essayer quel serait l'effet du passage du courant de la batterie autour du fil isolé de la cage, et mon assistant fit en conséquence la connexion avec les fils des deux cellules de Grove. M. Home a de nouveau tenu l'instrument à l'intérieur de la cage de la même manière que précédemment, lorsqu'il a immédiatement sonné et s'est déplacé vigoureusement. Mais il est impossible de dire si le courant électrique circulant dans la cage a contribué à la manifestation de la force à l'intérieur.

Après cette expérience, l'accordéon, qu'il tenait dans une main, commença alors à jouer, d'abord des accords et des traits, puis une mélodie douce et plaintive bien connue, qui fut parfaitement exécutée d'une très belle manière. Pendant que cet air était joué, j'ai saisi le bras de M. Home, au-dessous du coude, et j'ai doucement glissé ma main jusqu'à ce que je touche le haut de l'accordéon. Il ne bougeait pas un muscle. Son autre main était sur la table, visible de tous, et ses pieds étaient sous ceux de ceux qui étaient à côté de lui.

Ayant rencontré des résultats si frappants dans les expériences avec l'accordéon dans la cage, nous nous sommes tournés vers l'appareil à balance déjà décrit. M. Home plaça légèrement le bout de ses doigts sur l'extrémité de la planche d'acajou qui reposait sur le support, tandis que le Dr AB et moi-même étions assis, un de chaque côté, surveillant l'effet qui pourrait être produit. Presque aussitôt, on vit l'aiguille de la balance descendre. Après quelques secondes, il remonta. Ce mouvement se répéta plusieurs fois, comme par vagues successives de la force psychique. On a observé que l'extrémité de la planche oscillait lentement de haut en bas au cours de l'expérience.

M. Home prit alors de son propre gré une petite clochette et une petite boîte d'allumettes qui se trouvaient à proximité, et en plaça une sous chaque main, pour nous convaincre, comme il le dit, qu'il ne produisait pas le mouvement vers le bas. pression (voir Fig. 3). L'oscillation très lente du balancier-spiral devint plus marquée, et le Dr AB, observant l'index, dit qu'il le voyait descendre à 6½ livres. Le poids normal de la planche ainsi suspendue étant de 3 livres, la traction supplémentaire vers le bas était donc de 3½ livres. En regardant immédiatement après le registre automatique, nous avons vu que l'indice était à un moment donné descendu jusqu'à 9 livres, montrant une traction maximale de 6 livres. sur une planche dont le poids normal était de 3 livres.

Afin de voir s'il était possible de produire beaucoup d'effet sur le balancier à ressort par pression à l'endroit où se trouvaient les doigts de M. Home, je marchai sur la table et me plaçai sur un pied au bout de la planche. Le Dr AB, qui observait l'index de la balance, a déclaré que le poids total de mon corps (140 livres) ainsi appliqué n'a fait baisser l'index que de 1½ livre, ou 2 livres. quand je l'ai secoué. M. Home était assis dans un fauteuil bas et n'aurait donc pas pu, s'il avait fait de son mieux, exercer une influence matérielle sur ces résultats. Je n'ai pas besoin d'ajouter que ses pieds aussi bien que ses mains étaient étroitement gardés par tous dans la pièce.

Cette expérience me paraît plus frappante, si possible, que celle de l'accordéon. Comme on le verra en se référant à la coupe (Fig. 3), la planche était disposée parfaitement horizontalement, et on remarqua particulièrement que les doigts de M. Home n'étaient à aucun moment avancés de plus de 1½ pouces de l'extrémité, comme le montre une marque au crayon que j'ai faite à l'époque avec l'accord du Dr AB. Or, le pied en bois mesurant également 1½ pouce de large et reposant à plat sur la table, il est évident qu'aucune pression exercée dans cet espace de 1½ pouce ne pourrait produire une quelconque action sur la balance. Encore une fois, il est également évident que lorsque l'extrémité la plus éloignée de M. Home s'enfonçait, la planche tournait sur le bord le plus éloigné de ce pied comme sur un point d'appui.

FIGURE 3.

 La disposition était par conséquent celle d'une balançoire, de 36 pouces de longueur, le point d'appui étant à 1½ pouces d'une extrémité ; S'il avait donc exercé une pression vers le bas, cela aurait été en opposition avec la force qui faisait descendre l'autre extrémité de la planche.

La légère pression vers le bas manifestée par la balance lorsque je me tenais sur la planche était probablement due au fait que mon pied dépassait ce point d'appui.

J'ai maintenant donné un exposé clair et sans fard des faits à partir de notes abondantes écrites au moment où les événements se sont produits, et copiées intégralement immédiatement après.

Concernant la cause de ces phénomènes, la nature de la force à laquelle, pour éviter les périphrases, j'ai osé donner le nom de *Psychique* , et la corrélation existant entre celle-ci et les autres forces de la nature, on aurait tort de hasarder le plus vague hypothèse. En fait, dans les enquêtes si intimement liées à des conditions physiologiques et psychologiques rares, il est du devoir du chercheur de s'abstenir complètement de formuler des théories jusqu'à ce qu'il ait accumulé un nombre suffisant de faits pour former une base substantielle sur laquelle raisonner. En présence de phénomènes étranges, encore inexplorés et inexpliqués, qui se succèdent si rapidement, j'avoue qu'il est difficile d'éviter de revêtir leur récit d'un langage à caractère sensationnel. Mais pour réussir, une enquête de ce genre doit être entreprise par le philosophe sans préjugés et sans sentiment. Les idées romantiques et superstitieuses doivent être entièrement bannies, et les étapes de son enquête doivent être guidées par une intelligence aussi froide et sans passion que les instruments qu'il utilise.

À ce propos, M. Cox a écrit à M. Crooks :

Les résultats me semblent établir de manière concluante le fait important, qu'il existe une force provenant du système nerveux, capable de communiquer du mouvement et du poids aux corps solides dans la sphère de son influence.

J'ai remarqué que la force se manifestait sous forme de pulsations tremblantes, et non sous la forme d'une pression continue et constante, l'indicateur augmentant et diminuant sans cesse tout au long de l'expérience. Le fait me semble d'une grande importance, car tendant à confirmer l'opinion qui attribue sa source à l'organisation nerveuse, et il contribue largement à établir l'importante découverte du Dr Richardson d'une atmosphère nerveuse d'intensité variable enveloppant la structure humaine.

Vos expériences confirment complètement la conclusion à laquelle est arrivé le Comité d'Enquête de la Société Dialectique, après plus de quarante réunions d'essai et de test.

Permettez-moi d'ajouter que je ne trouve aucune preuve, même tendant à prouver que cette force est autre qu'une force procédant de l'organisation humaine ou dépendant directement de celle-ci et, par conséquent, comme toutes les autres forces de la nature, entièrement du ressort de l'organisation humaine. cette investigation strictement scientifique à laquelle vous avez été le premier à la soumettre.

Maintenant qu'il est prouvé par des tests mécaniques qu'il s'agit d'un fait naturel (et s'il s'agit d'un fait, il est impossible d'exagérer son importance pour la physiologie et la lumière qu'il doit jeter sur les lois obscures de la vie, de l'esprit et de la science médicale) elle ne peut manquer d'exiger l'examen et la discussion immédiats et les plus sérieux de la part des physiologistes et de tous ceux qui s'intéressent à cette connaissance de « l'homme », qui a été véritablement appelée « l'étude la plus noble de l'humanité ».

Pour éviter l'apparence d'une conclusion acquise d'avance, je recommanderais de lui donner un nom approprié, et j'ose suggérer que cette force soit appelée Force Psychique ; les personnes chez qui il se manifeste dans un pouvoir extraordinaire de médiums ; et la science qui s'y rapporte, le psychisme en tant que branche de la psychologie.

L'article précédent a été publié séparément par William Crookes dans une brochure spéciale qui se trouve devant moi, [66] et qui contient en outre l'étude suivante, non moins curieuse au point de vue humain et anecdotique qu'au point de vue de l'expérimentateur en physique :

Lorsque j'ai déclaré pour la première fois dans ce journal que j'étais sur le point d'enquêter sur les phénomènes du soi-disant spiritualisme, cette annonce a suscité des expressions universelles d'approbation. L'un d'eux a dit que mes « déclarations méritaient une considération respectueuse » ; un autre a exprimé « sa profonde satisfaction que le sujet soit sur le point d'être étudié par un homme aussi parfaitement qualifié que », etc. ; un troisième était « heureux d'apprendre que la question retient désormais l'attention d'hommes calmes et lucides jouissant d'une position reconnue dans le domaine scientifique » ; un quatrième a affirmé que « personne ne pouvait douter de la capacité de M. Crookes à mener l'enquête avec une impartialité philosophique rigide » ; et un cinquième a eu la bonté de dire à ses lecteurs que « si des hommes comme M. Crookes s'attaquent au sujet, ne prenant rien pour acquis jusqu'à ce que cela soit prouvé, nous saurons bientôt jusqu'où il faut croire ».

Ces remarques ont cependant été écrites trop hâtivement. Les auteurs tenaient pour acquis que les résultats de mes expériences seraient conformes à leurs idées préconçues. Ce qu'ils désiraient en réalité n'était pas *la vérité* , mais un témoignage supplémentaire en faveur de leur propre conclusion d'avance. Lorsqu'ils ont découvert que les faits établis par cette enquête ne pouvaient pas correspondre à ces opinions, eh bien, « tant pis pour les faits ». Ils tentent de s'écarter de leurs propres recommandations confiantes de l'enquête en déclarant que "M. Home est un prestidigitateur intelligent, qui nous a tous trompés". "M. Crookes pourrait, avec la même convenance, examiner les performances d'un jongleur indien." "M. Crookes doit obtenir de meilleurs témoins avant de pouvoir être cru." "La chose est trop absurde pour être traitée sérieusement. " "C'est impossible, et donc cela ne peut pas l'être." [67] "Les observateurs ont tous été biologisés (!) et croient avoir vu se produire des choses qui n'ont en réalité jamais eu lieu", etc.

Ces remarques impliquent un curieux oubli des fonctions mêmes que doit remplir le chercheur scientifique. Je ne suis guère surpris lorsque les objecteurs disent que j'ai été trompé simplement parce qu'ils ne sont pas convaincus sans enquête personnelle, puisque le même cours non scientifique d' argumentation *a priori* a été opposé à toutes les grandes découvertes. Lorsqu'on me dit que ce que je décris ne peut être expliqué conformément à des idées préconçues sur les lois de la nature, l'objecteur soulève en réalité la question même et recourt à un mode de raisonnement qui paralyse la science. L'argument tourne dans un cercle vicieux : nous ne devons pas affirmer un fait tant que nous ne savons pas qu'il est conforme aux lois de la nature, alors que notre seule connaissance des lois de la nature doit être basée sur une observation approfondie des faits. Si un fait nouveau semble s'opposer à ce qu'on appelle une loi de la nature, cela ne prouve pas que le fait affirmé est faux, mais seulement que nous n'avons pas encore connu toutes les lois de la nature, ou que nous ne les avons pas apprises correctement.

Dans son discours d'ouverture devant la British Association à Édimbourg cette année (1871), Sir William Thomson a déclaré : « La science est tenue par la loi éternelle de l'honneur d'affronter sans crainte tous les problèmes qui peuvent lui être équitablement présentés. » Mon objectif, en publiant ainsi les résultats d'une série d'expériences très remarquables, est de présenter un tel problème que, selon Sir William Thomson, "la science est tenue par la loi éternelle de l'honneur d'affronter sans crainte". Il ne suffit pas de nier son existence ou de tenter de la minimiser. Rappelez-vous, je ne hasarde aucune hypothèse ou théorie quelle qu'elle soit ; Je me porte simplement garant de certains faits, mon seul objectif étant la *vérité* . Doutez, mais ne niez pas ; signaler, par la critique la plus sévère, ce qui est considéré comme des erreurs dans mes tests expérimentaux, et suggérer des essais plus concluants ; mais ne nous hâtons pas de traiter nos sens de témoins menteurs simplement parce qu'ils témoignent contre des idées préconçues. Je dis à mes critiques : essayez les expériences ; enquêtez avec soin et patience comme je l'ai fait. Si, après avoir examiné, vous découvrez une imposture ou une illusion, proclamez-la et dites comment cela a été fait. Mais si vous constatez que c'est un fait, avouez-le sans crainte, comme vous êtes tenu de le faire « par la loi éternelle de l'honneur ».

Dans cette partie de son ouvrage, le professeur Crookes rappelle les expériences du comte de Gasparin et de Thury (détaillées plus haut) sur le phénomène du mouvement des corps sans contact, chose prouvée et démontrée. Nous n'avons pas besoin d'y revenir. Il ajoute que la force ecténéique du professeur Thury et la force psychique sont des termes équivalents, et que l'atmosphère ou fluide nerveux du Dr Benjamin Richardson appartient également ici.

Le professeur Crookes a envoyé ses observations à la Royal Society, dont il est membre. La société a refusé ses communications. L'évidence montre qu'il n'avait approuvé le mélange du chimiste doué dans les recherches hérétiques et occultes qu'après avoir démontré l'erreur de tous ces prodiges.

FIGURE 4.

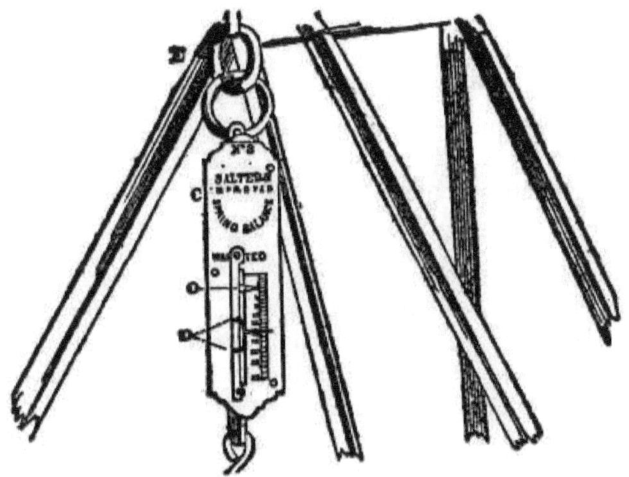

FIGURE 5.

Le professeur Stokes, le secrétaire, refusa d'examiner le sujet, ni même d'inscrire le titre des articles dans les publications de la société. C'était une répétition exacte de ce qui s'était passé à l'Académie des Sciences de Paris en 1853. Le professeur Crookes méprisait ces jugements et dénégations arbitraires et anti-scientifiques et y répondait en publiant la description détaillée de ses expériences. Voici les points essentiels de cette description :

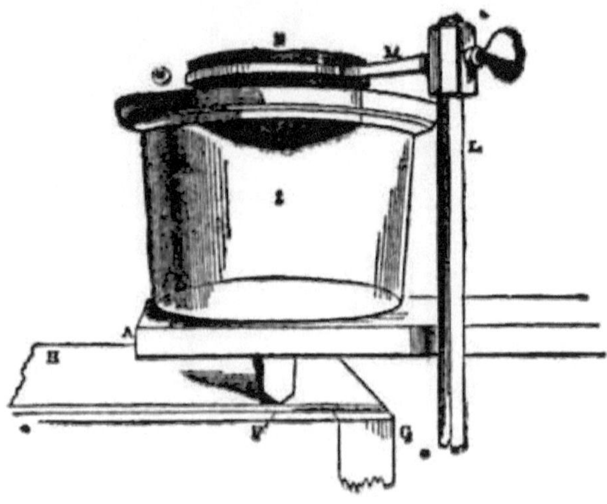

FIGURE 6.

En essayant ces expériences pour la première fois, j'ai pensé qu'un contact réel entre les mains de M. Home et le corps suspendu dont le poids devait être modifié était essentiel à la démonstration de la force ; mais je vis par la suite que ce n'était pas une condition nécessaire, et j'ai donc disposé mon appareil de la manière suivante :

Les coupes qui l'accompagnent (Fig. 4, 5, 6) expliquent la disposition. La Fig. 4 est une vue générale, et les Fig. Les figures 5 et 6 montrent plus en détail les parties essentielles. Les lettres de référence sont les mêmes dans chaque illustration. AB est une planche d'acajou mesurant 36 pouces de long sur 9½ pouces de large et 1 pouce d'épaisseur. Il est suspendu à son extrémité B par un balancier à ressort C, muni d'un registre automatique D. Le balancier est suspendu à un support tripode très ferme, E.

L'appareil suivant n'est pas représenté sur les figures. À l'index mobile O du balancier-spiral, est soudée une fine pointe d'acier, projetée horizontalement vers l'extérieur. Devant la balance, et solidement fixé à celle-ci, se trouve un cadre rainuré portant une boîte plate semblable à la boîte noire d'un appareil photo. Cette boîte est amenée à se déplacer horizontalement devant l'index mobile, et elle contient une feuille de verre qui a été fumée à la flamme. La pointe d'acier en saillie imprime une marque sur cette surface fumée.

Si la balance est au repos et que l'horloge est en marche, le résultat est une ligne horizontale parfaitement droite. Si l'horloge est arrêtée et que des poids sont placés à l'extrémité B de la planche, le résultat est une ligne verticale dont la longueur dépend du poids appliqué. Si, pendant que l'horloge entraîne la plaque, le poids de la planche (ou la tension sur la balance) varie, le résultat est une ligne courbe, à partir de laquelle la tension en grains à tout moment pendant la suite des expériences peut être calculée. .

L'instrument était capable d'enregistrer une diminution de la force de gravitation ainsi qu'une augmentation ; des enregistrements d'une telle diminution ont été fréquemment obtenus. Cependant, pour éviter toute complication, je ferai ici uniquement référence aux résultats dans lesquels une augmentation de la gravitation a été constatée.

L'extrémité B de la planche étant supportée par le balancier à ressort, l'extrémité A prend appui sur une bande de bois F vissée sur sa face inférieure et coupée au tranchant d'un couteau (voir Fig. 6). Ce point d'appui repose sur un support en bois ferme et lourd, G H. Sur le plateau, exactement au-dessus du point d'appui, est placé un grand récipient en verre rempli d'eau, I. L est un support en fer massif, muni d'un bras et d'un anneau, MN. , dans lequel repose un récipient hémisphérique en cuivre perforé de plusieurs trous au fond.

Le support de fer est à deux pouces de la planche AB, et le bras et le récipient en cuivre, MN, sont ajustés de telle sorte que ce dernier plonge dans l'eau à 1½ pouces, étant à 5½ pouces du fond de I et à 2 pouces de sa circonférence. Secouer ou heurter le bras M ou le vaisseau N ne produit aucun effet mécanique appréciable sur la planche AB, susceptible d'affecter l'équilibre. Tremper la main au maximum dans l'eau en N ne produit pas la moindre action appréciable sur la balance.

Comme la transmission mécanique de la puissance par M. Home est ainsi entièrement coupée entre le récipient en cuivre et la planche AB, il s'ensuit que la puissance de contrôle musculaire est ainsi complètement éliminée.

Il y avait toujours suffisamment de lumière dans la pièce où les expériences étaient menées (ma propre salle à manger) pour voir tout ce qui se passait. De plus, j'ai répété les expériences, non seulement avec M. Home, mais aussi avec une autre personne possédant des pouvoirs similaires.

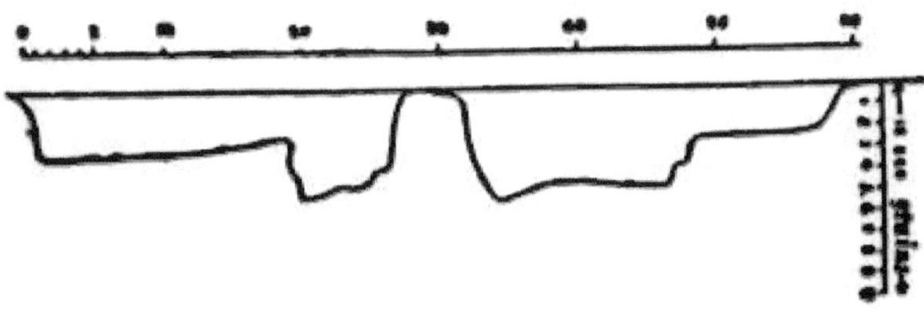

FIGURE 7.

Expérience I. — L'appareil ayant été correctement réglé avant que M. Home n'entre dans la pièce, on l'a amené et on lui a demandé de placer ses doigts dans l'eau du récipient en cuivre, N. Il s'est levé et a plongé le bout des doigts de sa main droite dans l'eau, son autre main et ses pieds étant tenus. Lorsqu'il a dit qu'il sentait un pouvoir, une force ou une influence émanant de sa main, j'ai mis l'horloge en marche, et presque immédiatement l'extrémité B du plateau a été vue descendre lentement et rester en bas pendant environ 10 secondes ; il descendit ensuite un peu plus loin, et remonta ensuite à sa hauteur normale. Il est ensuite redescendu, s'est élevé soudainement, a coulé progressivement pendant 17 secondes et a finalement atteint sa hauteur normale, où il est resté jusqu'à la fin de l'expérience. Le point le plus bas marqué sur le verre équivalait à une traction directe d'environ 5 000 grains. La figure 7 annexée est une copie de la courbe tracée sur le verre.

Expérience II. — Le contact dans l'eau s'étant révélé aussi efficace que le contact mécanique réel, j'ai voulu voir si la puissance ou la force pouvait affecter le poids, soit par d'autres parties de l'appareil, soit par l'air. Le récipient en verre et le support en fer, etc., ont donc été retirés, comme une complication inutile, et les mains de M. Home ont été placées sur le support de l'appareil en P (Fig. 4). Un monsieur présent a mis sa main sur les mains de M. Home et son pied sur les deux pieds de M. Home, et je l'ai également observé de près tout le temps. Au moment opportun, l'horloge fut remise en marche ; la planche descendait et montait d'une manière irrégulière, le résultat étant un tracé courbe sur le verre, dont la figure 8 est une copie.

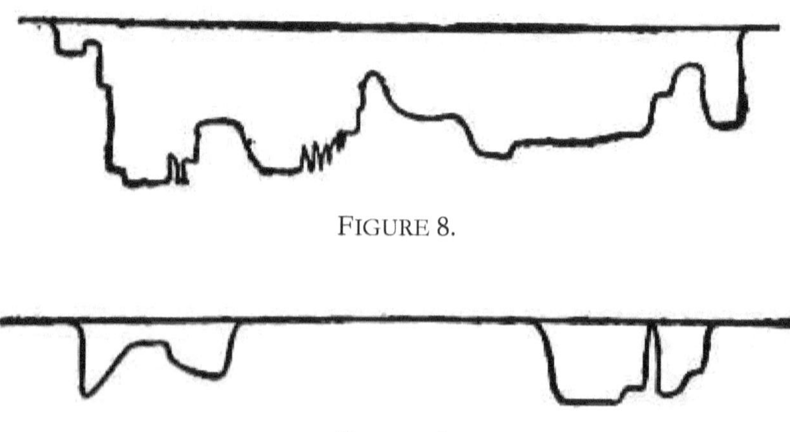

FIGURE 8.

FIGURE 9.

FIGURE 10.

Expérience III. -M. Home était maintenant placé à 1 pied du plateau, AB, d'un côté de celui-ci. Ses mains et ses pieds ont été fermement saisis par un passant, et un autre tracé, dont la figure 9 est une copie, a été pris sur une plaque de verre en mouvement.

Expérience IV. — (Essayé à une occasion où la puissance était plus forte que les occasions précédentes.) M. Home était maintenant placé à trois pieds de l'appareil, ses mains et ses pieds étant fermement tenus. L'horloge était mise en marche lorsqu'il en donnait le mot, et l'extrémité B du plateau descendit bientôt, et se releva de nouveau d'une manière irrégulière, comme le montre la figure 10.

La série d'expériences suivante fut tentée avec des appareils plus délicats et avec une autre personne, une dame, M. Home étant absent. Comme la dame n'est pas professionnelle, je ne mentionne pas son nom. Elle a cependant consenti à rencontrer tous les scientifiques que je pourrais présenter à des fins d'enquête.

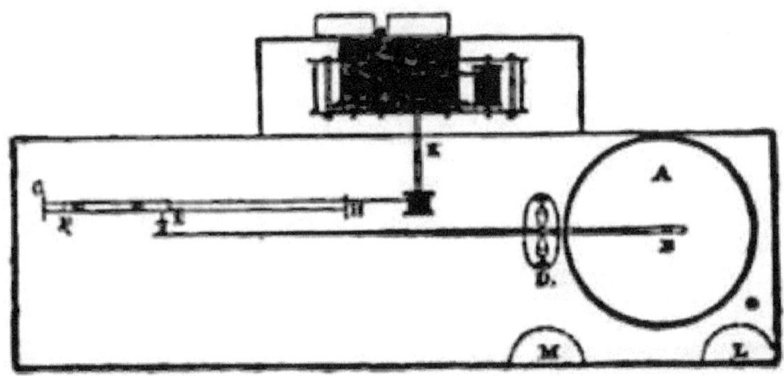

FIGURE 11.

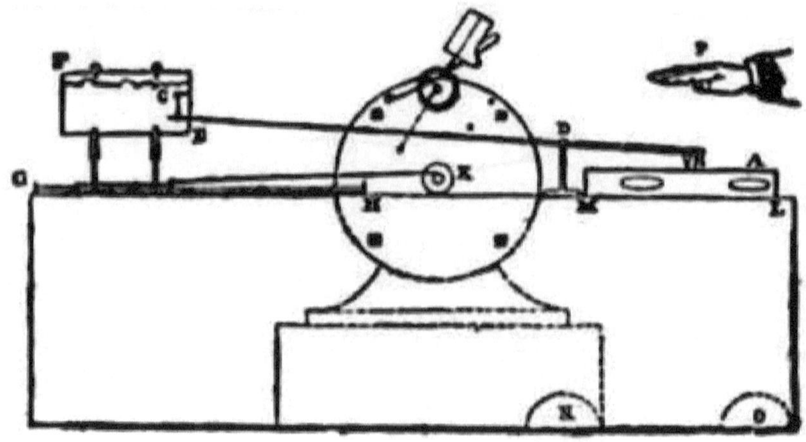

FIGURE 12.

Un morceau de parchemin fin, A, fig. 11 et 12, est tendu étroitement sur un cerceau circulaire en bois. BC est un levier de lumière tournant sur D. Au bout, B, est une pointe d'aiguille verticale touchant la membrane, A, et en C est une autre pointe d'aiguille, projetée horizontalement et touchant une plaque de verre fumé, E F. Ce verre Le plateau est entraîné dans la direction HG par un mouvement d'horlogerie K. L'extrémité B du levier est lestée de manière à suivre rapidement les mouvements du centre du disque A. Ces mouvements sont transmis et enregistrés sur le disque. plaque de verre, EF, au moyen du levier et de la pointe d'aiguille, C. Des trous sont pratiqués sur le côté du cerceau pour permettre un libre passage de l'air vers le dessous de la membrane. L'appareil a été soigneusement testé au préalable par moi-même et par d'autres, pour vérifier qu'aucune secousse ou aucun choc sur la table ou le support n'interférerait avec les résultats. La ligne tracée par le point C sur le verre fumé était parfaitement droite malgré toutes nos tentatives pour influencer le levier en secouant la béquille ou en frappant le sol.

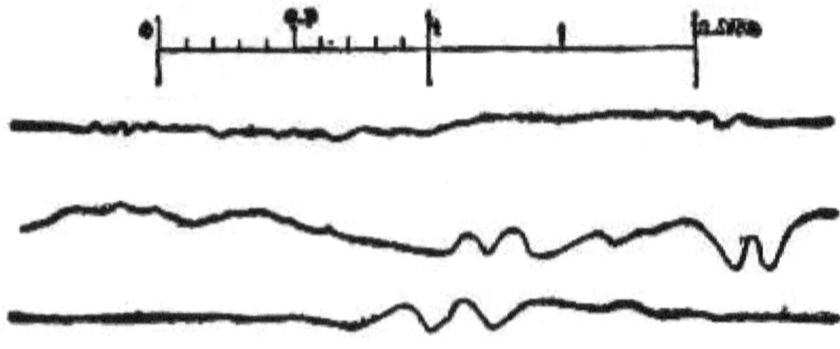

Expérience V. — Sans qu'on lui ait expliqué l'objet de l'instrument, la dame a été amenée dans la pièce et on lui a demandé de placer ses doigts sur le support en bois aux points LM, fig. 11. J'ai ensuite placé mes mains sur les siennes pour me permettre de détecter tout mouvement conscient ou inconscient de sa part. Bientôt des bruits de percussion se firent entendre sur le parchemin, ressemblant à des grains de sable tombant à sa surface. A chaque percussion, un fragment de graphite que j'avais placé sur la membrane était projeté vers le haut d'environ 1,50e de pouce, et l'extrémité C du levier se déplaçait légèrement de haut en bas. Parfois les sons étaient aussi rapides que ceux d'une bobine d'induction, tandis que d'autres fois ils étaient espacés de plus d'une seconde. Cinq ou six tracés ont été effectués, et dans tous les cas, un mouvement de l'extrémité C du levier s'est produit à chaque vibration de la membrane.

Dans certains cas, les mains de la femme n'étaient pas aussi proches de la membrane que LM, mais étaient au NO, Fig. 12.

La figure 13 ci-jointe donne des tracés tirés des plaques utilisées à ces occasions.

Expérience VI. — Ayant rencontré ces résultats en l'absence de M. Home, j'avais hâte de voir quelle action se produirait sur l'instrument en sa présence.

Je lui ai donc demandé d'essayer, mais sans lui expliquer l'instrument.

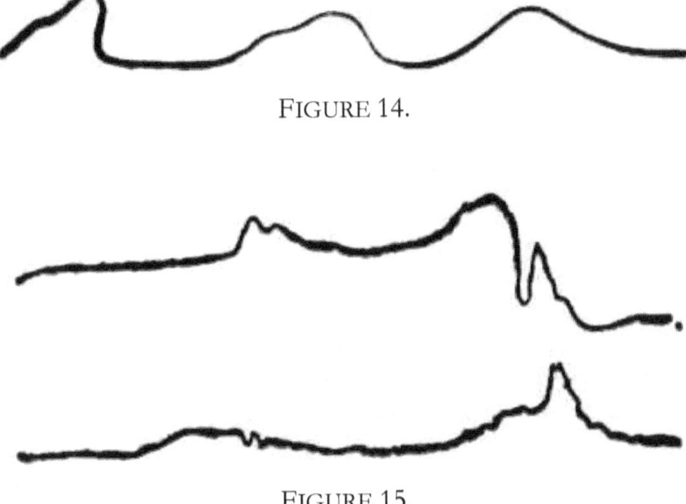

FIGURE 14.

FIGURE 15.

J'ai saisi le bras droit de M. Home au-dessus du poignet et j'ai tenu sa main sur la membrane, à environ 10 pouces de sa surface, dans la position indiquée en P, fig. 12. Son autre main était tenue par un ami. Après être resté dans cette position pendant environ une demi-minute, M. Home a déclaré avoir senti une certaine influence passer. J'ai ensuite mis l'horloge en marche et nous avons tous vu l'index C monter et descendre. Les mouvements étaient beaucoup plus lents que dans le premier cas et n'étaient presque absolument pas accompagnés des vibrations percussives alors remarquées.

Figues. Les figures 14 et 15 montrent les courbes réalisées sur le verre à deux de ces occasions.

Figues. 13, 14, 15 sont agrandis.

Ces expériences *confirment sans aucun doute* la conclusion à laquelle je suis arrivé dans mon précédent article ; à savoir, l'existence d'une force associée, d'une manière non encore expliquée, à l'organisation humaine, par laquelle un poids accru est capable d'être conféré à des corps solides sans contact physique.

Maintenant, cependant, après avoir vu davantage M. Home, je pense percevoir ce que cette force psychique utilise pour son développement. En employant les termes *force vitale* ou *énergie nerveuse* , je suis conscient que j'emploie des mots qui véhiculent des significations très différentes pour de nombreux chercheurs ; mais après avoir été témoin de l'état douloureux de prostration nerveuse et corporelle dans lequel certaines de ces expériences ont laissé M. Home, après l'avoir vu étendu sur le sol, presque évanoui, pâle et sans voix, je ne peux guère douter que l'évolution de la force psychique s'accompagne d'une diminution correspondante de la force vitale.

Pour assister à des démonstrations de cette force, il n'est pas nécessaire d'avoir accès à des médiums connus. La force elle-même est probablement possédée par tous les êtres humains, même si les individus qui en sont dotés en quantité extraordinaire sont sans doute peu nombreux. Au cours des douze derniers mois, j'ai rencontré dans des familles privées cinq ou six personnes possédant un développement suffisamment vigoureux pour me donner la certitude que des résultats similaires pourraient être produits par leurs moyens à ceux enregistrés ici, quoique moins intenses.

Ces expériences continuèrent à faire l'objet de critiques amères et incessantes de la part des autorités reconnues en matière de science et d'éducation en Angleterre. Ces personnes refusaient absolument de reconnaître leur valeur. Le professeur Crookes s'amusait parfois à répondre à ces attaques fantastiques, mais, bien entendu, sans convaincre ses adversaires intransigeants. Il est inutile de reproduire ici ces lettres ; on les retrouve dans l'édition française de Crookes's *Researches* . Le savant chimiste fit mieux encore : il continua ses recherches dans le domaine de l'Inconnu et obtint des résultats encore plus remarquables, plus extraordinaires encore, plus inexplicables, plus incompréhensibles.

Ses notes se poursuivent ainsi :

Comme un voyageur explorant quelque pays lointain dont les merveilles n'ont été jusqu'ici connues que par des rapports et des rumeurs d'un caractère vague ou déformé, ainsi depuis quatre ans je me suis occupé à pousser une enquête sur un territoire de connaissances naturelles qui offre des possibilités presque vierges. sol à un homme scientifique.

De même que le voyageur voit dans les phénomènes naturels, il peut être témoin de l'action de forces régies par des lois naturelles, là où d'autres ne voient que l'intervention capricieuse de dieux offensés, de même j'ai essayé de retracer le fonctionnement des lois et des forces naturelles, là où d'autres n'ont vu que l'intervention capricieuse de dieux offensés. l'action d'êtres surnaturels, ne possédant aucune loi et n'obéissant à aucune force autre que leur propre libre arbitre.

Les phénomènes que je suis prêt à attester sont si extraordinaires et si directement opposés aux articles de croyance scientifique les plus solidement enracinés — entre autres, l'omniprésence et l'action invariable de la force de gravitation — que, même maintenant, en me rappelant les détails de ce dont j'ai été témoin , il y a dans mon esprit un antagonisme entre *la raison* , qui déclare cela scientifiquement impossible, et la conscience que mes sens, tant du toucher que de la vue, et ceux-ci étant corroborés, pour ainsi dire, par les sens de tous ceux qui étaient présents, — ne sont pas des témoins menteurs lorsqu'ils témoignent contre mes idées préconçues.

Mais la supposition qu'il y ait une sorte de manie ou d'illusion qui attaque soudainement toute une pièce remplie de personnes intelligentes qui sont tout à fait saines d'esprit ailleurs, et qu'elles sont toutes d'accord sur les détails les plus minutieux, dans les détails des événements dont elles se croient être témoins, me paraît plus incroyable que les faits qu'ils attestent.

Le sujet est bien plus difficile et vaste qu'il n'y paraît. Il y a quatre ans, j'avais l'intention de consacrer seulement un mois ou deux de loisirs à vérifier si certains événements merveilleux dont j'avais entendu parler résisteraient à un examen attentif. Cependant, étant vite arrivé à la même conclusion que, je puis dire, tout chercheur impartial, à savoir qu'il y avait « quelque chose là-dedans », je ne pouvais pas, en tant qu'étudiant des lois de la nature, refuser de suivre l'enquête là où les faits pourraient le mener. . Ainsi, quelques mois se sont transformés en quelques années et, si mon temps était à ma disposition, il durerait probablement encore plus longtemps.

Mon objectif principal sera de consigner une série d'événements réels qui se sont produits dans ma propre maison, en présence de témoins dignes de confiance et dans des conditions de test aussi strictes que possible. Tous les faits que j'ai observés sont, en outre, corroborés par les rapports d'observateurs indépendants en d'autres moments et en d'autres lieux. On verra que les faits sont des plus stupéfiants et semblent totalement inconciliables avec toutes les théories connues de la science moderne . M'étant assuré de leur *véracité* , ce serait une lâcheté morale de retenir mon témoignage parce que mes publications précédentes ont été ridiculisées par des critiques et d'autres qui ne connaissaient rien du tout au sujet et qui avaient trop de préjugés pour voir et juger par eux-mêmes s'il y avait ou non vérité dans les phénomènes. Je dirai simplement ce que j'ai vu et prouvé par des expériences et des tests répétés.

Sauf lorsque l'obscurité a été une condition nécessaire, comme dans certains phénomènes d'apparitions lumineuses et dans quelques autres cas, tout ce qui a été enregistré s'est produit *dans la lumière* . Dans les rares cas où les phénomènes constatés se sont produits dans l'obscurité, j'ai pris soin de le mentionner. De plus, une raison particulière peut être démontrée pour l'exclusion de la lumière, ou les résultats ont été produits dans des conditions de test si parfaites que la suppression d'un des sens n'a pas vraiment affaibli la preuve.

J'ai dit que l'obscurité n'est pas essentielle. Il est cependant bien établi que, lorsque la force est faible, une lumière vive exerce une action perturbatrice sur certains phénomènes. Le pouvoir que possède M. Home est suffisamment fort pour résister à cette influence antagoniste ; par conséquent, il s'oppose toujours à l'obscurité lors de ses *séances* . En effet, sauf en deux occasions où, pour certaines expériences particulières de ma part, la lumière a été exclue, tout ce dont j'ai été témoin avec lui s'est déroulé dans la lumière. J'ai eu de nombreuses occasions de tester l'action de la lumière sur différentes sources et couleurs, telles que la lumière du soleil, la lumière diffuse du jour, la lumière de la lune, le gaz, la lumière des lampes et des bougies, la lumière électrique provenant d'un tube à vide, la lumière jaune homogène, etc. les rayons interférents semblent être ceux qui se situent à l'extrémité du spectre.

Le professeur Crookes procède ensuite à la classification des phénomènes qu'il a observés, allant du plus simple au plus complexe et donnant, sous chaque rubrique, un aperçu rapide de quelques-uns des faits. Dans l'abrégé de son rapport qui suit, j'élimine ce qui a déjà été pleinement démontré ailleurs dans ce livre.

PREMIER COURS : *Le mouvement des corps lourds avec contact, mais sans effort mécanique.*

(Ce mouvement a été pleinement prouvé dans ce volume.)

DEUXIÈME COURS : *Les Phénomènes des Sons Percussifs et Autres Sons Alliés.*

Une question importante s'impose ici à l'attention. *Les mouvements et les sons sont-ils régis par l'intelligence ?* Dès le début de l'enquête, on s'est rendu compte que la puissance produisant les phénomènes n'était pas simplement une force aveugle, mais qu'elle était associée ou gouvernée par l'intelligence. Ainsi les sons auxquels je viens de faire allusion seront répétés un nombre déterminé de fois. Ils viendront fort ou faiblement, et à différents endroits, sur demande ; et grâce à un code de signaux préétabli, les questions reçoivent des réponses et les messages sont transmis avec plus ou moins de précision.

L'intelligence qui gouverne les phénomènes est parfois manifestement inférieure à celle du médium. Cela va souvent à l'encontre des souhaits du médium. Lorsqu'une détermination a été exprimée pour faire quelque chose qui pourrait ne pas être considéré comme tout à fait juste, j'ai connu des messages urgents envoyés pour inciter à reconsidérer. L'intelligence est parfois de telle nature qu'elle laisse croire qu'elle n'émane d'aucune personne présente.

TROISIÈME COURS : *L'altération des poids des corps.* —(Expériences déjà décrites.)

QUATRIÈME CLASSE : *Mouvements de substances lourdes à distance du milieu.* — Les cas dans lesquels des corps lourds, tels que des tables, des chaises, des canapés, etc., ont été déplacés, alors que le médium ne les touchait pas, sont très nombreux. Je citerai brièvement quelques-uns des plus marquants. Ma propre chaise a été en partie tordue, alors que mes pieds ne touchaient pas le sol. Toutes les personnes présentes virent une chaise se diriger lentement vers la table depuis un coin éloigné, alors que tous la regardaient. À une autre occasion, un fauteuil s'est déplacé vers l'endroit où nous étions assis, puis a reculé lentement (sur une distance d'environ trois pieds) à ma demande. Trois soirs de suite, une petite table se déplaçait lentement à travers la pièce, dans des conditions que j'avais spécialement fixées à l'avance, de manière à répondre à toute objection qui pourrait être soulevée contre le témoignage. J'ai eu plusieurs répétitions de l'expérience considérée comme concluante par le Comité de la Société Dialectique, à savoir le mouvement d'une lourde table, en pleine lumière, les chaises tournées dos à la table, à environ un pied de distance, et chaque personne est agenouillée sur sa chaise, les mains posées sur le dossier de la chaise, mais sans toucher la table. Une fois, cela s'est produit alors que je me déplaçais pour voir comment chacun était placé.

CINQUIÈME COURS : *Le soulèvement des tables et des chaises du sol, sans contact avec aucune personne.*

(Nous n'avons pas besoin de revenir sur ces questions.)

SIXIÈME COURS : *La Lévitation des Êtres Humains.* —Les cas de lévitation les plus frappants auxquels j'ai été témoin ont été ceux de M. Home. À trois reprises, je l'ai vu complètement soulevé du sol de la pièce. Une fois assis dans un fauteuil, une fois à genoux sur sa chaise et une fois debout. À chaque fois, j'ai eu l'occasion d'assister à l'événement tel qu'il se déroulait.

Il y a au moins une centaine de cas enregistrés où M. Home s'est levé de terre, en présence d'autant de personnes distinctes, et j'ai entendu de la bouche des trois témoins l'événement le plus frappant de ce genre : le comte de Dunraven. , Lord Lindsay et le capitaine C. Wynne - leurs propres récits les plus minutieux de ce qui s'est passé. Rejeter les preuves enregistrées à ce sujet, c'est rejeter tout témoignage humain quel qu'il soit ; car aucun fait de l'histoire sacrée ou profane n'est étayé par un plus grand éventail de preuves.

SEPTIÈME CLASSE : *Déplacement de petits objets divers sans contact avec aucune personne.* —(Comme dans le cas de la sixième classe, ceci est bien connu de mes lecteurs.)

HUITIÈME CLASSE : *Apparitions Lumineuses.* —Ceux-ci, étant plutôt faibles, nécessitent généralement que la pièce soit obscurcie. Je n'ai guère besoin de rappeler à nouveau à mes lecteurs que, dans ces circonstances, j'ai pris les précautions nécessaires pour éviter d'être imposé par l'huile phosphorisée ou d'autres moyens. De plus, beaucoup de ces lumières sont telles que j'ai essayé d'imiter artificiellement, mais je n'y parviens pas.

Dans les conditions de test les plus strictes, j'ai vu un corps solide et autolumineux, de la taille et presque de la forme d'un œuf de dinde, flotter sans bruit dans la pièce, à un moment donné plus haut que n'importe quelle personne présente pourrait atteindre debout sur la pointe des pieds, puis doucement. descendre au sol. Il resta visible pendant plus de dix minutes, et avant de disparaître, il frappa trois fois la table avec un bruit semblable à celui d'un corps solide et dur.

Pendant ce temps, le médium était allongé, apparemment insensible, dans un fauteuil.

J'ai vu des points lumineux s'élancer et se poser sur la tête de différentes personnes ; J'ai eu des réponses à mes questions en faisant clignoter une lumière vive un certain nombre de fois devant mon visage. J'ai vu des étincelles de lumière s'élever de la table jusqu'au plafond, et retomber sur la table, la frappant avec un son audible. J'ai eu une communication alphabétique donnée par des éclairs lumineux se produisant devant moi dans l'air, tandis que ma main se déplaçait parmi eux. J'ai vu un nuage lumineux flotter vers le haut vers une image. Dans les conditions de test les plus strictes, j'ai eu plus d'une fois un corps cristallin solide, auto-lumineux, placé dans ma main par une main qui n'appartenait à personne dans la pièce. *Dans la lumière* , j'ai vu un nuage lumineux planer au-dessus d'un héliotrope posé sur une table d'appoint, en casser un brin et le porter à une dame ; et à certaines occasions, j'ai vu un nuage lumineux similaire se condenser visiblement en forme de main et transporter de petits objets.

NEUVIÈME CLASSE : *L'apparence des mains, soit auto-lumineuses, soit visibles par la lumière ordinaire.* — Au cours d'une séance en pleine lumière, une petite main magnifiquement formée s'est levée d'une ouverture dans une table à manger et m'a offert une fleur ; il apparaissait puis disparaissait trois fois à intervalles, me donnant amplement l'occasion de me convaincre qu'il était aussi réel en apparence que le mien. Cela s'est produit dans la lumière de ma propre chambre, alors que je tenais les mains et les pieds du médium.

À une autre occasion, une petite main et un petit bras, comme ceux d'un bébé, sont apparus en train de jouer avec une dame qui était assise à côté de moi. Il m'a ensuite tapoté le bras et a tiré mon manteau plusieurs fois.

Une autre fois, on vit un doigt et un pouce cueillir les pétales d'une fleur dans la boutonnière de M. Home et les déposer devant plusieurs personnes assises près de lui.

J'ai vu à plusieurs reprises une main par moi-même et par d'autres jouant les touches d'un accordéon, les deux mains du médium étant visibles en même temps et parfois tenues par ceux qui se trouvaient près de lui.

Les mains et les doigts ne me paraissent pas toujours solides et réalistes. Parfois même, ils présentent plutôt l'apparence d'un nuage nébuleux en partie condensé en forme de main. Ce n'est pas également visible pour toutes les personnes présentes. Par exemple, on voit une fleur ou un autre petit objet bouger ; une personne présente verra un nuage lumineux planer au-dessus, une autre détectera une main nébuleuse, tandis que d'autres ne verront rien d'autre que la fleur en mouvement. J'ai vu plus d'une fois, d'abord un objet bouger, puis un nuage lumineux apparaître se former autour de lui et, enfin, le nuage se condenser et devenir une main parfaitement formée. A ce stade, la main est visible par toutes les personnes présentes. Il ne s'agit pas toujours d'une simple forme, mais elle apparaît parfois parfaitement vivante et gracieuse, les doigts bougeant et la chair apparemment aussi humaine que celle de n'importe qui dans la pièce. Au poignet ou au bras, elle devient floue et s'efface en un nuage lumineux.

Au toucher, la main apparaît tantôt glaciale et morte, tantôt chaude et vivante, saisissant la mienne avec la ferme pression d'un vieil ami.

J'ai gardé une de ces mains dans les miennes, bien résolu à ne pas la laisser s'échapper. Il n'y a eu aucune lutte ni effort pour se détacher, mais il a semblé progressivement se résoudre en vapeur et s'est ainsi évanoui de ma prise.

Dixième cours : *Écriture directe.* —(Le savant chimiste cite quelques exemples remarquables obtenus par lui. Nous n'avons pas besoin d'en parler dans ce livre.)

Onzième classe : *Formes et visages fantômes.* — Ce sont les phénomènes les plus rares dont j'ai été témoin. Les conditions requises pour leur apparition semblent si délicates et de telles bagatelles gênent leur production, que je n'en ai que très rarement observé dans des conditions d'essai satisfaisantes. Je citerai deux de ces cas.

Au crépuscule de la soirée, lors d'une *séance* avec M. Home chez moi, les rideaux d'une fenêtre à environ huit pieds de M. Home ont été vus bouger. Une forme sombre, ombreuse et semi-transparente, semblable à celle d'un homme, fut alors aperçue par toutes les personnes présentes debout près de la fenêtre, agitant le rideau avec sa main. Tandis que nous regardions, la forme s'estompa et les rideaux cessèrent de bouger.

Voici un exemple encore plus frappant . Comme dans le premier cas, M. Home était le médium. Une forme fantôme est venue d'un coin de la pièce, a pris un accordéon à la main, puis a plané dans la pièce en jouant de l'instrument. Le formulaire était visible par toutes les personnes présentes pendant de nombreuses minutes, M. Home étant également vu au même moment. S'approchant assez près d'une dame assise à l'écart du reste de la compagnie, elle poussa un léger cri, après quoi il disparut.

Douzième classe : *Instances spéciales qui semblent pointer vers l'agence d'une intelligence extérieure.* — Il a déjà été montré que les phénomènes sont gouvernés par une intelligence. Cela devient une question importante quant à la source de ces renseignements. Est-ce l'intelligence du médium, de l'une des autres personnes présentes dans la pièce, ou est-ce une intelligence extérieure ? Sans vouloir parler pour le moment de manière positive sur ce point, je puis dire que, bien que j'aie observé de nombreuses circonstances qui semblent montrer que la volonté et l'intelligence du médium ont beaucoup à voir avec les phénomènes, j'ai observé certaines circonstances qui semblent conclure de manière concluante. pointez vers l'action d'une intelligence extérieure, n'appartenant à aucun être humain présent dans la pièce. L'espace ne me permet pas de donner ici tous les arguments qui peuvent être avancés pour prouver ces points, mais je mentionnerai brièvement une ou deux circonstances parmi tant d'autres.

J'ai été présent lorsque plusieurs phénomènes se produisaient en même temps, certains étant inconnus du médium. J'ai été avec Miss Fox lorsqu'elle écrivait automatiquement un message à une personne présente, tandis qu'un message à une autre personne sur un autre sujet était donné par ordre alphabétique au moyen de « raps », et pendant tout ce temps elle conversait librement avec une troisième personne. personne sur un sujet totalement différent des deux.

Un exemple peut-être plus frappant est le suivant :

Au cours d'une *séance* avec M. Home, une petite latte, dont j'ai déjà parlé, s'est déplacée vers moi, à la lumière, et m'a transmis un message en tapotant ma main, je répétais l'alphabet, et la latte me tapotait. aux bonnes lettres. L'autre extrémité de la latte reposait sur la table, à une certaine distance des mains de M. Home.

Les coups étaient si nets et si clairs, et la latte était évidemment si bien sous le contrôle de la puissance invisible qui gouvernait ses mouvements, que je dis : « L'intelligence qui gouverne le mouvement de cette latte peut-elle changer le caractère des mouvements et donner un message télégraphique en alphabet Morse en tapotant sur ma main ?" (J'ai toutes les raisons de croire que le code Morse était tout à fait inconnu de toute autre personne présente, et je ne le connaissais qu'imparfaitement.) Immédiatement, j'ai dit cela, le caractère des coups a changé et le message a continué dans la même direction. J'avais demandé. Les lettres furent envoyées trop rapidement pour que je puisse faire autre chose que saisir un mot ici et là, et par conséquent je perdis le message ; mais j'en ai entendu suffisamment pour me convaincre qu'il y avait un bon opérateur Morse à l'autre bout du fil, où qu'il se trouve.

Un autre exemple. Une dame écrivait automatiquement au moyen de la planchette. J'essayais de trouver un moyen de prouver que ce qu'elle écrivait n'était pas dû à une « réflexion inconsciente ». La planchette, comme toujours, insistait sur le fait que, bien que mue par la main et le bras de la dame, l' *intelligence* était celle d'un être invisible qui jouait sur son cerveau comme sur un instrument de musique, et bougeait ainsi ses muscles. . J'ai donc dit à cette intelligence : « Pouvez-vous voir le contenu de cette pièce ? "Oui", écrit la planchette. "Pouvez-vous lire ce journal ?" dis-je en posant le doigt sur un exemplaire du *Times* qui était sur une table derrière moi, mais sans le regarder. "Oui", fut la réponse de la planchette. "Eh bien," dis-je, "si vous voyez cela, écrivez le mot qui est maintenant couvert par mon doigt, et je vous croirai." La planchette commença à bouger. Lentement et avec beaucoup de difficulté, le mot « cependant » fut écrit. Je me suis retourné et j'ai vu que le mot « cependant » était recouvert par le bout de mon doigt.

J'avais délibérément évité de regarder le journal lorsque j'avais tenté cette expérience, et il était impossible pour la dame, si elle avait essayé, de voir aucun des mots imprimés, car elle était assise à une table et le journal était sur une autre table. derrière, mon corps intervenant.

Treizième classe : *Occurrences diverses à caractère complexe.*

(Le professeur Crookes cite ici deux exemples de *transfert de matière à travers la matière* : une cloche passant de la pièce voisine à celle dans laquelle se tenait la séance, et une fleur se séparant d'un bouquet et *passant à travers la table* .)

Les réserves dont je dispose ne me permettent pas de donner ici plus de détails ; mais tous mes lecteurs doivent apprécier, comme moi, l'importance de ces expériences de l'éminent chimiste. J'attirerai surtout l'attention sur les preuves qu'ils apportent de la présence d'un esprit ou d'une intelligence autre que celui des expérimentateurs ; à la formation des mains et des formes spirituelles ; et au passage de la matière à travers la matière.

Ces expériences datent des années 1871 à 1873. Au cours de la dernière année mentionnée, un nouveau médium, doté de pouvoirs particulièrement remarquables, apparut à Londres, à savoir Miss Florence Cook, née en 1856, et avait donc dix-sept ans en 1873. Depuis l'année précédente (1872), elle avait souvent vu apparaître à ses côtés une jeune fille. Cette forme spectrale lui avait pris goût et lui avait dit qu'elle s'appelait *Katie King* dans l'autre monde, et qu'elle avait été une dame appelée Annie Morgan au cours d'une de ses vies sur terre. Certains observateurs ont raconté des histoires merveilleuses sur ces apparitions, qu'ils ont également vues, parmi lesquels William Harrison, Benjamin Coleman, M. Luxmore, le Dr Sexton, le Dr Gully, le prince de Sayn Wittgenstein, qui ont tous publié des récits à leur sujet. qui respirent un air de croyance sincère. Le professeur Crookes entra en contact avec ce nouveau médium en décembre 1873. Dans *The Spiritualist* , journal édité par M. Harrison, chez lequel plusieurs séances avaient eu lieu, paraissaient dans les numéros de février et mars 1874 deux lettres de Professeur Crookes. Voici quelques extraits de ces lettres :

J'ai des raisons de savoir que la puissance à l'œuvre dans ces phénomènes, comme l'Amour, « se moque des serruriers ».

La séance dont vous parlez et à laquelle j'ai assisté s'est tenue chez M. Luxmore, et le « cabinet » était un salon à l'arrière, séparé de la pièce de devant dans laquelle la société siégeait par un rideau.

La formalité habituelle consistant à fouiller la pièce et à examiner les fixations ayant été accomplie, Miss Cook entra dans le cabinet.

Après un peu de temps, la forme de Katie apparut sur le côté du rideau, mais se retira bientôt, disant que son médium n'allait pas bien et qu'il ne pouvait pas être endormi suffisamment profondément pour pouvoir la laisser en toute sécurité.

J'étais assis à quelques pieds du rideau derrière lequel Miss Cook était assise, et je pouvais souvent l'entendre gémir et sangloter, comme si elle souffrait. Ce malaise a continué par intervalles pendant presque toute la durée de la *séance* , *et un jour, alors que Katie se tenait devant moi dans la pièce, j'ai entendu distinctement un son de sanglots et de gémissements, identique à celui que Miss Cook avait émis à intervalles réguliers. pendant tout le temps de la séance, venus de derrière le rideau où la jeune femme était censée être assise .*

J'admets que la silhouette était étonnamment réaliste et réelle, et, autant que je pouvais voir dans la lumière quelque peu tamisée, les traits ressemblaient à ceux de Miss Cook ; mais néanmoins la preuve positive de l'un de mes propres sens, selon laquelle le gémissement est venu de Miss Cook dans le cabinet, alors que la silhouette était à l'extérieur, est trop forte pour être bouleversée par une simple inférence du contraire, si bien étayée soit-elle.

Vos lecteurs, monsieur, me connaissent et croiront, je l'espère, que je ne parviendrai pas à une opinion hâtive, ni ne leur demanderai d'être d'accord avec moi sur des preuves insuffisantes. C'est peut-être trop attendre que de penser que le petit incident que j'ai évoqué aura sur eux le même poids qu'il a eu sur moi. Mais je leur en supplie : que ceux qui sont enclins à juger Miss Cook suspendent sévèrement leur jugement jusqu'à ce que j'apporte des preuves positives qui, je pense, seront suffisantes pour régler la question.

Miss Cook se consacre désormais exclusivement à une série de séances privées avec moi et un ou deux amis. Les séances s'étendront probablement sur plusieurs mois et on me promet que tous les tests souhaitables me seront soumis. Ces séances n'ont pas duré plusieurs semaines, mais il s'en est passé suffisamment pour me convaincre complètement de la parfaite vérité et de l'honnêteté de Miss Cook, et pour me donner toutes les raisons d'espérer que les promesses si librement faites par Katie seront tenues. gardé.

William Crookes.

Voici la deuxième lettre du prudent enquêteur :

Dans une lettre que j'ai écrite à ce journal au début de février dernier, parlant des phénomènes de formes spirituelles apparues grâce à la médiumnité de Miss Cook, j'ai dit : « Que ceux qui sont enclins à juger sévèrement Miss Cook suspendent leur jugement jusqu'à ce que j'apporte apporter des preuves positives qui, je pense, seront suffisantes pour régler la question.

Dans cette lettre, je décrivais un incident qui, à mon avis, contribuait grandement à me convaincre que Katie et Miss Cook étaient deux êtres matériels distincts. Lorsque Katie était à l'extérieur du placard, debout devant moi, j'ai entendu un gémissement de Miss Cook dans le placard. Je suis heureux de dire que j'ai enfin obtenu la « preuve absolue » à laquelle j'ai fait référence dans la lettre citée ci-dessus.

Le 12 mars, au cours d'une séance ici, après que Katie ait marché parmi nous et parlé pendant un certain temps, elle s'est retirée derrière le rideau qui séparait mon laboratoire, où se trouvait la compagnie, de ma bibliothèque qui servait temporairement de cabinet. Une minute plus tard, elle s'est approchée du rideau et m'a appelé en me disant : « Entrez dans la pièce et relevez la tête de mon médium, elle a glissé. Katie se tenait alors devant moi, vêtue de sa robe blanche habituelle et de son turban. Je suis immédiatement entré dans la bibliothèque jusqu'à Miss Cook, Katie s'écartant pour me permettre de passer. J'ai découvert que Miss Cook avait partiellement glissé du canapé et que sa tête pendait dans une position très inconfortable. Je l'ai soulevée sur le canapé et, ce faisant, j'ai eu la preuve satisfaisante, malgré l'obscurité, que Miss Cook n'était pas vêtue du costume de "Katie", mais qu'elle portait sa robe ordinaire en velours noir et qu'elle était dans une transe profonde. . Pas plus de trois secondes ne se sont écoulées entre le moment où j'ai vu Katie en robe blanche debout devant moi et le moment où j'ai élevé Miss Cook sur le canapé depuis la position dans laquelle elle était tombée.

De retour à mon poste d'observation près du rideau, Katie réapparut et me dit qu'elle pensait pouvoir me montrer elle-même et son médium en même temps. Le gaz fut alors éteint et elle demanda ma lampe au phosphore. Après s'être exposée pendant quelques secondes, elle me le rendit en me disant : « Maintenant, entre et vois mon médium. Je la suivis de près dans la bibliothèque et, à la lueur de ma lampe, vis Miss Cook allongée sur le canapé, exactement comme je l'avais laissée. J'ai cherché Katie, mais elle avait disparu. Je l'ai appelée, mais il n'y a pas eu de réponse.

En reprenant ma place, Katie réapparut bientôt et me dit qu'elle s'était tenue tout le temps près de Miss Cook . Elle me demanda alors si elle pouvait tenter elle-même une expérience, et me prenant la lampe au phosphore, elle passa derrière le rideau en me priant de ne pas regarder à l'intérieur pour le moment. Quelques minutes plus tard, elle m'a rendu la lampe, me disant qu'elle n'y parviendrait pas, car elle avait épuisé toute l'énergie, mais qu'elle réessayerait une autre fois. Mon fils aîné, un garçon de quatorze ans, qui était assis en face de moi, dans une position telle qu'il pouvait voir derrière le rideau, me raconte qu'il a vu distinctement la lampe au phosphore flottant apparemment dans l'espace au-dessus de Miss Cook, l'éclairant alors qu'elle était immobile. sur le canapé, mais il ne voyait personne tenant la lampe.

Je passe à une séance tenue hier soir à Hackney. Katie n'a jamais semblé plus parfaite et pendant près de deux heures elle a marché dans la pièce, conversant familièrement avec les personnes présentes. À plusieurs reprises, elle m'a pris le bras en marchant, et l'impression qui m'a été donnée qu'il s'agissait d'une femme vivante à mes côtés, au lieu d'une visiteuse de l'autre monde, était si forte que la tentation de répéter une expérience récente et célèbre est devenue presque insupportable. irrésistible.

Sentant cependant que si je n'avais pas un esprit, j'avais du moins une *dame* près de moi, je lui demandai la permission de la serrer dans mes bras, afin de pouvoir vérifier les observations intéressantes qu'un expérimentateur audacieux a récemment faites. enregistré de manière quelque peu verbeuse. La permission m'a été gracieusement accordée, et je l'ai donc fait – enfin, comme n'importe quel gentleman le ferait dans les circonstances. M. Volckman sera heureux de savoir que je peux corroborer sa déclaration selon laquelle le « fantôme » (mais non « en difficulté ») était un être aussi matériel que Miss Cook elle-même.

Katie a maintenant dit qu'elle pensait qu'elle pourrait cette fois se montrer avec Miss Cook ensemble. Je devais éteindre le gaz, puis venir avec ma lampe au phosphore dans la pièce qui sert aujourd'hui de cabinet. C'est ce que j'ai fait, après avoir demandé au préalable à un ami qui était habile en sténographie de noter toute déclaration que je pourrais faire lorsque j'étais dans le cabinet, connaissant l'importance attachée aux premières impressions et ne souhaitant pas laisser en mémoire plus que nécessaire. Ses notes sont maintenant devant moi.

Je suis entré prudemment dans la pièce, comme il faisait sombre, et j'ai cherché Miss Cook. Je l'ai trouvée accroupie sur le sol.

A genoux, je laissai entrer de l'air dans la lampe, et à sa lumière j'aperçus la jeune dame vêtue de velours noir, comme elle l'était au début de la soirée, et en apparence parfaitement insensée ; elle n'a pas bougé lorsque je lui ai pris la main et que j'ai tenu la lumière assez près de son visage, mais elle a continué à respirer doucement.

En levant la lampe, j'ai regardé autour de moi et j'ai vu Katie se tenant juste derrière Miss Cook. Elle était vêtue d'une draperie blanche fluide, comme nous l'avions vue précédemment lors de la séance. Tenant une des mains de Miss Cook dans la mienne et toujours agenouillé, je passai la lampe de haut en bas de manière à éclairer toute la silhouette de Katie, et m'assurai pleinement que je regardais réellement la véritable Katie que j'avais serrée dans mes bras quelques instants plus tôt. quelques minutes auparavant, et non au fantasme d'un cerveau désordonné. Elle ne parla pas, mais bougea la tête et sourit en signe de reconnaissance. À trois reprises, j'ai soigneusement examiné Miss Cook accroupie devant moi, pour être sûr que la main que je tenais était celle d'une femme vivante, et à trois reprises j'ai tourné la lampe vers Katie et je l'ai examinée avec une attention constante, jusqu'à ce que je n'aie plus rien compris. douter de sa réalité objective. Finalement, Miss Cook bougea légèrement et Katie me fit immédiatement signe de m'en aller. Je suis allé dans une autre partie du cabinet, puis j'ai cessé de voir Katie, mais je n'ai quitté la pièce que lorsque Miss Cook s'est réveillée et que deux des visiteurs sont entrés avec une lumière.

Avant de conclure cet article, je souhaite donner quelques-uns des points de différence que j'ai observés entre Miss Cook et Katie. La taille de Katie varie

; chez moi, je l'ai vue six pouces de plus que Miss Cook. Hier soir, pieds nus et non sur la pointe des pieds, elle mesurait quatre pouces et demi de plus que Miss Cook. Le cou de Katie était nu la nuit dernière ; la peau était parfaitement lisse, tant au toucher qu'à la vue, tandis que sur le cou de Miss Cook se trouve une grosse ampoule qui, dans des circonstances similaires, est distinctement visible et rugueuse au toucher. Les oreilles de Katie ne sont pas percées, tandis que Miss Cook porte habituellement des boucles d'oreilles. Le teint de Katie est très clair, tandis que celui de Miss Cook est très foncé. Les doigts de Katie sont beaucoup plus longs que ceux de Miss Cook et son visage est également plus grand. Dans les manières et les modes d'expression, il existe également de nombreuses différences marquées.

Après les observations résumées dans ces deux lettres, le professeur Crookes poursuivit ses expériences chez lui pendant deux mois. Le résultat de tout cela est incarné dans les déclarations suivantes faites par Crookes lui-même :

Au cours de la semaine précédant le départ de Katie, elle a donné des séances chez moi presque tous les soirs, pour me permettre de la photographier à la lumière artificielle. Cinq ensembles complets d'appareils photographiques ont donc été installés à cet effet, comprenant cinq appareils photo, un de la taille d'une plaque entière, un demi-plaque, un quart de plaque et deux caméras stéréoscopiques binoculaires, qui ont tous été mis à contribution. Katie en même temps à chaque fois qu'elle représentait son portrait. Cinq bains de sensibilisation et cinq bains de fixation ont été utilisés, et de nombreuses plaques ont été nettoyées à l'avance, prêtes à l'emploi, afin qu'il n'y ait ni accroc ni retard lors des opérations photographiques, qui ont été effectuées par moi-même, aidé d'un assistant.

Ma bibliothèque servait de meuble sombre. Il dispose de portes pliantes ouvrant sur le laboratoire ; une de ces portes a été retirée de ses gonds et un rideau suspendu à sa place pour permettre à Katie d'entrer et de sortir facilement. Ceux de nos amis présents étaient assis dans le laboratoire, face au rideau, et les appareils photo étaient placés un peu derrière eux, prêts à photographier Katie lorsqu'elle sortait, et à photographier tout ce qui se trouvait également à l'intérieur du meuble, chaque fois que le rideau était retiré. aux fins. Chaque soir, il y avait trois ou quatre expositions de plaques dans les cinq caméras, donnant au moins quinze images distinctes à chaque séance ; certains d'entre eux ont été gâtés lors du développement, et d'autres dans la régulation de la quantité de lumière. Au total, j'ai quarante-quatre négatifs, certains inférieurs, certains indifférents et certains excellents.

Katie a demandé à toutes les gardiennes sauf moi-même de garder leur place et de respecter les conditions ; mais depuis quelque temps, elle m'a donné la permission de faire ce que je voulais, de la toucher, d'entrer et de sortir du cabinet presque quand je voulais. Je l'ai souvent suivie dans le cabinet, et je l'ai parfois vue avec son médium ensemble, mais le plus généralement je n'ai trouvé personne d'autre que le médium en transe allongé sur le sol, Katie et ses robes blanches ayant instantanément disparu.

Au cours des six derniers mois, Miss Cook a été une visite fréquente chez moi, y restant parfois une semaine à la fois. Elle n'emporte avec elle qu'un petit sac à main non fermé à clé. Pendant la journée, elle est constamment en présence de Mme Crookes, de moi-même ou d'un autre membre de ma famille, et, ne dormant pas seule, il n'y a absolument aucune possibilité de préparation, même d'un caractère moins élaboré que celle qui serait nécessaire pour incarnant Katie King. Je prépare et arrange moi-même ma bibliothèque comme un cabinet sombre, et habituellement, après que Miss Cook ait dîné et conversé avec nous, et à peine hors de notre vue pendant une minute, elle entre directement dans le cabinet, et moi, à sa demande, verrouillez sa deuxième porte et gardez la clé en possession tout au long de la séance. Le gaz est ensuite éteint et Miss Cook reste dans l'obscurité.

En entrant dans le cabinet, Miss Cook se couche sur le sol, la tête sur un oreiller, et est bientôt ravie. Pendant la séance photographique, Katie a enveloppé la tête de son médium dans un châle pour empêcher la lumière de tomber sur son visage. Je tirais fréquemment le rideau d'un côté lorsque Katie se tenait à proximité, et il était courant que nous sept ou huit dans le laboratoire voyions Miss Cook et Katie en même temps, sous la pleine lueur de la lumière électrique. Dans ces occasions, nous ne voyions pas réellement le visage de la médium à cause du châle, mais nous voyions ses mains et ses pieds ; nous la voyions bouger avec inquiétude sous l'influence de la lumière intense, et nous l'entendions gémir de temps en temps. J'ai une photo des deux ensemble, mais Katie est assise devant la tête de Miss Cook.

Pendant que je prenais une part active à ces séances, la confiance de Katie en moi grandissait progressivement, jusqu'à ce qu'elle refuse de donner une séance à moins que je n'en prenne les arrangements. Elle a dit qu'elle voulait toujours que je reste près d'elle et près du cabinet, et j'ai découvert qu'une fois cette confiance établie, et elle était convaincue que je ne romprais aucune promesse que je pourrais lui faire, les phénomènes ont considérablement augmenté en puissance. et des tests étaient donnés gratuitement, ce qui aurait été impossible à obtenir si j'avais abordé le sujet d'une autre manière. Elle me consultait souvent au sujet des personnes présentes aux séances et de l'endroit où elles devaient être placées, car dernièrement elle était devenue très nerveuse, à la suite de certaines suggestions peu judicieuses selon lesquelles la force devrait être employée comme complément à des modes de recherche plus scientifiques.

L'une des photos les plus intéressantes est celle dans laquelle je me tiens aux côtés de Katie ; elle a le pied nu sur une partie particulière du sol. Ensuite, j'ai habillé Miss Cook comme Katie, je l'ai placée, elle et moi, exactement dans la même position, et nous avons été photographiés par les mêmes appareils photo, placés exactement comme dans l'autre expérience et éclairés par la même lumière. Lorsque ces deux images sont placées l'une sur l'autre, les deux photographies de moi coïncident exactement en ce qui concerne la stature, etc., mais Katie mesure une demi-tête de plus que Miss Cook et a l'air d'une grande femme en comparaison d'elle. Dans la largeur de son visage, sur de nombreuses photos, elle diffère essentiellement par la taille de son support, et les photographies montrent plusieurs autres points de différence.

Mais la photographie est aussi insuffisante pour décrire la beauté parfaite du visage de Katie que les mots sont impuissants pour décrire ses charmes. La photographie peut, en effet, donner une idée de son visage ; mais comment reproduire l'éclatante pureté de son teint, ou l'expression toujours variée de ses traits les plus mobiles, tantôt assombris par la tristesse en racontant quelques-unes des expériences amères de sa vie passée, tantôt souriants avec toute l'innocence d'une enfance heureuse quand elle avait rassemblé mes enfants autour d'elle et les amusait en racontant des anecdotes sur ses aventures en Inde ?

"Autour d'elle, elle créait une atmosphère de vie ;
l'air même semblait plus léger à ses yeux, ils étaient si doux et beaux, et remplis de tout ce que nous pouvons imaginer du ciel ; sa présence écrasante vous faisait sentir que ce ne serait pas une idolâtrie de s'agenouiller."

Ayant beaucoup vu Katie ces derniers temps, lorsqu'elle a été éclairée par la lumière électrique, je suis en mesure d'ajouter aux points de différence entre elle et son médium que j'ai mentionnés dans un article précédent. J'ai la certitude la plus absolue que Miss Cook et Katie sont deux individus distincts en ce qui concerne leur corps. Plusieurs petites marques sur le visage de Miss Cook sont absentes sur celui de Katie. Les cheveux de Miss Cook sont si bruns qu'ils paraissent presque noirs ; une mèche de Katie, qui est maintenant devant moi, et qu'elle m'a permis de couper dans ses magnifiques tresses, après l'avoir d'abord tracée jusqu'au cuir chevelu et m'être assuré qu'elle y poussait réellement, est d'un riche auburn doré.

Un soir, j'ai chronométré le pouls de Katie. Il battait régulièrement à 75, tandis que le pouls de Miss Cook, peu de temps après, atteignait son rythme habituel de 90. En appliquant mon oreille sur la poitrine de Katie, j'entendais un cœur battre en rythme à l'intérieur, et palpiter encore plus régulièrement que celui de Miss Cook lorsque elle m'a permis de tenter une expérience similaire après la séance. Testés de la même manière, les poumons de Katie se sont révélés plus sains que ceux de son médium, car au moment où j'ai tenté mon expérience, Miss Cook était sous traitement médical pour une toux sévère.

Cet être mystérieux, cette étrange Katie King, avait annoncé, dès ses premières apparitions, qu'elle ne pourrait se montrer ainsi que pendant trois ans. La fin de cette période approchait désormais.

Quand le moment est venu pour Katie de faire ses adieux, j'ai demandé qu'elle me laisse voir la fin d'elle. En conséquence, après avoir appelé chacun des membres de la compagnie et leur avoir adressé quelques mots en privé, elle leur donna quelques directives générales pour la direction et la protection futures de Miss Cook. Parmi ceux-ci, qui ont été sténographiés, je cite ce qui suit : « M. Crookes a très bien fait tout au long, et je laisse Florrie avec la plus grande confiance entre ses mains, étant parfaitement sûr qu'il n'abusera pas de la confiance que je place en lui. . Il peut agir en cas d'urgence mieux que moi, car il a plus de force. Après avoir terminé ses instructions, Katie m'a invité dans le cabinet avec elle et m'a permis d'y rester jusqu'à la fin.

Après avoir fermé le rideau, elle a conversé avec moi pendant un certain temps, puis a traversé la pièce jusqu'à l'endroit où Miss Cook gisait, inanimée, sur le sol. Se penchant sur elle, Katie la toucha et lui dit : « Réveille-toi, Florrie, réveille-toi ! Je dois te quitter maintenant.

Miss Cook s'est alors réveillée et a supplié Katie en larmes de rester un peu plus longtemps. "Ma chérie, je ne peux pas ; mon travail est terminé. Que Dieu vous bénisse", répondit Katie, puis elle continua à parler à Miss Cook. Pendant plusieurs minutes, les deux hommes conversèrent, jusqu'à ce que finalement les larmes de Miss Cook l'empêchent de parler. Suivant les instructions de Katie, je me suis alors avancé pour soutenir Miss Cook, qui tombait par terre en sanglotant hystériquement. J'ai regardé autour de moi, mais Katie en robe blanche était partie. Dès que Miss Cook fut suffisamment calmée, on alluma de la lumière et je la conduisis hors du cabinet.

Un mot encore sur cet étonnant phénomène. Le médium Home, employé, comme nous l'avons vu, dans les premières expériences du professeur Crookes, m'a donné comme son opinion personnelle que Miss Cook n'était qu'une habile escroc et qu'elle avait honteusement trompé l'éminent savant, et quant aux médiums, pourquoi *il n'y en avait qu'un seul absolument digne de confiance et c'était lui-même, Daniel Dunglas Home* ! Il ajoutait même que le fiancé de Miss Cook avait donné des preuves éclatantes de son extrême hargne !

Celui qui a observé de près les rivalités des médiums, aussi fortement marquées que celles des médecins, des acteurs, des musiciens et des femmes, ne trouvera, me semble-t-il, à ce discours sur Home aucune valeur intrinsèque. Mais je dois avouer que cette affaire de Katie King est vraiment tellement extraordinaire que je suis obligé d'essayer toutes les explications possibles avant d'admettre sa vérité. C'est également l'opinion de M. Crookes lui-même.

Pour me convaincre (dit-il), j'étais constamment sur mes gardes, et Miss Cook m'aidait volontiers dans toutes mes investigations. Chaque épreuve que je lui ai proposée, elle a immédiatement accepté de s'y soumettre avec la plus grande volonté ; elle est ouverte et directe dans son discours, et je n'ai jamais rien vu qui s'apparente au moindre symptôme d'un désir de tromper. En fait, je ne crois pas qu'elle pourrait commettre une tromperie si elle essayait, et si elle le faisait, elle serait certainement découverte très rapidement, car une telle ligne d'action est tout à fait étrangère à sa nature. Et imaginer qu'une innocente écolière de quinze ans serait capable de concevoir puis de mener à bien pendant trois ans une imposture aussi gigantesque que celle-ci, et qu'elle se soumettrait pendant ce temps à toutes les épreuves qui pourraient lui être imposées, ce serait supporter la l'examen le plus strict, serait prête à être fouillée à tout moment, avant ou après une séance, et connaîtrait un succès encore meilleur dans ma propre maison que dans celle de ses parents, sachant qu'elle me rendait visite dans le but exprès de se soumettre à des tests scientifiques stricts – imaginer, dis-je, que la Katie King des trois dernières années est le résultat d'une imposture fait plus de violence à la raison et au bon sens que de croire qu'elle est ce qu'elle affirme elle-même.

Il ne sera peut-être pas superflu de compléter ces récits de William Crookes en donnant un extrait du journal *The Spiritualist* du 29 mai 1874.

Dès le début de la médiumnité de Miss Cook, l'esprit Katie King ou Annie Morgan, qui avait produit la plus grande partie de la partie physique des manifestations, avait annoncé qu'elle ne pourrait pas rester avec son médium plus de trois ans, et qu'après ce temps, elle lui dirait au revoir pour toujours.

La fin de cette période est arrivée jeudi dernier ; mais avant de quitter son médium, elle donna encore trois séances à ses amis.

La dernière eut lieu le jeudi 21 mai 1874. Parmi les spectateurs se trouvait le professeur William Crookes.

À 19 h 23, le professeur Crookes conduisit Miss Cook dans le cabinet sombre, où elle s'allongea par terre, la tête appuyée sur un coussin. À 7h28, Katie a parlé pour la première fois et à 7h30, elle s'est montrée hors du rideau dans toute sa forme. Elle était vêtue de blanc, à manches courtes et cou nu. Elle avait de longs cheveux auburn clair d'une teinte riche, tombant en boucles de chaque côté de sa tête et descendant dans son dos jusqu'à sa taille. Elle portait un long voile blanc qui n'était tiré sur son visage qu'une ou deux fois pendant la séance.

Le médium portait une robe en mérinos bleu clair. Pendant presque toute la séance, Katie resta debout devant nous. Le rideau du cabinet était écarté et chacun pouvait voir distinctement la médium endormie, le visage couvert d'un châle rouge pour le protéger de la lumière. Katie parla de son prochain départ et accepta un bouquet que M. Tapp lui avait apporté, ainsi qu'un bouquet de lys offert par M. Crookes. Elle a demandé à M. Tapp de dénouer le bouquet et de déposer les fleurs devant elle sur le sol. Elle s'est ensuite assise à la manière turque et a demandé à tous de s'asseoir autour d'elle de la même manière. Puis elle partagea les fleurs et donna à chacune un petit bouquet attaché avec un ruban bleu.

Elle a ensuite écrit des lettres à certains de ses amis, les signant « Annie Owen Morgan », affirmant que c'était son vrai nom durant sa vie sur terre. Elle a également écrit une lettre à son médium et a choisi pour elle un bouton de rose comme cadeau d'adieu. Katie a ensuite pris les ciseaux, a coupé une mèche de ses cheveux et nous en a donné à tous. Elle prit ensuite la main de M. Crookes et fit le tour de la pièce, serrant la main de chacun de nous tour à tour. Elle se rassit ensuite et coupa plusieurs morceaux de sa robe et de son voile en souvenir. Voyant de tels trous dans sa robe (elle était assise pendant tout ce temps entre M. Crookes et M. Tapp), quelqu'un lui demanda si elle pouvait réparer les dégâts, comme elle l'avait fait en d'autres occasions. Elle a ensuite tenu la partie coupée de la robe à la lumière, a donné un coup dessus, et instantanément cette partie était entière et sans tache comme auparavant. Ceux qui étaient près d'elle ont touché et examiné les objets, avec sa permission. Ils affirmèrent qu'il n'y avait ni trou, ni arnaque, ni rien ajouté à l'endroit même où un instant auparavant ils avaient vu des trous de plusieurs pouces de diamètre.

Elle donna ensuite ses dernières instructions à M. Crookes. Puis, paraissant fatiguée, elle ajouta que ses forces disparaissaient et répéta à tout le monde ses adieux de la manière la plus affectueuse. Toutes les personnes présentes l'ont remerciée pour les merveilleuses manifestations qu'elle leur avait données.

Pendant qu'elle jetait vers ses amies un dernier regard grave et pensif, elle laissa retomber le rideau, qui la déroba à nos regards. Nous l'entendîmes réveiller le médium, qui la supplia en larmes de rester encore un peu. Mais Katie a dit : "C'est impossible, ma chère ; ma mission est accomplie ; que Dieu vous bénisse !" Et nous avons entendu le bruit d'un baiser. Le médium ressortit alors parmi nous tout épuisé et dans un état de profond désarroi.

Telles sont les expériences de Sir William Crookes. Je me suis limité à rapporter ses propres observations personnelles, telles qu'elles ont été exposées par lui-même. L'histoire de Katie King est vraiment l'une des plus mystérieuses, des plus incroyables que l'on puisse trouver dans toute l'histoire de la recherche spiritualiste, et est en même temps l'un des cas qui ont été les plus scrupuleusement étudiés par la méthode expérimentale. y compris la photographie.

La médium, Miss Florence Cook, épousa en 1874 M. Elgie Corner et, à partir de ce moment, ses contributions à la recherche psychique cessèrent presque. On m'a assuré à plusieurs reprises qu'elle avait également été surprise en train de tricher. (Toujours cette hystérie féminine !) Mais les enquêtes de Crookes ont été menées avec un tel soin et une telle compétence qu'il est très difficile de refuser notre crédibilité. D'ailleurs, ce scientifique n'était pas le seul à étudier la médiumnité de Florence Cook. Parmi d'autres ouvrages que l'on peut consulter à ce sujet, il y en a un contenant un grand nombre de preuves et de témoignages, ainsi que plusieurs photographies (évoquées ci-dessus). [68]

Ces cas enregistrés, ou témoignages, forment un ensemble de documents dont l'étude est des plus instructives. L'étude du grand chimiste surpasse les autres, certes, mais elle ne diminue pas la valeur intrinsèque des autres. Toutes les observations concordent et se confirment mutuellement.

Quant à l'explication des phénomènes, Crookes pense qu'on ne peut pas la découvrir. Cette apparition était-elle ce qu'elle prétendait être ? Il n'y a rien pour le prouver.

Ne serait-ce pas un *double* du médium, un produit de sa force psychique ?

Le savant chimiste n'a pas changé d'opinion (comme on l'a prétendu) sur l'authenticité des phénomènes qu'il étudiait. Dans un discours prononcé lors d'une réunion de la British Association for the Advancement of Science, tenue à Bristol en 1898, et dont il était président, il s'exprima comme suit :

Aucun incident dans ma carrière scientifique n'est plus connu que la participation que j'ai prise il y a de nombreuses années à certaines recherches psychiques. Trente ans se sont écoulés depuis que j'ai publié un compte rendu d'expériences tendant à montrer qu'en dehors de nos connaissances scientifiques, il existe une Force exercée par une intelligence différente de l'intelligence ordinaire commune aux mortels. Ce fait dans ma vie est, bien entendu, bien compris par ceux qui m'ont honoré de l'invitation à devenir votre président. Peut-être que parmi mon auditoire, certains seront curieux de savoir si je dois parler ou me taire. J'ai choisi de parler, quoique brièvement.

Aborder longuement un sujet encore discutable reviendrait à insister sur un sujet qui, comme Wallace, Lodge et Barrett l'ont déjà montré, bien qu'il ne soit pas impropre à la discussion lors de ces réunions, ne suscite pas encore l'intérêt de la majorité de mes collègues. frères scientifiques. Ignorer le sujet serait un acte de lâcheté, un acte de lâcheté que je ne ressens aucune tentation de commettre.

S'arrêter net dans toute recherche visant à élargir les portes de la connaissance, reculer devant la peur des difficultés ou des critiques défavorables, c'est jeter le reproche à la science. Il n'y a rien d'autre à faire pour l'enquêteur que d'aller droit au but, « d'explorer de haut en bas, pouce par pouce, avec le cône, sa raison » ; suivre la lumière partout où elle peut mener, même si elle ressemble parfois à un feu follet.

Je n'ai rien à rétracter. J'adhère à mes déclarations déjà publiées. En fait, je pourrais y ajouter beaucoup de choses. Je regrette seulement une certaine crudité de ces premiers exposés, qui, sans doute à juste titre, ont milité contre leur acceptation par le monde scientifique. Mes propres connaissances à cette époque ne s'étendaient guère au-delà du fait que certains phénomènes nouveaux pour la science s'étaient certainement produits et étaient attestés par mes propres sens sobres et, mieux encore, par un enregistrement automatique.

J'étais comme un être bidimensionnel qui pourrait se tenir au point singulier d'une surface de Riemann et se retrouver ainsi en contact infinitésimal et inexplicable avec un plan d'existence qui n'est pas le sien.

Je crois que je vois un peu plus loin maintenant. J'ai un aperçu de quelque chose comme une cohérence entre les étranges phénomènes insaisissables ; de quelque chose comme une continuité entre ces forces inexpliquées et ces lois déjà connues. Ce progrès est dû en grande partie aux travaux d'une autre association dont j'ai également cette année l'honneur d'être président : la Société pour la Recherche Psychique. Et si j'introduisais maintenant pour la première fois ces recherches dans le monde scientifique, je choisirais un point de départ différent de celui d'autrefois. Il serait bon de commencer par *la télépathie* ; avec la loi fondamentale, telle que je la crois, selon laquelle les pensées et les images peuvent être transférées d'un esprit à un autre sans l'intervention des organes des sens reconnus, et que la connaissance peut pénétrer dans l'esprit humain sans être communiquée par aucun moyen connu ou reconnu jusqu'ici. façons.

Bien que l'enquête ait mis en lumière des faits importants concernant l'esprit, elle n'a pas encore atteint le stade scientifique de certitude qui lui permettrait d'être utilement présentée à l'une de nos sections. Je me limiterai donc à indiquer la direction dans laquelle la recherche scientifique peut légitimement avancer.

Si la télépathie a lieu, nous avons deux faits physiques : le changement physique dans le cerveau de A, celui qui suggère, et le changement physique analogue dans le cerveau de B, le destinataire de la suggestion. Entre ces deux événements physiques, il doit exister un train de causes physiques. Chaque fois que l'enchaînement des causes intermédiaires commence à se révéler, l'enquête relève alors de la compétence d'une des sections de l'Association britannique. Une telle séquence ne peut se produire que par un intermédiaire. Tous les phénomènes de l'univers sont probablement continus d'une manière ou d'une autre, et il n'est pas scientifique de faire appel à des agents mystérieux alors qu'à chaque nouveau progrès de la connaissance, il est démontré que les vibrations de l'éther ont des pouvoirs et des attributs largement égaux à toute demande, même à celle de l'éther. la transmission de la pensée. Certains physiologistes supposent que les cellules essentielles des nerfs ne se touchent pas réellement, mais sont séparées par un espace étroit qui s'élargit pendant le sommeil et se rétrécit presque jusqu'à s'éteindre pendant l'activité mentale. Cette condition ressemble si singulièrement à celle d'un cohéreur de Branly ou de Lodge qu'elle suggère une autre analogie.

La structure du cerveau et du nerf étant similaire, il est concevable qu'il puisse y avoir des masses de tels cohérents nerveux dans le cerveau dont la fonction spéciale pourrait être de recevoir des impulsions apportées de l'extérieur par la séquence de connexion d'ondes éthérées d'un ordre de grandeur approprié. Röntgen nous a familiarisé avec un ordre de vibrations d'une extrême infime comparaison avec les plus petites ondes que nous avons connues jusqu'ici, et de dimensions comparables aux distances entre les centres des atomes dont est constitué l'univers matériel ; et il n'y a aucune raison de supposer que nous ayons ici atteint la limite de la fréquence. On sait que l'action de la pensée s'accompagne de certains mouvements moléculaires dans le cerveau, et nous avons ici des vibrations physiques capables, par leur extrême infime, d'agir directement sur des molécules individuelles, tandis que leur rapidité se rapproche de celle des mouvements internes et externes des atomes. eux-mêmes.

La confirmation des phénomènes télépathiques est apportée par de nombreuses expériences convergentes et par de nombreux événements spontanés seulement ainsi intelligibles. La preuve la plus variée, peut-être, est tirée de l'analyse des fonctionnements subconscients de l'esprit, lorsque ceux-ci, que ce soit par accident ou à dessein, sont soumis à une étude consciente. La preuve d'une région située au-dessous du seuil de conscience a été présentée, depuis sa première création, dans les « Actes de la Société pour la Recherche Psychique » ; et ses différents aspects sont interprétés et soudés en un tout complet par le génie obstiné de FWH Myers.

Une gamme formidable de phénomènes doit être examinée scientifiquement avant de saisir efficacement une faculté aussi étrange, aussi déroutante et pendant des siècles aussi impénétrable que l'action directe d'un esprit sur l'autre.

Un éminent prédécesseur à cette chaire a déclaré que « par une nécessité intellectuelle, il faut franchir les limites des preuves expérimentales et être discerné dans ce domaine que nous, dans notre ignorance de ses pouvoirs latents, et malgré notre respect déclaré pour son Créateur, avons couvert jusqu'à présent ». avec opprobre, la puissance et la promesse de toute vie terrestre. » Je préférerais inverser l'apophtegme et dire que dans la vie je vois la promesse et la puissance de toutes les formes de matière.

À l'époque égyptienne ancienne, une inscription bien connue était gravée sur le portail du temple d'Isis : « Je suis tout ce qui a été, est ou sera jamais ; et mon voile personne n'a encore levé. » Ce n'est pas ainsi que les chercheurs modernes de vérité affrontent la Nature, le mot qui désigne les mystères déroutants de l'Univers. Régulièrement, sans relâche, nous nous efforçons de percer le cœur le plus profond de la Nature, de ce qu'elle est, de reconstruire ce qu'elle a été et de prophétiser ce qu'elle sera encore. Voile après voile, nous avons levé, et son visage devient plus beau, auguste et merveilleux, à chaque barrière qui se retire.

Il serait difficile de trouver une pensée plus vraie et mieux exprimée. C'est le langage de la vraie science et c'est aussi l'expression de la plus haute philosophie.

———————————————

CHAPITRE X

EXPÉRIENCES DIVERSES ET OBSERVATIONS

D'abondants témoignages sur l'existence d'un domaine psychique jusqu'ici peu exploré ont sans doute été donnés dans les pages précédentes. Les phénomènes médiumniques proclament l'existence de forces inconnues. Il est presque superflu d'accumuler ici un nombre encore plus grand d'exemples enregistrés.

Cependant ces faits sont si extraordinaires, si incompréhensibles, si difficiles à croire, qu'une simple augmentation du nombre des cas n'est pas sans valeur, surtout lorsqu'ils sont fournis par des hommes d'une habileté et d'un savoir incontestables. Le vieux proverbe juridique *Testis unus, testis nullus* (« Un témoin n'est pas un témoin ») s'applique ici. Nous ne devons pas vérifier une fois, nous devons vérifier cent fois de telles extravagances apparemment scientifiques, afin de nous assurer qu'il ne s'agit pas d'illusions, mais de faits sobres.

Bref, le sujet tout entier est si curieux, si étrange, que le chercheur de ces mystères n'est jamais rassasié.

C'est pourquoi, outre ce qui a déjà été donné, je sélectionnerai et présenterai ici, dans l'immense ensemble d'observations que je fais depuis longtemps, celles qui frappent le plus l'attention et donnent une confirmation supplémentaire à ce qui a été dit. précédé.

Aux expériences de Crookes, il convient d'ajouter ici celles du grand naturaliste anglais Alfred Russel Wallace, également membre de la Royal Society of London, président de l'English Anthropological Society et bien connu comme le scientifique , qui en même temps que Darwin (juin 1858), donna au monde la théorie de la variation des espèces par sélection naturelle.

Il rend lui-même le récit suivant [69] de ses études sur cette question de la mystérieuse force psychique :

C'est au cours de l'été 1865 que j'ai été témoin pour la première fois de l'un des phénomènes de ce qu'on appelle le spiritualisme, dans la maison d'un ami, un sceptique, un homme de science et un avocat, en présence de seuls membres de sa propre famille. . Assis devant une table ronde de bonne taille, avec nos mains posées dessus, après un court instant de légers mouvements commençaient – pas souvent des « tournements » ou des « inclinaisons », mais un léger mouvement intermittent, comme des pas, qui, après un certain temps, amènerait le table assez à l'autre bout de la pièce. Des bruits de tapotements légers mais distincts ont également été entendus. Les notes suivantes prises à l'époque étaient destinées à décrire exactement ce qui s'était passé : -

" 22 juillet 1865.—Assis avec mon ami, sa femme et ses deux filles à une grande table de toilettes, à la lumière du jour. Au bout d'une demi-heure environ, de légers mouvements furent perçus et de légers coups entendus. Ils augmentèrent progressivement ; le les coups devinrent très distincts et la table bougea considérablement, nous obligeant tous à déplacer nos chaises. Puis un curieux mouvement vibratoire de la table commença, presque comme le frisson d'un animal vivant. Je le sentais jusqu'aux coudes. diversement répété pendant deux heures. En essayant ensuite, nous avons constaté que la table ne pouvait pas être volontairement déplacée de la même manière sans un grand effort de force, et nous n'avons découvert aucun moyen possible de produire les robinets pendant que nos mains étaient sur la table.

En d'autres occasions, nous avons essayé l'expérience de chaque personne quittant successivement la table, et nous avons constaté que les phénomènes continuaient les mêmes qu'avant, tant les coups que le mouvement de la table. Une fois, j'ai demandé l'un après l'autre à quitter la table. Les phénomènes continuèrent, mais, à mesure que le nombre des convives diminuait, avec une vigueur décroissante, et, juste après que le dernier se fut retiré, me laissant seul à table, il y eut deux coups ou coups sourds, comme avec un poing sur le pilier. ou pied de table, dont je pouvais sentir et entendre la vibration.

Quelque temps avant ces observations, j'avais rencontré un monsieur qui m'avait parlé des phénomènes les plus merveilleux se produisant dans sa propre famille, parmi lesquels le mouvement palpable des corps solides lorsque personne ne les touchait ou ne s'en approchait ; et il m'avait recommandé d'aller chez un médium public à Londres (Mme Marshall), où je pourrais voir des choses tout aussi merveilleuses. En conséquence, en septembre 1865, je commençai une série de visites chez Mme Marshall, généralement accompagné d'un ami, bon chimiste et mécanicien, et d'un esprit tout à fait sceptique.

1. Une petite table, sur laquelle étaient placées les mains de quatre personnes (y compris la mienne et celles de Mme Marshall), s'élevait verticalement à environ un pied du sol et restait suspendue pendant environ vingt secondes, tandis que mon ami, qui était assis en regardant, je pouvais voir la partie inférieure de la table avec les pieds librement suspendus au-dessus du sol.

2. Alors que j'étais assis à une grande table, avec Miss T. à ma gauche et M. R. à ma droite, une guitare qui avait été jouée dans la main de Miss T. a glissé sur le sol, est passée sur mes pieds et est arrivée vers M. . R., contre les jambes duquel il se souleva jusqu'à apparaître au-dessus de la table. Moi et M. R. l'observions attentivement tout le temps, et il se comportait comme s'il était lui-même vivant, ou plutôt comme si un petit enfant invisible le déplaçait et

le soulevait par de grands efforts. Ces deux phénomènes ont été observés à la lumière du gaz.

3. Une chaise sur laquelle était assise une parente de M. R. a été soulevée avec elle dessus. Ensuite, lorsqu'elle revint à la table du piano où elle jouait, sa chaise s'éloigna au moment où elle allait s'asseoir. En le dressant, il s'éloigna de nouveau. Après que cela se soit produit trois fois, l'objet était apparemment fixé au sol, de sorte qu'elle ne pouvait pas le soulever. M. R. s'en saisit alors et constata que ce n'était qu'en faisant un grand effort qu'il pouvait le soulever du sol. Cette séance s'est déroulée en plein jour, par une journée lumineuse, et dans une pièce du premier étage dotée de deux fenêtres.

Si étranges et irréels que ces quelques phénomènes puissent paraître aux lecteurs qui n'ont rien vu de pareil, j'affirme positivement qu'il s'agit de faits qui se sont réellement produits tels que je les ai racontés, et qu'il n'y avait place pour aucune ruse ou tromperie possible. Dans chaque cas, avant de commencer, nous avons retourné les tables et les chaises, et avons vu qu'il s'agissait de meubles ordinaires et qu'il n'y avait aucun lien entre eux et le sol, et nous les avons placés où bon nous semble avant de nous asseoir. Plusieurs de ces phénomènes se sont produits entièrement sous nos propres mains, et tout à fait déconnectés du « médium ». C'étaient autant de réalités que le mouvement des clous vers un aimant, et, peut-on ajouter, elles n'étaient pas en elles-mêmes plus improbables ni plus incompréhensibles.

Les phénomènes mentaux les plus fréquents sont l'épellation des noms des parents des personnes présentes, leur âge ou tout autre détail les concernant. Leur manifestation est particulièrement incertaine, même si lorsqu'ils réussissent, ils sont très concluants pour ceux qui en sont témoins. L'opinion générale des sceptiques quant à ces phénomènes est qu'ils dépendent simplement de l'acuité et du talent du médium à trouver les lettres qui forment le nom, par la manière dont les gens s'y attardent ou s'y précipitent, - le mode ordinaire. de recevoir ces communications étant pour la personne intéressée de parcourir un alphabet imprimé, lettre par lettre, à grands coups indiquant les lettres qui forment les noms recherchés. Je vais choisir quelques-unes de nos expériences qui montrent combien il est impossible d'accepter cette explication.

Lorsque je recevais moi-même une communication pour la première fois, je prenais particulièrement soin d'éviter de donner toute indication, en parcourant les lettres avec une régularité constante ; pourtant, il était écrit correctement, d'abord, l'endroit où mon frère est mort, Para ; puis son prénom, Herbert ; et enfin, à ma demande, le nom de l'ami commun qui l'a vu pour la dernière fois, Henry Walter Bates. A cette occasion, notre groupe de six personnes rendit visite à Mme Marshall pour la première fois, et mon nom ainsi que ceux du reste du groupe, sauf un, lui étaient inconnus. Celle-là était ma sœur mariée, dont le nom ne me disait rien.

A la même occasion, une jeune femme, une relation de M. R., fut informée qu'une communication devait lui être faite. Elle prit l'alphabet et, au lieu de pointer les lettres une à une, elle déplaça le crayon doucement sur les lignes avec la plus grande régularité. Je l'observais et j'écrivais les lettres qu'indiquaient les coups. Le nom produit était extraordinaire, les lettres étant Thomas Doe Thacker. J'ai pensé qu'il devait y avoir une erreur dans la dernière partie ; mais les noms étaient Thomas Doe Thacker, le père de la dame, chaque lettre étant correcte. Un certain nombre d'autres noms, lieux et dates furent épelés à cette occasion avec la même exactitude ; mais je ne donne que ces deux-là, car je suis *sûr que dans ceux-ci* aucun indice n'a été donné par lequel les noms auraient pu être devinés par l'intellect le plus surnaturellement aigu.

Une autre fois, j'accompagnais ma sœur et une dame qui n'y était jamais allée auparavant chez Mme Marshall, et nous avons eu une illustration très curieuse de l'absurdité d'attribuer l'orthographe des noms à l'hésitation du receveur et à l'acuité du médium. Elle souhaitait qu'on lui épelle le nom d'un parent décédé et me montra les lettres de l'alphabet de la manière habituelle, pendant que j'écrivais celles indiquées. Les trois premières lettres étaient an n. "Oh!" dit-elle, cela n'a aucun sens ; il faudrait recommencer. À ce moment-là, un e est arrivé et, pensant avoir vu ce que c'était, j'ai dit : « S'il vous plaît, continuez, je comprends. Le tout s'écrivait alors ainsi : yrnehkcocffej. Même alors, la dame ne le vit pas, jusqu'à ce que je le sépare ainsi : yrneh kcocffej, ou Henry Jeffcock, — le nom du parent qu'elle avait recherché, orthographié avec précision à l'envers.

Un autre phénomène, nécessitant l'effort à la fois de la force et de l'intellect, est le suivant : La table ayant été préalablement examinée, une feuille de papier à lettres fut marquée en privé par moi, et placée avec un crayon sous le pied central de la table, le tout présents ayant les mains sur la table. Au bout de quelques minutes, des coups se font entendre, et, en prenant le papier, je trouve écrit dessus, d'une main libre, « William ». Une autre fois, un ami du pays, totalement étranger au médium et dont le nom n'a jamais été prononcé, m'accompagnait ; et, après avoir reçu ce qui prétendait être une communication de son fils, un papier fut mis sous la table, et en quelques minutes on trouva écrit dessus « Charley T. Dodd ». le nom correct. Dans ces cas-là, il est certain qu'il n'y avait aucune machine sous la table ; et il reste simplement à demander s'il serait possible pour Mme Marshall d'enlever ses bottes, de saisir le crayon et le papier avec ses orteils, d'écrire dessus un nom qu'elle devait deviner, et de remettre ses bottes sans l'enlever. mains de la table, ou donnant une quelconque indication sur ses efforts.

C'est en novembre 1866 que ma sœur découvrit qu'une dame vivant avec elle avait le pouvoir de provoquer des coups forts et distincts et d'autres phénomènes curieux ; et je commençai alors une série d'observations dans ma propre maison, dont je raconterai brièvement la plus importante.

Lorsque nous étions assis à une grande table de toilettes sans nappe, avec toutes nos mains dessus, les robinets commençaient généralement au bout de quelques minutes. Ils sonnent comme s'ils étaient faits sur la face inférieure du rabat de la table, en diverses parties de celle-ci. Ils changent de ton et d'intensité, depuis un son semblable à celui produit par un tapotement avec une aiguille ou un ongle long, à d'autres comme des coups de poing ou des gifles avec les doigts d'une main. Des sons se produisent aussi comme le grattage avec un ongle, ou comme le frottement d'un doigt humide appuyé très fort sur la table. La rapidité avec laquelle ces sons sont produits et modifiés est très remarquable. Ils imiteront plus ou moins exactement les sons que nous faisons avec nos doigts au-dessus de la table ; ils garderont la mesure sur un air sifflé par l'un des convives ; ils joueront parfois eux-mêmes, sur demande, un air très juste, ou suivront avec précision une main frappant un air sur la table.

Bien sûr, la première impression est que le pied de quelqu'un soulève la table. Pour répondre à cette objection, j'ai préparé la table avant notre deuxième essai sans en avertir personne, en étirant entre les pieds du papier de soie fin à un pouce ou deux du bas du pilier, de telle manière que toute tentative d'insertion du pied devait écraser ou déchirer le papier. La table se souleva comme auparavant, résista à la pression vers le bas, comme si elle reposait sur le dos d'un animal, s'enfonça jusqu'au sol, et peu de temps après se releva, puis retomba brusquement. C'est alors avec une certaine anxiété que j'ai remonté la table et, à la surprise de toutes les personnes présentes, je leur ai montré le tissu délicat étendu sans aucune blessure ! Constatant que cet essai était pénible, car le papier ou les fils devaient être renouvelés à chaque fois et risquaient de se briser accidentellement avant le début de l'expérience, j'ai construit un cylindre de cerceaux et de lattes recouvert de toile. La table était placée à l'intérieur comme dans un puits, et, comme elle mesurait environ dix-huit pouces de hauteur, elle écartait les pieds et les robes des dames de la table. Celui-ci se releva sans la moindre difficulté, les mains de tout le groupe étant tenues au-dessus d'elle.

Une petite table centrale s'est soudainement déplacée d'elle-même vers la table à côté du médium, comme si elle était progressivement entrée dans la sphère d'une forte force d'attraction. Ensuite, à notre demande, il a été jeté à terre sans que personne ne le touche, et il s'est alors déplacé d'une manière étrange et vivante, comme s'il cherchait un moyen de se relever, tournant d'abord ses griffes d'un côté et puis de l'autre. Une autre fois, un très grand fauteuil en cuir, qui se trouvait à quatre ou cinq pieds au moins du médium, se dirigea brusquement vers elle, après quelques légers mouvements préliminaires. Il est évidemment facile de dire que ce que je raconte est impossible. Je maintiens que c'est exactement vrai ; et qu'aucun homme, quels que soient ses acquis, n'a une connaissance si exhaustive des pouvoirs de la nature qu'il puisse justifier l'utilisation du mot « impossible » à l'égard de faits dont moi et beaucoup d'autres avons été témoins à plusieurs reprises.

Nous avons évidemment là des faits semblables à ceux que j'ai observés dans mes expériences avec Eusapia et avec d'autres médiums.

Alfred Russel Wallace poursuit son récit en citant des cas analogues à ceux qui ont été décrits dans cet ouvrage ; puis résume les expériences de Crookes , de Varley, Morgan et d'autres savants anglais ; me fait l'honneur de citer ma lettre à la Société Dialectique que j'ai imprimée ci-dessus ; passe en revue l'histoire du spiritualisme et déclare que (1) *les faits sont incontestables* , et que (2), à son avis, la meilleure hypothèse explicative est celle des *esprits* , ou *des âmes des désincarnés* - la théorie de « la "inconscient" étant *évidemment inadéquat*
.

C'est aussi l'avis de l'électricien Cromwell Varley. Ni lui ni Wallace ne croient qu'il y ait quoi que ce soit de surnaturel dans ce phénomène. Les esprits désincarnés sont dans la nature, tout comme les incarnés. "La trivialité des communications ne devrait pas nous étonner, si l'on considère les myriades d'êtres humains insignifiants et fantastiques qui deviennent chaque jour des fantômes et sont les mêmes êtres le lendemain de leur mort qu'ils étaient la veille."

Le professeur Morgan, le brillant auteur du *Budget des Paradoxes* (un excellent ouvrage et hautement complimenté par l' *Athenæum de Londres* , en 1865), exprime la même opinion dans son ouvrage sur *l'Esprit* (1863). Non seulement il pense que les faits sont incontestables, mais il croit aussi que l'hypothèse qui explique les faits par des intelligences extérieures à nous est la seule satisfaisante. Il raconte entre autres choses que, dans une des séances auxquelles il assistait, un de ses amis (personne très sceptique) se moquait un peu des esprits, sur quoi, alors qu'ils étaient tous debout (une douzaine d'expérimentateurs de eux) autour de la table de la salle à manger, et formant la chaîne au-dessus, *sans contact* , la lourde table se mit à bouger d'elle-même, et, entraînant tout le groupe, se précipita sur le sceptique et le plaqua contre le dos. du canapé, jusqu'à ce qu'il crie "Tiens ! ça suffit !"

Est-ce pour autant une preuve d'indépendance d'esprit ? N'était-ce pas l'expression de la pensée collective de l'entreprise ? Et de même, dans l'expérience que Wallace vient de citer, les noms dictés n'étaient-ils pas latents dans le cerveau de celui qui pose la question ? Et la petite table centrale, dans ses ascensions, n'agissait-elle pas sous les influences physiques et psychiques du médium ?

Quelle que soit l'hypothèse explicative, les FAITS sont indéniables.

Nous avons ici avant tout un groupe de savants anglais de premier ordre, sérieux, pour qui la négation des phénomènes est une sorte de folie.

Les scientifiques français sont un peu plus en retard que leurs voisins. Néanmoins, j'en ai déjà souligné quelques-uns au cours de ce travail. J'aurais pris plaisir à ajouter les noms du regretté Pierre Curie et du professeur d'Arsonval, s'ils avaient publié les expériences qu'ils ont faites avec Eusapia en juillet 1905, en mars et avril 1906, à l'Institut général de psychologie.

Parmi les expérimentateurs les plus judicieux des phénomènes psychiques, je dois citer encore MJ Maxwell, docteur en médecine et (fonction bien différente) avocat général près la cour d'appel de Bordeaux.

Le lecteur a peut-être déjà remarqué (p. 173) la part que cet enquêteur, à la fois magistrat et savant, a pris dans les expériences faites à l'Agnélas en 1895. Eusapia n'est pas le seul médium avec lequel il a étudié, et son la connaissance de notre sujet est étayée par les meilleures preuves documentaires.

Il convient que je présente ici au lecteur les faits les plus caractéristiques et les conclusions essentielles exposées dans son ouvrage. [70]

L'auteur a fait une étude particulière du *rap* .

Coups frappés . — Le contact des mains n'est pas nécessaire pour obtenir des coups. Avec certains médiums, je les ai très facilement obtenus sans contact.

Lorsqu'on a réussi à obtenir des coups avec contact, un des moyens les plus sûrs de continuer à les obtenir ainsi, est de garder les mains appuyées sur la table pendant un certain temps, puis de les relever *très lentement* , en gardant les paumes tournées vers le bas vers le bas. table, les doigts légèrement ouverts, mais pas tenus avec raideur. Il arrive rarement, dans de telles circonstances, que les raps ne continuent pas à se faire entendre, du moins pendant un certain temps. Je n'ai pas besoin d'ajouter que les expérimentateurs doivent éviter non seulement de toucher la table avec leurs mains, mais même avec toute autre partie de leur corps ou avec leurs vêtements. Le contact des vêtements avec la table peut suffire à produire des coups qui n'ont rien de surnormal. Il faut donc faire très attention à ce que les robes des dames n'entrent pas en contact avec les pieds de la table. Lorsque les précautions nécessaires sont prises, les raps sonnent de manière très convaincante.

Dans le cas de certains médiums, l'énergie libérée est suffisamment puissante pour agir à distance. Il m'est arrivé un jour d'entendre des coups frappés sur une table située à près de six pieds du médium. Nous avons eu une très courte séance et avons quitté la table. J'étais allongé dans un fauteuil ; le médium, debout, causait avec moi, lorsqu'une série de coups furent frappés sur la table que nous venions de quitter. Il faisait grand jour en plein été, vers cinq heures du soir. Les coups étaient violents et duraient plusieurs minutes.

J'ai souvent observé des faits de ce genre. Il m'est arrivé une fois, en voyage, de rencontrer un médium intéressant. Il ne m'a pas permis d'utiliser son nom, mais je peux dire que c'est un homme honorable, bien informé, occupant une position officielle. J'ai obtenu avec lui des raps entraînants dans les restaurants et dans les cantines ferroviaires. Il ne soupçonnait pas qu'il possédait cette faculté latente avant de faire des expériences avec moi. Avoir observé les raps produits dans ces conditions aurait suffi à convaincre quiconque de leur authenticité. Le bruit inhabituel que faisaient ces coups frappés attira l'attention des personnes présentes et nous causa beaucoup de contrariété. Le résultat a dépassé nos attentes. Il est à noter que plus nous étions confus avec le bruit émis par nos raps, plus ils devenaient fréquents. On eût dit qu'un être farfelu les produisait et s'amusait de notre embarras.

J'ai aussi obtenu de beaux coups sur les parquets des musées devant les tableaux des maîtres anciens. Les plus courants sont ceux réalisés, avec contact, sur la table ou sur le sol ; puis celles faites à distance sur divers meubles.

Plus rarement, je les ai entendus sur les vêtements des modèles ou du médium, ou sur les revêtements de meubles. Je les ai entendus sur des feuilles de papier posées sur la table d'expérimentation, dans des livres, sur des murs, sur des tambourins, sur de petits objets en bois, notamment dans une planchette servant à l'écriture automatique. J'ai remarqué des coups très curieux dans le cas d'un support d'écriture. Lorsqu'elle possédait l'écriture automatique, les coups se produisaient avec une extrême rapidité au bout de son crayon ; mais le crayon lui-même n'a pas touché la table. Plusieurs fois et avec beaucoup de précautions, je posai la main sur le bout du crayon opposé à la pointe, sans que celle-ci ne quitte un seul instant le papier sur la table : les coups résonnaient dans le bois, non sur le papier. Dans ce cas, bien entendu, c'est le médium qui tenait le crayon.

Les coups se produisent même lorsque je pose mon doigt sur l'extrémité supérieure du crayon et lorsque j'appuie sa pointe contre le papier. On sent le crayon vibrer, mais il n'est pas déplacé. Dans la mesure où ces coups sont très résonants, j'ai calculé qu'il faudrait donner un coup assez fort pour les produire artificiellement. Le mouvement nécessaire nécessite un relèvement de la pointe de deux à cinq millimètres, selon l'intensité des coups. Or, le point ne semble pas déplacé. De plus, lorsque l'écriture est en cours, ces coups se produisent avec une grande rapidité, et l'examen de l'écriture ne révèle aucun endroit où un arrêt se soit produit. Le texte est continu, aucune trace de tapotement n'y est perceptible, aucun épaississement des traits n'y est perceptible. Les observations faites dans de telles conditions me semblent exclure la possibilité d'une fraude.

J'ai observé que ces coups se produisent, sans cause apparente, jusqu'à neuf pieds du milieu. Ils se manifestent comme l'expression d'une activité et d'une volonté distinctes de celles des observateurs. Telle est l' *apparence* du phénomène. Il résulte de tout cela un fait curieux : non seulement les coups se produisent comme le produit d'une action intelligente, mais encore ils s'accordent généralement à jouer aussi souvent qu'on le demande, et à produire des rythmes définis, par exemple certains airs. De la même manière, ils imitent les coups frappés par les expérimentateurs, à la demande de ces derniers.

Les différents coups se répondent fréquemment, et c'est une des plus jolies expériences auxquelles on puisse participer que d'entendre ces coups, tantôt légers et sourds, tantôt aigus et brusques, ou encore doux et doux, retentir simultanément sur la table. , le sol, ainsi que la charpente et les revêtements des meubles.

J'ai eu la chance de pouvoir étudier de près ces curieux coups frappés, et je crois être parvenu à certaines conclusions. La première, et la mieux attestée, est que les coups sont étroitement liés aux mouvements musculaires des participants. Je résumerai ainsi mes observations sur ce point :

1. Tout mouvement musculaire, même faible, est généralement suivi d'un coup frappé.

2. L'intensité des coups ne m'a pas semblé proportionnelle au mouvement musculaire effectué.

3. L'intensité des coups ne m'a pas semblé varier proportionnellement à leur distance au médium.

Voici les faits sur lesquels reposent mes conclusions :

J'ai fréquemment observé que lorsque l'on avait des coups faibles et n'apparaissant que par intervalles, un excellent moyen de les produire était de former la chaîne sur la table, les mains appuyées dessus, et les observateurs mettant leurs doigts en léger contact. L'un d'eux, sans rompre la chaîne (exploit qu'il accomplissait en tenant dans la même main la main droite de son voisin de gauche et la main gauche de son voisin de droite) déplaçait sa main libérée par des mouvements circulaires ou des passes sur le table, au niveau du cercle formé par les mains ouvertes des observateurs. Après avoir fait ce mouvement quatre ou cinq fois, toujours dans le même sens, c'est-à-dire après avoir ainsi tracé quatre ou cinq cercles sur la table, l'expérimentateur ramenait sa main vers le centre à une hauteur variable et la déplaçait. vers la table. Puis il arrêta brusquement ce mouvement à une distance de sept ou huit pouces du sommet. L'arrêt brusque de sa main fut compensé par un coup dans le bois. C'est un cas exceptionnel lorsque ce procédé ne donne pas de robinets, c'est-à-dire lorsqu'il y a dans le cercle un milieu capable, même faiblement, de les produire.

La même expérience peut être faite sans toucher à la table, mais en formant autour d'elle une sorte de chaîne fermée. L'un des opérateurs agit alors comme dans le cas précédent.

Je n'ai pas besoin de rappeler à l'esprit de mes lecteurs qu'avec certains médiums, les raps se produisent sans qu'aucun mouvement ne soit effectué. Presque tous les médiums peuvent les obtenir de cette manière en restant parfaitement silencieux et en faisant preuve de patience. Mais on dirait que l'exécution du mouvement agit comme une cause déterminante. Il semble que l' énergie accumulée reçoive une sorte de stimulus.

Lévitations. — Un jour, nous avons improvisé une expérience dans l'après-midi, et je me souviens avoir observé une lévitation très intéressante faite dans ces circonstances. Il était environ cinq heures du soir (en tout cas il faisait grand jour), au salon de l'Agnélas. Nous avons pris place autour de la table, *debout*. Eusapia prit la main de l'une de nous et la posa sur le coin de la table, à sa droite. La table s'élevait alors jusqu'à la hauteur de nos fronts ; c'est-à-dire que le dessus de la table s'élevait au moins jusqu'à cinq pieds au-dessus du sol.

De telles expériences étaient très convaincantes, car il était impossible à Eusapia, les circonstances étant telles qu'elles étaient, de soulever la table par un acte normal. Il suffit de supposer qu'elle a simplement touché le coin de la table, pour savoir quel poids elle aurait dû soulever si elle avait fait un mouvement musculaire. D'ailleurs, elle n'avait pas une prise suffisante sur la table pour la soulever. Evidemment, les conditions de l'expérimentation étant telles, elle ne pouvait recourir à l'un des procédés frauduleux évoqués par ses détracteurs, comme des sangles ou des crochets de toute sorte. Le phénomène est incontestablement authentique.

La respiration semble avoir une très grande influence. Dans la manière dont les choses se déroulent, il semble que les sujets libèrent, par la respiration, une quantité d'énergie motrice comparable à celle qu'ils libèrent lors de mouvements rapides de leurs membres. Il y a là quelque chose de très curieux et de difficile à expliquer.

L'analyse plus complète des faits permet de penser que la libération de l'énergie employée dépend de la contraction des muscles et non du mouvement effectué. Ce qui révèle cette particularité est facile à observer. Lorsque nous formons la chaîne autour de la table, nous pouvons établir un mouvement sans contact en pressant mutuellement nos mains avec une certaine force, ou en appuyant fortement les pieds sur le sol. Le premier de ces moyens est de loin le meilleur des deux. Les bras n'ont fait qu'un mouvement insignifiant, et on peut dire que la contraction musculaire est presque le seul phénomène physiologique observable. Pourtant, cela suffit.

Toutes ces expériences authentifiées tendent à montrer que l'agent qui détermine les mouvements sans contact a quelque rapport avec notre organisme, et probablement avec notre système nerveux.

Conditions des expériences. — Il ne faut jamais perdre de vue l'importance relative du statut moral et intellectuel du groupe d'expérimentateurs. C'est l'une des choses les plus difficiles à saisir et à comprendre. Mais lorsque la force est abondante, la simple manifestation de la volonté est parfois capable de déterminer le mouvement. Par exemple, lorsque le désir de cet effet est exprimé par les participants, la table se déplace dans le sens demandé. Les phénomènes se produisent comme si cette force était guidée par une Intelligence distincte de celle des expérimentateurs. Je m'empresse de dire que je ne considère cela que comme une probabilité, et que je crois avoir observé une certaine ressemblance entre ces personnifications et les personnalités secondaires des somnambules.

Dans ce lien apparent entre la volonté *indirecte* des sujets et les phénomènes, il y a un problème dont la solution m'a jusqu'ici complètement échappé. Je soupçonne que ce lien n'a rien de surnaturel et je me rends compte que l'hypothèse spiritualiste est une explication plus pauvre et inadéquate pour répondre aux faits ; mais je ne peux formuler aucune explication satisfaisante.

Des observations minutieuses des relations existant entre les phénomènes et la volonté des sujets font également ressortir d'autres découvertes. Je veux dire, en premier lieu, le mauvais effet que produit le désaccord entre les expérimentateurs. Il arrive parfois que l'un d'eux exprime le désir de percevoir un certain phénomène. Si la chose tarde à se réaliser, le même expérimentateur, ou un autre, demandera un spectacle différent. Parfois, différents intervenants demanderont plusieurs choses contradictoires en même temps. La confusion qui règne dans la pensée collective se manifeste dans les phénomènes, qui deviennent eux-mêmes confus et vagues. [71]

Cependant, les choses ne se passent pas absolument comme si les phénomènes étaient dirigés par une volonté qui n'est que l'ombre ou le reflet de celle des sujets. Il arrive parfois qu'ils fassent preuve d'une grande indépendance, et refusent catégoriquement de céder aux désirs exprimés.

Formes et fantômes. — A Bordeaux, en 1897, la salle où nous tenions nos séances était éclairée par une très grande fenêtre. Les stores vénitiens extérieurs de cette fenêtre étaient fermés ; mais lorsque le gaz fut allumé dans un petit bâtiment qui faisait annexe à la cuisine, dans un coin de la cour près du jardin, une faible lumière pénétra dans la pièce et éclaira faiblement les carreaux des fenêtres. La fenêtre elle-même formait ainsi un fond clair sur lequel certaines formes sombres étaient perçues par une partie des expérimentateurs. Nous avons tous vu ces formes, ou plutôt cette forme, car c'était toujours la même qui apparaissait, un long profil barbu, avec un nez très arqué. Cette apparition disait qu'il s'agissait de la tête de Jean, une personnification qui apparaît toujours avec Eusapia. [72] Il s'agit d'un phénomène très extraordinaire. La première idée qui se présente à l'esprit est qu'il s'agit d'une hallucination collective. Mais le soin avec lequel nous avons observé ce curieux phénomène — et, il me semble inutile d'ajouter, le calme avec lequel nous avons expérimenté — rendent cette hypothèse très improbable.

La supposition de fraude est encore moins admissible. La tête que nous avons vue était grandeur nature, mesurant disons seize pouces du front jusqu'au bout de la barbe. Il est impossible de comprendre comment Eusapia a pu cacher dans ses poches ou sous ses vêtements une quelconque sorte de profil en carton. On ne comprend pas non plus mieux comment, à notre insu, elle a pu sortir cette figurine en papier, la monter sur un bâton ou sur un fil, et ainsi opérer avec elle. Eusapia n'était pas entrée en transe : elle-même voyait parfois le profil qui se présentait, et, tout à fait éveillée et consciente, prenait plaisir à assister aux phénomènes qu'elle produisait. La faible lumière que répandait la fenêtre éclairée était suffisante pour nous permettre de voir ses mains soigneusement tenues par les contrôleurs de droite et de gauche. Il lui aurait été impossible de manipuler ces objets. En fait, cependant, le profil observé semblait se former au sommet du meuble, à une hauteur d'environ trois pieds et demi au-dessus de la tête d'Eusapia. Il descendit assez lentement et prit ainsi place au-dessus et devant elle. Puis au bout de quelques secondes il disparut, pour réapparaître quelque temps après dans les mêmes circonstances. A chaque fois, nous nous sommes soigneusement assurés de la relative immobilité de la main et des bras du médium. C'est pourquoi je considère le prodige que je raconte comme un des plus certains que j'aie jamais vérifié, tant l'hypothèse de la fraude était incompatible avec les conditions dans lesquelles nous l'avons observé.

Je suis persuadé que ces faits recevront un jour (bientôt peut-être) le sceau de l'approbation scientifique en tant que sujets d'étude. Ils le feront malgré les obstacles que l'engouement obstiné et la peur du ridicule s'entassent sur leur chemin.

L'intolérance de certains êtres correspond à celle de certains dogmes. Le catholicisme, par exemple, considère les phénomènes psychiques comme l'œuvre du Diable. Vaut-il la peine, à l'heure actuelle, de combattre une telle théorie ? Je ne pense pas que ce soit le cas.

Mais cette question est étrangère aux faits psychiques eux-mêmes. Pour autant que mon expérience me permet d'en juger, ces phénomènes sont tout à fait naturels. Le Diable n'y montre pas ses griffes. Si les tables annonçaient qu'ils étaient Satan lui-même, il n'y aurait rien à première vue qui nous amènerait à croire qu'ils disent la vérité. S'il était appelé à prouver sa puissance, ce Satan grandiloquent se révélerait, je le crains, être un pitoyable thaumaturge. Le préjugé religieux qui proscrit ces expériences comme surnaturelles est aussi peu justifié que le préjugé scientifique qui n'y voit que fraude et imposture. Ici encore, le vieil adage d'Aristote trouve son application : l'équité se situe entre les deux extrêmes d'opinion.

Il est évident que ces expériences du docteur Maxwell s'accordent avec toutes les précédentes. Les résultats constatés se confirment mutuellement.

A propos des médiums qui produisent des effets physiques ou matériels, je voudrais aussi citer ici celui qui fut tout spécialement examiné à Paris, en 1902, par un groupe d'hommes composé en grande partie d'anciens élèves de l'École Polytechnique. Ils organisèrent une douzaine de séances en juillet et août. Ce groupe était composé de MM. A. de Rochas, Taton, Lemerle, Baclé, de Fontenay et Dariex. Le médium était Auguste Politi, de Rome. Il avait quarante-sept ans.

Plusieurs lévitations de table très remarquables ont été observées et photographiées par ces messieurs au cours de leurs séances. Je reproduis ici (Pl. XIII) une de ces photographies, prise par M. de Fontenay et qu'il m'autorise aimablement à utiliser. C'est sans doute l'un des plus beaux qui ait été obtenu, et l'un des plus marquants. Toutes les mains qui forment la chaîne sont soigneusement éloignées de la table. Il me semble que ne pas reconnaître la valeur de cette photographie en tant que document reviendrait à nier la preuve elle-même. Elle a été prise instantanément par un flash de lumière au magnésium. Les yeux du médium avaient été bandés pour que la lumière ne lui donne pas de choc nerveux.

Ce même milieu fut étudié à Rome, en février 1904, par un groupe composé du professeur Milési, de l'Université de Rome, de M. Joseph Squanquarillo, de M. et Mme Franklin Simmons (voyageurs américains de passage à Rome), et de M. et Mme. Carton.

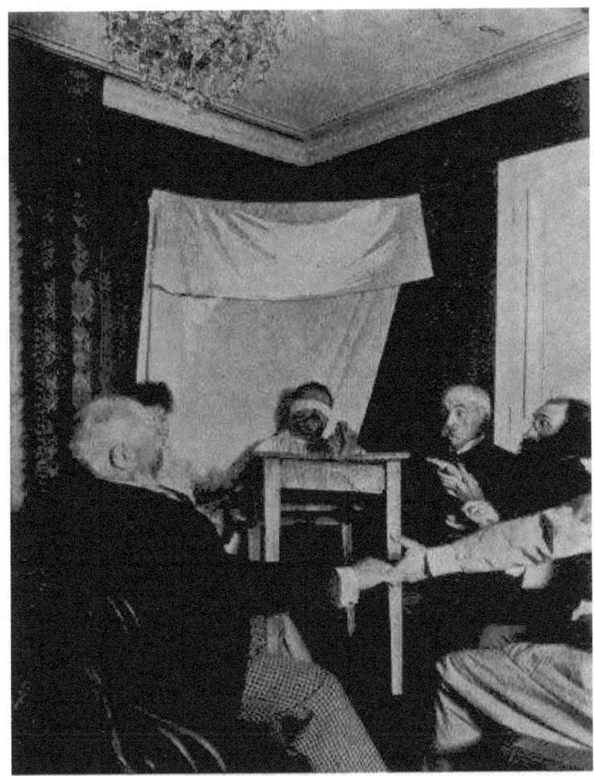

PLANCHE XIII. PHOTOGRAPHIE INSTANTANÉE
PRISE PAR M. DE FONTENAY DE TABLE LÉVITATION
RÉALISÉE PAR LE MÉDIUM AUGUSTE POLITI.

Ils déclarent avoir entendu des gammes très bien exécutées sur le piano (qui était droit), à assez distance des assistants ; pourtant aucun des participants ne savait jouer du piano, tandis que la sœur décédée du professeur Milési, appelée à se manifester, était une très bonne pianiste.

Un autre phénomène musical se produisit : une mandoline posée sur le couvercle du piano, se mit d'elle-même à jouer, se balançant dans l'air jusqu'à ce qu'elle tombe (jouant tout le temps) entre les mains des expérimentateurs qui formaient le groupe. chaîne.

Plus tard, par intervalles, le piano se soulevait à son tour, retombant bruyamment. Il faut remarquer que deux hommes suffisaient à peine pour soulever ce piano, même par un de ses côtés. Après la séance, il fut constaté que l'instrument avait été déplacé d'environ un pied et demi.

Mais voici un résumé des phénomènes observés avec ce médium.

A chaque séance, des coups très vigoureux étaient obtenus sur la table autour de laquelle étaient regroupés les expérimentateurs et le médium (ils formaient ensemble la chaîne), tandis que la lampe à lumière rouge était sur la table elle-même. "Si nous voulions produire des raps si aigus et si forts (dit MC Caccia, le reporter de ces séances), il fallait frapper de toutes nos forces sur la table avec un objet solide, alors que le genre de raps qu'on produisait dans les séances avec Politi semblait sortir de l'intérieur de la table avec des bruits forts comme des explosions.

Mais voilà que la table commence à trembler. Le rideau blanc du cabinet qui était derrière le médium, à une distance de vingt pouces, se gonflait et flottait dans toutes les directions, comme si un vent violent l'eût gonflé de l'autre côté. Nous avons entendu une chaise bouger avec un mouvement glissant sur le sol. Il avait été placé là avant le début de la séance et fut maintenant violemment renversé. Au cours de la cinquième séance, il sortit clairement du cabinet, en présence de tout le monde, et ne s'arrêta qu'à proximité du milieu.

Ces phénomènes se produisaient à la lumière rouge d'une lampe photographique. Dans l'obscurité complète qui régnait sur la troisième séance, une chose extraordinaire se produisit, d'autant plus extraordinaire que nous avions pris des mesures spéciales pour prévenir toute tentative de fraude. Le médium était tenu par deux assistants qui, très sceptiques, avaient pris place à sa droite et à sa gauche et lui tenaient les mains et les pieds.

A un certain moment, le médium ordonna aux opérateurs de lever les mains de la table et de ne pas gêner ses mouvements ; surtout pour ne pas briser la chaîne. Sur quoi un grand tumulte se fit entendre dans le cabinet. Le médium réclame de la lumière, et, au grand étonnement de chacun d'entre nous, nous découvrons que la table, de forme rectangulaire et ne pesant pas moins de trente-neuf livres, a été retrouvée renversée sur le sol du cabinet. . Les contrôleurs ont déclaré que le milieu n'avait pas bougé. Il est à remarquer :

1. Que la table doit avoir été suffisamment élevée pour passer au-dessus de la tête des personnes assises.

2° Qu'il doit avoir passé au-dessus du groupe formant la chaîne.

3. Que comme l'ouverture des rideaux du cabinet ne mesurait que trente-sept pouces de diamètre, et la table, sur son côté le plus court, trente pouces, il ne restait que sept pouces libres pour passer par cette ouverture.

4. Que la table avait dû avancer dans le sens de l'extrémité, puis se déplacer dans le sens de la longueur (elle mesurait trois pieds de long), et se retourner, reposant sur le sol ; que l'ensemble de cette manœuvre difficile s'est exécuté en quelques secondes dans l'obscurité totale et sans qu'aucun des assistants n'ait touché le moins du monde la table. [73]

Des phénomènes lumineux ont également été obtenus. Des lumières apparaissaient et disparaissaient dans l'air. Certains d'entre eux dessinaient une courbe. Ils n'ont montré aucune radiation. Lors de la cinquième séance, tout le monde a pu témoigner de l'apparition de deux croix lumineuses d'environ quatre pouces de hauteur.

Lors de la dernière séance, le tambourin bordé de clochettes, frotté de phosphore, tournait dans toute la salle, et de telle manière qu'on pouvait suivre tous ses mouvements.

Pendant presque toutes les séances, on remarquait des attouchements mystérieux, entre autres ceux produits par une énorme main velue !

Dans les première, quatrième et cinquième séances, il y eut des « matérialisations ». Le professeur Italo Palmarini croyait avoir reconnu sa fille, décédée depuis trois ans. Il se sentit embrassé ; tout le monde a entendu le bruit d'un baiser. La même manifestation eut lieu lors de la cinquième séance. Le professeur Palmarini croyait reconnaître encore la personne de sa fille.

A l'ouverture de chaque séance, le médium était fouillé, puis placé *dans une sorte de grand sac*, confectionné sur commande à cet effet, *et attaché au cou, aux poignets et aux pieds* .

Un autre médium, le Sambor russe, fit l'objet de nombreuses expériences à Saint-Pétersbourg pendant six ans. (1897-1902.) Il sera intéressant aussi de résumer ici le rapport sur cet homme publié par M. Petrovo Solovovo. [74]

Lors des premières séances, on a observé qu'un grand paravent placé derrière le médium était vigoureusement secoué. Les pieds et les mains du médium étaient soigneusement tenus. Une table dans une salle voisine bougeait d'elle-même. Dans un cône de métal posé sur la table, renfermant un morceau de papier et un crayon, puis riveté, on trouva, alors qu'il était dérivé, un ruban et une phrase écrite sur le papier en écriture qui devait être lire dans un miroir (*écriture en miroir*). D'autres cas de passage de matière à travers la matière ont été essayés, mais aucun n'a abouti. Mais plus loin les rapports relatent les expériences suivantes :

Au mois de février 1901, une des séances de Sambor eut lieu chez moi, dans mon bureau, aux fenêtres duquel j'avais accroché des rideaux de calicot noir, de telle sorte que la pièce était plongée dans l'obscurité la plus profonde. Le médium occupait une place dans la chaîne. A côté du médium se trouvaient MJ Lomatzsch, à sa droite, moi-même à sa gauche. Les mains et les pieds de Sambor furent tenus fidèlement tout le temps, d'une manière qui lui donna une parfaite satisfaction.

Les phénomènes ne tardèrent pas à se développer. Je n'ai pas l'intention de prendre ici le temps de les décrire, mais je souhaite évoquer un cas remarquable de passage de matière à travers la matière.

M. Lomatzsch, contrôleur à droite, déclare que quelqu'un tire sa chaise sous lui. Alors, redoublant d'attention, nous continuons à tenir le médium . La chaise de M. Lomatzsch est bientôt positivement soulevée, de sorte qu'il est obligé de se lever. Quelque temps après, il déclare que quelqu'un essaie d'accrocher la chaise à la main avec laquelle il tient Sambor. Puis la chaise disparaît brusquement du bras de M. Lomatzsch, et au même moment je sens une légère pression sur mon bras gauche (je ne parle pas de celui qui était en contact avec le médium, mais avec mon voisin de gauche MA). Weber); après quoi je sens que quelque chose de lourd pend à mon bras. Lorsque la bougie a été allumée, nous avons tous vu que *mon bras gauche avait passé à travers le dossier de la chaise* . De cette façon, la chaise était bien équilibrée sur celui de mes bras qui n'était pas en contact avec Sambor, mais avec mon voisin de gauche. Je n'avais pas lâché la main de mes voisins.

Une telle observation n'appelle aucun commentaire (dit le rapporteur de cet événement, M. Petrovo Solovovo). Le fait est tout simplement incompréhensible. Je donne ici quelques autres phénomènes qui furent observés en mai 1902 :

1. Une pomme de cèdre, une vieille pièce de cuivre qui s'est avérée être une pièce persane de 1723, et un portrait photographique amateur d'une jeune femme en deuil inconnu de toutes les personnes présentes ont été retrouvés (venant de personne ne savait d'où ni de quelle manière) , sur la table autour de laquelle nous étions assis.

2. Plusieurs objets différents dans la pièce ont été transportés vers la table par la force mystérieuse ; comme, par exemple, un thermomètre qui avait été accroché au mur derrière le piano, à une distance d'un demi à sept pieds du médium ; une grande lanterne placée sur le piano quelque part entre deux et quatre pieds derrière le médium ; plusieurs piles de livres de musique qui reposaient sur le même piano ; un portrait encadré ; et enfin le bougeoir, la bougie et les différentes parties d'un chandelier appartenant au piano.

3. Plusieurs fois, une cloche de bronze posée sur la table fut soulevée dans les airs par la force mystérieuse et sonna bruyamment. À la demande des participants, il était une fois transporté au piano (contre lequel il frappait un coup retentissant), puis de là à nouveau sur la table.

4. Des chaises inoccupées avaient été placées derrière le médium. L'un d'eux fut plusieurs fois soulevé et posé bruyamment sur la table au milieu des convives, et sans avoir heurté aucun d'eux. Lorsqu'elle était sur la table, cette chaise bougeait plusieurs fois, tombait et se relevait.

5. On trouva une de ces mêmes chaises pendue par le dossier aux mains jointes du médium et de M. de Poggenpohl. Avant le début de la partie de la séance qui fut témoin de ce phénomène, une bande de tissu, glissée sur les manches du médium, avait été plusieurs fois étroitement enroulée autour des poignets de M. de Poggenpohl.

6. À la demande des assistants, la force mystérieuse a arrêté à plusieurs reprises le jeu de la boîte à musique (elle se trouvait sur la table autour de laquelle nous étions assis), après quoi elle a recommencé à jouer.

7. Une feuille de papier et un crayon, posés sur la table, furent jetés par terre, et chacun entendit distinctement le crayon se déplacer sur le papier avec une forte pression et, d'un coup sec, mettre un point à la fin de ce qui avait été écrit. Après cela, le crayon fut posé sur la table.

8. Cinq des expérimentateurs ont déclaré avoir été touchés par une main mystérieuse.

9. Par deux fois, la force mystérieuse a tiré les sons du piano. La première fois, cela s'est produit lorsque le couvercle du piano était ouvert. La deuxième fois, les sons ont été entendus après avoir *verrouillé le couvercle avec une clé*, la clé restant sur la table au milieu du cercle des expérimentateurs. Au début, la force inconnue commença à jouer une mélodie sur les notes aiguës et produisit deux ou trois fois des trilles. Puis des accords sur les notes de basse se firent entendre en même temps que la mélodie, et, pendant que le piano jouait, la boîte à musique se mit aussi à jouer, les deux interprétations durant plusieurs minutes.

10. Pendant tous les phénomènes qui viennent d'être décrits, le médium (Sambor) parut plongé dans une transe profonde et resta presque immobile. Les phénomènes n'ont été accompagnés d'aucune agitation ni confusion. Ses mains et ses pieds étaient constamment contrôlés par ses voisins. M. de Poggenpohl et Loris-Melikow ont vu à plusieurs reprises quelque chose de long, de noir et de grêle se détacher de lui pendant les phénomènes et se diriger vers les objets.

J'ajouterai en terminant (dit M. Petrovo Solovovo) que ce médium était accusé de cupidité et d'intempérance. Ces séances furent les dernières qu'il donna (il mourut quelques mois après). Mais, à vrai dire, j'ai une tendresse dans mon cœur pour feu M. Sambor. Ce Petit-Russe, ancien télégraphiste, poli et humanisé par les six ou sept hivers qu'il a passés à Saint-Pétersbourg, se pourrait-il que la nature aveugle ait choisi cet homme pour être l'intermédiaire entre notre monde et l'au-delà incertain ? — ou, du moins, un autre monde d'êtres dont la nature précise (demandant pardon aux esprits) me serait une énigme, pourvu que j'y croie positivement.

C'est par ce mot de « doute » (hélas ! le *doute n'est-il pas* le résultat le plus *certain* des expériences médiumniques ?) que je termine ce Rapport.

À toute cette série d'observations et d'expériences variées, nous pourrions encore en ajouter bien d'autres. En 1905 MM. Charles Richet et Gabriel Delanne ont tenu des séances célèbres à Alger. Mais il n'est pas impossible que des fraudes se soient glissées dans leurs expériences , malgré toutes les précautions qu'ils ont prises. (Les photographies du fantôme Bien-Boa ont un aspect artificiel.) En 1906, le médium américain Miller donne à Paris plusieurs séances au cours desquelles il semble bien que de véritables apparitions se manifestent. Je ne peux rien en dire personnellement, n'ayant pas été présent. Parmi d'autres expérimentateurs, il y en avait deux très compétents, qui étudiaient ce milieu ; à savoir MM. G. Delanne et G. Méry. La première conclut que les apparitions étaient ce qu'elles se présentaient (voir *Revue scientifique et morale du spiritisme*) ; c'est-à-dire les esprits des défunts. Le second, au contraire, déclare dans *L'Echo du Merveilleux* , que « tant qu'on n'aura pas une information plus complète, il faudra se contenter de ne pas comprendre ».

Il n'entre pas dans le cadre de mon projet de discuter dans ce lieu particulier des « apparitions » ou des « matérialisations ». On peut se demander si le fluide qui émane certainement du médium ne pourrait pas produire une sorte de condensation capable de fournir à l'observateur le plus intéressé de la manifestation la vision insaisissable d'une personnalité irréelle qui, d'ailleurs, ne dure, en général, que pendant quelques secondes. Est-ce un mélange ou une combinaison de fluides ? Mais l'heure n'est pas encore aux hypothèses.

CHAPITRE XI

MON ENQUÊTE GÉNÉRALE SUR LES OBSERVATIONS DE PHÉNOMÈNES INEXPLIQUÉS

Un certain nombre de mes lecteurs se souviennent peut-être de l'enquête générale que j'ai instituée au cours de l'année 1899 sur l'observation des phénomènes inexpliqués de télépathie, les manifestations des mourants, les rêves prémonitoires, etc. — enquête publiée en partie dans mon ouvrage *L 'Inconnu et les problèmes psychiques* . J'ai reçu 4280 réponses composées de 2456 *non* et 1824 *oui* . Parmi ces dernières, on compte 1758 lettres plus ou moins détaillées. Un grand nombre d'entre eux n'étaient pas présentés sous une forme telle que leurs revendications pouvaient être discutées. Mais j'ai pu utiliser 786 des plus importants d'entre eux. Ils furent classés, l'essentiel transcrit et résumé dans l'ouvrage dont je viens de parler. Ce qui frappe le plus dans tous ces récits, c'est la loyauté, la conscience, la franchise et le raffinement sensible des narrateurs, soucieux de ne dire que ce qu'ils savent et comme ils le savent, sans rien ajouter ni retrancher. Ce faisant, chacun devient serviteur de la vérité.

Ces 786 lettres, transcrites, classées et numérotées, contenaient 1 130 faits ou observations différents. Mon examen des exemples enregistrés dans les lettres révèle plusieurs types de sujets qui peuvent être classés comme suit :

Manifestations et apparitions des mourants.
Manifestations des vivants (en santé).Manifestations et apparitions des morts.Clairvoyance.
Rêves prémonitoires. Prévisions du futur.
Rêves qui donnent des informations sur les morts.Me prévus par
Presentiment.
Pressentiments réalisés.Doubles du vivant.Communications de la pensée à distance (télépathie).Pressentiments instinctifs des animaux.Cils entendus à grande distance.Mouvements d'objets sans cause apparente.Portes boulonnées s'ouvrant sur elles-mêmes.
Maisons hantées. Expériences spiritualistes.

Depuis ma première publication de ces documents, j'en ai reçu de nombreux nouveaux. Plus d'un millier se pressent aujourd'hui dans ma bibliothèque de manuscrits. Ils contiennent environ mille cinq cents observations qui me paraissent sincères et authentiques. Les douteux ont été éliminés. Ces récits émanent en général de personnes étonnées et extrêmement désireuses de recevoir, si possible, une explication de ces événements étranges (souvent très touchantes). Tous les récits que j'ai pu vérifier se sont révélés fondamentalement exacts, parfois modifiés ensuite, quant à leur simple forme, par un souvenir plus ou moins confus.

Dans *L'Inconnu* , j'ai publié une partie de ces récits. Mais j'ai exclu de cet ouvrage [75] les phénomènes qui ne sont pas proprement compris dans les limites de son projet principal, qui était de montrer l'existence de facultés inconnues de l'âme.

J'ai exclu, dis-je, les « mouvements d'objets sans cause apparente », les « portes verrouillées s'ouvrant d'elles-mêmes », les « maisons hantées », les « expériences spiritualistes » ; c'est-à-dire les cas mêmes étudiés dans le présent ouvrage, dans lequel j'espérais pouvoir les publier. Mais l'espace me fait défaut. Dans mon désir d'offrir à mes lecteurs un ensemble de documents aussi complet que possible, dans le but de leur donner une opinion solidement fondée, j'ai été submergé par l'abondance du matériel et je ne peux sauver que quelques-uns des spécimens les plus intéressants. d'entre eux pour une présentation ici.

Tout d'abord, je sélectionne la communication suivante comme ayant une certaine valeur intrinsèque. Il m'a été envoyé par mon regretté ami Victorin Joncières, le célèbre compositeur de musique.

J'étais en tournée d'inspection des écoles de musique des Provinces (dit-il), et je me trouvais par hasard dans une ville que je ne puis vous nommer pour les raisons que j'ai données. Je sortais de la succursale de notre Conservatoire, après y avoir examiné la classe de piano, lorsqu'une dame m'adressa la parole et me demanda ce que je pensais de sa fille et si je jugeais qu'elle devait s'engager dans une carrière artistique. carrière.

Après une conversation assez longue, au cours de laquelle je promis d'aller entendre le jeune artiste, je me trouvai engagé à me rendre le soir même (car je partais le lendemain) chez un de leurs amis, un haut fonctionnaire de l'État, pour participer à une séance spiritualiste.

Le maître de la maison me reçut avec une extrême cordialité, rappelant la promesse que je lui avais faite de garder secrets son nom et celui de la ville où il habitait. Il présente sa nièce, *la médium* , à qui il attribue les phénomènes qui se déroulent dans sa maison. C'est en effet après la mort de la mère de la jeune fille, et celle-ci venue vivre avec lui, que les événements étranges commencèrent à se produire.

Ils commencèrent par des bruits insolites dans les murs et dans les planchers, par le déplacement de meubles qui bougeaient sans qu'on les touche, et par des gazouillis d'oiseaux. MN crut d'abord qu'il s'agissait d'une sottise planifiée soit par un membre de sa propre famille, soit par un de ses employés. Cependant, malgré l'observation la plus vigilante, il ne put découvrir aucune supercherie, et il parvint finalement à la conclusion que les phénomènes étaient produits, par des agents invisibles, avec lesquels il croyait pouvoir communiquer. Il obtient très vite le rap, l'écriture directe, l'apparition mystérieuse des fleurs, etc.

Après ce récit, il me conduisit dans une grande salle aux murs nus, dans laquelle étaient rassemblées plusieurs personnes, parmi lesquelles se trouvaient sa femme et un professeur de philosophie naturelle au lycée, soit en tout une douzaine d'expérimentateurs. Au milieu de la pièce, il y avait une grande table en chêne sur laquelle étaient posés du papier, un crayon, un petit harmonica, une cloche et une lampe allumée.

"L'esprit m'a annoncé tout à l'heure qu'il viendrait à dix heures", me dit le monsieur. "Nous avons une bonne heure devant nous. Je vais en profiter pour vous lire les procès-verbaux de nos réunions depuis un an." Il posa sur la table sa montre, qui indiquait neuf heures moins cinq, et la couvrit d'un mouchoir.

Pendant une heure entière, il s'appliqua à lire des histoires qui lui semblaient très invraisemblables ; mais j'avais envie de voir certaines de ces merveilles.

Soudain, un grand craquement se fit entendre dans la table. MN souleva le mouchoir qui recouvrait la montre. Il était juste dix heures.

"Es-tu là, esprit?" a-t-il dit.

Personne ne touchait la table ; et sur sa recommandation, nous formâmes la chaîne autour, en nous tenant par la main.

Un coup vigoureux se fit entendre.

La jeune nièce posa ses deux doigts contre le bord de la table et nous demanda de l'imiter. Alors cette table extrêmement lourde s'éleva bien *au-dessus de nos têtes* , de telle sorte que nous fûmes obligés de nous mettre sur la pointe des pieds pour la suivre dans son ascension. Il resta suspendu quelques instants dans les airs, puis descendit lentement jusqu'au sol et s'arrêta sans bruit.

Ensuite, MN est allé chercher un grand projet pour un vitrail d'église. Il le posa sur la table et plaça à côté un verre d'eau, une boîte de couleurs et une brosse en poil de chameau. Puis il éteignit la lampe. Il la ralluma au bout de deux ou trois minutes : l'esquisse (encore humide) était peinte de deux couleurs, jaune et bleu, et pas une seule trace de pinceau n'avait dépassé les lignes tracées de l'esquisse.

Même si l'on admet que l'un des modèles aurait pu jouer le rôle de l'esprit, comment, dans l'obscurité de la pièce, aurait-il pu manier le pinceau de manière à suivre précisément les lignes du dessin ? J'ajouterai que la porte était bien fermée et que, pendant le très court laps de temps où se déroulait la représentation, je n'entendais que le bruit de l'eau qui éclaboussait dans le verre.

Des coups étaient ensuite frappés dans le tableau, correspondant aux lettres de l'alphabet. L'esprit annonça qu'il allait produire un phénomène spécial afin de me convaincre personnellement.

Sur son ordre, la lumière fut de nouveau éteinte. L'harmonica joua alors un petit *motif enjoué* , en six-huit. A peine la dernière note avait-elle sonné que MX alluma la lampe. Sur une feuille de papier à musique placée près de l'harmonica, le thème était écrit très correctement au crayon. Il aurait été impossible à n'importe quel membre de la compagnie, dans l'obscurité totale de la pièce, d'écrire ces notes sur les lignes d'état-major réglées.

Treize marguerites fraîchement coupées étaient éparpillées sur la table.

"Bonjour!" dit MX, "ce sont des pâquerettes du pot de fleurs au bout du passage".

Comme je le disais tout à l'heure, la porte de la pièce où nous étions accueillis était restée fermée et personne n'avait bougé. Nous entrâmes dans le couloir, et, en remarquant les tiges dénudées de leurs fleurs, nous vîmes très clairement que les pâquerettes venaient de l'endroit indiqué.

A peine étions-nous entrés dans la chambre que la cloche posée sur la table s'élevait jusqu'au plafond, sonnant en marchant, mais retombait brusquement dès qu'elle le touchait.

Le lendemain, avant mon départ, j'allai rendre visite à MX. Il me reçut dans sa salle à manger. Par la grande fenêtre ouverte, un beau soleil de juin inondait la pièce de sa lumière éclatante.

Pendant que nous discutions de manière décousue, un morceau de musique militaire retentit au loin. « S'il y a un esprit ici, dis-je en souriant, il devrait en droit accompagner la musique. Aussitôt des coups rythmés, en parfaite harmonie avec le double temps rapide, se firent entendre dans la table. Le crépitement des sons s'éteignit peu à peu dans un decrescendo très habilement synchronisé avec le dernier éclat des clairons.

"Donnez-nous un beau tatouage pour finir", dis-je lorsque les bruits eurent complètement cessé. La réponse fut une série de sons semblables à de lourds roulements de tambours, émis avec une telle force que la table tremblait sur ses pieds. J'ai posé la main dessus et j'ai très clairement ressenti les vibrations du bois lorsqu'il était frappé par la force invisible.

J'ai demandé si je pouvais inspecter la table. Il a été renversé en ma présence et je l'ai examiné, ainsi que le sol, très attentivement. Je n'ai rien découvert.

D'ailleurs MX ne pouvait pas, vous le savez, prévoir que, lors de ma visite, une musique militaire passerait par là, et que je demanderais à la table de l'accompagner en imitant le tambour.

Je suis ensuite retourné dans la ville où ces choses se sont produites et j'ai assisté à d'autres séances très curieuses. Je serais enchanté, mon cher maître et ami, comme je vous l'ai dit, d'y être un jour votre guide. Mais ce « haut fonctionnaire » insiste absolument sur son incognito.

Ces observations remarquables de mon ami Joncières ont évidemment leur valeur, et s'inscrivent ici à la suite de toutes les précédentes.

J'en donne ci-dessous quelques autres que nous devons à un observateur attentif et sceptique, M. Castex-Dégrange, sous-directeur de l'Ecole Nationale des Beaux-Arts de Lyon, sur la véracité et la sincérité duquel ne peut reposer le moindre soupçon, quel qu'il soit. plus que dans les cas précédents. Je dois à sa bonté un grand nombre de lettres intéressantes, et je lui demanderai la permission d'en citer les passages les plus importants.

Ce qui suit est daté du 18 avril 1899.

Pour la seconde fois, j'affirme sur mon honneur que je ne vous dirai rien qui ne soit strictement vrai et d'ordinaire facile à vérifier.

Malgré la vocation que je suis, je ne suis pas du tout doué d'imagination. J'ai beaucoup vécu en compagnie de médecins, hommes, par la nature de leur profession, peu portés à la crédulité ; et, soit par suite de mon caractère naturel, soit en raison des principes que j'absorbais dans ce genre de société, j'ai toujours été très sceptique.

C'est d'ailleurs une des raisons pour lesquelles j'ai abandonné mes expériences psychiques. J'ai obtenu les résultats les plus stupéfiants, et pourtant il m'était impossible de me croire. J'étais profondément convaincu que je ne cherchais pas à me tromper ni à tromper les autres, et, ne pouvant m'abandonner à l'évidence, je cherchais toujours une autre raison que celle donnée par les croyants. Cela m'a fait souffrir et j'ai arrêté.

Je termine ici ce préambule, et je vais vous dérouler le déroulement de mes observations.

Je connaissais un groupe de gens qui s'occupaient de spiritualisme et de tables tournantes, et j'en avais un peu fait l'objet de mon esprit ; car, bien que je ne sois ni amer ni sévère, je n'ai jamais négligé de leur faire une bonne farce lorsque l'occasion s'en servait.

Il me semblait que ces braves gens, qui étaient d'ailleurs très sincères, étaient tous un peu « fêlés » (*maboules*), si je puis me permettre une expression si grossière, ou *fin de siècle* .

Un jour, je leur rendais visite. Le salon était éclairé par deux grandes fenêtres. J'ai commencé, comme d'habitude, par quelques plaisanteries. Leur réponse prit la forme d'une invitation à participer aux expériences.

"Mais, dis-je, si je m'assois à votre table, elle ne tournera plus, parce que je ne la pousserai pas."

"Viens quand même."

Eh bien, je déclare sur mon honneur que, juste pour plaisanter, je l'ai essayé. A peine avais-je posé les mains sur la table qu'elle se précipita sur moi.

J'ai dit à la personne qui me faisait face : « Ne pousse pas si fort.

"Mais, cher monsieur, je n'ai pas insisté."

J'ai remis la table centrale à sa place, mais la même chose s'est reproduite, une, deux fois, trois fois. J'ai commencé à m'impatienter et j'ai dit :

"Ce que tu fais n'est pas très intelligent. Si tu veux me convaincre, ne pousse pas."

Il m'a répondu : "Personne ne pousse, seulement tu as probablement tellement de liquide en toi que la table est attirée vers toi. *Peut-être que tu pourrais y arriver, par toi-même.* "

"Oh, si je pouvais moi-même y arriver, ce serait différent !"

"Essayez-le."

Ils sont tous repartis. Je restai seul face à la table. Je l'ai saisi, je l'ai soulevé, je l'ai examiné minutieusement. Il n'y avait aucune astuce là-dedans. J'ai fait en sorte que tout le monde me suive. J'étais face aux fenêtres et j'avais les yeux ouverts, je vous l'assure. J'étendis mes bras le plus possible, afin d'avoir une bonne vue, en posant seulement le bout de mes doigts sur la table.

En un peu moins de deux minutes, il commença à se balancer d'avant en arrière. J'avoue que je me sentais un peu stupide, ne voulant pas abandonner...

"Oui, peut-être qu'il bouge", dis-je. "Il est possible qu'un fluide inconnu agisse sur lui ; en tout cas, il ne vient pas vers moi, et tout à l'heure quelqu'un le poussait."

"Non", dit l'un des assistants, "personne ne l'a poussé ; mais, bien que vous soyez fortement chargé de fluide, l'assistance d'une autre personne est nécessaire pour la production du phénomène : vous n'êtes pas assez seul.

Permettez-vous l'un de nous pour poser la main *sur* la vôtre, sans toucher la table ?

"Oui."

Quelqu'un a posé la main sur la mienne et *j'ai regardé*. La table se mit aussitôt à bouger et vint se presser contre moi. Ils crièrent tous et prétendirent qu'ils avaient attrapé un médium en moi. Je n'étais pas très flatté par ce titre, que je considérais comme synonyme de « fou ».

« Tu devrais essayer d'écrire », m'a dit quelqu'un.

"Que veux-tu dire par là?"

"Eh bien, voyez ici. Vous prenez du papier et un stylo, laissez votre bras rester passif et vous avez le souhait dans votre esprit qu'une *personne ou une force inconnue* vous fasse écrire."

Je l'ai essayé. Au bout de cinq minutes, j'avais l'impression que mon bras était enveloppé dans une couverture en laine. Alors, malgré moi, ma main se mit à tracer d'abord de simples traits, puis *des o*, *des a*, des lettres de toutes sortes, comme le ferait un écolier apprenant à écrire. Et puis, tout d'un coup, vint le fameux mot attribué à Cambronne à Waterloo ! Je vous assure, mon cher monsieur, que je n'ai jamais pris l'habitude d'utiliser ce terme grossier et sale, et qu'il n'y a eu aucune autosuggestion, ni acte inconscient de ma part, dans cette affaire. J'ai été absolument *stupéfait* par cet événement.

J'ai continué ces expériences chez moi.

1. Un jour, alors que j'étais assis à mon bureau, j'ai ressenti une étrange crise dans mon bras. Je laisse mon bras rester passif. L'Inconnu a écrit :

"Votre ami Aroud vient vous voir. Il se trouve en ce moment dans tel ou tel omnibus-bureau de banlieue. Il demande le prix des billets et l'heure de départ."

(Ce M. Aroud est chef du bureau de police, préfecture du Rhône.) En effet, une demi-heure après, Aroud parut. Je lui ai raconté ce qui s'était passé.

« C'est une bonne chose pour vous de vivre au XIXe siècle », me dit-il. "Il y a quelques centaines d'années, vous n'auriez pas échappé à la mort sur le bûcher."

2. Une autre fois, le phénomène se reproduisit, et cette fois aussi j'étais à mon bureau :

"Ton ami Dolard vient te voir."

Une heure plus tard, il arriva effectivement. Je lui ai raconté comment je l'attendais. Bien qu'il fût de nature très incrédule, ce fait le faisait néanmoins réfléchir. Le lendemain, il réapparut.

"Pouvez-vous obtenir une réponse à une question que je vais vous poser ?" a-t-il dit.

"Ne demandez pas", répondis-je, "pensez-y. Nous allons essayer."

Je dois ici vous dire entre parenthèses que je connaissais Dolard depuis trente ans. C'était mon camarade aux Beaux-Arts. Je savais qu'il avait perdu un frère aîné, qu'il était marié et qu'il avait eu le malheur de perdre un à un tous les membres de sa famille. C'est tout ce que je savais d'eux.

J'ai pris la plume et l'Invisible a écrit : « Les souffrances de votre sœur Sophie viennent de prendre fin.

Or Dolard s'était demandé mentalement ce qu'était devenue l'esprit d'une sœur nommée Sophie, qu'il avait perdue il y a quarante-deux ans et dont je n'avais jamais entendu parler.

3. Mon directeur à l'Ecole des Beaux-Arts de Lyon, ancien architecte de la ville de Paris, était M. Hédin. Ce M. Hédin avait une fille unique, qui avait épousé il y a quelques années un autre architecte, M. Forget, à Paris. La femme est devenue enceinte.

Un jour, alors que je pensais à autre chose qu'à elle, la même chose s'est produite comme auparavant. L'Invisible a écrit :

" *Mme Forget va mourir.* "

Mme. Forget n'était pas du tout malade, si ce n'est qu'elle se trouvait dans une situation délicate. Le lendemain matin, M. Hédin me dit que sa fille souffrait ; et le soir même il me dit que sa femme venait de partir pour Paris pour être avec elle. Le lendemain, je reçus l'ordre de prendre ses fonctions. Mme. Hédin avait télégraphié à son mari pour qu'il vienne chez elle. Sa fille a été prise de fièvre puerpérale. Quand le père arriva, il ne trouva qu'un cadavre.

4. J'avais un cousin nommé Poncet (mort depuis) qui était autrefois apothicaire, à Beaune (Côte-d'Or). Je n'étais jamais allée dans ses appartements. Un jour, il est venu à Lyon voir notre tante (celle qui a eu la vision dont je vous ai parlé). Nous avons discuté de ces événements psychiques extraordinaires. Il était incrédule.

"Eh bien, dit-il, tâchez de me trouver une chose qui n'a pas de valeur marchande particulière, mais à laquelle je tenais beaucoup, car elle appartenait à ma défunte épouse. J'avais un petit paquet de dentelles qu'elle aimait beaucoup. que j'aime, et je ne peux pas mettre la main dessus."

L'Inconnu a écrit : " *Il se trouve dans le tiroir du milieu du secrétaire dans la chambre, derrière un paquet de cartes de visite* ".

Mon cousin écrivait à sa servante de Beaune, *sans lui faire part de notre expérience* : « Envoyez par la poste un petit paquet que vous trouverez dans [tel endroit] derrière un paquet de cartes de visite.

Les lacets sont arrivés par retour de courrier.

Vous remarquerez, mon cher monsieur, que, pendant les expériences, je n'étais nullement endormi ni en état de transe, et que je conversais à ma manière habituelle.

5. Un de mes amis d'enfance, M. Laloge, actuellement marchand de cafés et de chocolats à Saint-Etienne (Loire), avait eu pour professeur, ainsi que moi, un excellent homme que nous estimions beaucoup, et qui s'appelait Thollon. [77]

M. Thollon, après avoir dirigé l'éducation des enfants du prince d'Oldenbourg, oncle de l'actuel empereur de Russie, était revenu en France et était entré à l'Observatoire de Nice.

Nous avons eu le malheur de le perdre peu de temps après. Laloge avait une photo de lui mais l'avait perdue. Il est venu et m'a supplié d'essayer de le trouver. L'Inconnu a écrit : « *La photographie se trouve dans le tiroir supérieur du secrétaire de la chambre .* »

Laloge avait deux pièces, l'une qu'il appelait le « salon », et l'autre qu'il appelait la « chambre ».

"Il y a une erreur", dit-il. "J'ai tout renversé à l'endroit que vous mentionnez et je n'ai rien trouvé."

Le soir, devant chercher quelque objet dans le tiroir, il aperçut au milieu d'un paquet de papier à lettres le petit bout sombre de quelque chose qui dépassait. Il l'a sorti : c'était la photographie.

6. Camille Bellon, n° 50 avenue de Noailles, à Lyon, avait trois jeunes enfants dont il avait confié l'éducation à une jeune gouvernante. Cette personne est partie quand les enfants sont entrés au collège, et, quelque temps après, elle a épousé un très bel homme, dont j'ai malheureusement oublié le nom, mais que je pourrai facilement retrouver s'il en est besoin.

Cette jeune femme est venue lors de son voyage de noces rendre visite à son ancien employeur. Je fus invité à aller passer une journée avec eux au château de mon ami Bellon. Au cours de cette visite, nous avons parlé de phénomènes spiritualistes ; et l'homme nouvellement marié, un médecin vétérinaire très instruit, m'a plaisanté sur ma soi-disant médiumnité. Bien sûr, j'en ai ri et nous nous sommes séparés en bons amis.

Quelques jours après, je reçus une lettre de mon ami. Il avait lui-même reçu une lettre de la jeune dame, qui était dans un très bon état d'esprit. Elle avait perdu son alliance et était désespérée. Elle a supplié mon amie de me demander de le récupérer pour elle.

La Force Mystérieuse a écrit : " *La bague a glissé de son doigt pendant qu'elle dormait. Elle se trouve sur l'un des taquets qui soutiennent le matelas du lit.* "

J'ai transmis la *dépêche* . Le mari mettait ses mains entre le bois du lit et le matelas. La femme a fait la même chose. Rien n'a été trouvé. Quelques jours après, ayant décidé de changer la disposition de leur appartement, ils déplacèrent leur lit dans une autre pièce. Bien sûr, ils durent soulever le matelas pour le faire passer dans l'autre chambre. L'anneau était sur l'un des crampons. Ils ne l'avaient pas trouvé lorsqu'ils le cherchaient, car il s'était glissé *sous* le matelas, qui n'adhérait pas au taquet à cet endroit précis.

7. Un de mes amis, nommé Boucaut, qui demeurait 15 quai de la Guillotière à Lyon, avait perdu une lettre qu'il désirait vivement. Il m'a supplié de demander où c'était.

L'Invisible répondit par écrit : " *Il faut qu'il se souvienne qu'il a un four dans son jardin* ".

Avant de le lui montrer, je me suis mis à rire en disant que c'était une blague et que cela n'avait rien à voir avec sa demande. Comme il insistait sur le fait que c'était le cas, je le lui ai lu.

"Eh bien, me dit-il, cela convient très bien. Mon métayer venait de faire cuire son pain. J'avais des tas de papiers dont je voulais me débarrasser, les brûler. Ma lettre devait être brûlée." dans le tas que j'ai réduit en cendres."

8. Un soir, dans une assemblée composée d'une vingtaine de personnes, une dame vêtue de noir accueillit mon entrée avec un petit rire nerveux. Après les présentations d'usage, cette dame me parla ainsi :

"Monsieur, serait-il possible de demander à vos esprits de répondre à une question que je vais vous poser ?"

" D'abord, madame, je n'ai pas d'esprits à ma disposition ; mais je serais vraiment stupide si je disais oui. Vous ne croyez pas, bien sûr, que je suis assez inintelligent pour ne pas trouver une sorte d'esprit. " une réponse ; et, par conséquent, si des « esprits », comme vous les appelez si gentiment, venaient à répondre, vous ne seriez pas convaincus, et vous auriez raison. Mettez-la dans une enveloppe sur la table et. nous essaierons. Vous voyez que je ne suis pas dans un état somnambulique, et vous devez croire qu'il m'est tout à fait impossible de connaître le contenu de ce que vous allez y enfermer.

Ainsi dit, ainsi fait.

Au bout de cinq minutes, je vous assure que j'étais très embarrassé. J'avais écrit une réponse, mais elle était telle que je n'osais pas la communiquer. Mais voilà :

"Vous êtes dans une très mauvaise passe et, si vous persistez, vous serez sévèrement puni. Le mariage est quelque chose de sacré, il ne faut jamais le considérer comme une question d'argent."

Après quelques précautions oratoires, je me décidai à lui lire cette réponse. La dame rougit jusqu'à la racine de ses cheveux et étendit les mains pour saisir son enveloppe.

"Pardonnez-moi, madame", répondis-je en posant la main dessus. " Vous avez commencé par vous moquer de moi. Vous avez souhaité une réponse. C'est seulement, puisque nous faisons une expérience, que nous savons quelle était la demande. "

J'ai déchiré l'enveloppe. Voici son contenu :

"Le mariage que je cherche à réaliser entre MX et Mlle Z aura-t-il lieu ? Et, dans ce cas, aurai-je ce qu'on m'a promis ?"

Malgré cette révélation honteuse, la femme n'a pas considéré qu'elle avait été battue. Elle pose une deuxième question dans les mêmes conditions.

Répondez : "Laissez-moi tranquille ! Quand je vivais, vous m'avez abandonné. Maintenant, ne me dérangez pas."

Là-dessus, la dame se releva et disparut ! Je t'ai dit qu'elle était en deuil. Cette dernière demande était la suivante : « Qu'est devenue l'âme de mon père ?

Son père était malade depuis six mois. Les personnes présentes et stupéfaites des résultats m'ont raconté que pendant sa maladie elle ne lui avait pas rendu une seule visite.

9. Un jour, peu de temps après avoir perdu un de mes bons amis, j'étais assis à mon bureau, la tête appuyée sur ma main, et je pensais à ce que pourrait être l'au-delà. Si tout le travail qu'un homme a accompli devait être irrémédiablement perdu, et si l'au-delà existait, je me demandais quelle pourrait être la vie qu'on y mènerait. Tout d'un coup, le phénomène que je connaissais bien s'est produit (cette étrange saisie du bras). Bien sûr, j'ai laissé mon bras rester passif, et voici ce que j'ai lu :

"Vous voulez savoir quelles sont nos occupations ? Nous organisons la matière, nous améliorons la condition des esprits, et surtout nous adorons le Créateur de vos âmes et des nôtres."

ARAGO.

Dans *toutes* les communications que j'ai obtenues, chaque fois qu'un mot représentant une idée de l'Être suprême, tel que Dieu, le Tout-Puissant, etc., passait sous ma plume, l'écriture doublait de volume, mais reprenait aussitôt après la même dimensions comme avant. [78] Il me serait bien facile de vous donner des exemples encore plus nombreux des choses étranges qui me sont arrivées, mais celles que j'ai données me paraissent tout à fait remarquables . Je serai heureux si ce récit vrai peut vous aider dans vos recherches importantes.

La lettre que mes lecteurs viennent de parcourir contient une série de cas d'un tel intérêt que je n'ai pas perdu de temps pour entrer en correspondance régulière avec l'auteur. Et j'ai cru devoir l'interroger d'abord sur les conclusions qu'il avait lui-même pu tirer de son expérience personnelle. Voici un résumé de ses réponses :

1er mai 1899.

Vous me posez, mon cher monsieur, les questions suivantes :

1. Ai-je acquis une conviction absolue quant à l'existence d'un ou de plusieurs *Esprits* ?

Je suis une personne de bonne foi absolue. Je m'examinais comme un chirurgien examinerait un malade. Je suis une personne d'une telle bonne foi que j'ai longtemps cherché (sans le trouver) un praticien habile qui consentirait à étudier par moi-même le phénomène pendant qu'il se produisait ; connaître l'état de mon pouls, la chaleur de la peau, etc., en un mot le côté physique apparent. D'ailleurs, à mon avis, il n'y a pas d'autosuggestion dans cette chose ; et la preuve en est que j'ignorais *absolument* les choses que j'écrivais *machinalement* , — si machinalement que, lorsque, par hasard, mon attention était détournée, soit par la lecture, soit par la conversation, j'oubliais de regarder où était ma main. en allant, lorsqu'il approchait du bord du papier, l'écriture continuait à rebours sur la feuille en *lettres inversées et tout aussi vite* , de sorte que j'étais obligé de retourner le papier pour, en le tenant à la lumière, lire ce qui était écrit dessus. il.

Alors, s'il n'y a ni autosuggestion, ni état somnambulique (j'étais complètement éveillé et pas du tout hypnotisé), alors il doit y avoir des « forces » extérieures agissant sur mes sens, des « forces intelligentes ». Ceci est mon avis fixe et inaltérable.

Maintenant, ces forces sont-elles des esprits ? Appartiennent-ils à des êtres comme nous ? Il est évident que cette hypothèse expliquerait beaucoup de choses, mais en laisserait un certain nombre dans l'obscurité. Depuis que j'ai découvert à plusieurs reprises chez ces « êtres » un état mental des plus bas, je suis parvenu à la conclusion qu'il n'est pas absolument nécessaire de penser qu'ils sont des « hommes ».

On nous dit qu'il existe des étoiles que la photographie seule peut révéler et qui, possédant une couleur imperceptible à notre œil, nous sont invisibles. Ensuite, il y a les gaz à travers lesquels un corps humain passe sans éprouver de résistance. Qui dira alors qu'il n'y a pas autour de nous des êtres invisibles ?

Et regardez l'instinct de l'enfant, de la femme, des êtres faibles en général. Ils craignent les ténèbres ; l'isolement leur fait peur. Ce sentiment est instinctif, irrationnel. N'est-ce pas dû à une perception intuitive de la présence de ces personnages, ou forces invisibles, face auxquels ils sont impuissants ? C'est une pure hypothèse de ma part, mais après tout cela me semble défendable. Quant au nombre des êtres invisibles, je crois qu'ils sont légion.

2. Vous me demandez si j'ai pu établir leur identité.

Je réponds qu'ils signent tel ou tel nom, choisissant de préférence des noms de personnages illustres, dans la bouche desquels ils mettent parfois les expressions les plus stupides.

D'ailleurs l'écriture s'arrête souvent brusquement, comme si un courant électrique venait d'être interrompu, et cela sans raison appréciable. Puis l'écriture change, et parfois des choses sensées se terminent par des absurdités, etc.

Comment expliquer cet enchevêtrement de contradictions ? J'étais tellement irrité et tourmenté par ces résultats incohérents que j'avais abandonné depuis longtemps l'étude des forces psychiques, lorsque vos séduisantes recherches sont venues réveiller en moi mon ancien moi.

Si le dédoublement inconscient de la personnalité de l'individu (son extériorisation) peut, à la limite, être parfois admis, il me semble qu'il y a des cas où cette explication devient possible.

Mais je vais vous expliquer. Si, quant aux faits qui me sont arrivés personnellement, et *dont je vous affirme l'authenticité sur mon honneur*, il y en a où cette extériorisation aurait pu être possible, il y en a d'autres où elle me paraît impossible.

Oui, à proprement parler, j'aurais pu, sans m'en douter, m'extérioriser, ou plutôt, à mon insu, me laisser influencer par mon ami Dolard lorsque, en ma présence, il me demandait mentalement ce qu'était devenu le âme d'une sœur décédée dont j'ignorais le nom et l'existence même ; oui, la même chose peut, à proprement parler, expliquer les réponses que j'ai faites à la dame qui m'interrogeait au sujet d'un mariage et de son père, bien qu'il faudrait alors supposer qu'elle m'a dicté les paroles que je écrivait; oui, mon ami Boucaud, qui cherchait les lettres, aurait pu, au moment où il m'en parlait, penser à ce four dont j'ignorais l'existence ; oui, tout cela est (en dernière analyse) possible, même s'il faudrait beaucoup de bonne volonté pour l'admettre.

Oui, je le répète – et toujours avec beaucoup de bonne volonté – une table peut être sous la domination inconsciente d'un musicien présent et dictant une phrase musicale. Mais, en l'état, il est difficile d'admettre le même phénomène dans le cas de Victor Hugo, dont vous venez de décrire au public les curieuses séances. Eh bien, regardez ce grand poète qui, lorsqu'on lui demande à table de poser une ou plusieurs questions *en vers*, et ne se sentant pas assez homme, malgré son génie, pour improviser quelque chose de passable, demande une pour préparer ses questions, et les amène le lendemain ! — et pourtant on souhaiterait que, ce même lendemain, une partie de lui-même remplisse ses fonctions, *à son insu*, et compose *illico*, sans aucune préparation, des vers au moins aussi beaux que ceux qu'il a mis une journée entière à créer ! — vers d'une logique impitoyable et plus profonde que la sienne !

Mais admettons même cela. Vous voyez, cher monsieur, que j'ai toute la bonne volonté possible et que j'ai le plus profond respect pour la méthode scientifique. Mais peut-on expliquer par extériorisation le cas de retrouver un objet perdu alors qu'on ignore même la manière dont est aménagé l'appartement où il a été perdu ? ou la capacité de connaître, deux jours à l'avance, le décès d'une personne à laquelle on ne pensait pas du tout ? Une coïncidence possible, me direz-vous, mais pour le moins très étrange.

Et ces dictées inversées ? et celles dans lesquelles nous sommes obligés de sauter une lettre sur deux ?

Non, je crois qu'il ne faut pas se donner tant de peine et se creuser la tête, car il me semble que c'est comme chercher midi à deux heures de l'après-midi. Il faudrait le travail de tous les démons pour expliquer comment ce phénomène peut se produire dans notre nature à l'insu du propriétaire. Je n'aime pas voir une partie de ma personnalité s'enfuir, puis se reloger sans que j'en sache rien.

Quant à ce qui concerne la production de cette extériorisation d'une manière que je pourrais qualifier de volontaire, lorsqu'une personne qui se sent mourir pense intensément à ceux qu'elle aime et dont elle déplore l'absence, oui, il se peut que sa volonté, même à l'insu de lui-même, suggérant que la personne absente produit les phénomènes de télépathie ; mais, dans les phénomènes dont nous parlons, cette explication me paraît plus que douteuse.

Je trouve beaucoup plus simple l'explication selon laquelle les phénomènes sont causés par la présence et l'action d'un être indépendant, un esprit, un fantasme ou un élémental.

Enfin, que cherchons-nous tous ? La preuve de la survie du moi, de *l'individualité* après la mort. *Être ou ne pas être* , tout est là. Car je vous l'avoue franchement, si je dois me dissoudre à nouveau dans le grand Tout, je serais tout aussi vite anéanti. C'est peut-être une faiblesse ; mais on n'y peut rien. Je tiens avant tout à mon individualité ; non pas que j'y accorde une grande valeur, mais le sentiment est instinctif et je crois qu'au fond tout le monde est de cet avis . Tel est donc le but ou la fin qui, à toutes les époques, a puissamment intéressé l'homme et l'intéresse encore aujourd'hui.

Une des preuves les plus marquantes de la survie de l'être individuel que j'aie jamais rencontrée est, à mon avis, la vision qu'eut ma tante *quelques jours* après la mort d'un de ses amis qui, pour lui donner une preuve de la réalité de son apparition, inspirée en elle par suggestion mentale, le pouvoir de la voir dans la robe qu'elle portait dans son cercueil, *un costume que ma tante n'avait jamais vu*
.

C'est là, d'après mon expérience, un des beaux et rares arguments en faveur de la survie de l'âme. Beaucoup de choses s'expliquent par cette survie, et surtout ce qui semble être l'effroyable injustice de ce monde.

A ces observations importantes de M. Castex-Dégrange, je voudrais ajouter celles d'un éminent savant, qui se consacre lui aussi depuis longtemps à l'analyse et à la synthèse de ces phénomènes. Je veux dire M. Goupil. Certaines de ses études sont encore sous forme manuscrite, et je dois à ce savant la permission de les utiliser. D'autres ont été réimprimés dans une curieuse brochure (*Pour et Contre* , Tours, 1893). Mais en citant un si grand nombre de cas et d'expériences, j'abuse de la gentillesse de mes lecteurs, même les plus curieux et les plus avides de connaissances. Mais je signalerai au moins les conclusions tirées par M. Goupil de ses expériences personnelles. On les retrouve dans l'ouvrage dont je viens de parler, et sont les suivants :

Les séances tournant les tables donnent des résultats très insignifiants, considérés comme de la science pure obtenue des esprits ; mais ils ne manquent pas d'intérêt au point de vue de l'analyse des faits et de la science à établir d'après les causes et les lois qui régissent ces phénomènes.

Je crois pouvoir tirer de ces phénomènes la conclusion que deux théories (la *réflexe* et la *spiritualiste*) peuvent être tirées des faits. Il me semble impossible de soutenir qu'un agent intelligent autre que celui des expérimentateurs n'opère pas chez eux. Quelle est cette intelligence ? Je crois qu'il est très hasardeux d'exprimer une opinion confiante sur ce point, compte tenu de l'incongruité de toutes ces communications.

Il est également indéniable que l'intelligence des opérateurs intervient dans une large mesure dans les phénomènes et que, dans bien des cas, elle seule semble agir.

Je serais peut-être suffisamment proche de la vérité si je donnais la définition suivante du phénomène :

Fonctions extérieures au principe animiste des opérateurs , et surtout du médium, et régies par leur intellect, mais parfois associées à un intellect inconnu et relativement indépendant de l'homme.

Les expérimentateurs ont soutenu que les communications obtenues des soi-disant esprits par l'intermédiaire de médiums ne démontrent jamais une capacité intellectuelle supérieure à celle que possède la personne la plus intelligente parmi les participants. Cette affirmation est généralement justifiée, mais elle n'est pas absolue.

Je mentionnerai, à propos de ce point, quelques séances qui ont eu lieu chez moi. La médium était Mme. G., dont je connaissais la vie depuis vingt-sept ans, jour après jour, et par conséquent connaissais intimement son caractère, ses manières, son tempérament et son éducation.

Les communications obtenues par écrit médiumnique lors de ces séances s'étendaient sur une période de plus de quinze mois.

Mme. G. avait le sentiment d'une sorte d' audition *mentale* plutôt qu'auriculaire, psychique plutôt que physique, qui lui dictait ce qu'elle devait écrire par morceaux de phrases les uns après les autres ; et cette impression s'accompagnait d'un fort désir d'écrire, un peu comme le désir intense qu'éprouve une femme avec un enfant.

Si ce médium prêtait son attention au sens de l'écriture pendant la composition, le courant électrique était coupé et tout reprenait l'état de composition ordinaire. Sa condition était celle d'une employée écrivant avec indifférence et machinalement sous la dictée d'un supérieur. Il en résultait que les écrits, exécutés à la vitesse maximale du sujet, et généralement sans retard ni arrêt après les questions, étaient en une seule longue suite, sans ponctuation ni paragraphes, et pleins de fautes d'orthographe, résultant de ce que le médium ne connaissait le sens de l'écrit qu'après l'avoir relu, du moins dans le cas de communications assez longues.

L'essentiel ou la substance des *écrits* semble très souvent être tiré de nos idées, de nos conversations, de nos lectures ou de nos pensées ; mais il y a certaines exceptions clairement marquées.

Tandis que Mme. G. écrivait, je m'appliquais à d'autres occupations, calculs, musique, etc., ou je me promenais dans la pièce ; mais je n'ai examiné les réponses que lorsqu'elle a cessé d'écrire.

Rien n'indiquait que l'état physique et physiologique de la médium au cours de ces écrits fût en quoi que ce soit différent de celui de son état ordinaire. Mme. G. pouvait à volonté interrompre son écriture et se consacrer à d'autres occupations ou faire des réponses sur des sujets sans rapport avec la séance, et il n'arrivait jamais qu'elle se retrouve à court de réponse.

Il n'y a aucun parallélisme entre ces écrits et les capacités mentales de Mme. G., soit en promptitude de répartie, soit en largeur de vue, soit en profondeur philosophique.

En 1890, j'achetais *Uranie de Flammarion*, que Mme. G. ne l'a lu qu'en 1891. J'y ai trouvé des doctrines absolument semblables à celles que j'avais déduites de mes expériences et de nos communications. Quiconque comparerait ces écrits médiumniques avec les travaux philosophiques de l'astronome français serait porté à croire que Mme. G. les avait déjà lus.

Les phénomènes psychiques ont cette particularité que des affirmations identiques sont faites dans des endroits très éloignés par des médiums qui ne se sont jamais connus, ce qui tendrait à démontrer qu'à travers de nombreuses déclarations apparemment contradictoires, il existe une certaine uniformité de action de la part de la puissance occulte intelligente.

En 1890, j'ai lu aussi l'ouvrage du Dr Antoine Cros, *Le Problème*, dans lequel j'ai également trouvé d'étonnants accords entre les idées de cet auteur et celles de notre Inspirateur Inconnu, entre autres ceci : que l'homme lui-même crée ses Paradis et devient cet auquel il a aspiré.

Il faut toujours chercher l'explication la plus simple des faits, sans vouloir y trouver de l'occulte, et surtout sans chercher des esprits partout, mais aussi sans vouloir, en aucune circonstance, rejeter l'intervention d'agents inconnus et nier les faits quand ils ne peuvent pas être expliqués.

Il est assez curieux de remarquer que si l'on compare les dictées données par les tables et les autres phénomènes dits médiumniques avec des observations faites dans des conditions de somnambulisme naturel ou hypnotique, on retrouve les mêmes phases d'incohérence, d'hésitation, d'erreur, de lucidité et de supranormalité. excitation des facultés.

En revanche, l'excitation supranormale des facultés n'explique ni les cas de prédiction ni la citation de faits inconnus. Dans le cas de nombreux phénomènes télépathiques ou autres, toute explication boiteuse qui exclut l'intervention d'intelligences extérieures. Mais il est encore impossible de formuler une théorie. Il existe une lacune à combler par de nouvelles découvertes. [79]

J'ajouterai à ces conclusions deux courts extraits d'une lettre que M. Goupil m'a écrite le 13 avril 1899, et d'une autre le 1er juin de la même année.

1. Répondant à la demande que vous adressez à vos lecteurs, je dirai que je n'ai jamais observé de cas télépathiques, mais que j'expérimente depuis longtemps les phénomènes *dits* spiritualistes, dont j'étais un simple analyste. Je ne suis parvenu à aucune conclusion quant aux théories explicatives. Cependant, je considère qu'il est *probable* qu'il existe de puissantes intelligences autres qu'humaines qui interviennent dans certaines circonstances. Mon opinion se fonde sur un grand nombre d'événements personnels très curieux. A mon avis, nous n'avons pas dans ces phénomènes l'apparence de simples coïncidences, mais de circonstances voulues, prévues et produites par un *x intelligent* .

2. De l'ensemble — de tout ce que j'ai vu — il y a à la fois l'action réflexe des expérimentateurs et une personnalité indépendante. Cette hypothèse me semble vraie, tout en faisant en même temps cette réserve, que la personnalité ou l'esprit n'est pas un être fini, avec des limitations de forme, comme l'aurait un homme invisible, allant, venant et exécutant des commissions pour les humains. des êtres. J'ai un aperçu d'un système plus grand et plus vaste.

Prenez une poignée d'océan et vous avez *de l'eau* .

Prenez une poignée d'atmosphère et vous avez *de l'air* .

Prenez une poignée d'espace et vous avez *l'esprit* .

C'est ainsi que je l'interprète. C'est pourquoi l'esprit est toujours présent, prêt à répondre lorsqu'il trouve en un lieu quelconque un stimulus qui l'incite et un organisme qui lui permet de se manifester.

Avouons que le problème est complexe et qu'il est bon de comparer toutes les hypothèses. [80]

Parmi les nombreux papiers et documents disposés en ce moment sur mon bureau, je ne peux en sélectionner qu'un petit nombre à insérer ici, bien qu'ils aient tous leur intérêt particulier. On est submergé par la richesse et l'immensité de la matière. Cependant, parmi les éléments acquis au cours de l'enquête dont j'ai parlé plus haut, permettez-moi de citer ici un élément que je regretterais de ne pas pouvoir inclure dans le cadre du présent ouvrage.

L'ancienne gouvernante du poète Alfred de Musset, Mme. Martelet, née Adèle Colin, — qui vit toujours à Paris et qui vient d'assister (en 1906) à l'inauguration de la statue du poète (bien que son décès date de l'année 1857), — a fait le récit suivant, qui peut s'ajouter ici à celui des mouvements sans contact.

Un événement inexplicable que ma sœur, Mme. Charlot et moi-même avons été témoins d'une profonde impression. Elle eut lieu lors de la dernière maladie de M. de Musset. Je n'oublierai jamais l'émotion que nous avons ressentie ce soir-là, et j'ai encore les moindres incidents de cet étrange événement gravés dans ma mémoire.

Mon maître, qui n'avait pris aucun repos toute la nuit précédente, s'était assoupi, vers la fin de la journée, dans un grand fauteuil. Ma sœur et moi étions entrés dans la chambre sur la pointe des pieds, pour ne pas troubler son précieux repos, et nous nous asseyions tranquillement dans un coin où nous étions cachés par les rideaux du lit.

Le malade ne pouvait pas nous apercevoir, mais nous le voyions très bien, et je contemplais avec tristesse ce visage souffrant que je savais ne plus pouvoir regarder longtemps. Et pourtant, même maintenant, quand je me souviens des traits de mon maître, je les revois tels qu'ils me sont apparus ce soir-là : les yeux fermés, sa tête finement dessinée appuyée sur le fauteuil, et son long, mince et pâle visage. les mains (la pâleur des morts déjà sur elles), croisées sur ses genoux d'une manière contractée et ratatinée. Nous restions immobiles et silencieux, et la chambre, éclairée seulement par une faible lampe, semblait enveloppée d'ombres et était remplie de cette atmosphère lugubre particulière qui caractérise la chambre des mourants.

Soudain, nous entendîmes un profond soupir. Le malade s'était réveillé et je vis ses regards se tourner vers la sonnette qui pendait près de la cheminée, à quelques pas du fauteuil. Il voulait évidemment sonner, et je ne sais quel sentiment me tenait cloué à ma place. Cependant je ne bougeais pas, et mon maître, ayant horreur de la solitude et se croyant seul dans sa chambre, se leva, étendit le bras avec l'intention évidente d'appeler quelqu'un ; mais, déjà fatigué par cet effort, il retomba sur la chaise sans avoir fait un pas. C'est à ce moment-là que nous avons vécu une expérience qui nous a terrifiés. La cloche, que le malade n'avait pas touchée, sonna, et instinctivement, au même instant, ma sœur et moi nous saisissâmes la main, chacune interrogeant anxieusement le visage de l'autre.

« Avez-vous entendu ? » – « Avez-vous vu ? » – « Il n'a pas bougé de sa chaise !

A ce moment, l'infirmière entra et demanda innocemment : « Avez-vous sonné, monsieur ?

Cet événement nous mit dans un état d'esprit extraordinaire, et si je n'avais pas eu ma sœur avec moi, j'aurais cru que c'était une hallucination. Mais nous avons tous deux vu et tous les trois entendu. Cela fait maintenant de nombreuses années que tout cela s'est produit, mais j'entends encore le son menaçant et lugubre de cette cloche sonner dans le silence de la Chambre.

Ce récit ne semble pas non plus dénué de valeur. Il existe sans doute plusieurs manières de l'expliquer. La première est celle qui vient à l'esprit de tout le monde.

Le Français, né méchant, dit Boileau, ne mâche pas ses mots et, à propos de cette histoire de De Musset, s'écrie simplement dans son langage (toujours clinquant et sans distinction littéraire) : « Quelle belle pourriture ! Et c'est tout ce qu'il y a à faire. Quelques-uns pourront réfléchir encore un moment, et ne pas admettre qu'il y a nécessairement une invention de la part de la gouvernante, et penser qu'elle , ainsi que sa sœur, croyaient que de Musset n'avait pas touché au cordon de la cloche, tandis que en réalité, il le touchait du bout des doigts. Mais ces dames peuvent répondre que la distance entre la main du poète et la corde était trop grande, que la corde était inaccessible dans cette position, *et que c'est cela même qui les impressionnait* et sans laquelle il n'y aurait pas eu d'histoire. dire. Nous pouvons également supposer que la cloche a été sonnée par une force extérieure venant s'exercer sur elle, bien que la corde n'ait pas été tirée. On peut encore supposer que, dans l'inquiétude de ces heures de détresse, la servante entra sans rien entendre, et que la coïncidence de son arrivée avec le geste de de Musset surprit les deux guetteurs, qui crurent ensuite qu'ils avait entendu la cloche. Cependant, pour résumer l'ensemble, même si nous pouvons considérer l'événement comme inexplicable, nous pouvons néanmoins admettre sa vérité telle qu'elle est racontée. Cela me paraît le point de vue le plus logique, d'autant plus que le doux poète avait, plusieurs fois dans sa vie, donné d'autres preuves de possession de facultés de ce genre.

J'ajouterai ici encore un exemple de *mouvement d'objets sans contact* qui n'est pas sans valeur. Elle a été publiée par le Dr Coues dans les *Annales des sciences psychiques* , de l'année 1893. Les opinions exprimées méritent également d'être résumées ici. Les observateurs, le Dr et Mme Elliott Coues, parlent de leur propre expérience personnelle.

C'est un principe de la physique qu'un corps lourd ne peut être mis en mouvement que par l'application directe d'une force mécanique suffisante pour vaincre son inertie, et la science orthodoxe soutient que l'idée d'une action à distance est une idée erronée.

Les auteurs de la présente étude affirment au contraire que des corps lourds peuvent être, et sont fréquemment, mis en mouvement sans aucune application directe de force mécanique, et que l'action à distance est un fait bien établi dans la nature. Nous proposons des preuves de ces propositions basées sur une série d'expériences entreprises à cet effet.

Nous avons souvent répété ces expériences, *pendant plus de deux ans* , avec des résultats convaincants non seulement pour nous-mêmes mais aussi pour de nombreux autres témoins.

On ne comprend pas comment le monde scientifique a pu accepter l'idée que l'expression « action à distance » est fausse, à moins que ceux qui voient une erreur dans l'affirmation n'attachent à ces mots un sens particulier que nous ignorons. .

Il est certain que le soleil agit à distance sur la terre et sur les autres planètes du système solaire. Il est certain qu'un morceau d'objet lancé en l'air retombe sous l'effet de l'attraction de la gravitation, et ce, à n'importe quelle distance. La loi de la gravitation, pour autant que nous la connaissions, est universelle, et il n'est pas encore prouvé qu'il existe un milieu pondérable, ou autrement palpable, qui sert à transmettre la force. [81]

Nous allons même un peu plus loin et déclarons que, probablement, toute action de la matière est une action à distance, d'autant plus que (autant que nous le savons) il n'y a pas dans tout l'univers deux particules de matière en contact absolu ; et par conséquent, s'ils agissent l'un sur l'autre, ce doit être à une certaine distance, cette distance étant infiniment petite et entièrement inappréciable à nos sens.

Nous affirmons donc que la loi du mouvement à distance est une loi mécanique universelle et que l'idée qu'elle n'existe pas est une sorte de paradoxe, une simple argutie.

Les deux auteurs de cette étude ont expérimenté tantôt ensemble, tantôt séparément, le plus souvent avec un ou plusieurs expérimentateurs supplémentaires, parfois à quatre, cinq, six, sept ou huit. Ils furent témoins à différents moments, en pleine lumière, des mouvements vigoureux et même violents d'une grande table que personne ne touchait directement ou indirectement. Les personnes mentionnées étaient toutes des amis à eux, vivant, comme eux, dans la ville de Washington, et toutes sincèrement désireuses de connaître la vérité sur cette affaire. Il n'y avait pas de médium professionnel.

La scène s'ouvre dans un petit salon de notre maison (écrivent-ils). Au centre de la pièce se trouve une grande et lourde table en chêne en marqueterie, qui pèse une centaine de livres. Le sommet est ovale et mesure quatre pieds et demi sur trois et demi. Il n'a qu'un seul support, au milieu, se ramifiant en trois pieds, ou pieds, à roulettes. Au-dessus se trouve le lustre dont plusieurs brûleurs sont allumés et donnent suffisamment de lumière pour que les dames puissent lire et travailler près de la table. Le docteur Coues est assis dans son fauteuil, dans un coin de cette grande pièce, à distance de la table, lisant ou écrivant à la lueur de deux autres becs.

Les dames expriment le souhait de voir si la table « fera quelque chose », comme on dit.

Le tissu est retiré. Mme C., assise dans un rocking-chair bas, pose les mains sur la table. Mme A., également assise dans un fauteuil bas, fait de même, face à elle, de l'autre côté de la table. Leurs mains sont ouvertes et posées sur la surface supérieure de la table. Dans cette position, ils ne peuvent pas soulever eux-mêmes la table avec leurs mains : c'est totalement impossible. Ils ne peuvent pas non plus le pousser en s'appuyant dessus pour le faire monter du côté opposé, sauf par un effort musculaire facilement observable. Ils ne peuvent pas non plus soulever la table sans l'aide de leurs genoux, puisque ceux-ci sont à au moins un pied du dessus et que d'ailleurs leurs pieds ne quittent jamais le sol. Enfin, ils ne peuvent pas soulever la table au moyen de leurs orteils glissés sous un pied de la table, car la table est trop lourde.

Dans ces conditions, et sous la pleine lumière d'au moins quatre becs de gaz, la table commençait habituellement à se fissurer ou à se briser, et produisait divers bruits étranges, bien différents de ceux qu'on pouvait obtenir en s'appuyant dessus. Ces bruits montrèrent bientôt, si je puis ainsi dire, une raison dans leur incohérence, et certains coups ou coups précis en vinrent à représenter « oui » et « non ». Grâce à un code de signaux arrangé, nous avons pu engager une conversation avec un être inconnu. Ensuite, la table était généralement assez polie pour faire ce qu'on lui demandait. Un côté ou l'autre s'inclinait comme nous le souhaitions. Cela allait d'un côté ou de l'autre selon notre demande. Dans ces conditions nous avons réalisé les expériences suivantes :

Les deux dames ôtèrent leurs mains de la table et reculèrent leurs chaises, tout en y restant assises à *un ou deux pieds de distance* . Le docteur Coues, de son fauteuil, voyait distinctement au-dessus et au-dessous de la table. Les pieds des dames étaient éloignés de douze à trente-six pouces des pieds de la table. Leurs têtes et leurs mains étaient encore plus éloignées. Il n'y a eu aucun contact avec lui. Même leurs robes n'en étaient pas à moins d'un pied ou deux. Dans ces conditions, la table soulevait un de ses pieds et la laissait retomber lourdement. Il s'élevait de deux pieds à une hauteur de deux à six pouces, et, lorsqu'ils retombaient, le coup était assez violent pour faire trembler le parquet et faire tinter les globes de verre du lustre. Outre ces mouvements énergiques, voire violents, la table affichait sa puissance au moyen de coups ou d'équilibrages.

Ses *oui* ou ses *non* étaient généralement rationnels, tantôt en accord avec les idées de celui qui posait la question, tantôt en opposition persistante à ces idées. Parfois, l'agent invisible affirmait qu'il était une certaine personne et maintenait cette individualité pendant une séance entière. Ou peut-être que ce personnage a été abandonné, pour ainsi dire, ou du moins a cessé d'apparaître, et qu'une autre personne, ou un autre être, a pris sa place, avec des idées et des opinions différentes. Là-dessus, les coups ou les mouvements différaient également. Finalement, la table inanimée, que l'on croyait inerte, prit momentanément toute l'apparence d'un être vivant doté d'une intelligence aussi fine que celle d'une personne ordinaire. Elle s'exprimait avec autant de volonté et d'individualité que nos amis le lui faisaient faire par leurs voix et leurs gestes. Et pourtant, pendant tout ce temps, *aucune des trois personnes présentes n'a touché la table* , les deux dames étant à deux ou trois pieds de distance, et le docteur Couès à sept à dix pieds, dans un coin de la pièce, qui était éclairé. par quatre jets de gaz. Il n'y avait aucune autre personne présente que l'on pouvait voir. S'il ne s'agissait pas de télékinésie, ou de mouvements d'objets sans contact, absolument différents des mouvements mécaniques ordinaires et normaux, nous ne pourrions certainement plus faire confiance à nos sens.

Ces observations du Dr et de Mme Elliott Coues sont toutes aussi exactes et authentiques que l'apparition d'un tremblement de terre, la chute d'une boule de feu du ciel, une combinaison chimique, une expérience avec une machine électrique. Les sceptiques qui leur sourient et disent que tout est fraude sont des personnes chez qui le sens de la logique fait défaut.

Quant à l'explication à en donner, c'est une question différente de celle de l'authentification pure et simple des faits.

Ceux à qui s'adressent ces descriptions de phénomènes et d'expériences (ajoute le narrateur) doivent particulièrement remarquer que les auteurs de cette étude, bien qu'ils aient eu l'occasion de parler de conversations tenues à table et de mentionner des tons de voix particuliers et des messages intelligibles conférés par des morceaux de bois inertes, *refusent catégoriquement d'aborder la question de la source ou de l'origine de l'intelligence ainsi manifestée* . C'est une toute autre question, dont nous ne nous mêlons pas. L'unique, ou du moins le principal objet de la publication de cette étude est d'établir la vérité du mouvement sans contact.

Mais après avoir très clairement vérifié le fait et l'avoir établi par les preuves en notre possession, on pourrait peut-être attendre de nous que nous expliquions quelque chose des choses extraordinaires dont nous nous portons garants. Nous répondons respectueusement que nous sommes à la fois trop vieux et peut-être trop sages pour prétendre expliquer quoi que ce soit. Quand nous étions plus jeunes et croyions tout savoir, nous pouvions tout expliquer, du moins à notre propre satisfaction. Maintenant que nous avons vécu assez longtemps, nous avons découvert que toute explication d'une chose soulève au moins deux questions nouvelles, et nous n'éprouvons aucune envie de buter sur de nouvelles difficultés ; car ceux-ci se multiplient en raison géométrique, proportionnellement à l'étendue et à la précision de nos recherches. Nous nous en tenons à ce principe selon lequel rien n'est expliqué tant qu'il reste encore une explication à chercher. Dans ces conditions, nous ferions mieux de reconnaître l'inexplicabilité de ces mystères psychiques, avant plutôt qu'après de futiles théories à leur sujet. Voilà ce qui est absolument raisonnable, quoi qu'on en dise.

Et maintenant, après ces innombrables vérifications de faits, et après toutes ces professions de foi, aurai-je moi-même le courage, la prétention, l'orgueil ou la simplicité d'esprit, de me lancer à la recherche des renseignements tant désirés ?

Que nous le trouvions ou non, les faits existent néanmoins. Le but de ce livre était d'en convaincre mes lecteurs, des lecteurs qui devaient accorder au sujet une attention particulière, être dotés d'un jugement impartial et de bonne foi, et avoir les yeux de l'esprit grands ouverts et libres de toute faiblesse.

CHAPITRE XII

HYPOTHÈSES EXPLICATIVES — THÉORIES ET DOCTRINES — CONCLUSIONS DE L'AUTEUR

Il est tout à fait à la mode, en général, de professer un scepticisme absolu à l'égard des phénomènes qui font l'objet du présent ouvrage. De l'avis des trois quarts des citoyens de notre planète, tous les bruits inexpliqués dans les maisons hantées ; tous déplacements sans contact de corps plus ou moins lourds ; tous les mouvements de tables, pianos ou autres objets produits dans les expériences dites spiritualistes ; toutes communications dictées par des raps ou par des écrits inconscients ; toutes les apparitions, partielles ou totales, de formes fantômes sont des illusions, des hallucinations ou des canulars. Aucune explication n'est nécessaire. La seule opinion rationnelle est que tous les « médiums », professionnels ou non, sont des imposteurs et que les participants à une séance sont des imbéciles.

Parfois un de ces juges éminents consent, non à cesser de cligner des yeux et de sourire en sa royale compétence, mais à daigner assister à une séance. Si, comme cela arrive trop souvent, aucune réponse à l'ordre de la volonté n'est obtenue, l'illustre observateur se retire, fermement convaincu que, par son extraordinaire pénétration, il a découvert la triche et tout bloqué par son intuition clairvoyante. Il écrit aussitôt dans les journaux, dénonce la fraude et verse des larmes de crocodile humanitaire sur le triste spectacle d'hommes apparemment intelligents se laissant prendre à des impostures, détectées par lui au premier coup d'œil.

Cette première et facile explication, selon laquelle tout dans les manifestations est fraude, a été si souvent exposée, discutée et réfutée au cours de cet ouvrage que mes lecteurs la considèrent probablement (du moins je l'espère) comme entièrement, absolument et définitivement décidé et expulsé du ring.

Je vous conseille cependant de ne pas parler trop librement de ces choses à table, ou dans un salon si vous n'aimez pas qu'on se moque de vous, plus ou moins discrètement. Si vous exprimez vos opinions en public, vous produirez le même effet que ces gens excentriques du temps de Ptolémée, qui osaient parler du mouvement de la terre et suscitaient un rire si inextinguible dans la société respectable que les échos en résonnent encore dans Athènes, Alexandrie et Rome. Ce n'est qu'une répétition de ce qui s'est passé lorsque Galilée parlait des taches solaires, Galvani de l'électricité, Jenner du vaccin, Jouffroy et Fulton du bateau à vapeur, Chappe du télégraphe, Lebon de l'éclairage au gaz, Stephenson des chemins de fer, Daguerre. de la photographie, Boucher de Perthes de l'homme fossile, Mayer de la thermodynamique, Wheatstone du câble transatlantique, etc. Si l'on pouvait rassembler tous les sarcasmes lancés à la tête de ces « pauvres fous », on aurait un beau panier de vénérables bévues, moisi comme un reste de biscuit après un voyage.

Ne parlons donc pas trop de nos mystères, à moins que cela ne nous amuse, à notre tour, de poser quelques questions aux plus jolies poupées de la compagnie. L'un d'eux m'a demandé, hier soir, ce que faisait le nommé Lavoisier et s'il était mort. Un autre pensait qu'Auguste Comte était un auteur de chansons et demandait si quelqu'un en connaissait une qui conviendrait à une voix de mezzo-soprano. Un autre s'étonnait que Louis XIV n'ait pas construit une des deux gares de Versailles plus proches du château.

D'ailleurs, sur mon balcon, un membre de l'Institut, qui voyait Jupiter briller dans le ciel austral au point méridien, au-dessus d'une des coupoles de l'Observatoire, soutenait obstinément en ma présence que cet astre était l'étoile polaire. Je ne lui ai pas contesté ce point *trop* longtemps !

Nombreux sont ceux qui croient à la fois à la valeur du suffrage universel et à celle des titres de noblesse. Bien entendu, nous n'obligerons pas ces sages au visage de Janus à voter sur l'admissibilité des phénomènes psychiques dans la sphère scientifique.

Mais nous considérerons désormais cette admissibilité comme acquise, et, renvoyant aux sceptiques rieurs, aux habitués des clubs et des cliques, l'opinion générale du monde, dont je viens de parler, commençons ici notre analyse logique.

Au cours de ce travail, nous avons examiné plusieurs théories de chercheurs scientifiques qui méritent notre attention. Résumons-les tout d'abord.

Selon Gasparin, ces mouvements inexpliqués sont produits par un *fluide*, émanant de nous sous l'action de notre volonté.

Le professeur Thury pense que ce fluide, qu'il appelle *psychode*, est une substance qui forme un lien entre l'âme et le corps ; mais il peut aussi exister certaines volontés extérieures à nous et de nature inconnue, travaillant à nos côtés.

Le chimiste Crookes attribue les phénomènes à la force psychique, celle-ci étant l'agent par lequel les phénomènes sont produits ; mais il ajoute que cette force peut très bien être, dans certains cas, saisie et dirigée par quelque autre intelligence. « La différence entre les partisans de la force psychique et ceux du Spiritualisme, écrit-il, consiste en ceci : nous soutenons qu'il n'est pas encore *prouvé* qu'il existe un autre agent directeur que l'intelligence du médium et que la présence et les actions du médium les esprits des morts se font sentir dans les phénomènes, tandis qu'au contraire les spiritualistes acceptent comme article de foi, sans en exiger davantage de preuves, que ces esprits sont les seuls agents dans la production des faits observés.

Albert de Rochas définit ces phénomènes comme « *une extériorisation de la motricité* » et les considère comme produits par le double fluidique, « le corps astral » du médium, fluide nerveux capable d'agir et de percevoir à distance.

Lombroso déclare que l'explication doit être recherchée simplement dans le système nerveux du médium, et que nous avons dans les phénomènes de *transformation des forces* .

Le Dr Ochorowicz affirme qu'il n'a pas trouvé de preuves en faveur de l'hypothèse spiritualiste, pas plus qu'il n'en a en faveur de l'intervention d'intelligences extérieures, et que la cause des phénomènes est un *double fluidique* se détachant de l'organisme du médium. .

L'astronome Porro est enclin à admettre l'action possible d'esprits inconnus, de formes vivantes différentes des nôtres, pas nécessairement les âmes des morts, mais des entités psychiques à étudier. Dans une lettre récente, il m'a écrit que la doctrine théosophique lui paraissait la plus proche d'une solution. [82]

Le Professeur Charles Richet pense que l'hypothèse spiritualiste est loin d'être démontrée, que les faits observés se rapportent à un tout autre ordre de causes, encore très difficiles à démêler et qu'en l'état actuel de nos connaissances aucune conclusion définitive ne peut faire l'objet d'un accord. .

Le naturaliste Wallace, le professeur Morgan et l'électricien Varley déclarent, au contraire, qu'il leur a été donné suffisamment de preuves pour les justifier d'accepter sans réserve la doctrine spiritualiste des âmes désincarnées.

Le professeur James H. Hyslop, de l'Université de Columbia, qui a fait une étude spéciale de ces phénomènes, dans les Actes de la London Society for Psychical Research et dans ses ouvrages *Science and a Future Life* et *Enigmas of Psychical Research* , pense qu'il n'y a pas encore suffisamment de vérifications critiques sévères pour justifier une quelconque théorie.

Le Dr Grasset, disciple de Pierre Janet, n'admet ni le déplacement des objets, ni la lévitation, ni la plupart des faits décrits dans ce livre comme prouvés, et pense que ce qu'on appelle Spiritualisme est une question de biologie médicale, de « physiopathologie des centres nerveux », dans laquelle un célèbre polygone cérébral, avec un chef d'orchestre nommé O, joue un rôle automatique d'une description très curieuse.

Le Dr Maxwell conclut de ses observations que la plupart des phénomènes dont la réalité ne peut être mise en doute sont produits par une force existant en nous, que cette force est intelligente et que l'intelligence manifestée vient des expérimentateurs. Ce serait une sorte de conscience collective.

M. Marcel Mangin n'adopte pas cette « conscience collective » et déclare qu'il est certain que l'être, dans les séances, qui affirme être une manifestation est « le subconscient du médium ».

Ce qui précède constitue quelques-unes des principales opinions. Il faudrait un livre entier pour discuter par écrit des explications proposées, mais tel n'est pas mon objet. Mon objectif était de centrer la question sur ce qui concerne L'ADMISSIBILITÉ DES PHÉNOMÈNES DANS LA SPHÈRE DE LA SCIENCE POSITIVE .

Mais maintenant que cela est fait, on ne peut que se demander quelles conclusions on peut tirer de toutes ces observations.

Si l'on veut obtenir, après cette masse de vérifications, une explication rationnelle satisfaisante, il me semble qu'il faut procéder progressivement, classer les faits, les analyser et ne les admettre que dans la mesure de leur certitude absolue et démontrée. Nous vivons dans un univers très complexe, et la confusion la plus singulière s'est produite entre des phénomènes très distincts les uns des autres.

Comme je le disais en 1869, sur la tombe d'Allan Kardec : « Les causes en action sont de plusieurs sortes et sont plus nombreuses qu'on ne le suppose ».

Pouvons-nous expliquer les phénomènes observés, ou du moins une partie de ceux-ci ? C'est notre devoir d'essayer. A cet effet, je les classerai par ordre de difficultés croissantes. Il est toujours conseillé de commencer par le début.

Puis-je espérer que le lecteur aura une idée claire dans son esprit des expériences et des observations exposées dans les pages précédentes de cet ouvrage ? Il serait un peu fade de se référer à chaque fois aux pages où les phénomènes ont été décrits.

1. ROTATION DE LA TABLE , *avec contact des mains d'un certain nombre d'opérateurs* .

Cette rotation peut s'expliquer par une impulsion inconsciente donnée à la table. Il suffit que chacun pousse un peu de la même manière, et le mouvement aura lieu.

2. MOUVEMENT DE LA TABLE , *les mains des expérimentateurs reposant dessus* .

Les opérateurs poussent et la table avance sans qu'ils s'en rendent compte, chacun agissant plus ou moins. Ils pensent qu'ils le suivent, mais en réalité, ils le mènent. Nous n'avons là que le résultat d'efforts musculaires, généralement assez légers.

3. LEVAGE DE LA TABLE *du côté opposé à celui sur lequel sont posées les mains de l'acteur principal* .

Rien de plus simple. La pression des mains sur une table centrale à trois pieds suffit pour produire le soulèvement du pied le plus éloigné, et frapper ainsi toutes les lettres de l'alphabet. Le déplacement est moins aisé dans le cas d'une table à quatre pieds ; mais il peut aussi être obtenu.

Ces trois mouvements sont les seuls, me semble-t-il, qui puissent s'expliquer sans le moindre mystère. Mais la troisième n'est explicable que si la table n'est pas trop lourde.

4. DONNER VIE À LA TABLE.

Plusieurs expérimentateurs étant assis autour de la table, et formant la chaîne avec le désir de la voir s'élever, on aperçoit des ondes d'une sorte de vibrations (lumineuses d'abord) traverser le bois. On constate alors des équilibrages dont certains peuvent être dus à des impulsions musculaires. Mais quelque chose de plus se mêle déjà au processus. La table semble se mettre en mouvement d'elle-même. Parfois il s'élève, non plus comme s'il était mû par un levier, ou par une pression d'un côté, mais *sous les mains* , comme s'il y collait. Cette lévitation est contraire à la loi de la gravitation. Nous avons donc ici une décharge de force. Cette force émane de notre organisme. Il n'y a aucune raison suffisante pour chercher autre chose. Néanmoins, ce que nous avons détecté est une chose de première importance.

5. ROTATION SANS CONTACT.

La table étant en rotation rapide, on peut en retirer nos mains, et la voir continuer le mouvement. La vitesse ou l'impulsion acquise peut expliquer la poursuite momentanée de ce mouvement et l'explication donnée dans le cas n° 1 peut suffire. Mais il y a plus que cela. La rotation s'obtient en tenant les mains à une distance de quelques centimètres au-dessus de la table, sans aucun contact. Une légère couche de farine saupoudrée sur la table s'avère intacte par un seul doigt. La force émise par les opérateurs doit donc pénétrer dans la table.

Les expériences prouvent que nous avons en nous une force capable d'agir à distance sur la matière, force naturelle, généralement latente, mais développée à des degrés divers selon les milieux. L'action de la force se manifeste dans des conditions encore imparfaitement déterminées. (Voir p. 81 , 248 *et suiv.*) Nous pouvons agir sur la matière brute, sur la matière vivante, sur le cerveau et sur l' esprit. Cette action de la volonté se manifeste par la télépathie. Cela se démontre plus simplement encore au moyen d'une expérience bien connue : au théâtre, à l'église, en écoutant de la musique, un homme habitué à l'exercice de la volonté, et assis sur plusieurs rangées de sièges derrière une femme, dit : l'oblige à se retourner en moins d'une minute. Une force émane de nous, de notre esprit, agissant sans doute au moyen d'ondes éthérées dont le point de départ est un mouvement cérébral.

Et il n'y a rien de très mystérieux là-dedans. J'approche ma main d'un thermomètre, et je constate que quelque chose d'invisible s'échappe de ma main et, à une certaine distance, fait monter la colonne de mercure. Cet autre chose, c'est la chaleur ; c'est-à-dire des ondes aériennes en mouvement. Alors pourquoi d'autres radiations ne pourraient-elles pas émaner de nos mains et de tout notre être ?

Il reste néanmoins un fait scientifique très important à établir.

Cette force physique est supérieure à celle des muscles, comme je vais le prouver.

6. LEVAGE DE POIDS.

Une table est chargée de sacs de sable et de pierres pesant au total de 165 à 176 livres. La table lève chacun de ses trois pieds plusieurs fois de suite. Mais il succombe sous la charge et se brise. Les opérateurs constatent que leur force musculaire n'aurait pas suffi à produire les mouvements observés. La volonté agit par un prolongement dynamique.

7. LEVAGES SANS CONTACT.

Les mains formant la chaîne à quelques pouces au-dessus du côté de la table qui doit être soulevé, et toutes les volontés étant concentrées sur une seule idée, le soulèvement successif de chacun des pieds s'effectue. Les levées sont plus faciles à obtenir que les rotations sans contact. Une volonté énergique semble indispensable. La force inconnue passe des expérimentateurs à la table sans aucun contact. Si la table est saupoudrée de farine, comme je l'ai dit, on ne voit pas le moindre contact du doigt y être imprimé.

La volonté des gardiens est en jeu. On ordonne à la table de faire tel ou tel mouvement et elle obéit. Cette volonté semble se prolonger au-delà des corps des expérimentateurs opérant sous la forme d'une force assez intense.

Ce pouvoir se développe par l'action. Les balanciers préparent la montée et celle-ci à la lévitation complète.

8. RÉDUIRE LE POIDS DE LA TABLE OU D'AUTRES OBJETS.

Une table quadrangulaire est suspendue par un de ses côtés à un dynamomètre attaché à une corde qui est retenue au-dessus par une sorte de crochet. L'aiguille du dynamomètre, qui, au repos, indique 35 kilogrammes, descend progressivement jusqu'à 3, 2, 1, 0 kilogrammes.

Une planche d'acajou est placée horizontalement et suspendue par une extrémité à une balance à ressort. Cette balance (ou balance), possède une pointe qui touche une vitre noircie par la fumée. Lorsque cette vitre est mise en mouvement, l'aiguille trace une ligne horizontale. Au cours des expériences, cette ligne n'est plus droite, mais marque des réductions et des augmentations de poids, réalisées sans aucun contact des mains. Dans les expériences de Crookes, nous avons vu que le poids d'une planche augmentait de près de 1¼ livre.

Le médium pose ses mains *sur* le dossier d'une chaise et soulève la chaise.

9. AUGMENTATION DU POIDS D'UNE TABLE OU D'AUTRES OBJETS. — PRESSIONS EXERCÉES.

Les expériences dynamométriques que nous venons de rappeler vont elles-mêmes montrer cette augmentation.

J'ai vu plus d'une fois, en d'autres circonstances, une table devenir si lourde qu'il était absolument impossible à deux hommes de la soulever du sol. Lorsqu'ils y parvenaient, dans une certaine mesure, au moyen de secousses rapides, il semblait encore coller au sol comme s'il était retenu par de la colle ou du caoutchouc indien, ce qui le ramenait immédiatement au sol après l'avoir légèrement déplacé.

Dans toutes ces expériences, il y a la preuve de l'action d'une force naturelle inconnue émanant de l'expérimentateur en chef ou des puissances collectives du groupe, force organique sous l'influence de la volonté. Il n'est pas nécessaire de supposer la présence d'esprits surhumains.

10. LE SOULÈVEMENT COMPLET OU LA LÉVITATION DE LA TABLE.

Comme il peut y avoir une confusion dans l'application du mot « levage » à une table qui ne s'élève que d'un côté selon un certain angle, tout en touchant le sol, il est opportun d'appliquer le mot « lévitation » au cas où elle est complètement séparé du sol.

Généralement, en lévitation, il s'élève de six à huit pouces du sol, pendant quelques secondes seulement, puis retombe. Il monte de manière équilibrée, ondulante, hésitante, avec effort, puis retombe tout droit. En posant nos mains dessus, nous avons la sensation d'une résistance fluide, comme dans l'eau, le genre de sensation fluide que nous éprouvons lorsque nous amenons un morceau de fer dans le champ de force d'un aimant.

Une table, une chaise ou tout autre objet mobile s'élève parfois, non seulement d'un pied environ, mais presque jusqu'à la hauteur de la tête et même jusqu'au plafond.

La force mise en jeu est considérable.

11. LÉVITATION DES CORPS HUMAINS.

Ce cas est du même ordre que le précédent. Le médium peut être élevé avec sa chaise et posé sur la table, parfois en équilibre instable. Il peut également être soulevé seul (sans le fauteuil). [83]

Dans ce cas, la Force Inconnue ne semble pas être simplement mécanique : l'intention se mêle à l'acte, et des idées de précaution, qui peuvent cependant provenir de la mentalité du médium lui-même, aidée peut-être par celle des assistants. Ce fait nous semble contrevenir aux lois scientifiques connues. C'est le même cas que celui du chat qui sait se retourner tout seul, sans aucun appui ni levier extérieur, lorsqu'il tombe d'un toit, et tombe toujours sur ses pattes, ce qui est contraire aux principes de mécanique enseignés dans toutes les écoles. université dans le monde.

12. LEVAGE DE MEUBLES TRÈS LOURDS.

Un piano pesant plus de 750 livres se lève de ses deux pattes avant, et on constate que son poids varie. La force avec laquelle il s'anime vient de la proximité d'un enfant de onze ans, mais ce n'est pas la volonté consciente de cet enfant qui agit. — Une lourde table à manger en chêne peut s'élever si haut que son dessous peut être inspecté pendant la lévitation.

13. DÉPLACEMENT D'OBJETS SANS CONTACT.

Un lourd fauteuil se déplace tout seul dans la pièce. De lourds rideaux allant du plafond au plancher se gonflent avec force comme par un coup de vent, et enveloppent comme d'un capuchon la tête des personnes assises à une table, à une distance de trois pieds et plus. Une table centrale persiste dans *ses efforts* pour grimper sur la table d'expérimentation et y arrive. Tandis qu'un spectateur sceptique plaisante avec les « esprits », la table autour de laquelle se déroulent les expériences se dirige vers la personne incrédule, entraînant avec elle les assistants et la cloue au mur jusqu'à ce qu'elle implore grâce.

Comme dans les cas précédents, ces mouvements peuvent représenter l'expression de la volonté du médium et n'indiquent pas nécessairement la présence d'un esprit extérieur au sien. Néanmoins-?

14. RAPS ET TYPTOLOGIE.

Dans les tables, dans les pianos et autres meubles, dans les murs, dans l'air, les coups se font entendre et leurs vibrations sont perçues au toucher. Ils ressemblent un peu aux sons obtenus en tapotant contre un morceau de bois avec l'articulation du doigt plié. La question se pose : d'où viennent ces bruits ? La question est posée à voix haute. Ils se répètent. Il est demandé qu'un certain nombre de coups soient frappés. Les coups se font entendre. Les airs connus sont accompagnés de raps battus en parfaite synchronisation avec eux et identifiables comme la contrepartie des airs. Lorsque des morceaux de musique sont joués, l'accompagnement est rappé. Les choses se passent comme si un être invisible écoutait et agissait. Mais comment un être sans nerf acoustique et sans tympan pourrait-il entendre ? Les ondes sonores doivent heurter quelque chose pour être interprétées. Est-ce une transmission mentale ?

Ces raps sont faits. Qui les fabrique ? Et comment? La force mystérieuse émet des rayonnements de longueurs d'onde inaccessibles à notre rétine, mais puissantes et rapides, sans doute plus rapides que celles de la lumière, et situées au-delà de l'ultraviolet. De plus, la lumière gêne leur action.

A mesure qu'on avance dans l'examen des phénomènes, l'élément psychique, intellectuel, mental se mêle de plus en plus à l'élément physique et mécanique. Dans le cas qui nous occupe, nous sommes obligés d'admettre la présence, l'action d'une pensée. Cette pensée est-elle simplement celle du médium, du principal expérimentateur, ou la résultante des pensées de tous les participants réunis ?

Puisque ces coups ou ceux que font les pieds de la table, lorsqu'on l'interroge, dictent des mots, des phrases et expriment des idées, il y a là quelque chose de plus qu'une simple action mécanique. La force inconnue, dont nous avons été obligés d'admettre l'existence dans les observations précédentes, est ici au service d'une intelligence. Le mystère se complique.

C'est grâce à cet élément intellectuel que j'ai proposé (avant 1865 ; voir p. xix) de donner le nom de « *psychique* » à cette force, nom proposé à nouveau par Crookes en 1871. On a vu aussi que, dès l'année 1855 , Thury avait proposé les noms de « *psychode* » et de force « *ecténéique* ». Il nous serait désormais impossible, dans notre examen, de ne pas prendre en considération cette force psychique.

Jusqu'ici, le fluide de Gasparin pouvait suffire, tout comme l'action musculaire inconsciente suffisait aux trois premières classes de faits. Mais à partir de cette quatorzième classe, l'ordre psychique se manifeste clairement (et même dans la classe précédente on prie déjà pour en deviner la présence).

15. COUPS DE MAILLET.

J'ai entendu, comme tous les autres expérimentateurs, non seulement des coups vifs et légers sur une table, comme ceux dont je viens de parler, mais des coups de maillet ou de poing sur une porte, capables de renverser un homme s'il le voulait. il les avait reçus. Généralement, ces coups terribles sont une protestation contre un déni de la part d'un des participants. Il y a en eux une intention, une volonté, une intelligence. Ils peuvent aussi être dus au médium, qui s'indigne, ou qui s'amuse. L'action n'est pas musclée ; car les mains et les pieds du médium sont tenus, et le coup peut avoir lieu à une certaine distance de lui.

16. ATTOUCHEMENTS.

La fraude peut expliquer celles qui se produisent à la portée des mains du médium, car elles ne se produisent que dans l'obscurité. Mais ils ont été ressentis à une certaine distance au-delà de cette portée, comme si les mains du médium se prolongeaient.

17. ACTION DES MAINS INVISIBLES.

Un accordéon dans un coffret ajouré, ou cage, qui empêche toute autre main de le toucher, est tenu d'une main par l'extrémité opposée aux touches. Actuellement, l'instrument commence à s'allonger et à se raccourcir et joue diverses mélodies. Une main invisible avec des doigts (ou quelque chose comme eux) doit donc agir. (Expérience de Crookes avec Home.) Comme le lecteur l'a vu, j'ai répété cette expérience avec Eusapia.

Une autre fois, une boîte à musique, dont le manche était tourné par une main invisible, jouait en parfaite harmonie avec les mouvements musicaux qu'Eusapia faisait sur ma joue.

Une main invisible m'arracha avec force un bloc de papier que je tenais le bras tendu à hauteur de ma tête.

Des mains invisibles ôtèrent de la tête de M. Schiaparelli ses lunettes (fournies d'un ressort), qui étaient solidement fixées derrière ses oreilles, et cela si agilement et avec un toucher si léger qu'il ne s'en aperçut qu'après.

18. APPARITIONS DE MAINS.

Les mains ne sont pas toujours invisibles. On en voit parfois apparaître dans la pénombre des mains semi-lumineuses, mains d'hommes, mains de femmes, mains d'enfants. Parfois, ils ont des contours nets. Ils sont généralement fermes et humides au toucher, parfois glacials. Parfois, ils fondent dans la main. Pour ma part, je n'ai jamais réussi à en saisir un. C'était toujours la main mystérieuse qui prenait la mienne, souvent en tâtant à travers un rideau, ou parfois par contact nu, ou en me pinçant l'oreille, ou en passant ses doigts dans mes cheveux avec une grande rapidité.

19. APPARITIONS DE TÊTES.

Pour ma part, je n'en ai vu que deux : la silhouette barbue de Monfort-l'Amaury, et la tête d'une jeune fille au front haut cambré, dans mon salon. Dans le cas du premier, j'avais cru qu'il s'agissait d'un masque tenu au bout d'une tige. Mais chez moi, il n'y avait aucune possibilité de complicité, et à présent je ne suis pas moins sûr du premier cas que de l'autre. D'ailleurs, les témoignages d'autres observateurs sont si précis et si souvent donnés qu'il faut impérativement les ranger parmi les miens.

20. FANTÔMES.

Je n'en ai jamais vu ni photographié, mais il me semble impossible d'être sceptique quant à celle de Katie King, observée pendant trois années consécutives par Crookes et d'autres qui ont expérimenté le médium Florence Cook. On ne peut guère non plus douter de la réalité des fantômes aperçus par le comité de la Société Dialectique de Londres. Nous avons vu que la supercherie joue un rôle fréquent dans ce genre d'apparitions ; mais, dans les expériences que nous venons de mentionner, les observations ont été réellement conduites avec une telle perspicacité qu'elles sont à l'abri de toute objection et portent sur elles le cachet d'un caractère purement scientifique.

Ces fantômes, comme les têtes et les mains mentionnées, semblent être des condensations de fluides produits par les puissances du médium, et ne prouvent pas l'existence d'esprits indépendants.

Quand la main est tendue, on sent sur elle le frottement d'une barbe. Cela m'est arrivé, ainsi qu'à d'autres. La barbe existait-elle réellement ou n'était-elle qu'une affaire de sensations tactiles et visuelles ? Le cas qui suit immédiatement plaide en faveur de sa réalité.

21. IMPRESSIONS DE TÊTES ET DE MAINS.

Les têtes et les mains formées sont suffisamment denses pour laisser un moule de leurs traits et de leur forme imprimé dans le mastic ou l'argile. Le plus curieux est peut-être qu'il n'est pas nécessaire que ces formations étranges, ces forces, soient visibles pour produire des impressions. On a vu un geste vigoureux s'imprimer à distance dans la glaise.

22. PASSAGE DE MATIÈRE À TRAVERS LA MATIÈRE. — TRANSFERTS OU APPORT D'OBJETS.

Un livre a été aperçu passant à travers un rideau. Une cloche est passée d'une bibliothèque fermée à clé dans un salon. Une fleur a été vue passant perpendiculairement vers le bas à travers une table de salle à manger. Certains ont cru détenir des preuves oculaires de l'apparition mystérieuse de plantes, de fleurs, de fruits et d'autres objets qui (selon l'affirmation) avaient traversé les murs, les plafonds, les portes.

Ce dernier phénomène s'est produit plusieurs fois en ma présence. Mais je n'ai jamais pu en obtenir des preuves certaines dans des conditions irréprochables ; et j'ai déniché bien des astuces.

Les expériences de Zöllner (un anneau de bois entrant dans un autre anneau de bois, une ficelle nouée aux deux extrémités faisant un nœud, etc.) seraient, bien entendu, d'un intérêt exceptionnel si le médium Slade n'avait pas la mauvaise réputation d'être juste un habile prestidigitateur, réputation probablement trop bien méritée. Je pense qu'il y a de bonnes raisons de supposer que les expériences de Crookes sont authentiques.

L'espace n'a-t-il que trois dimensions ? Nous laisserons cette question de côté.

23. MANIFESTATIONS DIRIGÉES PAR UNE INTELLIGENCE.

Celles-ci ont déjà été entrevues dans un certain nombre de cas précédents. Les forces en action ici appartiennent aussi bien à la classe psychique que physique. La question est de savoir si l'intellect du médium et des assistants est suffisant pour tout expliquer.

Dans tous les cas que j'ai évoqués précédemment, cet intellect semble suffire, mais seulement en lui attribuant des facultés occultes d'une puissance prodigieuse.

Dans l'état actuel de nos connaissances, il nous est impossible de comprendre la manière dont l'esprit, conscient ou inconscient, peut soulever une table, faire des coups dans le bois, former une main ou une tête, imprimer une empreinte. Le *modus operandi* nous est absolument inintelligible. La science future le découvrira peut-être. Mais toutes ces actions ne dépassent jamais les limites des capacités de l'homme, et avouons-le, la capacité requise n'est pas extraordinaire.

L'hypothèse d'esprits d'un autre ordre que celui des êtres humains vivants ne semble pas nécessaire.

L'hypothèse du dédoublement de la personnalité psychique du médium est la plus simple. Est-ce suffisant pour nous satisfaire entièrement ?

Des coups durs sur la table, comme ceux d'un poing, contrastant avec des coups doux, peuvent avoir cette origine, malgré l'apparence.

Il en est de même des apparitions de mains, de têtes, de formes spectrales. On ne peut pas déclarer impossible cette origine des phénomènes ; et c'est plus simple que de supposer qu'ils sont dus à des esprits errants.

Le transport d'objets au-dessus de la tête des expérimentateurs dans l'obscurité totale, sans toucher ni lustre ni têtes, est à peine compréhensible. Mais comprend-on mieux comment un esprit peut avoir des mains ? Et si c'était le cas, ne pourrait-il pas s'amuser ainsi ? On ôte des lunettes à un visage sans que l'acte soit perçu ; un mouchoir est retiré du cou, puis arraché entre les dents qui le retiennent ; un éventail est transféré d'une poche à une autre. Les facultés latentes de l'organisme humain suffisent-elles à expliquer ces actions intentionnelles ? Il est juste pour nous de ne ni affirmer ni nier.

J'ai ainsi passé en revue toute la série des phénomènes à expliquer, du moins tous ceux qui rentrent dans les limites du plan de cet ouvrage.

Une première conclusion, évidemment sûre, est que l'homme possède en lui une force fluidique et psychique dont la nature est encore inconnue, mais qui est capable d'agir à distance sur la matière et de la mouvoir.

Cette force est l'expression de notre volonté, de nos désirs ; Je veux dire tel qu'il apparaît dans les dix premiers cas des classifications précédentes. Pour les autres cas il faut ajouter les volontés inconscientes, imprévues, différentes de nos volontés conscientes.

La force est à la fois physique et psychique. Si le médium exerce une force de douze ou quatorze livres pour soulever une table, son poids subit une augmentation correspondante. La main que l'on voit se former près de lui est capable de saisir un objet. La main existe réellement, puis se résorbe. Ne pourrait-on pas comparer la force qui le fait exister avec cette force constructive de la nature, qui reproduit une pince pour le homard et une queue pour le lézard ? L'intervention des esprits n'est pas du tout indispensable. [84]

Dans les expériences médiumniques, les choses se passent comme si un être invisible était présent, capable de transporter les différents objets dans les airs, généralement sans heurter la tête des personnes assises dans diverses parties de la pièce dans une obscurité presque complète ; capable aussi d'agir sur un rideau comme un vent fort, le poussant au loin, capable de jeter ce rideau sur votre tête, de vous donner une cagoule ou une coiffure de capucin, et de le presser fortement contre votre corps, comme avec deux bras nerveux, et de le toucher. vous d'une main chaleureuse et vivante. J'ai perçu ces mains de la manière la plus indubitable. L'être invisible peut se condenser suffisamment pour devenir visible, et je l'ai vu passer dans les airs. Supposer que moi-même, ainsi que d'autres expérimentateurs, avons été dupes d'une hallucination est une hypothèse qui ne peut être maintenue un seul instant et qui montrerait simplement que ceux qui ont eu l'idée étaient bien plus susceptibles d'avoir une hallucination que nous. ou bien qu'ils entretenaient les préjugés et les préjugés les plus inexcusables. Nous étions dans les meilleures conditions possibles pour observer et analyser n'importe quel phénomène et aucun sceptique ne nous fera croire autre chose sur ce point.

Il y a bien un prolongement invisible de l'organisme du médium. Cette prolongation peut être comparée au rayonnement qui jaillit de l'aimant pour atteindre un morceau de fer et le mettre en mouvement.

On peut aussi le comparer aux effluves qui émanent des corps électrifiés. [85]

Je l'ai également comparé quelques pages en arrière aux ondes calorifiques.

Lorsqu'un médium fait le geste de frapper la table avec son poing fermé, mais s'arrête net à une distance de huit à douze pouces, et qu'à chaque geste un coup de poing sonore résonne dans la table, on voit que la preuve d'un prolongement dynamique du bras du médium.

Quand elle feint d'imiter sur ma joue la rotation de la manivelle d'une boîte
à musique, et quand cette boîte mesure le mouvement imité, s'arrête quand
les doigts s'arrêtent, joue la mélodie plus vite quand le doigt accélère ses
tracés circulaires, va plus lentement. quand ça va plus lentement, etc., on a là
encore la preuve d'une action dynamique à distance.

Lorsqu'un accordéon joue tout seul, lorsqu'une cloche se met à sonner toute
seule, lorsqu'un levier indique telle ou telle pression, il y a une véritable force
en action.

Il faut donc admettre d'abord cette prolongation de la force musculaire et
nerveuse du sujet. Je sens vivement que c'est une proposition audacieuse,
presque incroyable, très étrange et extraordinaire ; mais après tout, les faits
sont là, et que cela nous irrite ou non est peu de chose.

Ce prolongement est réel et ne s'étend que jusqu'à une certaine distance du
milieu, distance qui peut être mesurée et qui varie selon les circonstances.
Mais est-ce suffisant pour expliquer tous les phénomènes observés ?

Force est d'admettre que ce prolongement, habituellement invisible et
impalpable, peut devenir visible et palpable ; prendre surtout la forme d'une
main articulée, avec de la chair et des muscles ; et révéler la forme exacte
d'une tête ou d'un corps. Le fait est incompréhensible ; mais après tant
d'observations différentes, il me semble impossible de voir dans ce curieux
phénomène seulement une supercherie ou une hallucination. La logique
nous impose ses lois et impose notre respect.

Un double fluidique et condensable a donc le pouvoir de glisser
momentanément hors du corps du médium (car sa présence est
indispensable).

Comment ce double, ce corps fluidique peut-il avoir la consistance de chair
et de muscles ? Nous ne le comprenons pas. Mais il ne serait ni sage ni
intelligent d'admettre seulement ce que nous pouvons comprendre. Il faut
se rappeler que, la plupart du temps, nous imaginons comprendre les choses
parce que nous pouvons les expliquer ; c'est tout. Or cette explication a
rarement une valeur intrinsèque. Ce n'est qu'un cadre de mots collés
ensemble. Ainsi vous croyez comprendre pourquoi une pomme tombe du
haut de l'arbre, parce que vous dites que la terre l'attire. C'est de la pure
simplicité d'esprit. Car en quoi consiste l'attraction de la terre ? Vous n'en
savez rien ; mais vous êtes satisfait, car le fait est courant.

Lorsque le rideau est gonflé comme poussé par une main, et que vous vous
sentez pincé à l'épaule par une main au moment où le rideau vous touche,
vous avez l'impression d'être la dupe d'un complice caché derrière le rideau.
. Il y a quelqu'un là-bas qui vous fait une farce. Vous écartez le rideau. Rien!

Puisqu'il vous est impossible d'admettre une ruse d'aucune sorte, parce que vous, et vous seul, avez suspendu ce rideau entre les deux murs ; et puisque tu sais qu'il n'y a personne derrière, parce que tu es tout près et que tu ne l'as pas perdu de vue ; et comme le médium est assis près de vous, les mains et les jambes tenues, vous êtes obligé d'admettre qu'un être temporairement matérialisé vous a touché.

Il est certain que ces faits peuvent être niés et qu'ils sont niés. Ceux qui ne les ont pas personnellement vérifiés sont excusables. Il ne s'agit pas d'événements ordinaires qui se produisent chaque jour et que chacun peut observer. Il est évident, comme proposition générale, que si nous admettons seulement ce que nous avons vu nous-mêmes, nous n'irons pas bien loin. Nous admettons l'existence des îles Philippines sans y avoir été, de Charlemagne et de Jules César sans les avoir vus, d'éclipses totales de soleil, d'éruptions volcaniques, de tremblements de terre, etc., comme des faits dont nous n'avons pas nous-mêmes vu. les témoins. La distance d'une étoile, le poids d'une planète, la composition d'un des astres, les découvertes les plus merveilleuses de l'astronomie, n'excitent le scepticisme que dans l'esprit des personnes tout à fait incultes, parce qu'en général on apprécie la valeur de l'astronomie. méthodes astronomiques. Mais sans doute, en ces matières psychiques, les phénomènes sont si extraordinaires qu'on est excusable de ne pas y croire.

Néanmoins, si quelqu'un veut se donner la peine de raisonner, il sera forcément obligé de reconnaître qu'en suivant cette piste, il se trouve inévitablement confronté au dilemme suivant : ou bien les expérimentateurs ont été dupes des médiums. , qui ont triché uniformément, ou bien ces faits ahurissants existent réellement. Or, la première hypothèse étant éliminée, nous sommes obligés d'admettre la réalité des faits.

Un corps fluidique se forme aux dépens du milieu, sort de son organisme, se déplace, agit. Quelle est la force intelligente qui dirige ce corps fluidique et le fait agir de telle ou telle manière ? Soit c'est l'esprit du médium, soit c'est un autre esprit qui se sert de ce même fluide. Il n'y a pas d'échappatoire à cette conclusion. Je puis remarquer que les conditions météorologiques, le beau temps, la température agréable, la gaieté, la bonne humeur, favorisent les phénomènes ; que le médium n'est jamais complètement déconnecté des manifestations et sait souvent ce qui va se passer ; que la cause échappe à la saisie mentale et est fugitive et capricieuse ; et que les apparitions s'effacent comme un rêve aussi silencieusement qu'elles se forment.

Remarquons aussi que, dans les manifestations importantes, le médium souffre, se plaint, gémit, perd énormément de force, montre une énergie nerveuse étonnante, éprouve une hyperesthésie, et à l'apogée de la manifestation, semble un instant absolument prostré. Et, en vérité, pourquoi son esprit ainsi que sa force fluidique ne seraient-ils pas expulsés de son corps et épuisés dans un travail extérieur ? La force psychique d'un être humain vivant est alors capable de créer des phénomènes « matériels » : organes, figures spectrales.

Mais qu'importe ?

Mes lecteurs savent que la matière n'existe pas telle qu'elle est perçue par nos sens. Celles-ci ne nous donnent que des impressions incomplètes d'une *réalité inconnue* . L'analyse nous montre que la matière n'est qu'une forme d'énergie.

Dans l'ouvrage intitulé *A Propos d'Eusapia Paladino* , qui résume ses expériences avec ce médium, M. Guillaume de Fontenay tente ingénieusement d'expliquer les phénomènes par la théorie dynamique de la matière. Il est probable que cette explication est une de celles qui se rapprochent le plus de la vérité.

Selon cette théorie, la qualité qui nous semble caractéristique de la matière — la solidité, la stabilité — n'est pas plus substantielle que la lumière qui frappe nos yeux ou le son qui entre dans nos oreilles. Nous voyons; c'est-à-dire qu'on reçoit sur la rétine les rayons qui l'affectent. Mais autour et de tous côtés de la rétine ondulent d'innombrables autres rayons qui ne laissent aucune impression. Il en est de même pour les autres sens.

La matière, comme la lumière, comme la chaleur, comme l'électricité, semble être le résultat d'une espèce de mouvement. Mouvement de quoi ? De la substance moniste primitive, vivifiée par de multiples vibrations.

Assurément, la matière n'est pas cette chose inerte que l'on croit communément.

Une comparaison aidera à comprendre cela. Prenez une roue de voiture. Placez-le horizontalement sur un pivot. Pendant que la roue est immobile, laissez tomber une balle en caoutchouc entre ses rayons. Cette balle passera presque toujours entre les rayons. Donnez maintenant un léger mouvement à la roue. La balle sera assez souvent touchée par les rayons tournants et rebondira. Si l'on augmente la rotation, la bille ne traversera plus la roue, qui sera devenue pour elle un disque totalement impénétrable.

Nous pouvons tenter une expérience similaire en disposant la roue verticalement et en tirant des flèches à travers elle. Une roue de vélo fera très bien l'affaire, en raison de la finesse de ses rayons. Lorsqu'elles ne sont pas en mouvement, les flèches le traversent neuf fois sur dix. En mouvement, il produira dans les flèches des déviations plus ou moins marquées. Avec l'augmentation de la vitesse, il deviendrait impénétrable et toutes les flèches se briseraient comme contre le blindage d'acier d'un navire blindé.

Ces comparaisons permettent de comprendre comment la matière n'est en réalité qu'un mode de mouvement, qu'une expression de force, une manifestation d'énergie. Il disparaîtra (il faut le garder à l'esprit) dans l'analyse, qui finit par se réfugier dans l'atome intangible, invisible, impondérable et presque immatériel. L'atome lui-même, qui était considéré il y a cinquante ans comme la base de la matière, a aujourd'hui disparu, ou plutôt s'est métamorphosé et réapparaît comme un hypothétique vortex impalpable.

Je me permettrai de répéter ici ce que j'ai dit cent fois ailleurs : *L'univers est un dynamisme* .

La difficulté que nous avons à nous expliquer les apparitions, les matérialisations, lorsque nous essayons de leur appliquer la conception ordinaire de la matière, est considérablement atténuée du moment où nous concevons que la matière n'est qu'un mode de mouvement.

La vie elle-même, depuis la cellule la plus rudimentaire jusqu'à l' organisme le plus compliqué, est un type particulier de mouvement, un mouvement déterminé et organisé par une force directrice. Selon cette théorie, les apparitions momentanées seraient moins difficiles à accepter et à comprendre. La force vitale du médium pourrait s'extérioriser et produire en un point de l'espace un système vibratoire qui devrait être la contrepartie d'elle-même, dans un degré plus ou moins avancé de visibilité et de solidité. Ces phénomènes se concilient difficilement avec la vieille hypothèse de l'existence indépendante et intrinsèque de la matière : ils correspondent mieux à celle de la matière comme mode de mouvement, en un mot simple mouvement donnant la sensation de matière.

Il n'existe, bien sûr, qu'une seule substance, la substance primitive, qui est antérieure à la nébuleuse originelle – le ventre d'où sont issus tous les corps de l'univers. Les substances que les chimistes prennent pour des corps simples, l'oxygène, l'hydrogène, l'azote, le fer, l'or, l'argent, etc., sont des éléments minéraux qui se sont graduellement formés et différenciés, comme plus tard les espèces végétales et animales se sont différenciées. Et non seulement la substance du monde est une, mais elle a aussi la même origine que l'énergie, et ces deux formes sont mutuellement interchangeables. Rien ne se perd, rien ne se crée, tout se transforme. [86]

La substance unique est immatérielle et inconnaissable dans son essence. Nous ne voyons et ne touchons que ses condensations, ses agrégations, ses arrangements ; c'est-à-dire des formes produites par le mouvement. La matière, la force, la vie, la pensée ne font qu'un.

En réalité, il n'y a qu'un seul principe dans l'univers, et c'est à la fois l'intelligence, la force et la matière, embrassant tout ce qui est et tout ce qui peut être. Ce que nous appelons matière n'est qu'une forme de mouvement. À la base de tout se trouve la force, le dynamisme et l'esprit universel.

La matière visible, qui nous représente à l'heure actuelle pour l'univers, et que certaines doctrines classiques considèrent comme l'origine de toutes choses, mouvement, vie, pensée, n'est qu'un mot vide de sens. L'univers est un grand organisme contrôlé par un dynamisme d'ordre psychique. L'esprit brille à travers chacun de ses atomes.

L'environnement ou l'atmosphère est psychique. Il y a de l'esprit dans chaque chose, non seulement dans la vie humaine et animale, mais aussi dans les plantes, les minéraux et l'espace.

Ce n'est pas le corps qui produit la vie : c'est plutôt la vie qui organise le corps. La volonté de vivre n'augmente-t-elle pas la viabilité des personnes affaiblies, tout comme l'abandon du désir de vivre peut abréger la vie et même l'éteindre ?

Votre cœur bat nuit et jour, quelle que soit la position de votre corps. C'est un ressort bien monté. Qui ou quoi a réglé ce ressort élastique ?

L'embryon se forme dans le ventre de la mère, dans l'œuf de l'oiseau. Il n'y a ni cœur ni cerveau. A un certain moment, le cœur bat pour la première fois. Instant sublime ! Il battra chez l'enfant, chez l'adolescent, chez l'homme, chez la femme, à raison d'environ 100 000 pulsations par jour, de 36 500 000 par an, de 1 825 000 000 dans cinquante ans. Ce cœur qui vient de se former va battre un milliard de millions de pulsations, deux milliards, trois milliards, un nombre déterminé par sa force inhérente ; alors cela s'arrêtera et le corps tombera en ruines. Qui ou quoi a remonté cette montre une fois pour toutes ?

Le dynamisme, l'énergie vitale.

Qu'est-ce qui soutient la Terre dans l'espace ?

Le dynamisme, la vitesse de son mouvement.

Qu'y a-t-il dans la balle qui tue ?

Sa vitesse.

Partout l'énergie, partout l'élément invisible. C'est ce même dynamisme qui produit les phénomènes que nous étudions. La question se pose actuellement de la manière suivante : ce dynamisme appartient-il entièrement aux expérimentateurs ? Nous avons si peu de connaissance réelle de notre nature mentale qu'il nous est impossible de savoir ce que cette nature est capable de produire, même dans certains états d'inconscience, et surtout dans ceux-là. L'intelligence directrice n'est pas toujours l'intelligence personnelle, *normale* , des expérimentateurs ou de n'importe lequel d'entre eux. Nous demandons à l'entité quel est son nom, et elle nous donne un nom qui n'est pas le nôtre ; il répond à nos questions et prétend généralement être une âme désincarnée, l'esprit d'une personne décédée. Mais si l'on enfonce le clou, cette entité finit par s'enfuir sans nous avoir donné suffisamment de preuves de son identité. Il en résulte l'impression que le « médium », ou sujet principal de l'expérience, a répondu pour lui-même, s'est réfléchi, sans le savoir.

De plus, cette entité, cette personnalité, cet esprit, a sa volonté individuelle, ses caprices, ses aigreurs, et agit parfois à l'opposé de nos propres pensées. Il nous raconte des choses absurdes, insensées, brutales, insensées, et s'amuse avec des combinaisons fantastiques de lettres, de véritables énigmes déchirantes. Cela nous étonne et nous stupéfie.

Qu'est-ce que c'est ?

Deux hypothèses incontournables se présentent. Ou bien c'est nous qui produisons ces phénomènes, ou bien ce sont les esprits. Mais remarquez bien ceci : ces esprits ne sont pas nécessairement les âmes des morts ; car d'autres sortes d'êtres spirituels peuvent exister, et l'espace peut en être rempli sans que nous en sachions jamais rien, sauf dans des circonstances inhabituelles. Ne trouve-t-on pas dans les différentes littératures anciennes des démons, des anges, des gnomes, des gobelins, des lutins, des spectres, des élémentaux, etc. ? Peut-être que ces légendes ne sont pas dénuées de fondement. Alors force est de constater que, dans nos études et expériences médiumniques, pour réussir, nous nous adressons toujours à un être invisible qui est censé nous entendre. Si c'est une illusion, elle date de l'origine même du Spiritualisme, des raps produits inconsciemment par les sœurs Fox dans leurs appartements d'Hydesville et de Rochester en 1848. Mais encore une fois, cette personnification peut concerner notre propre être ou bien représentent un esprit extérieur à nous-mêmes.

Pour admettre la première hypothèse il faut admettre en même temps que notre nature mentale n'est pas simple, qu'il y a en nous plusieurs éléments psychiques, et qu'un au moins de ces éléments peut agir à notre insu, faire des coups dans une table. , déplacer n'importe quel meuble, soulever un poids, nous toucher avec une main qui semble réelle, jouer d'un instrument, créer une figure spectrale, lire des mots cachés, répondre à des questions, agir avec une volonté personnelle - et tout cela, je le répète, sans notre propre connaissance.

C'est assez compliqué ; Mais ce n'est pas impossible.

Qu'il y ait en nous des éléments psychiques, obscurs, inconscients, capables d'agir en dehors de la sphère de notre conscience normale, c'est quelque chose que nous pouvons remarquer chaque nuit dans nos rêves ; c'est-à-dire pendant un quart ou un tiers de notre vie. A peine le sommeil nous a-t-il fermé les yeux, nos oreilles, tous nos sens, que nos pensées se mettent à fonctionner exactement comme pendant le jour, quoique sans direction rationnelle, sans logique, sous les formes les plus incohérentes, affranchies de nos conceptions habituelles de l'espace et de l'espace. temps, dans un monde totalement différent du monde normal. Les physiologistes et les psychologues tentent depuis des siècles de déterminer le mécanisme du rêve sans avoir encore obtenu de solution satisfaisante au problème. Mais le fait avéré que nous voyons parfois, dans nos rêves, des événements qui se déroulent à distance, prouve que nous avons en nous des puissances inconnues.

Encore une fois, il n'est pas rare que chacun de nous expérimente, parfois (toutes nos facultés étant en alerte), le jeu d'une puissance intérieure, distincte de notre raison dominante. Nous sommes sur le point de prononcer des mots qui ne font pas partie de notre vocabulaire habituel, et soudain des idées traversent et arrêtent le cours de nos pensées. Lors de la lecture d'un livre qui nous a semblé intéressant, notre âme déploie ses ailes et s'envole vers d'autres royaumes, tandis que nos yeux poursuivent en vain l'acte mécanique de la lecture. Nous discutons mentalement de certains projets, comme si nous étions autant de juges ; et puis, on aimerait savoir en toute simplicité, d'où vient cette distraction ?

Dans ses recherches inlassables, le grand chercheur des phénomènes psychiques Myers, à qui l'on doit les études synthétiques sur la conscience subliminale, parvint, avec Ribot, à la conviction que « le *moi* est une coordination ».

Ces phénomènes supranormaux (écrit ce chercheur compétent et érudit) ne sont pas dus à l'action des esprits des personnes décédées, comme le croit Wallace, mais, pour la plupart, à l'action d'un esprit incarné, soit celui du sujet lui-même, soit celui du sujet lui-même. d'un agent ou d'un autre. [87]

Le mot « subliminal » désigne ce qui est au-dessous du seuil (*limen*) de la conscience, les sensations, les pensées, les souvenirs, qui restent au fond et semblent représenter une sorte de *moi endormi* . Je ne prétends pas affirmer (ajoute l'auteur) qu'il existe toujours en nous deux *moi corrélatifs et parallèles : je désigne plutôt par moi* subliminal cette partie du *moi* qui reste d'ordinaire latente, et j'admets qu'il peut n'y avoir pas simplement de coexistence. -opération entre ces deux courants de pensée quasi indépendants, mais aussi changements de niveau et alternances de personnalité. [88] L'observation médicale (Félida, Alma) prouve qu'il existe en nous une faculté supranormale rudimentaire, chose qui nous est probablement inutile, mais qui indique l'existence, sous le niveau de notre conscience, d'une réserve de facultés latentes et insoupçonnées. [89]

Qu'est-ce qui est actif en nous dans les phénomènes télépathiques ? On peut rappeler le cas de Thomas Garrison (*Society for Psychical Research* , VIII, p. 125) qui, alors qu'il était assis avec sa femme à un service religieux, se lève brusquement au milieu du sermon, sort de l'église et, comme poussé par une impulsion irrésistible, marche trente kilomètres à pied pour aller voir sa mère, qu'il retrouve morte à son arrivée, alors qu'il ne savait pas qu'elle était malade et bien qu'elle soit relativement jeune (cinquante-huit ans). J'ai devant moi une centaine d'observations écrites semblables à celle-ci. Ce n'est pas notre nature habituelle qui est en action dans un cas comme celui-ci.

Il y a probablement en nous, plus ou moins sensible, une nature subconsciente, et c'est celle-ci qui semble être à l'œuvre dans les expériences médiumniques. Je partage à peu près l'opinion exprimée par Myers dans le paragraphe suivant : [90]

Les spiritualistes attribuent le mouvement et les dictées de leurs séances à l'action d'intelligences désincarnées. Mais si une table exécute des mouvements sans être touchée, il n'y a aucune raison d'attribuer ces mouvements à l'intervention de mon défunt grand-père, plutôt qu'à ma propre intervention ; car si je ne vois pas comment j'aurais pu le faire moi-même, je ne vois pas comment l'effet aurait pu être produit par l'action de mon grand-père. Quant aux dictées, l'explication la plus plausible me semble être d'admettre qu'elles ne viennent pas du *moi conscient* , mais de cette région profonde et cachée où s'élaborent des rêves fragmentaires et incohérents.

Cette hypothèse explicative est soutenue, avec une modification importante, par un savant distingué à qui nous devons aussi de longues et patientes recherches sur les phénomènes obscurs de la psychologie normale ; Je veux dire le Dr Geley, qui résume ainsi ses propres conclusions :

Une certaine quantité de force, d'intelligence et de matière du corps peut accomplir un travail en dehors de l'organisme, agir, percevoir, organiser et penser sans la collaboration des muscles, des organes, des sens et du cerveau. Ce n'est rien de moins que la partie subconsciente élevée de notre être. Il constitue, en vérité, une nature subconsciente externalisable, existant dans le *moi* avec la nature consciente normale. [91]

Cette nature subconsciente ne semble pas dépendre de l'organisme. Il lui est probablement antérieur et lui survivra. Elle semble lui être supérieure, dotée de pouvoirs et d'acquis très différents des pouvoirs et acquis de la conscience normale, supranormale et transcendante.

Assurément, il y a encore dans cette vision des choses plus d'un mystère, ne serait-ce que l'exploit d'accomplir un acte matériel à distance, et celui (non moins étrange) de n'avoir apparemment rien à voir avec ce genre d'acte.

La première règle de la méthode scientifique est de chercher d'abord des explications dans le connu avant de recourir à l'inconnu, et nous ne devons jamais manquer de respecter cette règle. Mais si ce mode de navigation ne nous amène pas au port, il est de notre devoir de l'avouer.

Je crains fort que ce soit là le problème. Nous ne sommes pas satisfaits. L'explication n'est pas claire et flotte un peu trop au hasard dans les vagues – et l'incertitude vacillante – de l'hypothèse.

Au point où nous sommes maintenant arrivés dans ce chapitre d'explications, nous nous trouvons précisément dans la position d'Alexandre Aksakof lorsqu'il écrivit son grand ouvrage *Animisme et spiritualisme* , en réponse au livre du Dr von Hartmann sur *le spiritualisme* . Hartman prétendait expliquer tous ces phénomènes psychiques par l'hypothèse suivante.

Force nerveuse produisant, hors des limites du corps humain, des effets mécaniques et plastiques.

Hallucinations dupliquées de cette même force nerveuse, et produisant aussi des effets physiques et plastiques.

Conscience somnambulique latente, capable (le sujet étant dans son état normal) de lire dans le bagage intellectuel d'un autre homme, son présent et son passé, et pouvant deviner l'avenir.

Akaskof a essayé de voir si ces hypothèses (dont la dernière est assez audacieuse sur e) sont suffisantes pour tout expliquer, et il conclut qu'elles ne le sont pas. C'est aussi mon avis. Il y a autre chose. Cet autre, ce résidu au fond du creuset de l'expérience, est un élément psychique dont la nature nous reste encore entièrement cachée. Je pense que tous les lecteurs de ce livre partageront ma conviction.

Les hypothèses anthropomorphiques sont loin de tout expliquer. Ce ne sont d'ailleurs que des hypothèses. Il ne faut pas se cacher que ces phénomènes nous introduisent dans un autre monde, dans un monde inconnu et encore à explorer dans toute son étendue.

Quant aux êtres différents de nous, quelle peut être leur nature ? Nous ne pouvons nous en faire aucune idée. Les âmes des morts ? C'est très loin d'être démontré. Les innombrables observations que j'ai recueillies pendant plus de quarante ans me prouvent toutes le contraire. Aucune identification satisfaisante n'a été réalisée. [92]

Les communications obtenues ont toujours semblé provenir de la mentalité du groupe, ou, lorsqu'elles sont hétérogènes, d'esprits de nature incompréhensible. L'être évoqué disparaît bientôt lorsqu'on s'obstine à le pousser contre le mur et à avoir le cœur à vif dans son mystère. Et puis ma plus grande espérance a été trompée, cette espérance de ma vingtième année, alors que j'aurais si volontiers reçu la lumière céleste sur la doctrine de la pluralité des mondes. Les esprits ne nous ont rien appris.

Néanmoins, les agents semblent parfois indépendants. Crookes mentionne avoir vu Miss Fox écrire automatiquement une communication pour l'un de ses modèles tandis qu'une autre communication sur un autre sujet lui était donnée pour une *deuxième* personne au moyen de l'alphabet et des coups, et pendant tout ce temps elle discutait avec une *troisième* personne sur un autre sujet totalement différent des deux autres. Ce fait remarquable prouve-t-il avec certitude l'action d'un autre esprit que celui du médium ?

Le même scientifique mentionne que, lors d'une de ses séances, une petite tige traversait la table, en pleine lumière, et venait lui frapper la main, lui donnant une communication en suivant les lettres de l'alphabet qu'il avait épelée. L'autre extrémité de la tige reposait sur la table à une certaine distance de la main du médium Home.

Ce cas me semble, ainsi qu'à Crookes, plus concluant en faveur d'un esprit extérieur, d'autant plus que l'expérimentateur ayant demandé que les coups soient donnés par le code télégraphique Morse, un autre message a ainsi été frappé. Je me souviens aussi que le savant chimiste mentionne que le mot « cependant » caché par son doigt, sur un journal, et à son insu même, était frappé par une petite baguette.

Wallace mentionne également un nom écrit sur un morceau de papier qu'il a fixé sous le pied central de la table d'expérimentation ; Joncières, une aquarelle correctement peinte dans l'obscurité totale, et un thème musical écrit au crayon ; M. Castex Dégrange, l'annonce d'un décès, et le lieu où pourrait être retrouvé un objet perdu. Nous avons vu aussi des phrases dictées soit à l'envers, soit de telle manière qu'il suffit de lire une lettre sur deux pour en comprendre le sens, soit par d'étranges combinaisons montrant l'action d'un intellect inconnu. Nous avons mille exemples de ce genre.

Mais si l'esprit du médium peut se libérer et apparaître dans un état extra-normal, pourquoi ne serait-il pas cet esprit qui agirait ? N'avons-nous pas plusieurs personnalités distinctes dans nos rêves ? S'ils pouvaient apparaître de manière dynamique, n'agiraient-ils pas en quelque sorte de cette manière ?

Il ne faut pas perdre de vue que ces phénomènes ont un caractère *mixte* . Ils sont à la fois physiques et psychiques, matériels et intellectuels, ne sont pas toujours produits par notre volonté consciente et font plutôt l'objet d' *observation* que *d'expérimentation* .

Il convient d'insister sur cette caractéristique. J'entendis un jour (31 janvier 1901) E. Duclaux, membre de l'Institut, directeur de l'Institut Pasteur, exprimer l'idée confuse suivante (idée partagée par tant de physiciens et tant de chimistes), dans une entreprise qui était mais tout à fait compétent pour discuter de ces phénomènes : « Il n'y a de fait scientifique qu'un fait qui peut être reproduit à volonté. » [93] Quel singulier raisonnement ! Les témoins de la chute d'un météore nous rapportent un aérolite qui vient de tomber du ciel et d'être déterré, tout chaud, du trou qu'il avait fait dans le sol. "Erreur ! illusion !" nous devrions répondre : « Nous ne croirons que lorsque vous répéterez l'expérience.

Ils nous apportent le corps d'un homme tué par la foudre, dépouillé de ses vêtements et rasé comme avec un rasoir. "Impossible!" nous devrions répondre ; "pure invention de vos sens trompés." Une femme voit apparaître devant elle son mari, qui vient de mourir à près de trois mille kilomètres de là. On nous demande de croire qu'il n'en est rien et qu'il n'en sera pas ainsi jusqu'à ce que l'apparition apparaisse une seconde fois.

Cette confusion entre observation et expérience est une chose bien étrange car venant d'hommes cultivés.

Dans les phénomènes psychiques, il y a un élément intellectuel volontaire, capricieux, incohérent.

Je le répète, nous devons apprendre à comprendre que tout ne s'explique pas et nous résigner à attendre une extension de nos connaissances. Il y a de l'intelligence, de la pensée, du psychisme, de l'esprit dans ces phénomènes. Il y en a encore plus dans certaines communications. Les observations peuvent-elles être confirmées et justifiées en considérant l'esprit des vivants comme de simples agents actifs ? Oui, peut-être, mais seulement en nous attribuant des facultés inconnues et supranormales. Il faut cependant rappeler qu'il ne s'agit là que d'une hypothèse. L'hypothèse spiritualiste de la communication avec les âmes des morts reste également une hypothèse de travail.

Que les âmes survivent à la destruction du corps, je n'ai pas l'ombre d'un doute. Mais qu'elles se manifestent par les procédés employés dans les séances, la méthode expérimentale ne nous en a pas encore donné la preuve absolue. J'ajoute que cette hypothèse est peu probable. Si les âmes des morts étaient autour de nous, sur notre planète, la population invisible augmenterait au rythme de 100 000 par jour, environ 36 millions par an, 3 milliards 620 millions par siècle, 36 milliards en dix siècles, etc., — à moins d'admettre les réincarnations sur la terre elle-même.

Combien de fois les apparitions ou les manifestations se produisent-elles ? Quand les illusions, les autosuggestions, les hallucinations sont éliminées, que reste-t-il ? Presque rien. Une rareté aussi exceptionnelle plaide contre la réalité des apparitions.

On peut supposer, il est vrai, que tous les êtres humains ne survivent pas à leur mort, et qu'en général leur entité psychique est si insignifiante, si vacillante, si inefficace, qu'elle disparaît presque dans l'éther, dans le réservoir commun. dans l'environnement, comme les âmes des animaux. Mais les êtres pensants qui ont la conscience de leur existence psychique ne perdent pas leur personnalité, mais poursuivent le cycle de leur évolution. Il semblerait donc naturel de les voir se manifester dans certaines circonstances. Les personnes condamnées à mort, à la suite d'erreurs judiciaires, et exécutées, ne devraient-elles pas revenir protester de leur innocence ? Ne serait-il pas raisonnable de supposer que des personnes mises à mort de telle manière qu'on ne soupçonne pas de violence reviendraient accuser les assassins ? Connaissant les personnages de Robespierre, de Saint-Just, de Fouquier-Tinville, j'aurais aimé les voir se venger un peu de ceux qui triomphaient d'eux. Les victimes de 93 n'auraient-elles pas dû revenir troubler le sommeil des conquérants ? Sur les vingt mille citoyens fusillés pendant la Commune de Paris, j'aurais aimé en voir une douzaine harceler sans cesse l'hon. M. Theirs, qui était vraiment trop enflé et vaniteux d'avoir d'abord permis l'organisation de cette insurrection, puis de l'avoir punie.

Pourquoi les enfants dont la mort est déplorée par leurs parents ne viennent-ils jamais les consoler ? Pourquoi nos attachements les plus chers semblent-ils disparaître à jamais ? Et qu'en est-il des dernières volontés et des testaments volés, des dernières volontés des morts ignorées et de leurs intentions volontairement mal interprétées ?

"Il n'y a que les morts qui ne reviennent pas", dit un vieux proverbe. Cet aphorisme n'est peut-être pas d'application absolue ; mais les apparitions sont rares, très rares, et on ne comprend pas leur nature précise. S'agit-il de véritables apparitions de morts ? Ce n'est pas encore démontré.

Jusqu'à ce jour, j'ai cherché en vain des preuves certaines de mon identité personnelle par le biais de communications médiumniques. Et puis on ne voit pas pourquoi les Esprits, s'ils existent autour de nous, auraient besoin de médiums pour se manifester. Ils doivent sûrement faire partie de la nature, de la nature universelle qui inclut toutes choses.

Il me semble néanmoins que l'hypothèse spiritualiste doit être conservée au même titre que celles que j'ai résumées dans les pages immédiatement précédentes, car les discussions ne l'ont pas éliminée. [94]

Mais pourquoi y a-t-il des manifestations résultant du regroupement de cinq ou six personnes autour de la table ? Que cela soit une condition *sine qua non* n'est pas non plus très probable.

Il se peut, il est vrai, que des esprits existent autour de nous, et qu'il leur est normalement impossible de se rendre visibles, audibles ou tangibles, ne pouvant réfléchir les rayons lumineux accessibles à notre rétine, ni produire des ondes sonores. , ou pour effectuer des touches. Par conséquent, certaines conditions présentes chez les médiums pourraient être nécessaires à leur manifestation. Personne n'a le droit de le nier. Mais pourquoi tant d'incohérences et de solécismes déroutants ?

J'ai devant moi sur une étagère plusieurs milliers de communications dictées par des « esprits ». En dernière analyse, une faible obscurité plane encore sur les causes. Forces psychiques inconnues : entités fugitives ; des personnages qui disparaissent; rien de solide à saisir, même pour la pensée. Ces choses ne nous donnent pas la consistance d'une définition de la chimie ou d'un théorème de géométrie. En comparaison, une molécule d'hydrogène est une falaise de granit.

La plupart des phénomènes observés, bruits, mouvements de tables, confusions, perturbations, coups, réponses aux questions posées, sont réellement enfantins, puérils, vulgaires, souvent ridicules, et ressemblent plutôt à des farces de garçons malicieux qu'à de sérieuses bontés. actions fidèles. Il est impossible de ne pas le remarquer.

Pourquoi les âmes des morts devraient-elles s'amuser ainsi ? Cette supposition semble presque absurde.

Nous savons qu'un homme ordinaire ne change pas de jour en jour sa valeur intellectuelle ou morale, et, si son esprit continue d'exister après la mort de son corps, on peut s'attendre à le retrouver tel qu'il était auparavant. Mais pourquoi tant de bizarreries et d'incohérences ?

Quoi qu'il en soit, il ne nous appartient pas d'avoir d'idées préconçues, et notre devoir impérieux est de chercher à prouver les faits tels qu'ils se présentent à nous.

La force naturelle inconnue mise en jeu pour soulever une table n'est pas la propriété exclusive des médiums. À des degrés divers, il fait partie de tous les organismes, avec des coefficients différents, 100 pour des organismes comme ceux de Home ou d'Eusapia, 80 pour d'autres, 50 ou 25 pour les individus les moins favorisés. Mais je tiens pour certain qu'il ne descend jamais à 0. La meilleure preuve en est qu'avec de la patience, de la persévérance et l'exercice de la volonté, presque tous les groupes d'expérimentateurs qui se sont sérieusement occupés de ces les recherches ont réussi à obtenir non seulement des mouvements, mais encore des lévitations complètes, des coups et d'autres phénomènes.

Le mot « médium » n'a plus guère de raison d'être, puisque l'existence d'un intermédiaire entre les Esprits et nous n'est pas encore prouvée. Mais le mot peut néanmoins être préservé, la logique étant la chose la plus rare dans la grammaire et dans tout ce qui est humain. Le mot « électricité » n'a eu depuis longtemps aucun lien avec l'ambre (ἡ λεκτρον), ni le mot « vénération » avec le génitif de Vénus (*Veneris*), ni le terme (d'abord astrologique) « catastrophe » avec *aster* (étoile), ni le mot « tragédie » avec *le chant de la chèvre* (τϱάγος, ᾠδή). Mais cela n'empêche pas que ces mots soient compris dans leur sens habituel. [95]

En ce qui concerne les hypothèses explicatives, je le répète, le champ est ouvert à tous. Il est à noter que les communications dictées sont étroitement liées à l'état d'esprit, aux idées, aux opinions, aux croyances, aux connaissances, voire à la culture littéraire, des expérimentateurs. Ils sont comme le reflet, ou la contrepartie, de cet ensemble d'idées et de facultés. Comparez les communications notées dans la maison de Victor Hugo à Jersey, celles de la Société Phalanstérienne d'Eugène Nus, celles des réunions astronomiques, celles des croyants religieux, catholiques, protestants, etc.

Si l'hypothèse n'était pas audacieuse au point de nous paraître inacceptable, j'oserais penser que la concentration des pensées des expérimentateurs psychiques crée un être intellectuel momentané qui répond aux questions posées puis disparaît.

Réflexion, action réflexe ? C'est peut-être la vraie expression. Tout le monde a vu son image se refléter dans un miroir et personne ne s'en étonne. Cependant, analysez la chose. Plus vous regardez cet être optique se déplaçant derrière le miroir, plus l'image vous apparaît remarquable. Supposons maintenant que les lunettes n'aient pas été inventées. Si nous n'avions pas connaissance de ces immenses miroirs qui reflètent des appartements entiers et leurs visiteurs, si nous n'avions jamais rien vu de pareil, et si quelqu'un nous disait que les images et les reflets des êtres vivants pouvaient ainsi se manifester et ainsi se mouvoir, nous ne devrions pas le comprendre et ne devrions pas le croire.

Oui, la personnification éphémère créée dans les séances spiritualistes rappelle parfois l'image que l'on voit dans un miroir, qui n'a rien de réel en soi, mais qui pourtant existe et reproduit l'original. L'image fixée par la photographie est du même genre, seulement durable. L'image potentielle formée au foyer du miroir d'un télescope, invisible en elle-même, mais que l'on peut recevoir sur un miroir plan et étudier en l'agrandissant par le microscope de l'oculaire, s'en rapproche peut-être davantage. qui semble être produit par la concentration de l'énergie psychique d'un groupe de personnes. Nous créons un être imaginaire, nous lui parlons et, dans ses réponses, il reflète presque toujours la mentalité des expérimentateurs. Et tout comme, à l'aide de miroirs, nous pouvons concentrer la lumière, la chaleur, les ondes éthérées, les ondes électriques dans un foyer, de la même manière, il semble parfois que les sujets ajoutent leurs forces psychiques à celles du médium. du dynamogène, condensant les ondes, et contribuant à produire une sorte d'être fugitif plus ou moins matériel.

La nature subconsciente, le cerveau du médium, ou son corps astral, l'esprit fluidique, les puissances inconnues latentes dans les organismes sensibles, ne pourrions-nous pas les considérer comme le miroir que nous venons d'imaginer ? Et ce miroir ne pourrait-il pas aussi recevoir et reproduire des impressions, ou des influences, d'une âme éloignée ?

Mais il ne faut pas généraliser des conclusions partielles que nous avons déjà eu beaucoup de mal à définir.

Je ne dis pas que les Esprits n'existent pas : au contraire, j'ai des raisons d'admettre leur existence. Même certaines sensations exprimées par les animaux, — par les chiens, par les chats, par les chevaux — plaident en faveur de la présence inattendue et impressionnante d'êtres ou d'agents invisibles. Mais, en fidèle serviteur de la méthode expérimentale, je pense qu'il faut épuiser toutes les hypothèses simples et naturelles, déjà connues, avant de recourir à d'autres.

Malheureusement, un grand nombre de spiritualistes préfèrent ne pas aller au fond des choses, ni rien analyser, mais se laisser duper par des impressions nerveuses. Ils ressemblent à certaines femmes dignes qui récitent leur chapelet en croyant avoir devant elles sainte Agnès ou sainte Filomène. Il n'y a aucun mal à cela, dit quelqu'un. Mais c'est une illusion. Ne soyons pas ses dupes.

Si les élémentaux, les *élémentaires* , les esprits de l'air, les gnomes, les spectres dont parle Goethe (à la suite de Paracelse en cela), existent, ils sont naturels et non surnaturels. Ils sont dans la nature, car la nature inclut toutes choses. Le surnaturel n'existe pas. Il est donc du devoir de la science d'étudier cette question comme elle étudie toutes les autres.

Comme je l'ai déjà remarqué, il y a dans ces différents phénomènes plusieurs causes en action. Parmi ces causes, celle qui suppose que l'action provienne des esprits incarnés, des âmes des morts, est une hypothèse plausible qui ne doit pas être rejetée sans examen. Cela semble parfois être le plus logique ; mais il y a de sérieuses objections à cela, et il est de la plus haute importance de pouvoir le démontrer avec certitude. Ses partisans *devraient être les premiers à approuver la sévérité des méthodes scientifiques que nous appliquons dans nos études des phénomènes* , car le spiritualisme y recevra d'autant plus de fondements plus solides et aura d'autant plus de valeur. Les illusions et la foi naïve des âmes simples ne peuvent lui donner une base plus solide et plus substantielle. La religion du futur sera la religion de la science. Il n'y a qu'une seule sorte de vérité.

On fait parfois dire aux auteurs ce qu'ils n'ont jamais dit. Pour ma part, j'en ai eu de fréquentes preuves, notamment dans le cas du Spiritualisme. Je ne serais pas surpris si certaines interprétations des pages qui précèdent se révélaient, façonnées par l'opinion que je ne crois pas à l'existence des esprits. Il sera pourtant impossible de trouver une affirmation de ce genre dans cet ouvrage, ni dans aucun autre que j'ai publié. Ce que je dis, c'est que les phénomènes physiques étudiés dans ces pages *ne prouvent pas* l'existence des esprits, et peuvent probablement s'expliquer sans eux, c'est-à-dire par des forces inconnues émanant des expérimentateurs, et spécialement des médiums. Mais ces phénomènes indiquent en même temps l'existence d'une atmosphère ou d'un environnement psychique.

Quel est cet environnement ? Il est en effet très difficile de s'en faire une véritable idée, puisque nous ne sommes capables de l'appréhender par aucun de nos sens. Il est d'ailleurs très difficile de ne pas l'admettre au vu de la multitude des phénomènes psychiques. Si l'on admet la survie des âmes individuelles, que deviennent ces âmes ? Où sont-elles? On pourrait répondre que les conditions d'espace et de temps dans lesquelles nos sens matériels existent ne représentent pas la nature réelle de l'espace et du temps, que nos estimations et nos mesures sont essentiellement relatives, que l'âme, l'esprit, l'entité pensante, n'occupe pas d'espace. Mais on peut aussi considérer que l'esprit pur n'existe pas, qu'il est attaché à une substance occupant un certain point. On peut aussi considérer que toutes les âmes ne sont pas égales ; qu'il existe une classe supérieure et une classe inférieure ; que certains êtres humains ont à peine conscience de leur existence ; que les âmes supérieures, étant conscientes d'elles-mêmes, aussi bien après la mort que pendant la vie, conservent toute leur individualité, ont le pouvoir de continuer leur évolution, de voyager de monde en monde et d'accroître leur croissance morale et intellectuelle par des réincarnations successives. Mais les autres, les âmes inconscientes, sont-elles plus avancées le lendemain de la mort que la veille ? Pourquoi la mort devrait-elle leur conférer une quelconque perfection ? Pourquoi devrait-on faire d'un imbécile un génie ? Comment pourrait-elle faire d'un mauvais homme un homme bon ? Pourquoi devrait-elle transformer un ignorant en un sage ? Comment pourrait-il faire briller un intellectuel nul ?

Ces âmes inconscientes, c'est-à-dire la multitude, ne disparaissent-elles pas à la mort dans l'éther environnant, et ne constituent-elles pas une sorte d'atmosphère psychique dans laquelle une analyse subtile peut découvrir des éléments spirituels aussi bien que matériels ? ? Si la force psychique accomplit une action dans l'ordre des choses existant, elle mérite autant d'être considérée que les différentes formes d'énergie en opération dans l'éther.

Sans donc admettre que les phénomènes démontrent l'existence d'esprits, on sent que ceux-ci n'appartiennent pas tous à un ordre simplement matériel, physiologique, organique, cérébral, mais qu'il y a *autre chose* , quelque chose d'autre d'inexplicable dans la nature. l'état actuel de nos connaissances.

Mais autre chose d'ordre psychique. Peut-être pourrons-nous un jour aller un peu plus loin dans nos recherches indépendantes et impartiales, guidés par la méthode scientifique expérimentale, ne rien nier d'avance, mais admettre tout ce qui est prouvé par une observation suffisante.

En résumé : *Dans l'état actuel de nos connaissances, il est impossible de donner une explication complète, totale, absolue, définitive des phénomènes observés* . L'hypothèse spiritualiste ne doit pas être écartée. Pourtant, on peut admettre la survie de l'âme sans nécessairement admettre une communication physique entre les morts et les vivants. Mais alors tous les faits observés qui ont conduit à l'affirmation de cette communication sont dignes de la plus sérieuse attention du philosophe.

L'une des principales difficultés rencontrées dans la voie de ces communications semble être l'état même de l'âme libérée des sens corporels. Il aurait d'autres façons de percevoir. Il ne verrait, n'entendrait, ne toucherait pas. Comment alors peut-elle entrer en relation avec nos sens ?

Il y a là tout un problème qu'il ne faut pas négliger dans l'étude des manifestations psychiques quelles qu'elles soient.

Nous considérons nos idées comme des réalités. C'est une erreur. Par exemple, pour nos sens, l'air n'est pas un corps solide ; nous y passons sans effort, alors que nous ne pouvons pas franchir une porte de fer. L'inverse est vrai pour l'électricité : elle traverse le fer et trouve l'air comme un corps solide et impassible. Pour l'électricien, un fil est un canal conduisant l'électricité à travers la roche solide de l'air. Le verre est opaque à l'électricité et transparent au magnétisme. La chair est transparente aux rayons X, tandis que le verre est opaque, etc.

Nous éprouvons le besoin de tout expliquer, et nous sommes poussés à n'admettre que les phénomènes dont nous avons eu une explication ; mais cela ne prouve pas que nos explications soient valables. Ainsi, par exemple, si quelqu'un avait affirmé la possibilité d'une communication instantanée entre Paris et Londres, avant l'invention du télégraphe, on aurait considéré cette affirmation comme utopique. Plus tard, elle n'aurait été admise qu'à la condition de l'existence d'un fil entre les deux stations, et toute communication sans l'intermédiaire d'un fil électrique aurait été déclarée impossible. Maintenant que nous disposons de la télégraphie sans fil, nous pouvons appliquer cette découverte à l'explication des phénomènes de télépathie. Mais il n'est pas encore prouvé que cette explication soit la vraie.

Pourquoi veut-on à tout prix expliquer ces phénomènes ? Parce que nous imaginons naïvement que nous en sommes capables dans l'état actuel de nos connaissances.

Les physiologistes qui prétendent voir le jour en cette matière sont comme Ptolémée qui s'obstinait à rendre compte des mouvements des corps célestes en s'en tenant à l'idée de l'immobilité de la terre ; ou encore Galilée expliquant l'attraction de l'ambre par la raréfaction de l'air ambiant ; ou Lavoisier cherchant (auprès du peuple) l'origine des aérolithes dans les orages ou niant leur existence ; ou Galvani, qui voyait dans ses grenouilles une électricité organique *particulière* . Je mets mes physiologistes en bonne compagnie, certes, et ils n'ont rien à redire. Mais qui ne sent pas que cette propension naturelle à tout expliquer n'est pas justifiée, que la science progresse d'âge en âge, que ce qu'on ne sait pas aujourd'hui le sera plus tard, et qu'il faut parfois savoir attendre ?

Les phénomènes dont nous parlons sont des manifestations du dynamisme universel, avec lequel nos cinq sens nous mettent très imparfaitement en relation. Nous vivons au milieu d'un monde inexploré, dans lequel les forces psychiques jouent un rôle encore très insuffisamment étudié.

Ces forces sont d'une classe supérieure aux forces habituellement analysées en mécanique, en physique, en chimie : elles sont de l'ordre psychique, ont en elles quelque chose de vital et une sorte de mentalité. Ils confirment ce que nous savons par d'autres sources, à savoir que l'explication purement mécanique de la nature est insuffisante et qu'il existe dans l'univers autre chose que ce qu'on appelle la matière. Ce n'est pas la matière qui gouverne le monde : c'est un élément dynamique et psychique.

Quelle lumière l'étude de ces forces encore inexpliquées apportera-t-elle sur l'origine de l'âme et sur les conditions de sa survie ? C'est quelque chose que l'avenir devra nous apprendre.

La vérité selon laquelle l'âme est une entité spirituelle distincte du corps est prouvée par d'autres arguments. Ces arguments ne sont pas avancés dans le but de nuire à cette doctrine ; mais tout en le confirmant et en mettant en lumière l'application des forces psychiques, ils ne résolvent toujours pas le grand problème par les preuves matérielles que nous souhaiterions avoir.

Cependant, si l'étude de ces phénomènes n'a pas encore donné tout ce qu'on en prétend , ni tout ce qu'elle donnera dans l'avenir, on ne peut s'empêcher de reconnaître qu'elle a considérablement élargi le domaine de la psychologie, et que la connaissance de la nature de l'âme et de ses facultés s'est développée une fois pour toutes sous des cieux plus grands et plus profonds et des horizons plus larges.

Il y a dans la nature, notamment dans le domaine de la vie, dans la manifestation de l'instinct chez les végétaux et les animaux, dans l'âme générale des choses, dans l'humanité, dans l'univers cosmique, un élément psychique qui apparaît de plus en plus dans les études modernes, notamment dans les recherches en télépathie et dans l'observation des phénomènes inexpliqués que nous avons étudiés dans ce livre. Cet élément, ce principe, est encore inconnu de la science contemporaine. Mais, comme dans tant d'autres cas, cela a été deviné par les Anciens.

Outre les quatre éléments feu, eau, air et terre, les anciens en admettaient un cinquième, appartenant à l'ordre matériel, qu'ils nommaient *animus*, l'âme du monde, le principe animant, l'éther. « Aristote » (écrit Cicéron, *Tuscul. Quaest.* I. 22), « après avoir mentionné les quatre espèces d'éléments matériels, croit qu'il faut admettre une cinquième espèce dont procède l'âme ; car, puisque l'âme et l'intellectuel les facultés ne peuvent résider dans aucun des éléments matériels, il faut en admettre une cinquième espèce, qui n'avait pas encore reçu de nom et qu'il appelle *entéléchie*, c'est-à-dire mouvement éternel et continu. Les quatre éléments matériels des anciens ont été disséqués par l'analyse moderne. La cinquième est peut-être plus fondamentale.

Citant le philosophe Zénon, le même orateur ajoute que ce sage n'admettait pas ce cinquième principe, qu'on pourrait comparer au feu. Mais de toute évidence, le feu et la pensée sont deux choses distinctes.

Virgile a écrit dans l' *Énéide* (Livre VI) ces admirables vers connus de tous :

Principio cœlum ac terras camposque liquentes
Lucentemque globum Lunae Titaniaque astraSpiritus intus alit, totamque infusa per artus
MENS AGITAT MOLEM , *et magno se corpore miscet* .

Martianus Capella, comme tous les auteurs des premiers siècles du christianisme, mentionne cette force directrice, l'appelant aussi le cinquième élément, et la décrit en outre sous le nom d'éther.

Empereur romain, bien connu des Parisiens, puisque c'est dans leur ville (dans le palais construit par son grand-père à proximité des actuels *Thermes* , ou anciens bains romains) qu'il fut proclamé empereur en l'an 360 (je veux dire Julien, appelé le Apostat), célèbre ce cinquième principe dans son discours en l'honneur du « Soleil, le Monarque » [96], le qualifiant tantôt de principe solaire, tantôt d'âme du monde, ou principe intellectuel, tantôt d'éther , ou d'âme. du monde physique.

Cet élément psychique n'est pas confondu par les philosophes avec Dieu et la Providence. À leurs yeux, c'est quelque chose qui fait partie de la nature.

Encore un mot avant de conclure. La nature humaine est douée de facultés encore peu explorées, que les observations faites avec des médiums ou dynamogènes mettent en lumière, telles que le magnétisme humain, l'hypnotisme, la télépathie, la clairvoyance et la prémonition. Ces forces psychiques inconnues méritent d'être prises en compte dans le cadre de l'analyse scientifique. À l'heure actuelle, ils ont été presque aussi peu étudiés qu'au temps de Ptolémée, et n'ont pas encore trouvé leur Kepler et leur Newton, et pourtant ils s'imposent assez à notre attention et réclament qu'on les examine.

De nombreuses autres forces inconnues seront révélées. La terre et les planètes tournaient autour du soleil sur leurs orbites harmonieuses tandis que les théories astronomiques n'y voyaient qu'un tourbillon compliqué de soixante-dix-neuf coquilles cristallines. Le magnétisme encerclait la Terre avec ses courants bien avant l'invention de la boussole du marin qui nous les révèle. Les ondes de télégraphie sans fil existaient bien avant d'être arrêtées dans leur fuite. La mer gémissait le long de ses rives bien avant que l'oreille d'aucun être ne parvienne à l'entendre. Les étoiles projetaient leurs rayons à travers l'éther avant qu'un œil humain ait été levé vers elles.

Les observations exposées dans cet ouvrage prouvent que la volonté ou le désir conscient, d'une part, et la conscience subliminale, d'autre part, exercent une influence ou accomplissent un travail au-delà des limites de notre corps. La nature de l'âme humaine reste encore un profond mystère pour la science et la philosophie.

Il paraît assez remarquable que les conclusions tirées de mes travaux ici soient les mêmes que celles de mon ouvrage *L'Inconnu*, fondées sur l'examen des phénomènes de télépathie, des apparitions de mourants, des communications à distance, des rêves prémonitoires, etc. En effet, les déductions suivantes ont été tirées à la clôture de ce volume :

1. *L'âme existe comme une entité réelle indépendante du corps.*

2. *Elle est dotée de facultés encore inconnues de la science.*

3. *Il est capable d'agir à distance, sans l'intervention des sens.*

Les conclusions du présent ouvrage concordent avec celles du premier, et pourtant les sujets étudiés dans celui-ci sont entièrement différents du sujet de celui-ci.

Je peux résumer tout cela par cette simple affirmation qu'il existe dans la nature, dans une myriade d'activités, un *élément psychique* dont la nature essentielle nous est encore cachée. Je serai heureux, pour ma part, si j'ai contribué à établir par ces deux ouvrages le principe important ci-dessus,

fondé exclusivement sur la vérification scientifique de certains phénomènes
étudiés par la méthode expérimentale.

Notes de bas de page :

[1] Sosie est un personnage de Plaute et Molière. Hermès prend la forme de Sosie, et, lorsque cette dernière voit son double, il doute presque de sa propre identité. Le mot *en* est donc venu à signifier une contrepartie, un double, son *alter ego* .

[2] Cela semble être une référence à la garde-robe utilisée par les premiers spiritualistes comme armoire lors de leurs manifestations dans les salles publiques. — *Trans.*

[3] Le coq qui gratte pour chercher du grain trouve une perle.

[4] Afin de pouvoir placer immédiatement sous les yeux de mes lecteurs les preuves documentaires de ces expériences, je reproduis ici (Pl. I) une photographie prise dans mon appartement le 12 novembre 1898. Chacun peut percevoir par L'horizontalité des bras, ainsi que la distance entre les pieds de la table et le plancher, font que l'élévation est de six à huit pouces. La distance précise est marquée sur le chiffre lui-même, mesure prise le lendemain en calant la table, à l'aide de livres, dans la même position où elle était. La médium a ses deux pieds entièrement sous mon pied droit, tandis qu'en même temps ses genoux sont sous ma main droite. Ses mains sont sur la table, saisies par ma main gauche et par celle de l'autre observateur critique ou "contrôleur" , qui vient de placer un coussin devant elle pour protéger ses yeux très sensibles de l'éclair de la lumière au magnésium, et sauvez-la ainsi d'une désagréable crise de nerfs.

Ces photographies, prises rapidement par la lumière du magnésium, ne sont pas parfaites, mais ce sont des enregistrements.

[5] Voir *L'Inconnu* , pp. 20-29.

[6] Certaines librairies à Paris. — *Trans.*

[7] Oraison prononcée sur la tombe d'Allan Kardec, par Camille Flammarion, Paris, Didier, 1869, pp. 4, 17, 22.

[8] L'auteur entend bien entendu par cette expression (*milieu ambiant*), la totalité de la force psychique présente, l'atmosphère psychologique, l'énergie mentale totale rayonnée par les différents membres plus ou moins sensibles ou médiumniques de la compagnie. *Trans.*

[9] Cette communication est donnée en anglais par l'auteur. — *Trans.*

[10] Alcofribaz Nazier est bien connu comme l'anagramme de Rabelais, formé à partir de son propre nom. C'était la signature sous laquelle il publiait son *Pantagruel* . — *Trans.*

[11] Un morceau de dictée typtologique du même genre m'a été récemment
envoyé. C'est ici:

IUTPTUOLOER
EIRFIIEUEBN
SSOAGPRSTI

Lisez successivement, de haut en bas, une lettre de chaque ligne, en
commençant à gauche, et le sens apparaîtra comme suit : « Je suis trop fatiguê
pour les obtenir. » ("Je suis trop fatigué pour les obtenir.")

[12] Cette dictée et la suivante sont des vers rimés dans l'original français. —
Trans.

[13] En vers rimés dans l'original. — *Trans.*

[14] Mot d'origine récente désignant les ambitieux ou les prétentieux qui
veulent « arriver », les *aspirants* . Le mot forme le titre d'un roman français
récent, *L' Arriviste* , et (traduit) d'un roman anglais intitulé *The Climber* .

[15] Donc dans l'original. Peut-être M. Sardou avait-il eu l'impression
erronée que Gulliver était un nom de plume pour Dean Swift .

[16] Cette inclinaison est en réalité de 82°, en comptant du sud, ou de 98°
(90 + 8°), en comptant du nord (voir fig. A).

[17] Je viens de trouver dans ma bibliothèque un livre qui m'a été envoyé en
1888 par l'auteur, le major-général Drayson, dont le titre est *Trente mille ans
de l'histoire passée de la Terre, lus à l'aide de la découverte des Deuxième rotation de la
Terre* . Cette seconde rotation s'effectuerait autour d'un axe dont le pôle serait
à 29° 25' 47" du pôle de la rotation journalière, soit environ 270 ascensions
droites, et s'accomplirait en 32 682 ans. L'auteur cherche à l'expliquer par la
périodes glaciaires et variations climatiques. Mais son œuvre est pleine de
confusions les plus étranges et même impardonnables chez un homme versé
dans les études astronomiques. La vérité est que ce général Drayson (décédé
il y a plusieurs années) n'était pas un astronome.

[18] *Renseignement* , Vol. I., préface, p. 16, édition de 1897. La première édition
a été publiée en 1868.

[19] Tous ceux qui s'occupent de ces questions connaissent, entre autres cas,
celui de Felida (étudié par le Dr Azam). Dans l'histoire de cette jeune fille,
elle est montrée dotée de deux personnalités distinctes à tel point que, dans
le second état, elle devient amoureuse... et enceinte, sans rien en savoir dans
son état normal. Ces états de double personnalité sont méthodiquement
observés depuis trente ans.

[20] *Automatisme psychologique* , p. 401-402.

[21] Voir Pl. IV. et V. Je conserve avec soin un plâtre de cette empreinte.

[22] A. de Rochas, *L'Extériorisation de la Motivité* , quatrième édition, 1906, p. 406.

[23] Les comptes rendus des séances de Montfort-l'Amaury font le sujet d'un ouvrage remarquable de M. Guillaume de Fontenay, *À propos d'Eusapia Paladino* , un vol., in-8. illustré, Paris, 1898.

[24] Les places respectives des personnes n'étaient pas toujours celles des photographies. Ainsi, au moment de la réalisation de l'empreinte, MG de Fontenay était à la droite d'Eusapia, et M. Blech au même bout de table.

[25] Dans la séance suivante, du 12 novembre, M. Antoniadi écrit (avec une excellente esquisse concordante) : « Phénomène observé avec une certitude absolue ; le violon a été jeté sur la table, à vingt pouces au-dessus de la tête d'Eusapia.

[26] C'est tout à fait vrai, dit mon fils qui lit ces lignes.

[27] Lors de la correction des épreuves de ces feuilles (octobre 1906), j'ai reçu du Dr Gustave Le Bon la note suivante :

« Lors de son dernier séjour à Paris (1906), j'ai pu obtenir d'Eusapia trois séances chez moi. J'ai prié l'un des plus fins observateurs que je connaisse, M. Dastre, membre de l'Académie des Sciences. et professeur de physiologie à la Sorbonne, — pour avoir la bonté d'assister à nos expériences. Étaient également présents mon assistant, M. Michaux, et la dame aux aimables offices de qui je dois la présence d'Eusapia.

" Outre la lévitation de la table, nous avons vu à plusieurs reprises et presque en pleine lumière apparaître une main. D'abord elle était à environ deux pouces et demi au-dessus de la tête d'Eusapia, puis du côté du rideau qui la recouvrait en partie, à environ vingt pouces de son épaule.

"Nous organisâmes alors, pour la seconde séance, nos méthodes de contrôle. Elles furent toutes décisives. Grâce à la possibilité de produire derrière Eusapia une illumination qu'elle ne soupçonnait pas, nous pûmes apercevoir un de ses bras, très adroitement retiré de notre contrôle, avancez horizontalement derrière le rideau et touchez le bras de M. Dastre, et une autre fois donnez-moi une tape sur la main.

"Nous avons conclu de nos observations que les phénomènes observés n'avaient rien de surnaturel.

« Quant à la lévitation de la table, extrêmement légère, placée devant Eusapia et que ses mains quittaient à peine, nous n'avons pu formuler aucune explication décisive. Je ferai seulement observer qu'Eusapia a admis qu'il était impossible à elle de déplacer le moindre des objets très légers posés sur cette table.

Après avoir rédigé cette note, MG Le Bon m'a dit verbalement que, selon lui, tout dans ces expériences est une fraude.

[28] A ces huit séances, j'en pourrais ajouter une neuvième, qui eut lieu le 5 décembre suivant, dans le cabinet du professeur Richet. Rien de remarquable ne s'est produit, si ce n'est le gonflement, en pleine lumière, d'un rideau de fenêtre, qui se trouvait à environ vingt-quatre pouces du pied d'Eusapia, mon pied et ma jambe étant entre lui et elle. L'observation était absolument exacte.

[29] A quelle cause peut-on attribuer la lévitation de la table ? Nous n'avons sans doute pas encore découvert le secret. L'action de la gravité peut être contrebalancée par le mouvement.

Vous pouvez vous amuser, au petit-déjeuner ou au dîner, en jouant avec un couteau. Si vous le tenez verticalement dans votre main bien fermée, son poids est contrebalancé par la pression de la main et il ne tombe pas. Ouvrez la main en tenant toujours le couteau saisi par le pouce et l'index, et il glissera comme s'il était dans un tube trop gros. Mais déplacez la main par un mouvement de bascule rapide, de gauche à droite, de droite à gauche : vous créerez ainsi une force centrifuge qui maintient l'objet en suspension verticale, et qui pourra même le lancer au-dessus de votre main et le projeter dans l'air, si le mouvement est suffisamment rapide.

Qu'est-ce donc qui soutient le couteau, qui annihile son poids ? Forcer. Ne se pourrait-il pas que l'influence des expérimentateurs assis autour de la table mette en mouvement particulier les molécules du bois ? Ils sont déjà mis en vibration par les variations de température. Ces molécules sont des particules infiniment petites qui ne se touchent pas. Un mouvement moléculaire ne pourrait-il pas contrebalancer l'effet de la gravité ? Je ne présente pas cela comme une explication, mais comme une suggestion illustrative (*comme une image*).

[30] M. Chiaia m'a envoyé des photographies de ces estampes. J'en reproduis ici quelques-uns (Pl. VII).

[31] Le mot « transe » a été donné à l'état particulier dans lequel tombent les médiums lorsqu'ils perdent la conscience de leur environnement. C'est une sorte de sommeil somnambulique.

[32] *Annales des sciences psychiques* , 181, p. 326.

[33] Cependant, certains doutes peuvent subsister. Dans mes photographies également (Pl. I. et VI.), le pied de la table à gauche du médium est masqué. Comme j'étais moi-même à cet endroit même, je suis sûr que la médium ne

pouvait soulever la table avec son pied, car *ce pied était tenu sous le mien* , non par une tige ni par un support quelconque ; car j'avais une main sur ses jambes, *qui ne bougeaient pas* . L'objection est d'ailleurs réfutée par l'expérience que j'ai faite le 29 mars 1906 (voir p. 6), d'une lévitation, avec Eusapia debout, expérience qui avait déjà été faite le 27 juillet 1897, à Monfort-l'Amaury (voir p. 82), les pieds, très naturellement, étant visibles. Il ne peut donc y avoir aucun doute sur la lévitation complète de la table flottant dans l'espace. Aksakof obtint la lévitation, lors des séances de Milan, après avoir attaché les pieds d'Eusapia avec deux ficelles dont les extrémités étaient courtes et scellées au sol tout près de chaque pied.

Plus loin, le lecteur trouvera la preuve d'autres exemples indéniables, entre autres, aux pp. 164 et 165.

[34] J'entends très souvent l'objection suivante : « Je ne croirai qu'aux médiums qui ne sont pas rémunérés ; tous ceux qui sont rémunérés sont suspects. » Eusapia appartient à ces dernières. Sans fortune, elle ne visite jamais une ville sans payer ses frais de voyage et d'hôtel. Elle perd aussi son temps et est soumise à une inquisition peu agréable. Pour ma part, je n'admets pas du tout l'objection ci-dessus. Les facultés physiques et intellectuelles n'ont rien de commun avec le fait de gagner de l'argent. On dira que la médium a intérêt à tromper et à tromper : cela augmente ses honoraires. Mais il existe bien d'autres tentations dans le monde. J'ai vu des médiums non rémunérés, hommes et femmes du monde, tricher sans aucun scrupule, par pure vanité, ou dans un but encore moins avouable, pour le simple plaisir de piéger quelqu'un. Les séances de spiritualisme ont été conçues pour servir des fins utiles et agréables dans la société à la mode, et plus d'un mariage y a pris naissance.

Nous devons être aussi sceptiques à l'égard d'une classe de médiums que d'une autre.

[35] Ces rapports ont été publiés en détail dans l'ouvrage de M. de Rochas sur *L'Extériorisation de la Motivité* , 4e édition, 1906, p. 170.

[36] J'ajouterai, à l'intention de ceux qui désirent tenter quelques-unes de ces expériences psychiques, que les meilleures conditions de réussite sont d'avoir un groupe homogène, impartial et sincère, libre de toute idée préconçue, et n'excédant pas cinq ou au nombre de six personnes. Il est absurde d'objecter que, pour obtenir les phénomènes, *il faut avoir la foi* . Mais même si une croyance positive n'est pas nécessaire, il est néanmoins conseillé de ne pas exercer d'influence hostile au cours d'une séance.

[37] Une expérience très curieuse faite avec une peseuse de lettres a eu lieu à l'Agnélas. En réponse à une suggestion impromptue de M. de Gramont, Eusapia consentit à essayer si, en faisant des passages verticaux avec ses

mains de chaque côté du plateau de la peseuse à lettres (montant jusqu'à cinquante grammes), elle ne pourrait pas abaisser il. Elle y parvint plusieurs fois de suite, en présence de cinq observateurs placés autour d'elle, qui témoignèrent qu'elle n'avait dans les doigts ni fil ni cheveux à presser sur le plateau.

[38] Publié par C. de Vesme dans sa *Revue des Études psychiques* , 1901.

[39] Eusapia, comme on l'a dit, ne sait ni lire ni écrire.

[40] Arago, en 1846, avec la « fille électrique » ; Flammarion, en 1861, avec Allan Kardec, puis ensuite avec différents médiums ; Zöllner, en 1882, avec Slade ; Schiaparelli, en 1892 avec Eusapia ; Porro, en 1901, avec le même médium (*Revue des Études psychiques*).

[41] Notamment dans *Uranie* , dans *Stella* , dans *Lumen* , dans *L'Inconnu* . Voir aussi ci-dessus, p. 30 dans mon *discours sur la tombe d'Allen Kardec* .

[42] Slade a été condamné à trois mois de travaux forcés, à Londres, pour escroquerie. Il décède dans un hôpital privé de l'État du Michigan en septembre 1905.

[43] *Annales des sciences psychiques* , 1896, p. 66.

[44] Nous avons déjà remarqué (voir p. 149) la plaisanterie du professeur Bianchi lors d'une réunion des enquêteurs les plus sérieux.

[45] Voir *Annales* , 1896. Le rapport est très riche en documents. La porte de l'armoire s'ouvrait et se fermait d'elle-même, plusieurs fois de suite, en synchronisme avec les mouvements des mains du médium, qui se trouvaient à environ un mètre de distance. Un piano jouet pesant environ deux livres était déplacé et jouait tout seul plusieurs airs, etc.

[46] Anarchiste parisien exécuté pour avoir dynamité les maisons des juges Benoit et Bulot. La chanson populaire des anarchistes appelée *La Ravachole* trouve son origine dans les actes et la personnalité de cet homme. Voir *Paris and the Social Revolution* d'Alvan Sanborn , Boston, 1905.— *Trans.*

[47] Voir aussi *Enquête sur l'authenticité des phénomènes électriques d'Angelique Cottin* . Paris, Germer Ballière, 1846. Aussi *L'Extériorisation de la motricité* , d'Albert de Rochas.

[48] Lafontaine, qui a également étudié le cas d'Angélica, dit que « lorsqu'elle approchait son poignet gauche d'une bougie allumée, la flamme se courbait horizontalement, comme si elle soufflait continuellement dessus ». (*L'art de magnétiser* , p. 273).

M. Pelletier a observé la même chose chez quelques-uns de ses sujets, lorsqu'ils approchaient la paume de la main d'une bougie.

Les spécialistes appellent ces points « points hypnogènes », d'où rayonnent des flux fluidiques.

[49] Arago. —*Trad.*

[50] *Études et conférences sur les sciences d'observations* , vol. II., 1856.

[51] *Des Tables tournantes, du Surnaturel en général, et des Esprits, par le comte Agénor de Gasparin, Paris, Dentu, 1854.*

[52] La dame qui, peu après, fut appelée « le médium ».

[53] C'était la seule table à roulettes dont se servaient les opérateurs.

[54] L'allusion est à l'explication de Faraday de la découverte d'Arago dans le magnétisme de rotation. Faraday a montré qu'un disque rotatif en métal non magnétique entraînerait après lui dans une rotation similaire une aiguille magnétique suspendue au-dessus de lui, et même un aimant lourd. Voir *Faraday as a Discoverer* du professeur Tyndall , pp. 25, 26.— *Trans.*

[55] La longue scène dont ceci est tiré dans Molière est si pleine d'italien, de vieux français et de latin canin, qu'elle n'a pas été traduite par Van Laun. Tout, sauf le dernier mot (*juro*) de chaque strophe, est prononcé par les gros bonnets dans cet examen simulé d'un étudiant en médecine au baccalauréat ; ce mot est le sien :

« Jurez-vous que dans toutes les consultations vous serez de l'opinion ancienne, qu'elle soit bonne ou mauvaise ? » – « Je le jure. » – « De ne jamais user d'autres remèdes que ceux de la savante faculté de médecine, même le malade devrait-il éclater et mourir de sa maladie ? » – « Je le jure. » – *Trans.*

[56] *"Les Tables tournantes", font référence au point de vue de la question de physique générale qui s'y rattache. Genève, 1855.*

[57] *La force dynamique* nécessaire pour produire ce soulèvement, si l'on admet qu'elle s'est développée et accumulée pendant les cinq ou dix minutes de jeu qui ont précédé le phénomène, ne serait en revanche pas au-dessus des forces de l'enfant ; cela resterait même bien au-dessous des limites de ses pouvoirs. En général, la force dépensée dans ces phénomènes de tables, si l'on en juge par le degré de fatigue éprouvée par les opérateurs, dépasse de beaucoup ce qu'il faudrait pour produire mécaniquement les mêmes effets. Il n'y a donc, à cet égard, aucune raison d'admettre l'intervention d'une force étrangère à la nature même du garçon .

[58] Dans les premières expériences de Thury, huit personnes restaient une heure et demie debout, puis assises, autour d'une table, sans obtenir le moindre mouvement résultant. Deux ou trois jours après, lors de leur deuxième essai, les mêmes personnes, au bout de dix minutes, firent tourner

une table centrale. Enfin, le 4 mai 1853, au troisième ou quatrième essai, les tables les plus lourdes commencèrent à bouger presque immédiatement.

[59] Dans le cas d'essais difficiles, lorsqu'ils avaient lieu par temps froid, une couverture chaude était tendue sur la table et retirée au moment de l'expérience. Les opérateurs eux-mêmes, avant d'agir, tinrent un moment les mains ouvertes devant un poêle.

[60] Rapport sur le spiritualisme du Comité de la London Dialectical Society, Londres : 1871.

[61] En un vol. 8vo. Paris : Leymarie, 1900.

[62] Voir, par exemple, le numéro de janvier 1876 : *Sidereal Astronomy* .

[63] Surtout à Nice, en 1881 et 1884. Home meurt en 1886. Il est né en 1833, près d'Edimbourg.

[64] Sir William Huggins, un astronome bien connu pour ses découvertes en analyse spectrale.

[65] Edward William Cox.

[66] Experimental Investigation on Psychic Force, par William Crookes, FRL, etc., Londres, Henry Gilman, 1871. La brochure a été traduite en français par M. Alidel, Paris. Maison d'édition des sciences psychiques, 1897.

[67] La citation me vient à l'esprit : « Je n'ai jamais dit que c'était possible, j'ai seulement dit que c'était vrai.

[68] Katie King, *L'histoire de ses apparitions* . Paris, Leymarie, 1899. J'ai cru ne pas reproduire ici ces photographies, car elles ne me semblaient pas provenir de M. Crookes lui-même. Florence Cook est décédée à Londres le 2 avril 1904.

[69] On Miracles and Modern Spiritualism, Londres, 1875, traduction française, Paris, 1889 (le mot anglais *spiritualism* est toujours utilisé ici dans le sens de *spiritisme*).

[70] *Les Phénomènes psychiques.* Un vol. 8vo. Paris, 1903.

[71] Comme je l'ai dit dans une page précédente, les forces psychiques ont autant de réalité que les forces physiques et mécaniques.

[72] C'est la même chose que j'ai observée à Monfort-l'Amaury. Voir p. 73 .

[73] Les journaux italiens reproduisaient une photographie pittoresque de la table élevée presque jusqu'à la hauteur du plafond, au moment où elle passait au-dessus de la tête des convives et se retournait (voir A. de Rochas, *Extériorisation de la motricité* , 4e éd.). Je ne le reproduis pas, car il ne me semble

pas authentique. Par ailleurs, les observateurs ont déclaré n'avoir vérifié ce phénomène qu'après *son* apparition.

[74] *Annales des Sciences psychiques* , 1902.

[75] Plusieurs observations publiées dans cet ouvrage sont cependant liées par leur sujet au présent. Par exemple : un piano jouant seul (p. 108), une porte qui s'ouvre toute seule (p. 112), des rideaux secoués (p. 125), des délires extravagants de meubles (p. 133), des coups (p. 146) , le tintement des cloches (p. 168) et de nombreux exemples de bruits inquiétants inexpliqués coïncidant avec des décès.

[76] Le mot employé ici par M. Castex-Dégrange est *tête de Turc* , chose semblable aux sacs recouverts de cuir de nos gymnases, et utilisé dans les foires en France, pour être frappé par ceux qui veulent essayer leur force . .

[77] Je l'ai beaucoup connu à l'Observatoire de Nice, où, en 1884 et 1885, j'ai fait avec lui des observations spectroscopiques sur la rotation du soleil. — CF

[78] Dans les séances dont j'ai parlé au début de ce livre (deuxième chapitre), lorsque le mot « Dieu » était dicté, la table battait un salut. — CF

[79] Goupil, *Pour et Contre* , p. 113.

[80] J'ai voulu donner ici le résultat de l'expérience personnelle d'un grand nombre d'hommes désireux de connaître la vérité ; surtout pour répondre aux journalistes ignorants qui invitent leurs lecteurs à se livrer à un mépris hautain de ces chercheurs et expérimentateurs. Au moment même où je corrigeais les épreuves de ces dernières pages, je reçus un journal, *Le Lyon républicain* , du 25 janvier 1907, qui a pour éditorial une diatribe assez saugrenue contre moi signée « Robert Estienne ». La performance montre que l'auteur ne sait pas de quoi il parle ni de l'homme dont il parle.

Il n'y a évidemment aucune raison, dans la nature des choses, pour que la ville de Lyon soit plus encline à l'erreur que n'importe quel autre point du globe. Mais remarquez la coïncidence : j'ai reçu, en même temps, un numéro de *L'Université catholique* de Lyon, dans lequel un certain abbé Delfour parle de « faits surnaturels contemporains » sans comprendre un mot du sujet.

Non, le problème ne vient pas uniquement de la ville de Lyon. Il y a des aveugles partout. On peut lire une dissertation *ejusdem farinæ* , signée du jésuite Lucien Roure, dans *Les Études religieuses* , publiées à Paris, avec des jugements critiques dignes d'un voyageur de commerce.

A ce propos, vous pouvez lire dans le *Nouveau Catéchisme du diocèse de Nancy* : " Q. Que faut-il penser des faits démontrés du Spiritualisme, du somnambulisme et du magnétisme ? - R. Il faut les attribuer au diable, et ce serait c'est un péché d'y participer de quelque manière que ce soit.

[81] Newton, comme on le sait, déclare, dans sa lettre à Bentley, qu'il ne peut expliquer la gravitation qu'en supposant l'existence d'un milieu qui la transmet. Pourtant, à nos sens, l'éther ne serait pas une chose matérielle. Mais quoi qu'il en soit, les corps célestes agissent certainement à distance les uns sur les autres.

[82] Les initiés savent que selon cette doctrine l'être humain terrestre est composé de cinq entités : le corps physique ; le double éthéré, un peu moins grossier, survivant quelque temps au premier ; le corps astral, plus subtil encore ; le corps mental, ou intelligence, survivant aux trois précédents ; et enfin l'Ego, ou âme indestructible.

[83] Ces observations peuvent être comparées à une petite diversion sociale assez populaire, et qui est notamment décrite dans l'un des premiers ouvrages de Sir David Brewster (*Lettres à Walter Scott sur la Magie Naturelle*) dans les termes suivants :

"Le personnage le plus lourd de la compagnie s'allonge sur deux chaises, les épaules appuyées sur l'une et les jambes sur l'autre. Quatre personnes, une à chaque épaule et une à chaque pied, essayent de le soulever, et trouvent d'abord la chose difficile. Ensuite, le sujet des expériences donne deux signaux en frappant deux fois dans ses mains. Au premier signal, lui et les quatre autres inspirent profondément. Lorsque les cinq personnes sont pleines d'air, il donne le deuxième signal, celui du levage. . Cela se fait sans la moindre difficulté, comme si la personne soulevée était légère comme une plume.

J'ai fréquemment fait la même expérience sur un homme assis en plaçant deux doigts sous ses jambes et deux sous ses aisselles, les opérateurs inhalant tous ensemble uniformément.

Il s'agit sans aucun doute d'un cas d'action biologique. Mais quelle est la nature essentielle de la gravitation ? Faraday le considérait comme une force « électromagnétique ». Weber explique le mouvement des planètes autour du soleil par « l'électrodynamisme ». Les queues des comètes, toujours tournées vers le soleil, indiquent une répulsion solaire coïncidant avec l'attraction. Nous ne savons pas plus aujourd'hui qu'à l'époque de Newton ce qu'est réellement la gravitation.

[84] Elle n'est pas indispensable, même dans certains cas où elle semble l'être. Prenons un exemple. Lors d'une séance à Gênes (1906), avec Eusapia, M. Youriévich, secrétaire général de l'Institut psychologique de Paris, supplia l'esprit de son père, qui affirmait être présent devant lui sous une forme fantomatique, de lui donner une preuve de identité en produisant dans l'argile

une empreinte de sa main, et surtout d'un doigt dont l'ongle était long et pointu. La demande a été faite en russe, ce que le médium n'a pas compris. Or, cette impression a bien été obtenue plusieurs mois après, avec la marque du clou évoquée. Ce fait prouve-t-il que l'âme du père de l'expérimentateur a effectivement accompli l'acte avec sa main ? Non. Le médium a reçu la suggestion mentale de produire le phénomène et l'a effectivement produit. La langue russe ne faisait aucune différence. La suggestion a été reçue. En outre, la main était beaucoup plus petite que celle de l'homme dont l'esprit était évoqué.

L'expérimentateur demande ensuite à son père décédé de lui donner sa bénédiction, et il aperçoit une main qui fait devant lui le signe de croix (à la manière russe, les trois doigts joints) sur le front, la poitrine et les deux côtés. La même explication est applicable ici.

C'était une erreur de dire que ce fantôme et son fils conversaient ensemble en langue russe, comme le dit le récit publié. M. Youriévich n'entendit que quelques sons inintelligibles. Les gens exagèrent toujours, et ces exagérations nuisent le plus possible à la vérité. Pourquoi amplifier ? N'y a-t-il pas assez d'inconnu dans ces phénomènes mystérieux ?

[85] Dans certains pays (Canada, Colorado), on peut allumer un bec de gaz en tendant le doigt vers lui.

[86] Voyez ce que j'ai écrit autrefois à ce sujet dans *Lumen* , dans *Uranie* , dans *Stella* , et dans mon *Discours sur l'unité de force et l'unité de substance* , publié dans *l'Annuaire du Cosmos* , pour 1865.

[87] *La personnalité humaine* , p. 11.

[88] *Identifiant.* , p. 23.

[89] *Identifiant.* , p. 63.

[90] *La personnalité humaine* , p. 313.

[91] *La nature subconsciente* , p. 82.

[92] Voir mes remarques dans *The Unknown* , pp. 290-294.

[93] Voir *Bulletin de l'Institut de Psychologie* , Vol. I. p. 25-40.

[94] Tout récemment, j'ai vu le récit de certains phénomènes qui plaident plutôt en sa faveur que contre (*Bulletin de la Société d'Etudes Psychiques de Nancy* , nov.-déc. 1906). Sur les onze exemples mentionnés, le premier et le deuxième peuvent avoir été tirés d'une cyclopédie, le troisième et le quatrième de journaux publics ; mais, dans le cas des sept autres, l'admission de l'identité des apparitions avec les originaux qu'elles prétendaient représenter est sûrement la meilleure hypothèse explicative.

[95] Pour éviter tout jugement sur ce qui reste à démontrer, le mot « moyen » est un terme tout à fait inapproprié. Il va de soi que la personne dotée de ces facultés psychiques supranormales est un intermédiaire entre les esprits et les expérimentateurs. Même si nous pouvons admettre que cela est parfois le cas, ce n'est certainement pas toujours le cas. La rotation d'une table, son basculement, sa lévitation, le déplacement d'un meuble, le gonflement d'un rideau, les bruits entendus, tout est provoqué par une force émanant de ce protagoniste de l'entreprise, ou de leurs pouvoirs collectifs. Nous ne pouvons pas vraiment supposer qu'il y a toujours un esprit présent, prêt à répondre à nos fantaisies. Et l'hypothèse est d'autant moins nécessaire que les prétendus Esprits ne nous communiquent aucun fait nouveau. La plupart du temps, c'est sans doute notre propre force psychique qui agit. Le personnage principal et l'acteur principal de ces expériences seraient plus précisément appelés un *dynamogène*, puisqu'il (ou elle) crée de la force. Il me semble que ce serait le meilleur terme à appliquer dans ce cas. Il exprime ce qui est prouvé par toutes les observations.

J'ai connu des médiums très fiers de leur titre, et je les ai parfois trouvés un peu jaloux de leurs semblables. Ils étaient convaincus d'avoir été choisis par saint Augustin, saint Paul et même Jésus-Christ. Ils croyaient à la grâce du Très-Haut et prétendaient (non sans raison aussi) que, venant d'autres mains, ces signatures étaient suspectes. Ces rivalités n'ont aucun sens.

[96] Voir les *Œuvres complètes de l'empereur Julien*, Paris, 1821. Vol. I. p. 375.